世界内存在

世界内存在

『存在と時間』における日常性の解釈学

ヒューバート・L・ドレイファス
門脇俊介 監訳
榊原哲也 貫 成人 森 一郎 轟 孝夫 訳

産業図書

Being-in-the-World

A Commentary on Heidegger's *Being and Time*, Division I

by Hubert L. Dreyfus

目次

目　次

序　文

　このコメンタリーは、二〇年以上にもわたって、少しずつ形を変えながら回覧されてきたものである。このコメンタリーは一九六八年、カリフォルニア大学バークリー校における私の『存在と時間』講義をタイプした、一連の「ファイベイト社版講義ノート」から始まった。一九七五年から私は、そのときどきの最新の講義ノートを学生やその他興味のある人に回覧することを始めた。その後一〇年間、私は、自分の学生やティーチング・アシスタントたちから学んだことに応えたりそれを取り入れたりしながら、毎年ノートを改訂していった。一九八五年までのあいだに、「ハイデガー講義録」への要望が非常に多く寄せられたので、私はそれに励まされて講義録を本にしようという気になった。本の最初の草稿は、カリフォルニア大学サンタ・クルーズ校で開かれたＮＥＨ［人文科学のための国家基金］夏期講習会に間に合うように、作られた。この講習会で同僚や参加者たちから学んだこと、また、次の夏フランクフルト大学で『存在と時間』を講義したさいに学んだことをもとにして、マサチューセッツ工科大学出版局からこの本を出版するための最終的な改訂を行なった。

　講義ノートを二〇年にわたって改訂してゆくあいだ、ほとんど唯一一貫していたのは、講義ノートを『存在と時間』第一部の第一篇に関してだけ作るという決意であった。私は第一部第一篇が、『存在と時間』の最も独創的で重要な部分だと今でもみなしている。まさにこの第一篇においてハイデガーは、世界内存在についての説明を展開し、かつ、この説明を用いて伝統的な存在論や認識論への徹底した批判を基礎づけているからである。ハイデガーはこの書物が二部構成になることを目論んでいたが、そのうちで現に出版されている部分のさらに残りの部分である、第一部第二篇は（第一部の第三篇と第二部のすべては出版されなかった）、相互にある程度独立した二つの仕事に向けられている。第一にそこには、ハイデガーの思想の「実存主義的な」側面が認められる。この側面において焦点となるのは、不安、死、責め、決意性であって、この側面は、ハイデガー自身によっても『存在と無』におけるサルトル的実存主義からも、強い影響を人々に与えたが、後にしかるべき理由によって、ハイデガー自身によって放棄されたものである。第二にそこには、人間存在と世界の時間性を展開して見せ、過去・現在・未来の三次元を継時的にとらえないようなより根源的な時間性のうちに人間存在と世界の両者を基礎づける、という仕事が認められる。

根源的時間性についての諸章はハイデガーの存在論の企図の主要な部分をなすものではあるが、根源的時間性についての彼の説明は日常的時間性の現象からまったくかけ離れたところへ進んでゆくので、この題材に関して満足のゆく解釈を与えることはできないという感触を私は持った。さらに、第二篇の全体が第一篇よりはるかに粗雑な出来であって、実際のところ整合的な読みができないくらいのいくつかの重大な過ちを含んでいる、と私には思われたのであった。（後になって私は知ったのだが、ハイデガーがアメリカで言う教授在職権に当るものの候補者となっていたときに、第一篇のみを出版する予定でいたが、文部大臣に第一篇だけでは「不十分」だとされたのだった。彼は教授在職権と引き替えに、慌ただしく仕上げられた第二篇を出版することに同意したのである。）

この本は最終的には、私の学生だった二人の人物のおかげで、私が当初計画していたのとは若干違ったものとなった。その一人ジェーン・ルビンは、当時バークリーでキルケゴールの講義を受け持っていたが、初期のハイデガーへのキルケゴールの影響についての論文を私と共同で執筆することに同意してくれた。ほぼ時を同じくしてバークリーは二学期制を採用したが、それを機会に私は、『存在と時間』講義で第二篇をも扱うことに決めた。このような事情から、私は、ハイデガーの実存主義的な側面の問題を明確にすることにどんどん深入りし、われわれ二人の論文はこの本の付録をなすまでに至った。［この付録は、日本語訳では割愛した。］

時間についての非常に難しい諸章に関しては、ウィリアム・ブラットナーに助けられた。彼は、学部学生としてバークリー校でハイデガーの勉強をした後、ピッツバーグ大学でジョン・ホーグランドと、カントとハイデガーにおける時間性を主題として博士論文を書いていた。『存在と時間』の時間性に関する彼の説明は、ハイデガーの混乱を正確に指摘しそれを正すものであり、しかも、最も難解な部分に関してさえその理解に成功している。ブラットナーの仕事が出版されるならば、それはハイデガーの時間概念の理解のために重要な貢献をなすことになるだろうし、このコメンタリーを完全なものとするための補足とも考えることができる。〔一九九九年に出版された。〕

もう一つ、講義録を徹底的に改訂せざるをえないようにした出来事は、ハイデガーの講義の遺稿の出版である。出版されたもののなかには、一九二七年の『存在と時間』の出版前後の期間の講義も含まれている。『時間概念の歴史』（一九二五年）、『現象学の根本問題』（一九二七年）、『論理学の形而上学的基礎』（一九二八年）といった講義は、ハイデガーの主著の理解に多くの新しい光を投げかけている。『存在と時間』において理解できなかった多くの部分が、これらの講義の明快で平易な術語によって分かるようになる。これら新しく出版された講義によって、ジョン・ホーグランドと私が一九七八年に立てた仮説もまた確かめられた。『存在と時間』ではフッサールと彼の基本概念である志向性についてはほとんど言及されることがないけれども、この書物はフッサール現象学の体系的批判であると考えることが可能だ、というのがその仮説である。「志向性と超越の現象をより徹底的に解釈する……という仕事を」はっきりと引き受けている、『現象学の根本問題』の出版によって、われわれのアプローチは裏書きされたように思える。またこの講義の出版によって、志向性への心的状態に訴えないアプローチを私が『存在と時間』に関して強調していたことが正当化された。この強調は、ジョン・サールがいつも友情厚くこのアプローチに反対してくれていたせいで、すでに以前のコメンタリーにおいて顕著なものではあったのだが。

『存在と時間』は、一九二七年に出版された当時、すぐさま古典の扱いを受けた。おそらくそのせいでハイデガーは、『存在と時間』のテクストに本質的な変更を加えることはなかった。ただし彼は、以後十四版に至るまで小さな文体上の変更は加えてはいる。彼はまた、この本を何冊か手許に置いて、この本のなかで誤解を受けてきたり誤解される可能性のある部分を訂正するような注記や、この本の本質的な主張を彼自らの後期の思想の側から批判するような注記を書き込んでいた。（ハイデガーは自分の著作を、二つの時期に分けている。すなわち、おおよそ一九三〇年以前のものと、一九三〇年以後に書かれたものとにである。）

この本で『存在と時間』から引用する場合には二種類のページづけを挙げてある。第一の（丸括弧に入った）ものは、標準となっている英訳のページを指し、第二の（角括弧に入った）ものは、標準的なマックス・ニーマイヤー社のドイツ語版のページを指している。ハイデガーの欄外注記から引用する場合には、クロスターマン社のドイツ語全集版の『存在と時間』のページを〔 〕括弧でくくって挙げることにする。『存在と時間』の章はローマ数字で示し、この私の本の章はアラビア数字（と、分かりやすくするために小文字のc）で示す。［この訳書では、『存在と時間』の篇、章、節を示すのには漢数字、このドレイファスの注釈書の章を示すのにはアラビア数字を用いる。］

『存在と時間』は翻訳の難しさでは悪名の高いものである。ハイデガーは、伝統的な哲学の術語に鋳込まれている誤った存在論を断固として回避しようとした。しかし彼は同時に、日常言語もまた誤解を生じさせることが避けられないことを確信していたし、日常言語が伝統的な哲学にそれまで貢献してきたけれどもそれと引き替えに哲学によって汚染されてきたことを、確信していた。それゆえ彼は、自分の術語の多くを創作したのである。ハイデガーの書物の翻訳者たちは、この問題と格闘し続けてきたが、問題の解決に成功したかどうかについてはいろいろの程度があった。唯一の英訳であるマッコーリー－ロビンソンの『存在と時間』訳は［現在は唯一の英訳ではない］、ハイデガーの散文を概してよく伝えてはいるが、英訳された術語の多くのものには、ハイデガーが自分の意図を伝えるさいに頼っていた意味の含蓄を欠くものがあるか、あるいはもっと悪いことに、ハイデガーが避けようとしている意味の含蓄を持っているものもある。『存在と時間』の前後の時期の三つの講義の翻訳者たちは、ある場合にはより適切な術語を考えだしている。しかし翻訳者たちはそれぞれ異なった着想をもって事に当っているので、もし今挙げた四つのテクストの引用を一緒にする必要がでてくるときには、混乱は増すばかりである。

ジョン・ホーグランドとウィリアム・ブラットナーと私とは、これらの問題に直面して、また、ドイツ語の各術語に対して英語で違った訳がつけられて出版されることがないような方向に最終的に持って行きたいという希望もあって、われわれの術語を標準化するよう試みてきた。われわれのあいだのこうした一致点に忠実であるように私は努めたが、ある文脈においては、やむをえず自分で術語を作りだす必要があると感じた。標準的な訳語に修正を加えたことを示す以下のリストで、「私」という言葉が時として使われているのはこの理由による。

Augenblick は文字通りには「目で一瞥すること」である。この言葉は、ルターが聖書を独訳するさいに、「われらがそのうちで変えられるであろう」その「一瞬の間」の意味を伝えるのに用いたものである。キルケゴールは、Oieblick を「瞬間」[the moment] と訳される術語として用いている。ハイデガーは彼の用法をキルケゴールから得ているのであるから、私は Augenblick を「見ることの瞬間」[the moment of vision] ではなく、単純に「瞬間」と訳すことにする。

Ausrichtung は「方向性」[directionality] を意味しうる。しかし文脈から言って、「方向の切り開き」[orientation] がよりふさわしいように思える。

Befindlichkeit は日常のドイツ語ではなく、あるイディオムから創作されたものである。10章で私は、標準訳の「心の状態」[state of mind] がなぜ誤解を招きやすいかについての理由と、議論を重ねた後あまり大乗り気というのではないままでなぜ「情状性」[affectedness] という訳語を選んだのかを説明する。

Begegnen は「出会うこと」[to encounter] を意味する。ハイデガーがこの術語を使うときには、ものがわれわれに出会うのである。だが標準訳では、われわれがものに出会うということになる。多くの場合、「ものがわれわれに出会われる」[things show up for us] がハイデガーの意味するところをとらえている。

Durchsichtig は、「透明な」[transparent] と訳されるなら、「見えない」を意味すると取られかねないだろう。ハイデガーにとってこの言葉は、いつも、「明らかな」[clear] あるいは「透視的な」[perspicuous]という意味である。私もそう訳すことにする。

Ent-fernungは、「隔たり」[distance]に当る日常語を分綴してハイデガーの作った造語の一つである。標準訳の「脱-分離」[de-severance]は不必要なまでに奇妙である。ハイデガーの言葉遊びを正確にとらえるには、Entfernungに対する通常の訳である「隔たり」を用いてそれを「隔たりの奪取」[dis-stance]と書けばよい。その説明としては、7章を見られたい。

Ganzheitは「総体性」[totality]と訳すことができる。しかしハイデガーの全体論は、この言葉を「全体性」[whole]と訳すことによって、もっとうまくとらえられる(4章を見よ)。

Innerweltlich。「世界内部的」[intraworldly]の方が、標準となっている「世界-の-内部に」[within-the-world]よりもすっきりすることが多い。私は、どちらがぴったり当てはまるかに応じて、どちらも使ってきた。

Das Man。この術語を「彼ら」[the They]と訳すことは誤解を招く。これではわれわれが、das Manの部分ではないと思われてしまうからである。8章の冒頭で詳しく述べておいた理由から、われわれは「世人」[the one]を選んだ。

Redeは文字通りには話すことを意味する。しかし「談話」[discourse]では、ハイデガーがこの術語に含めている事柄を表わすのに、形式的で言語学に偏りすぎる。12章で挙げた理由により、われわれは「語り」[telling]を用いる。

Seinは「(小文字で)存在」[being]と訳す。存在とは、「存在者がそれに基づいてすでに了解されているところのもの」である。存在は、実体でも過程でも出来事でもなく、あるいはまたわれわれが通常でくわしているどんなものでもない。むしろそれは、存在者たちの根本的な相、すなわち存在者の理解可能性なのである（1章を見よ）。存在には二つの基本的な様式がある。ハイデガーが現存在と名づける人間-存在と、人間以外の存在と、である。後者はさらにZuhandenheitとVorhandenheitという二つのカテゴリーに分けられる。これらの術語は標準的には、「手許にあること」［readiness-to-hand］と「手前に現前すること」［presence-at-hand］と訳されている。ハイデガーが分けて考えようとしている、理解可能性の二つの様式の意味を伝えるために、われわれは「道具的存在性」［availableness］と「事物的存在性」［occurrentness］を選んだ。これらの存在仕方を持つ存在者は、「道具的存在者」および「事物的存在者」と呼ばれる。

Sein beiをハイデガーが用いるときには、「傍らの存在」［being-alongside］を意味しているのではなく、「のもとでの存在」［being-amidst］を意味している。

Ein Seiendesは、標準的には「存在者」［an entity］と訳される。しかしハイデガーが、日常の文脈を記述するときには、「存在するもの」［a being］を用いる方がよい。抽象的な哲学的な文脈の場合や、「存在するもの」［a being］が「存在」［being］と混同されそうなときには、私は「存在者」を使い続けてきた。［この訳書ではどちらの場合でも一貫して「存在者」の訳語を当てる。］

Seinkönnen。標準的な訳である「存在への可能性」［potentiality-for-being］は、könnenが、いかになすかを知ること［know-how］を意味していて単なる可能性を意味してはいないのだから、ぎこちないし誤解を招くものでもある。われわれは、「存在しうること」［ability-to-be］を用いる。

Sinnは普通「意味」［meaning］と訳されるが、これでは「存在の意味」［the meaning of being］というような語句がいかにも定義に関するものであるかのように聞こえすぎる。われわれは「意味」［sense］を使う。［この訳書ではmeaningとsenseの区別はないことになる。］

Unheimlich は、通常「薄気味悪い」[uncanny] と訳されるが、人間が世界のうちでくつろぐ家がないという感じに注意を向けるよう意図された言葉である。それゆえわれわれは、「落ち着かない」[unsettled] を提案する。

Ursprünglich は、標準訳ではいつも「原初的な」[primordial] と訳される。ハイデガーが、起源により近いという意味で「より原初的な」という言い方をするときには、この訳は適切である。しかし、ursprünglich が、起源であることを意味するのに使われている場合には、私は「根源的」[originary] と訳す。[この訳書では、primordial と originary を区別せずに、両語に「根源的」という統一した訳語を当てる。]

Verfassung は、Seinsverfassung や Grundverfassung という言い方のなかで使われて、「構成」[constitution] と普通は訳される。しかし「構成」はフッサールの術語であり、したがって今述べた文脈では誤解を生じさせる。われわれは「機構」[makeup] を選ぶ。

Vorlaufen。標準訳である「予料する」[anticipating] は心的志向性の響きが強すぎる。しかもこの訳語は、何かを予期して待つことを含意している。用途性 [towards-which] のような心的志向性でない他の概念の場合と同じく、心的志向性にかかわらない術語が必要であって、われわれは単に「先駆」[forerun] という直訳を用いることにする。

Weltlichkeit。このドイツ語の文字通りの意味は、「世界性」[worldliness] であって「世俗性」[worldhood] ではない。世界の存在する仕方として理解されている世界性は、精神的なものと対立する生き方としての世俗性という日常の意味とはまったく関係がない。

Woraufhin は、重要ではあるが難しい術語であって、標準訳では「基づくところのもの」[the upon-which] であるとか他にいろいろな仕方で訳されている。この術語の意味するところは、それを基礎にして物事が理解可能になる背景、あるいは、それによって物事が理解可能になる背景の構造、である。私はこの術語を文脈に応じて、「それによるところのもの」[that in terms of which] あるいは「基礎になるところのもの」[that on the basis of which] と訳す。[この訳書では必ずしも、一定の訳語を用いているわけではない。]

Zunächst und zumeist は、「大体において」[by and large] のようなよくある対語である。これらはより正確には、「差しあたりたいていは」[primarily and usually] を意味する。

Zusammenhang は、「文脈、コンテクスト」[context] と訳せるだろう。しかし「連関」[nexus] の方が曖昧さが少ない。

私は、『存在と時間』やその他の講義から引用を行なう場合には、今取り決めた訳語からはずれることのないようにした。私はまた、ハイデガーの主張しようとしていたことを際だたせることができると思ったときには、標準訳を変えることを厭わなかった。ある術語や語句が私自身の議論に関連を持つ場合には、そのことを強調するのにイタリックを施したが[この訳書では傍点]、引用文においてはたいていの場合、ハイデガー自身によるイタリックはすべてあるいは部分的に、取り除いてある。ドイツ語では一般に、イタリックの使用は英語の場合よりも自由である。しかも、ハイデガーの施すイタリックは、引用部分より広い文脈においてのみ意味を持っていることが多いのである。

ドイツ語であれ英語であれハイデガーを読もうとする人はたいてい、最初はハイデガーの新奇な言語に困惑させられる。しかし、彼の述べるところをより親しみやすい言葉に置き換えようと努力する段階を過ぎてみると、彼の使う言葉が厳密で啓発的であり、しかも、彼の明らかにしたいと思っている現象について語るのに不可欠なものですらある、と感ぜられるようになる。もし読者が、あまりにも当たり前なので二五〇〇年のあいだ飛び越され・無視され続けてきた世界という現象を、ハイデガーの言語のおかげで目の当たりにすることになり、世界の内で存在する［being-in］ことについて考え論じる仕方を学ぶことになるなら、『存在と時間』とこのコメンタリーの役目は果たされたことになる。

謝辞

過去二〇年、私はこれまでのいろいろな世代の学生とティーチング・アシスタントたちに、『存在と時間』の理解を深める上で非常に多くのものを負ってきた。才能豊かなティーチング・アシスタントたちの多くは、今や独立した第一線のハイデガー研究者である。そのなかには、チャールズ・ギニョン、キャロル・ホワイト、ジョン・リチャードソン、コービン・コリンズ、シオドア・シヤッツキ、チャールズ・スピノザが含まれている。この本には、彼らのうちの何人かが長年にわたって私に取らないよう説得してきたような考え方も含まれてはいるが、それにしてもこの本は、私のものであると同時に彼らのものでもあるのだ。

ジョン・ホーグランドは特別な存在である。最初は私の学生として、次にはティーチング・アシスタント、協力者として、最後には同僚として、彼がこのコメンタリーに与えた影響は至るところに見られる。われわれは、『存在と時間』の第二篇のハイデガーの実存主義的な面に関しては、まったくと言ってよいほど意見を異にするし、おそらく第一篇に関しても強調する力点が違うであろう。しかしこの本で表明されている基本的な考え方の多くのものは、ハイデガーについての二〇年にわたるわれわれのあいだでの熱心な議論から形を取ってきたものである。

以前バークリーの学部学生だった人々や、他の大学の教師たちもまた、私の講義録のいろいろな版に鋭い創造的な批判を加えてくれ、私は大いに助けられた。特に、ドロシア・フレーデ、ウィリアム・ブラットナー、チャールズ・テイラー、ジョセフ・ラウス、ピョートル・ホフマン、ランダル・ヘイヴァス、から寄せられた詳細な批判や提案は、厳しく有益なものだった。彼らのおかげでこの本の出版は数年遅延したが、しかし彼らの助力がなければ、以下の本文はもっと理解しにくいものになっただろうし、ハイデガーを理解する役にもっと立たないものになっていただろう。

デニス・デニソン、デイヴィッド・ブレイク、アンドルー・クロスが、文章に関して詳細かつ有益な提案をしてくれたことに感謝する。特に感謝しなければならないのは、熱意あふれる担当の編集者ラリー・コーヘンである。彼は、このコメンタリーのこれまでの何種類にもなる草稿を読み解き、それらを改善してくれた。

講義の草稿をこの本にする作業を最も持続してすることができたのは、私がグッゲンハイム・フェローだった一九八五年のあいだだった。グッゲンハイム財団からこのような援助をいただいたことに感謝する。最後に、草稿の清書を引き受けてくれて草稿の書換えがあってもいつも点検を怠らないでいてくれたことに対して——その間にタイプライターはワープロとコピー機にその席を譲ったが——、私の妻であるジュヌヴィエーヴに特段の感謝の意を捧げたい。

日本語版への序文

私のコメンタリーが日本語に翻訳されるのをうれしく、また誇りに思う。ことに日本には、本格的なハイデガー研究の長い歴史があるだけになおさらである。私はまた、コメンタリーの英語版に多くの誤りを見つけてくれた訳者たち、とりわけ門脇俊介の良心的な仕事に対して感謝したい。彼らの訂正と提案とは、現在改訂作業が進行中のコメンタリーの第二版に、組み入れられる予定である。

門脇らによって改善されたこの日本語版に向けての「序文」のなかで、私としては、もう一つの重大な誤りを訂正しておくべきだと考えた。「世人」に関する8章で私は、ハイデガーの基本テーゼを次のように分析した。（1）人々は、道具・他人・自己自身に対処する技能を持つ。（2）人々のあいだで共有されている日常的な対処の振る舞いは、一定の規範に順応している。（3）道具、規範、社会的役割のあいだで相互関連的に形成されている全体が、ハイデガーが「有意義性」と呼ぶ全体性である。（4）有意義性は、平均的な理解可能性の基盤である。（5）この平均的な理解可能性が、公共的な言語のうちでさらに分節化されうる。ハイデガーを引用して述べれば、「人は同一のことを思っているのだが、それというのも人が、言われた内容を同一の平均性において共通に了解しているからなのである」（212）［168］。そうして私は、「公共性は、すべての世界解釈と現存在解釈とを差しあたって規整しており、つねに正しいと認められている」（165）［127］と結論を下すハイデガーの明らかなアイロニーを無視して、次のような結論を導いたのであった。すなわち、ウィトゲンシュタインの場合と同じくハイデガーにとっても、世界と人間存在についての理解可能性の源泉は、日常言語のうちで分節化される平均的で公共的な振る舞いである、と。

この解釈は正しいと、今でも私は思っている。しかし私は、理解可能性が平均的了解と日常言語とに基盤を持つという点から、誤って結論を導いたのであった。つまり、ウィトゲンシュタインの場合と同じくハイデガーにとっても、世人と名づけられる社会的規範によって与えられる公共的で平均的な理解可能性より、さらに高次の理解可能性は存在しないと結論したのである。プラトンのイデアとか、延長する存在者間に成立するデカルトの数学的関係とか、ヘーゲルの言う自らに対して透明な精神、などといった高次の理解可能性は、どうしても形而上学的なものであるし、ハイデガーはこのような考え方を拒否していたに相違ないと、私は主張したのであった。また同じく、少なくとも原則上は共有することができないような、私秘的な理解可能性などというものはどんなものであれ、そこからはじきだされている人々にとっては、理解不可能性と同然だとみなされると、私は主張した。理解可能性というものは、すべての合理的生物によってとは言わないまでも、少なくともある文化や生活形式において育てられた人々によって、共有されているかあるいは少なくとも共有可能でなければならないというのが、理解可能性を考えるときの決定的ポイントである。そこから私は、公共的な振る舞いとその振る舞いを分節化している言語のうちに存在する理解可能性より高次の、理解可能性がハイデガーにとって存在することを、簡単に否定してしまった。

私はこの点に関して間違えていたのではないか、と考えるようになった。ハイデガーの主張によれば明らかに、状況についてのみならず現存在自身についても、日常的了解より高次の了解の形式が存在する。ハイデガーはこの高次の了解を、「根源的了解」(212)［168］と呼んでいる。ただし私としては、この根源的な了解が、根本的に日常とは異なった物事の理解の仕方ではありえない、という点については以前と同じ考えである。というのもハイデガー的に考えれば、こうした高次の理解可能性は何らかの意味で、人々がそのうちへと社会化されて育てられていく平均的理解可能性に基づいていなければならず、またそうした平均的理解可能性から生じてくるのでなければならないからである。問題になっている、より高次の形式の了解とはどんなものなのだろうか。

手がかりとして役立つのは、『存在と時間』がどのようなテクストに依拠して生みだされていったかを研究した、シオドア・キシールの成果を思いだしてみることである。キシールによれば『存在と時間』は、アリストテレスに関するハイデガーの研究から生みだされてきた。第一篇は、テクネーすなわち日常的技能を扱ったものであり、第二篇は、フロネーシスすなわち実践的知恵を扱ったものであるというわけである(1)。つまり私たちとしては、ハイデガーが、文化的な振る舞いの熟練について彼独自のやり方で述べていると、期待できそうなのである。アリストテレスにならって言えば、このような熟練のおかげで、フロネーシスを持つ人は「適切なときに適切な仕方で適切なことを」「即刻」なすことができる。しかし一体アリストテレスとハイデガーは、テクネーとフロネーシスということでどんな現象のことを指していたのであろうか。その謎を解くためには、こうした現象がそれ自身のあるがままの姿を示せるように、してやるしかない。だから私はここで立ち止まって、新しい技能をある領域で獲得するさいにはいつでも起こっている、技能獲得の四段階について、きわめて簡略にではあるが記述しておこう。ここでの新しい技能には、アリストテレスの言う「フロネーシスを持つ人」、つまり実践的知恵を持った人間の場合のような、社会的状況における熟達者になるさいにその人が持つ技能のことも含まれている。

第一段階——初心者

技能獲得のための教育は、普通、初心者が獲得するべき技能なしでも認識できるように、コンテクストを欠いた特性へと作業環境を分解してやることから始まる。さらに初心者は、こうした特性に基づいて行為を決めてゆくことができるための、ルールを教えられる。

例えば、自動車の運転を習う生徒は、(スピードメーターが示している)スピードなどの、領域から独立した特性を認識することを学び、「スピードメーターが時速一〇マイルを指したときにはギアチェンジせよ」というルールを教えられる。自分の文化のなかで倫理的に行為する仕方を学びつつある子どもは、「決して嘘をつくな」といったルールを、教えられるかもしれない。

第二段階——中級者

初心者が、現実の状況に実際に対処する経験を積むにつれて、状況についてのさらに意味のある側面を表わす、明瞭な例に気づくようになる。あるいは教師がそのことを教える。例を十分な数だけ経験すると、生徒はそうした例を認識できるようになるのである。このような、状況についての新しい意味のある側面を処理していくための、指令となる原則が存在しうることになる。

例えば、初心者が「時速一〇マイルでギアチェンジせよ」というルールに従うなら、自動車は、上り坂や積み荷が重いときには立ち往生してしまう。だから、中級者はいつギアチェンジするかを決定するために、（状況に即応しない）スピードだけではなく（状況に即応した）エンジン音をも利用することを、学ぶのである。中級者の学ぶ原則は次のようなものである。「エンジン音が高くなりすぎるときには、ハイギアにし、エンジンが苦しそうな音をだしているときには、ローギアにせよ。」

同じようなことだが、嘘をついてはいけないという方針によって、子どもがけんかに巻き込まれたり、重要なイベントから締めだされてしまうこともある。だから両親は子どもに、友達の家から帰るときには、実際にはそうではなかったとしても「楽しかったよ」と友達に言うように、教えるのである。子どもは、「決して嘘をつくな」というルールの代わりに、「他人の気を悪くさせないということが問題であるとき以外には、決して嘘をつくな」という原則を学ぶのである。

第三段階——上級者

もっと経験を積むようになると、学習者が認識すべき関連する可能的要因が、どんどん数を増やしていって手に負えなくなる。この時点では、どんな個別的状況をとったときでも何が重要なのかを教えてくれる理解力がはたらかないので、技能の遂行は、神経をいらいらさせるものになり、消耗させるものになる。技能を学ぶ者は、その技能に熟達することなどそもそもできるのだろうか、という当然の疑問を抱くことになる。

このような過負担状態に対処し適切な上級技能を獲得するために、人々は教育や経験を通して学んでいく。つまり、状況のどの要素が重要だとみなされねばならないか、またどの要素を無視してよいのかを決定するような計画を考案すること、あるいはそうした決定をなす視点を選択することを、学んでいくのである。膨大な数にのぼる、関連する可能な特性や位相のうちから、少数のものだけに注意を集中するような視点の選択をすれば、意志決定はより容易になる。

高速道路の出口のカーブを降りようとする上級のドライバーは、ギアを変えるかどうかよりは自動車のスピードに対して、注意を払うことを学んでいる。このドライバーは、スピードや路面の状態、路面の傾斜角度などを考慮に入れてしまった後で、自動車が速く走りすぎているかどうかについて意志決定する。さらに彼は、アクセルをゆるめるべきか、アクセルから足をまったく離してしまうべきか、ブレーキを踏み込むべきか、そしてこれらの行為のうちの一つを正確にはいつ行なうべきか、について意志決定しなければならない。彼は、ほかの車からクラクションを鳴らされないでカーブを通過すればほっとするし、思わぬ横滑りに逢えば動揺する。

真実を語るべき状況がある一方で、嘘の必要な状況もあるということを、若者は学んでいく。これは気をくじく教訓ではあるのだが、若者は、目下の状況が信頼を築くべき状況なのか、相手をサポートすべき状況なのか、他人をその当人の利益のために操作すべき状況なのか、残忍な敵対者を害すべき状況なのか、等々を決定することを学ぶ。例えば、信頼が重要なのであれば、彼は、いついかにして真実を語るべきなのかを意志決定することを学ばねばならない。

こうした場合上級者は、何らかの計画や視点を定めるための、ルールや推論手続きを求める。しかしそのようなルールは、初心者に授けられるようなルールや原則のようには、容易に手に入れられるものではない。状況があまりにも多すぎ、しかもそれらは相互に、さまざまに微妙な仕方で異なっている。現実には、名前をつけられたり正確に定義されるより、もっと多くの状況があるのだから、状況のタイプの一覧表を学習者に用意してくれる人などありえないし、それぞれの状況で何をすべきかを意志決定するのに使える計画や視点が、どんなものであるべきかを教えてくれる人もありえない。したがって上級者は、自ら何らかの視点を選択しなければならず、そのさい、その視点が最終的に適切かどうかには確信が持てないでいる(2)。

そのような意志決定はリスクを伴うものである。だから人々は、標準とかルールによって安全を確保してもらおうとする。リスクを恐れる人が不適切な意志決定をし、それによってトラブルに巻き込まれてしまった場合、その人は、危ない状況の一定のクラスを記述することによって自らの誤りの特徴を理解し、将来このようなクラスを避けるようなルールを作ることになる。極端な例を挙げてみよう。駐車スペースからでようとするドライバーが、接近してくる車がゆっくりしているから大丈夫だと誤って判断したために、接触事故を起こしてしまったとする。そのドライバーは、車が接近してくるときは駐車スペースからでないというルールを、作るかもしれない。このような四角四面の反応は、一定の状況のクラスでは、安全運転の役に立つだろう。しかしこれでは、運転技能を洗練することが難しくなってしまう。この例では、いろいろな駐車場所からでるさいの柔軟な技能を獲得することが、難しくなってしまうのである。一般的なルールに従おうとすることでは、上級者の域を越えにくいというのが通例である。

しかしながら、一般的ガイドラインなしでは、状況への対処は単に消耗させるものであるどころか、脅威を与えるものになってしまう。この第三段階以前の段階でルールが機能しないときには、行為者は自分の誤りに後悔の念を抱くよりはむしろ、自分に十分なルールが与えられていなかったという合理化をすることができた。しかし今度は、行為者は自らの選択に責任を感ずる。彼の選択はしばしば、混乱と失敗につながってしまう。もちろん、時にはうまくいくことがあるし、上級者は、初心者には未知の高揚感のようなものを経験する。したがってこの段階にいる学習者は、感情のローラー・コースターの上にのっかっている心地がする。

上級者が自分の作業に、感情込みで巻き込まれていけばいくほど、彼にとってはますます、一歩退いて初心者のように第三者的にルールに従うなどという立場は、とりにくくなる。このように上級者の巻き込まれているあり方［involvement 本文では「適所的参与」］は、ルールをテストするといった手順とかみ合わず、不合理な意志決定を導いて、さらに技能を発達させることを妨げるように見えるかもしれない。しかし実際には、反対のことが起こっているように思える。初心者と中級者のように第三者的にルールに従う立場が、上級者のように巻き込まれているあり方に置き換えられてみると、より前進していくための舞台が整えられるのである。もちろん、自分が巻き込まれていくことを受け入れられなかったり、リスクに抵抗するような場合には、停滞が起こってしまうのが普通だし、しまいには退屈と退化が生じてきてしまう(3)。

第四段階――エキスパート

同一の視点から見る場合でもそれぞれ異なった戦略的な意志決定を要求している、さまざまな状況に対して十分な経験を積むと、上級者はしだいに、状況のクラスを下位クラスへと分解していくようである。この下位クラスのそれぞれが、同一の意志決定、一つの行為、あるいは一つの戦略を共有している。このような下位クラスへの分解によって、いちいちの状況への即座の応答が可能になる。

スピードをどうするかが問題なとき、エキスパートのドライバーは、普通特に注意を払うことをせずに、自分の技能に身を任せているという感じを持つだけではない。彼は、計算したり他の選択肢との比較をすることをせずに、適切な行為をいかに遂行すべきかを知っている。高速道路の出口で、彼の足はただ、アクセルから足を離すかブレーキを踏むだけである。なされねばならないことは、端的になされるのだ。

さらにまた、リスクを負うのに十分な経験を積み十分なそなえをすれば、たいていの子どもたちは、倫理に関するエキスパートに育っていく。彼らは、ルールや原則に訴えることをしないで、状況に応じて真実を言ったり自発的に嘘をついたりすることを、学んでいるのである。アリストテレスなら、そのようなエキスパートは、誠実さという徳を獲得した人だと言うだろう。自分の文化のなかでの間人格的な状況の広範囲にわたって、適切な応答ができるエキスパートに育っていく人が、何人かはいるものである。そのような社交のエキスパートは、生きることの達人［virtuoso 徳のある人］と呼ばれるべきであろう。

さてここでわれわれは、技能獲得に関するここまで述べてきたような説明を一般化して、『存在と時間』の問題とつなげることができる。つまり、生きることの達人が、社交的な状況について洗練の度を増しながら保持している理解力というものは、ハイデガーが考えていたようなより根源的な了解と、おそらく同じものなのではないかという問題である。この問題を解くことができるためには、アリストテレスの言う「フロネーシスを持つ人」が、いかにハイデガーの言う「決意した現存在」と関連しているかを見ればよい。明らかにハイデガーは、行為することの平均的なあり方は標準とルールに従うことであると、主張している。ハイデガーの記述によれば、「配慮しつつかつ顧慮する世界内存在の持つ、さまざまな課題やルールや標準」に従いながら、「現存在は世人のうちに喪失されている」(312)［268］。それと対照的に、ハイデガーの言う決意した個人は、月並みで平均的で公共的な標準から逸脱して、自発的に個別的な状況に応答する。ハイデガーの用語を使えば、非決意的な現存在は一般的情勢（Lage）に応答し、決意した現存在は具体的な状況（Situation）に応答する。ハイデガーの述べるところに従えば、「世人にとっては、……状況は本質的に閉鎖されている。世人は《一般的情勢》しか知らない」(346)[300]が、「決意した現存在」は、「行為することの具体的状況」(349)[302]に触れている。これら二つの種類の状況の区別は、『存在と時間』のことといった箇所に由来するものではなく、むしろその起源を、『プラトン：ソピステース』講義(一九二五)における、フロネーシスに関する詳細な議論に見いだせることは明らかである。ここでハイデガーは言う。

そのつど行為するものとしての現存在は、最広義での意味での状況によって規定されている。この状況はそのつどに異なる。周囲の事情、与えられたもの、機会と人は、変化していく。行為それ自体の意味、すなわち正確には、私のなそうとすることも、同様に変化していく。行為する現存在を、現存在がそのつど行為しそのうちでそのつど異なったものである状況全体において、開示することは、フロネーシスによるのである。(4)

技能獲得の現象学に照らして考えれば今や、具体的状況が、公共的で日常的な理解可能性から切り離された、何らかの高次の形而上学的理解可能性を持つわけではないという、私の主張が正しかったことが分かるはずである。むしろ、フロネーシスを持つ人にとっての理解可能性とは、共有された文化的振る舞いの内部でなされる長いあいだの経験から生じてくる、さまざまな反応を、徐々に洗練した結果なのである。しかし私は、通常の行為の仕方によって端的に可能になる理解可能性よりも、より高次の理解可能性があることを否定していた点で、間違えていたのであった。

注

(1) キシールは言う。「つまり『存在と時間』のプロジェクトは、アリストテレスのテクストについてのたゆまぬ解釈を背景として、一九二一年から二四年のあいだに形成された。アリストテレスのテクストから、『存在と時間』の第一篇と第二篇で論じられる前理論的なモデルが導かれたのである。すなわち、第一篇に関しては制作のテクネー、第二篇に関しては実践のフロネーシス、の二つのモデルである。」Theodore Kisiel, *The Genesis of Heidegger's*

Being and Time (Berkeley and Los Angeles : University of California Press, 1993), 9.

（2）そのつどの状況で何が問題なのか、換言すれば、それがどんな状況なのかに関するそうした意志決定は、行為者が、その文化の持つ感受性を共有していること、および、行為者の仲間たちによって認識されている諸類似性に応答する能力を持つことを要求している。

（3）パトリシア・ベナーは、この現象を次の書物で記述している。Patricia Benner, *From Novice to Expert : Excellence and Power in Clinical Nursing Practice* (Addison-Wesley, 1984), 164.

（4）Martin Heidegger, *Plato's Sophist* (Bloomington and Indianapolis : Indiana University Press, 1997), 101 [GA19, 147]. この講義ではハイデガーはまだ、Lage と Situation をはっきりとは区別していない。この講義でハイデガーは、具体的状況を指すのにこれら二つの術語を使っていて、両者は交換可能である。例えば同書一〇二ページ [GA19, 148] を見よ。「私が決意してしまっている当のものへと絶えずまなざしを向けることに基づいて、状況〈Situation〉は透視的でなければならない。選択されたもの [proaireton] から見れば、具体的状況〈konkrete Lage〉は……隠蔽されている。」

この訳書における約束事

原著について

ここに訳出したのは、Hubert L. Dreyfus, *Being-in-the-World : A Commentary on Heidegger's Being and Time, Division I* (Cambridge MA : The MIT Press, 1991) の初版である。この書物は付録として、Hubert L. Dreyfus and Jane Rubin, "Kierkegaard, Division II, and Later Heidegger" を含んでいるが、この訳書では付録は訳出していない。したがって、付録についての本文中での言及は、この訳書では多くの場合割愛されている。

訳書における表記について

訳者が必要と考えて補った部分を［　］で示す。

ドレイファス自身による本文中の（　）による補足は、（　）による表記のままである。

ドレイファス自身による引用文への補足・挿入は、原著では［　］で示されているが、訳書では〈　〉を用いる。

引用符“　”内の引用符‘　’は、《　》で示した。

原文にない「　」を、読みやすさのために挿入した場合がある。

原文におけるイタリック表記は、書名を表わす場合には『　』に、その他の場合には傍点を打ってある。英語にとっての外来語の単語の表記に用いられている場合など、この原則に従わないこともある。

『存在と時間』の篇、章、節を示すのには漢数字、このドレイファスの注釈書の章を示すのにはアラビア数字を用いる。

「世界」につけられたアステリスク［*］の用法については、三三五ページ、5章の注14を見よ。

原著における引用文・引用書について

ドレイファスは、ハイデガーの文章を引用するさいには、英訳のあるものは（自分なりの修正を加えながら）英訳に依拠し、ないものは自分で訳出して引用している。特に『存在と時間』の英訳として、*Being and Time*, translated by John Macquarrie and Edward Robinson（SCM Press, 1962；現在は、Harper & Row, Publishers, Inc、ないしは、Basil Blackwell から刊行）から多くの引用を行なっている。これらドレイファスが英訳書から引用したハイデガーの文は、英訳書の訳をなるべく尊重したが、ハイデガーの原著、および原佑・渡辺二郎による中央公論社版の日本語訳を参照して修正を施している。

『存在と時間』の基本的術語の訳語としては、多くの場合、原佑・渡辺二郎訳の中央公論社版の訳語を採用している。ただし、中央公論社版に従わない場合もある。

ドレイファスがハイデガーの英訳から引用した文に見いだされる、ハイデガーの原文にない記号（例えば引用符）などは、基本的にドレイファスの引用に従って訳出している。

ハイデガー以外の著者からの引用文は、原則的にドレイファスの引用文に従って訳出した。また、原著で引用されている著作・論文に関しては、その日本語訳がある場合にはその初出時にのみ、日本語訳の情報を記した。

引用文・引用書のページづけ、略符号について

『存在と時間』からの引用にさいしては、引用文の後に書名なしで、例えば“(98)[69]”のように二種類の数字だけが示されている。丸括弧内に示された数字は『存在と時間』の英訳のページ数を指し、角括弧内に示された数字はニーマイヤー版のドイツ語原本のページ数を示す。

ハイデガーの『存在と時間』への欄外注から引用する場合には、クロスターマン社のドイツ語全集版の『存在と時間』のページを〔 〕括弧でくくって挙げてある。

ドレイファスが引用している『存在と時間』以外のハイデガーの著作のうち、クロスターマン社版ハイデガー全集に収録されているものは、訳者の補足として全集版の巻数・原ページを"GA"の記号の後に記した。全集版において未刊行の著作に関しては、なるべくハイデガーの原著のページを対応させる措置をとってある。

フッサールからの引用においては、訳者の補足として全集版の巻数・原ページを"Hua"の記号の後に記した。

引用書名の略符号については、ドレイファスの用いているものを踏襲した。三二五ページを参照。

訳語について

ドレイファスが訳し分けている術語でも、日本語において有意な差がないと判断した場合には訳し分けていない場合がある。特に、entity/a being(存在者)、meaning/sense(意味)、originary/primordial(根源的)など。訳語についての、ドレイファスの序文における注意を参照せよ。

for-the-sake-of-which：ドイツ語の Worum-willen の英語訳であるが、原文にない「 」をいつもつけて「目的であるもの」と訳した。ただしこの概念は、通常の目的手段関係に限定されない意味の広がりを持っていることに注意しながら、読み進めていただきたい。

involvement：ドイツ語の Bewandtnis（適所性）の英語訳である。Bewandtnis は『存在と時間』において、主に道具の「存在」を表わすために用いられている術語であるが、ドレイファスはその英訳術語である involvement を、道具を用いつつ実践的コンテクストに参与している現存在のあり方を指すために使用する場合がある。前者の場合には「適所性」、後者の場合には「適所的参与」の訳語を当てる。

practices：practice の複数形である practices の訳語としては、「振る舞い」を採用した。practices には、人間の現実の行為と、その行為によって成立した慣習という両側面が含まれている。「慣習」という訳語ではその一側面だけに力点が置かれる恐れがあると判断し、この両側面をともに意味しうる語として「振る舞い」を採用した。現実の行為のみを指すcomportmentは、「ふるまい」と訳されている。

この訳書における原著の修正について

原著には、引用ページ数の誤記、英訳本における誤訳、著者の思い違いなど、いくつかの修正されるべき点が含まれている。著者の了解の上、ページ数の誤記など簡単な修正点については特に断らず修正し、その他の点については訳者からの補足として注意を促す措置をとった。

訳出の分担について

序文、日本語版への序文、序論、1章、2章を門脇俊介が、3章、4章、5章を榊原哲也が、6章、7章、8章を貫成人が、9章、10章、11章、12章を森一郎が、13章、14章、15章を轟孝夫が、それぞれ受け持った。最終的な訳語の統一と文体の統一は門脇俊介が行なった。索引の作成に当って、東京大学大学院総合文化研究科学生、飯嶋裕治氏の助力を得た。

序論　なぜ『存在と時間』を研究するのか

ハイデガーが『存在と時間』でめざしていたものは、何ものか（物、人、抽象概念、言語、そのほか）が存在するということは何を意味するかについての、われわれの理解を深めることにほかならない。彼が望んだのは、存在のいくつかの異なった仕方を区別することであり、さらに、これらの存在の仕方がすべて人間存在に関係し最終的には時間性に関係しているということを具体的に示すことであった。

ハイデガーの主張するところによれば、伝統的に人間存在は、誤った仕方で記述され解釈されてきた。だから、彼のなすべき仕事の第一段階は、人間であるとはどんなことであるのかについて、新しく分析を練り上げる試みである。そこで得られた結果が健全なものならば、その結果は、自分がどんな存在なのか理解しようと思っているどんな人にも重要だ、というのは明らかだろう。ハイデガーのめざす結論は、人間科学にとっても決定的である。何ものかを理解しようとする場合に、それがどのようなものなのかについて正確な記述を持たなければ、それを理解することなどできないというのは、当然のことだからである。それゆえ、例えばアリストテレス以来の伝統にならって、人間を、信念と欲求に基づいて問題を解き行為する理性的動物だと考える場合には、このような人間の存在の仕方を記述するために、心や意志決定やルールに従うことなどについての、理論を展開しておかねばならない。人間のあり方についてのこうした記述が皮相なものだということがもし明らかになれば、こうした記述に基づく学問的努力はすべて虚しいものになってしまうだろう。

人間存在に関する伝統的な誤解は、プラトンが理論というものに心奪われてしまったことから始まった。多様な現象の根底にひそむ原理を発見することによって、第三者的に、宇宙を理解することができるという発想は、人間による火と言語の使用が始まって以来、最も強力で刺激的な発想であった。しかし、プラトンとそれ以来のわれわれの伝統は、人間と人間世界をも含めたすべてのものに関して一つの理論を持ちうると考えることによって、また、人間が事物と関係する仕方のうちには事物についての暗黙の理論を所持することが含まれているはずだと考えることによって、誤った道を歩み始めた。

ハイデガーは理論というものに反対するのではない。理論というものは強力で重要であるけれども、制限されたものなのだ、と彼は考えるのである。彼が基本的に示したいと思っているのは、理論を可能にするものについての理論を持つことはできないということである。彼のこの主張が正しいとするなら、プラトンからデカルト、カントをへて彼の恩師であるエトムント・フッサールにまで至る伝統的な哲学者たちが受け入れてきた、最も根強く影響力の大きい諸前提のうちの一つが、彼の分析によって疑問符を突き付けられているのである。この前提こそわれわれの考え方や問いの立て方に決定的な役割を果たしているのであるから、ハイデガーの分析は、人間を研究している哲学や他のあらゆる諸学問が現在行なっている仕事に、疑問符を突き付けていることになるのである。例えば、言語学、人類学、心理学、社会学、文芸批評、政治学、経済学、などにおいて現在、形式的モデルが求められていることの根底には、こうした伝統がひそんでいる。これらの諸学問のどの分野においても、研究者たちが見いだそうとしているのは、コンテクストを欠いた要素、手がかり、属性、特性、要因、原始的因子などなどであって、研究者たちは、これらの要素・要因を、自然科学や行動主義の場合なら被覆法則によって関連づけようとするし、構造主義や認知主義の場合ならルールやプログラムによって関連づけようとするのである。

これらの形式的アプローチは大きな関心を集めているものの——特に、いわゆる心についての情報処理モデルの場合は——、しかしすでに、これらの形式的アプローチが当初期待されたような結果をださなかったという認識が優勢になりつつある。構造主義は注目されなくなった。人間科学においては、心理学で問題になっているプロトタイプの役割や人類学で問題になっている自己解釈的な社会慣習の役割のように、情報処理モデルにはうまく適合しない現象がどんどん研究されつつある。研究者たちが彼らの学問における理論の役割を問題にするにつれて、意味とコンテクストを考慮した解釈学的方法に、関心が向かうようになってきている。

このような意味とコンテクストを考慮したアプローチは、意識的であるにせよないにせよ、『存在と時間』の解釈学的方法に範を仰いでいる。ハイデガーは、ヴィルヘルム・ディルタイの考えを受けて、解釈学を聖書研究のための方法からあらゆる人間活動を研究するための方法へと一般化した。ハイデガーはまさに、人間存在の研究において解釈ということが必須なものであることを力説しそのような解釈が必然的に持っている循環の構造を詳細に指摘することによって、解釈学的方法を現代哲学に導入したのである。

ハイデガーは、フッサールの超越論的現象学に対抗して解釈学的現象学を説いた。フッサールは、人間科学の基礎づけが以前から危機にあると考えて、人間科学の失敗の理由は、志向性——個別の心が対象を表象する何らかの心的表象によって対象へと向けられていること——を考慮に入れなかった点にあるのだと応じた。彼の提示した説明とは、人間を本質的には自己内在的な意味を伴った意識であるとみなすことであり、この自己内在的な意味を、彼は「志向的内容」と名づけている。フッサールによれば、このような心的内容によって、われわれが出会っているすべてのものが理解可能になる。ハイデガーの反論は、自足した個別的主観がその心的内容によって世界へと向けられているというような志向性よりも、もっと基礎的な志向性の形式が存在する、ということである。ハイデガーの新しいアプローチの根底にあるのは、日常的事象に対処していく「心抜きの」技能の現象学であって、この技能こそあらゆる理解可能性の基礎なのである。

　デカルト以来哲学者たちは、われわれの心のうちの観念が外的世界に関して真になるのはどのような場合かを説明する、認識論の問題に呪縛されてきた。ハイデガーの明らかにするところに従えば、このような主観・客観図式をとる認識論は、われわれが社会化されてそのなかへと巻き込まれていながらしかもわれわれの心中でそれが表象されることがないような、日常的振る舞いという背景を、前提にしているのである。彼はこのようなより根本的な物事の分かり方を、われわれの存在了解だとするのであるから、彼のやっていることは存在論だと主張されるわけなのである。すなわち、われわれが知識化できるようなものではなく——すなわち世界に対応する心中の表象ではなく——、われわれが端的にそれであるものとしてのこうした存在了解の本性を問うことを彼はやっているのである。

　ハイデガーはこのように、知る主体と知られる客体との関係についての認識論的な問いに代えて、われわれはどのような種類の存在なのか、われわれの存在は世界の理解可能性とどのように密接に連関しているのかといった存在論的な問いを提出することによって、フッサールとデカルト的な伝統とから縁を切っている。彼はキルケゴールを真似て、デカルトの有名な第一命題が「我あり、ゆえに我思考する」というふうに転倒されるべきだと考える。ハイデガーは次のように述べる。

> デカルトは「我思考ス、我アリ」［cogito sum］ということで、自分が哲学を新しく堅固な地盤の上に置いているのだと主張している。しかし、彼がこのように「徹底的な」仕方で始めるときに規定せずにおいているものは、「思考スルモノ」［res cogitans］の存在様式、一層正確には、「我アリ」［sum］の存在の意味なのである。(46)［24］(1)

ハイデガーは人間存在の分析において、認知主義者や構造主義者のように、意識主観の役割を最小限にしようとする。そのために彼は時として、構造主義者の部類に入れられたりする。しかし、彼のフッサールとデカルト的伝統に対する批判は、もっと根本的なものである。形式化を奉ずる論者の場合とは違って、ハイデガーの導入する志向性や意味の分析は、意味を欠いた形式的モデルと、世界と心との基本的関係を心的な意味を介した主観・客観関係とみなす伝統的な見解との、両方に異論を唱える方向へ向かうものである。

このように、ハイデガーの解釈学的現象学が疑問符を突き付けるのは、人間の活動が理論によって説明できるとするプラトン的な前提であるとともに、デカルト的伝統が意識主観に与える特権的な地位なのである。人間存在の解釈と存在一般の説明とに道を開くために、ハイデガーが取り除こうとする伝統的な前提を五つに区別できる。

1　明示性　ソクラテスからカントをへてユルゲン・ハーバーマスに至る西洋の思想家たちの保持してきた考え方は、人間は種々の原理を適用することによって物事を知り行為を行なっているのだ、というものである。そして彼らは、人間の生活をはっきりと明瞭な仕方でコントロールできるようになるためには、これら原理となる前提について明らかにしておかなければならないという結論を下してきた。ハイデガーは、われわれの日常の了解を全面的に明示することが可能であるという考えにも、そうすることが望ましいという考えにも異論を唱える。彼の導入する考え方は、われわれが社会化されてそのなかへと巻き込まれているような相互に共有された日常的技能・識別能力・振る舞いが、対象を取り上げ自分たちを主体であると了解するための、また一般に世界と自分たちの生活が分かるための必要条件を構成しているということである。さらに彼の論ずるところによれば、このような振る舞いは、それが背景にとどまっているときだけ機能しうるのである。通常の事柄の対処の仕方では間に合わないような状況においては、時として批判的な反省が必要とされる。しかしこのような反省は、哲学的伝統のうちで演じられていたような中心的な役割を、日常生活で演じることはありえないし、またそうあってはならない。われわれの従っている「諸前提」を皆が明確に知っているのだとしたら、われわれの行為は真剣さを欠いたものになるだろう。後の作品でハイデガーが言うように、「あらゆる決定は、……統御されていない何ものかに、つまり隠蔽されていて人を混乱させる何ものかに、基礎を置くのである。そうでなければそれは、決定ではなくなってしまうだろう」(2)。だから、われわれの生活において最も重要であり最も意味のあるものは、批判的反省によって手に入れることのできないもの、できるはずのないものなのである。批判的反省は、十全に分節化されることのできない何ものかを、前提にしているのである。

このような、ものが分かることをわれわれに可能にしてくれる、明示化不可能な背景のことを、ハイデガーは「存在了解」と呼ぶわけである。彼の解釈学的方法は、われわれの存在者への理解を理論的に明白にしようとすることはせずに、われわれの存在了解をその内側から指摘し記述しようとしている点で、批判的反省の伝統に代わる選択肢を提供している。対象や人に出会う、言語を使用する、科学的な活動を行なうといった、われわれの生活のあらゆる側面において、背景的な振る舞いがどのように機能しているのかということを、ハイデガーは指摘する。だがハイデガーは、このような背景的振る舞いが存在することや、それをすでに共有している人々――ハイデガーならそのうちに住み込んでいる人々と言うだろう――に対してそれがどのようにはたらくのか、を指摘することができるだけである。彼はこのような振る舞いを、どんな理性的な存在にも伝えられるような、あるいはコンピュータで表象できるような、確定的でコンテクストから離れた仕方で完全に説明することはできないのである。このことの意味をハイデガーの用語を使って述べれば、解釈学はいつも解釈学的循環の内側からのみなされねばならない、ということである。

2　心的表象　信念と欲求が人間の行動の根底にあってそれを説明しているとする古典的な仮定に加えて、デカルトは以下のような考え方を提出した。われわれが知覚したり行為を行なうためには、また一般に対象と関係を持つためには、われわれが自分の心をそれぞれの対象に向けることを可能にするある内容――ある内的表象――が、われわれの心のうちに存在しなければならない、と。意識のこうした「志向的内容」を、今世紀の前半に探究したのがフッサールであり(3)、近年ではジョン・サールがそれを行なっている(4)。

ハイデガーの反論の対象は、経験はいつもその最も根本のところで、心的内容を伴った自足的な主観（内部）と独立した客観（外部）との関係だとする考え方である。われわれが、欲求・信念・知覚・意図などのような志向的状態を介して対象に関係する意識主観として、自分を経験することが時にはあるということを、ハイデガーも否定するのではない。しかしこのような経験は、主観・客観という用語では理解できぬ世界内存在というより基底的なあり方を前提にした、派生的で時折生じる状態なのだとハイデガーは考えるのである。

認知主義あるいは心の情報処理モデルは、心的表象に基づく思想のうちで、最新・最強の考え方である。この考え方は形式的表象という発想を導入し、人間の活動を、世界内の要素や属性や原始的因子を表象する、論理的に相互に独立な記号の複合的な結合によって説明しようとする。このようなアプローチは、意志決定分析、変形文法、機能的人類学、認知心理学の根底にひそむだけでなく、デジタル・コンピュータのプログラミングによって人間の知性を表わすことが可能だという信念の根底にもひそんでいる。世界内存在が表象不可能で形式化が不可能な本性を持つとするハイデガーの見解は、表象化と形式化の二点で、このような心のコンピュータ・モデルに疑問符を突き付けているのである。

3　理論的全体論　人間のなすどんなことでも、そもそもそれが意味をなすものであればある潜在的な理論に基づいているとするプラトンの考えと、プラトン的な理論がわれわれの心のうちで、志向的状態および志向的状態を関係づけるルールとして表象されているとするデカルト／フッサールの考えとが結びつくと、次のような考え方がでてくる。つまり、共有されている振る舞いという背景がたとえ理解可能性のために必須のものだとしても、その背景をさらに別の心的状態を用いて分析できるという確信を持ち続けていてよい、という考えである。背景的な振る舞いは、知というものを含んでいる限り、潜在的な信念に基づいていなければならないし、技能である限りでは、暗黙のルールによって生みだされているのでなければならない。

このように考えていくと、志向的状態の全体論的ネットワーク、すなわち暗黙の信念システムという概念が得られる。このシステムが、規則的な人間の活動のあらゆる面の基礎にあるとみなされるのであり、日常の背景的な振る舞いの基礎ですらあるとみなされているのである。暗黙の知――フッサールが『存在と時間』への答えとして「地平的志向性」と名づけたもの(5)――は、認知主義者が整合的であろうとするときにいつも最後の頼みにしてきたものであった。

ハイデガーは、このような哲学的な方策に反対する。彼は、どんな規則的な人間活動の領域にも何らかの理論が存在しなければならない――特に、常識的世界について何らかの理論が存在しうる――、という伝統的な仮定を否定する。彼の主張によれば、われわれは日常の人間の活動という現象に還帰すべきであって、内在・超越、表象・表象されたもの、主観・客観などの伝統的な二項対立を手をかえ品をかえ繰り返し用いるのをやめるべきであるし、また同様に、意識・無意識、明示的・暗黙的、反省的・非反省的のような主観の内部に見られる二項対立を用いるのもやめるべきである。ピーター・ストローソンはご親切にもハイデガーの作品のうちに「なるほどと思わせる」ものを見つけてくれた。すなわちストローソンによれば、われわれめいめいは「われわれが世界とわれわれ自身について考えるときに用いる、相互に連関した概念あるいはカテゴリーの基礎的な一般構造に関して、非反省的で多くの場合無意識的な把握を行なっている」(6)というのであるが、しかしそれはハイデガーの主張ではまったくないのである。これでは、われわれの世界了解は主観が内蔵している信念システムだということになってしまうが、この見解こそまさに、フッサールとすべての認知主義者がとっているものであり、ハイデガーが拒絶しているものなのである。

4　第三者性と客観性　われわれはギリシア人から、どんな領域においても――人間の諸活動に関してさえ――理論的知識を獲得することができるという考え方を継承しただけでなく、第三者的な理論的な見方が実践に参与している見方に優るという考え方をも継承した。合理主義であれ経験主義であれ、哲学の伝統に従えば、第三者的な観照によってのみわれわれは実在を発見するのである。心を「影」にすぎぬ日常世界から遠ざけようとするプラトンの理論的問答法に始まって、実践的参与と情念から自由になって暖かい部屋にとじこもることによって哲学への用意を整えるデカルト、自分がビリヤードをしにでかけているときならば忘れているような、奇妙な発見を書斎の中で分析によって得るヒュームまで、哲学者たちは、物事と人を記述する前に日常の実践的配慮から身を引く場合にだけ、物事が実際にどうなっているのかを発見することができるとみなしてきた。

　プラグマティストたちはこの考え方に異論を唱えたのであり、この意味でハイデガーを、ニーチェ、パース、ジェームズ、デューイらのプラグマティストたちの著作にすでに含まれていた洞察を徹底した人だ、とみなすことができるのである。ハイデガーが、学生仲間だったゲオルグ・ルカーチとともに、エミール・ラスクを通じてアメリカのプラグマティズムを知ったと考えることは、それほど見当はずれではない(7)。

　5　方法論上の個別主義　ハイデガーはディルタイの影響のもと、ある文化の意味と組織化こそが社会科学と哲学における基礎的な所与であるとみなされねばならず、こうした意味と組織化とを個別的な主観の活動に起因するものだとみなすことはできないと、強く主張する。つまりハイデガーは、デカルトから、フッサール、マルクス主義転向以前のサルトルのような実存主義者たち、現代アメリカの多くの社会哲学者たちにまで共通する、方法論上の個別主義を拒否するのである。理解可能性の究極的基底として社会的文脈を強調するという点では、ハイデガーは、二十世紀におけるもう一人の哲学的伝統の批判者、あのルートヴィヒ・ウィトゲンシュタインと似ている。たいていの哲学的な問題は、日常の社会的振る舞いを記述することによって解決（消）することができるという見解を、彼らは共有しているのである。

　われわれの共有された日常的振る舞いに関心があるといっても、ハイデガーはウィトゲンシュタインと違って、きわめて非日常的な言語を用いているではないかという反論が、ここで必ずやだされるだろう。常識について語るために、ハイデガーはなぜ特別な技巧的な言語を必要としたのか。これに答えることによってさらに分かることがある。

　まず第一に、ハイデガーとウィトゲンシュタインでは、日常的活動の背景についての了解がまったく異なるということ。ウィトゲンシュタインは、人間の生活形式を形成している振る舞いが絶望的なほど錯綜しているという確信を持っていた。

> 人間の行動はどのように記述しうるだろうか。ただ、さまざまな人間の行動が互いに入り組み合いながら群れをなしている様子を示すことによってのみ、記述できるのである。一人の人が今何をしているかではなく、行動の入り組んでいる群れ全体が、われわれが行動をとらえるさいの背景をなしているのであり、また、われわれの判断、われわれの概念や反応をも規定しているのである。(8)

ウィトゲンシュタインは、この入り組んでいる群れ全体を体系化しようとするいかなる試みからも手を引くよう警告を発している。「心理学的現象を説明するのではなく、受け入れること――それが困難なことだ」(9)。

ハイデガーは反対に、常識としての背景には精巧な構造がひそんでいると考え、この構造を見せしめることこそ実存論的な分析の課題だと考えている。しかしこの背景というものは、普通われわれがそれを取り扱ったり言葉に表わしているものではないので、それについて語るには特別な語彙を必要とするのである。サールも、背景というものについて語ろうとするさい、同じ問題に直面する。

> 背景というものを記述するために日常言語から言葉を見つけだすのは、非常に困難なことである。「慣習」、「能力」、「構え」という言い方は曖昧だし、「想定」とか「前提」という言い方は、それなりの含蓄があるが誤解を招く。「想定」・「前提」という用語は、……表象の機構という意味を含むから、文字通りには誤りであるほかはない。……今問題になっている現象を議論するための自然な語彙をわれわれが持っていないという事実、われわれは傾向として心的志向性の語彙の使用へと陥りやすいという事実に、われわれは無関心であってはならない。……見ている目が目それ自身にとって不可視であるように、背景というものは志向性にとって不可視であるのだから、背景に対する第一階の語彙はまったく存在しないのである。(10)

例えばハイデガーが、「コンテクスト」、「目標」、「目的」といった日常の用語の代りに「世界性」、「用途性」、「目的であるもの」といった術語を用いるさいに、彼の格闘している問題はまさにこれなのである。

ハイデガーは現象へ還帰しようとする自らの試みのなかで、伝統的な仮定とわれわれの日常の語彙とから自由になるために、大変な労力を費やしている。哲学的伝統を形成している哲学者たちのうち彼が最も賞賛するのは、アリストテレスであるが、彼の言うところによればアリストテレスは、「見る目を持った偉大な哲学者たちのうちの最後の人であり、しかももっと決定的なのは、現象……へと還帰するよう探究を引き立て続け、あらゆる粗野で空虚な思弁をそれらがいかに常識に近いものであろうと徹底的に疑い続けてゆく力と粘り強さを持った、偉大な哲学者たちのうちの最後の人だということである」(BP, 232) [GA 24, 329](11)。しかしそのアリストテレスでさえ、プラトンの影響下にあったのであり、それゆえ十分に徹底的ではなかったのである。したがってハイデガーは、われわれがそのうちに住み込んでいる共有された日常的活動の持つ了解から再出発することを提案する。この了解は、われわれに最も近いが最も遠くにあるものでもある、とハイデガーは言う。『存在と時間』の目論見は、われわれがすでに親密にしているものを明るみにだすことであり（ただし、火星人やコンピュータがそれを知ることができるくらいにそれを明示することではないが）、またこのように明るみにだすことで、われわれ自身についてのわれわれの了解を変容させ、そうしてわれわれの存在の仕方それ自体を一変させることなのである。

これだけでも十分、『存在と時間』を研究する理由になるだろう。しかしハイデガーは、伝統的な歪曲や疑似問題を一掃しようとしているだけではない。彼は、本来的な人間存在についての積極的な説明を与え、また人間存在をどう体系的に研究すべきかについて方法論上の積極的な提案をしているのである。人間の実存についての彼の了解と人間の世界内存在を研究するための彼の解釈学的方法は、どちらも、同時代人の生き方と思想に、きわめて大きな影響を及ぼした。人々が自分自身と自分の活動の仕方を、原子論的、形式的、主観的、あるいは客観的な仕方で了解しているような場合にはいつでも、ハイデガーの思想はそれに代わるべき振る舞いを教えてきた。ハイデガーの教えるところでは、代わるべき振る舞いや、代わるべき了解・行為の仕方が妥当なものとして接近可能であるにもかかわらず、それらはわれわれの文化のうちでは無視されているのだ。ハイデガー生誕一〇〇年を記念するバークリーでの国際会議では、哲学者だけではなく、医師、看護婦、心理療法士、神学者、マネージメント・コンサルタント、教育者、法律家、コンピュータ科学者もまた、議論に参加して、ハイデガーの思想が彼らの仕事にどんな影響を及ぼしてきたかを論じた(12)。

それだけでなく、人文科学および社会科学の指導的思想家のうちの大部分の人が、自分がハイデガーから影響を受けたことを認めている。ミシェル・フーコーは次のように言ったことがある。「ハイデガーは私にとっていつも、唯一本当の哲学者と呼べる人だった。……私の哲学の全展開は、ハイデガーを読むことから規定されていた」(13)。哲学者としてまだ若かったころのジャック・デリダは、何か自分の書くことができることは、すでにハイデガーが考えていたことではないかと、考えていた。ピエール・ブルデューは、ハイデガーが「初恋」の哲学者だったと言っている。社会領域というブルデュー自身の重要な概念は、モーリス・メルロ゠ポンティを通じて間接的にハイデガーに負っているのである。メルロ゠ポンティも、『存在と時間』が自らの著作『知覚の現象学』に影響を与えたことを認めている。ハーバーマスは、ハイデガーの影響下に出発した後ハイデガーからは距離を取ってより伝統的な哲学の路線を発展させてきたが、彼すらも『存在と時間』を、「ドイツ哲学においてはヘーゲル以来のおそらく最も根本的な転回点」(14)だとみなしている。

私は、二五年にわたって『存在と時間』を研究し教えるなかで――私はハイデガーの主張を明瞭なものにしようと試み、現象に照らしてその主張が正しいかを点検し、また、現代のヨーロッパ哲学および分析哲学の側からの反対論に対してその主張を擁護してきたが――、今述べたような賛辞が正当なものであるという結論に達した。以下のコメンタリーは、読者が自らその点について決定できるよう意図して書かれたものである。

1章　『存在と時間』の序論——内容的部分

I　存在の本性を問うこと

ハイデガーの最大の関心事は、物事を理解するわれわれの能力を理解すべく存在への問いを立て、このきわめて曖昧な問いが重要なのだという感覚を人々のうちに呼び覚ますことにある。その上で彼は、この問いに「具体的に」(19)〔1〕答えようとする。彼は初め、存在の本性についての伝統的な三種類の先入見を区別しているが、先入見といってもこれらは、彼が本当に大事だと考えている問題に対するヒントを含んでいる。（ハイデガーが存在について語るとき彼の念頭にあるのは、われわれの日常的な背景的振る舞いと密接に結びついた理解可能性だということは、この冒頭の難しい節を解釈するさいに忘れてはならない。）

1　存在は最も普遍的な概念である。この先入見の誤りは、「存在者性」[beingness：独：Seiendheit]（ハイデガーが『存在と時間』を修正する欄外注で使った言い方）〈4〉(1)を、最も一般的な性質であるという点を除けばそれが他の性質と同様なものである、とみなすことである。われわれは、抽象によってこの最も一般的な性質に達する。例えばわれわれは、樫、かえで、もみ、等々を通覧して「木性」という抽象概念をとらえたり、木や潅木や花から、「植物性」という抽象概念をとらえるというようなことをする。あらゆる生物を通覧して、「生物性」へと達することもできるし、しまいには、存在者性だけを共通に持っているものを存在者として抽象化することもできるというわけである。

しかしアリストテレスはすでに、このようなアプローチには問題があるとしていた。「存在」は、一つのきわめて一般的な述語であるようにはふるまわない。例えば、数の存在は、諸対象の存在とは同じではなくせいぜいそれと類比的であるにすぎないように見えるし、実在的対象の存在は、一角獣のような想像上の対象の存在とは異なっている。存在は類比的に述定されると、アリストテレスは言う。存在はクラスや類の普遍性を超越しているのであるから、スコラの哲学者たちは、存在を「超越概念」と呼んだのであった。ハイデガーは、存在は通常の意味での述語ではまったくないという結論を下す。

2　存在のような抽象概念は定義不可能である。　存在が最も一般的な述語であることを否定する哲学者たちは、存在が空虚な概念であると主張してきた。「存在」は、他のどんなものとも対比できないのだから、指示対象を持ちえないというわけである。この主張は、存在を存在者と混同しないようにという注意を喚起している、とハイデガーは解釈する(23)[4]。

英語でBeing［存在］の綴りを大文字で書くと、この書き方は何か存在者があるかのような印象を与える。この書き方は、ある至高の存在、究極的な存在者［神］を指示しているようなのである。だから私としてはSeinを翻訳するさいに、小文字bで書いたbeing［存在］の訳語を採用することにした。しかしこうすると、beingが名詞であるよりはbe動詞の一変化形であるかのような印象を与えて、別の危険が生じる。これによって人は、ハイデガーの存在が存在者ではなくある種の出来事や過程であるという、誤った考えを抱きかねないのである。多くの注釈家たちが、この誤りを犯している。例えば、ハイデガーを論じたジョゼフ・コッケルマンスの本の冒頭部分は失敗である。そこでは、「ハイデガーは決して存在者や物を問題にしているのではなく、意味と存在［Being］を問題にしているのであり、固定した存在者ではなく、出来事を問題にしているのだ」(2)という主張がなされているからである。ハイデガーがこうした危険を察知していなかったはずはない。存在は存在者ではないと述べるその箇所でハイデガーは、『存在と時間』の自家用本に次のような欄外注を記しているからである。「否！これらの種類の概念の助けを借りて、存在を理解することはできない」[GA 2, 5]。存在者、過程、出来事のどの概念を用いて存在を考えても、みな誤った方向に向かう。

3　あらゆる命題は繋辞「である」[is]を含む命題として、分析可能なのだから、存在の本性は自明であるはずだ。　しかしハイデガーにとっては、ここで想定されている自明性は問題を含むのである。つまり、「われわれがすでに何らかの存在了解のうちに生きていて、しかも存在の意味は闇のうちに覆われていること、このことが《存在》の意味に対する問いを繰り返す原則的な必然性を証明している」(23)[4]のである。われわれは、この漠然とした経験をもとにして存在の意味の問いを立てることができるのだが、それは、「われわれがつねに存在の一定の了解のうちでわれわれの活動を遂行している」からである。「それによって存在の意味を把握し確定すべき地平をすらわれわれは知ってはいない」としても、「この漠然とした平均的な存在了解は、一つの現事実である」(25) [5]。

　このような存在の了解は、われわれの背景的な振る舞いのうちにひそんでいるのであり(3)、存在のこうした意味を説明してみせることが、われわれの探究のめざすところである。存在者に対してわれわれが接近するということの構造を明らかにし、何かが存在者として意味をなしていることを理解するわれわれの能力を説明しなければならないのである。

> われわれはつねに、存在の一定の了解のうちでわれわれの活動を遂行している。この存在了解から、存在の意味を表立ってたずねる問いと、存在の概念に達しようとする傾向とが生ずる。(25) [5]

II　現存在を経由して存在の問いへとアプローチすること

　ハイデガーの考えによれば、伝統的な哲学は存在への問いを正しく定式化することに成功しなかった。ただし彼は、伝統的な哲学のどんな問い方が正しい定式化に最も近づいたかを示してはいる。その定式化は、ある種の至高の存在、超越論的自我の活動などの構成的な活動、われわれの背景的振る舞いによって開かれるような理解可能性、などのすべてを存在の一種としてカバーするくらいの曖昧なものである。その定式は、次のようなものである。

> 問われているものは存在である――つまり、存在者を存在者として規定するもの、それに基づいて存在者がすでに了解されているものである。(25-26) [6]

しかしハイデガーは、彼の説明が、伝統的な説明とは根本的に違う方向へ向かうことをはっきりと述べている。彼の説明は、「存在が何らかの存在者でもありうるかのように存在者の由来をたどって他の存在者へと連れ戻り、そうすることによって存在者を存在者として規定する」(26) [6] ような説明ではないのである。

　伝統的なアプローチの罠にはまりたくないなら、存在の問いをどう立てるかが一番に重要になる。

> 存在問題において問いかけられるもの［現存在］に焦点が置かれる場合には、存在者への正しい接近の仕方が獲得されあらかじめ確保されていることが、存在の問いによって要求されている。しかし、われわれは多くのものを、またさまざまな意味で、「存在」と呼んでいる。……何ものかがあるということ、何ものかであるということ、実在性、事物的存在性、存立、妥当、現存在、「与えられてある」こと、これらすべてのうちに存在はひそんでいる。どのような存在者に即して、存在の意味は見分けられるべきなのか。……どんな存在者を範例とするのか、どんな意味で、範例とされたものは優位を持つのか。(26) [6-7]

ハイデガーは、伝統的存在論において繰返し現われる構造を見分けそれを回避しようとする。すなわち、すべての種類の存在を、因果的に自足した源泉のうちに根拠づけるような構造である。(彼は後に、この構造的な誤りを存在-神論と呼ぶ。)それでも彼は、すべての存在者は一つの種類の存在の構造によって、理解可能性を獲得することを示そうとする。ハイデガーの探究が進んでゆく進路は、『存在と時間』の序論の第一章第二節から概略分かってくる。

> 存在の問いを仕上げるためには、ある存在者――問いを発する存在者――をその存在者自身の存在において見通しのきくものにしなければならない。……われわれ自身がそのつどこの存在者であり、問うことを自分の存在の可能性として持っている存在者、これをわれわれは「現存在」という術語で表わす。(27)[7]

A　現存在は意識を持った主体ではない

ハイデガーにならって考えれば、正しいアプローチこそが存在問題にとって肝心なのだから、まずはいったん、現存在へとどのように正しくアプローチするかを考えなければならない。「現存在」[Dasein]という語は、日常のドイツ語では「日々の人間の生存」を意味する場合があり、この用法に依拠してハイデガーは、この語を人間存在を意味する術語として用いる。しかしわれわれは、現存在を意識を持った主体だと考えてはならない。多くの解釈者たちがこの点で過ちを犯している。ハイデガーは「実存論的な現象学者」であって、彼は要するにフッサールの考えを啓発的に彫琢したのだと解釈者たちはみなすのである。サルトルが『存在と時間』を、自らの『存在と無』の意識の理論へと書き直すやり方は、見事なものだが方向を間違えていて、今述べた過ちの最も有名な一例となっている。他の解釈者も同じような方向で間違っている。フッサールの最良の解釈者の一人であるダグフィン・フェレスダールは、『存在と時間』についての彼のフッサール的読みを次のような証拠を挙げて正当化している。『存在と時間』を書いている最中のハイデガーがフッサールに、「構成する主体は無ではなく、したがって何ものかであり存在を持つのです。……構成する主体の存在様式への問いかけは避けることができないでしょう」(4)と手紙で書き送ったというのである。しかしハイデガーは、現存在をフッサール的な意味付与する超越論的主体とみなすことに反対して、はっきりとした警告を送っている。「《我》あるいは主体を第一次的に与えられているものだと措定するなら、われわれは現存在の現象的な内実をまったく見誤ったことになる、ということを証明するのがわれわれの最初の任務となるだろう」(72)[46]。

ハイデガーは一九四九年[原著の「四三年」を修正]になってもまだ、デカルト的な伝統によって支配されている、『存在と時間』への誤解を防ごうと努力している。彼は読者に、存在こそ彼の当初からの関心事だったことを思い起こさせている。そして彼は以下のように続ける。

人間の本性の規定を、主体性の概念から……解放してやるためのあらゆる試みがなされる以前には、このこと……はどのようにして明示的な問いになりえたろうか。人間の本性に存在が関連していることと、存在それ自体の開け(「現」[Da])への人間の本質的な関係との、二つのことを一つの語で表わすために、「現存在」〈Dasein〉という名が……選ばれた。……したがって、『存在と時間』においては「現存在」という語が「意識」の代わりに使われているという見方に甘んじている限り、『存在と時間』を新たに考慮し直そうとするいかなる試みも間違って構成されている。(5)

現存在は、心的状態や心的状態が持つ志向性より、もっと基底的なものとして解されねばならない。『存在と時間』の終り近くの注でハイデガーは、「《意識》の志向性は現存在の脱自的な時間性に根拠を持つ」(498)[363]、と述べているのである。

現存在をフッサール現象学の核心である意識主体と同一視する、サルトル/フェレスダール流の誤りを避けることに精力を傾けている解釈者たち、例えばジョン・ホーグランドのような解釈者たちは、現存在を個別的な人格とみなしてはならないと主張してきた(6)。ホーグランドは、現存在を集団を表わす語だととる。人民、ゼネラル・モータース、シンシナティなどは、どれも現存在の例である。現存在を自立的で個別的な主体——意味と理解可能性のすべてにとっての自足的な源泉——だとするかなり一般化している誤解に対して、ホーグランドは、方向性の点でも議論の鋭さの点でもかなり優れた是正案を提示していることは確かである。しかしホーグランドの解釈は、『存在と時間』の多くの箇所と齟齬をきたしている。現存在はわれわれにおける各自、つまり個別的な人格のような存在者でもっぱら意味しているのだと、ハイデガーが言っている箇所があるからである。例えば、「現存在は、そのつど私のものであるという性格を持つのだから、現存在を語るさいにはいつも、《私は存在する》《君が存在する》のように人称代名詞を用いなければならない」(68)[42]というのである。

ハイデガーが現存在ということで何を意味しているかを理解する最良の策は、英語のhuman beingという言葉を考えてみることである。この言葉は、すべての人々にとって特徴的な存在の仕方を意味するか、あるいはある特定の人格——一人の人間[a human being]を意味しうる。おおざっぱに言って『存在と時間』の第一篇のハイデガーは、人間の存在の仕方に関心を寄せているのであり、この存在の仕方を彼は、「現であること」すなわち現存在と呼ぶのである。第二篇でのハイデガーは、個別的な人間に関心を寄せ、一人の現存在[a Dasein]について語ることが多くなる。私としては、ハイデガーが「現存在」と「一人の現存在」を使い分けるのに応じて、「人間存在」と「一人の人間」とを使い分けることになる。また、ハイデガーの分析のある特定の文脈で「現存在」と「人間存在」の語のどちらがハイデガーの意味に沿っているかに応じて、どちらの語でも適切な方を使うことにする。課されているのは、『存在と時間』における現存在という語が、あなたや私のような特定の存在者を名指すものであるという事実を正当に扱いながら、同時に『存在と時間』の戦略を保持することである。この戦略は、個別的な主体が共有された社会的振る舞いに何らかの仕方で依存することを指摘して、デカルト的な伝統を覆えそうとしているのである。

B　現存在の存在の仕方、すなわち実存

現存在とは、ハイデガーがわれわれ人間を表わすために造語したものだという事実を正当に扱い、なおかつ個別的な人間が中心にあるという考えを避けるには、『存在と時間』において研究されるべきものは最終的には現存在というよりは現存在のありかたの存在の仕方だ、という点に注目すべきである。「われわれがこの存在者を《現存在》という語で表わすとき、われわれはその存在者の《何であるか》(それがテーブルであるか、家であるか、木であるか)を表現しているのではなく、その存在者の存在を表現しているのである」(67)[42]。現存在という語は一般名なのか、あるいは特殊な存在者の名なのかという問いはまるごと、諸々の人間・文化・制度が共有している存在の仕方についての、ハイデガーのより根底的な関心によって切り崩されてしまう。人間は、自らの存在することの何であるかの了解を自らの存在の仕方によって具現している点で、特異な種類の存在者であることが分かってくる。「この存在者は、その存在において、自らの存在へとふるまっている」(67)[41]。現存在の活動――現存在の存在の仕方――は、現存在として存在することの何であるかについて現存在がとる立場を表明しているのである。「現存在の最も固有な存在には、現存在がこの固有な存在についての了解を持つこと、その存在がある解釈を受けることのうちですでにそのつど自分を保持していることが、属している」(36)[15]。ハイデガーは、このような自己解釈的な存在の仕方を実存と呼ぶのである。「現存在が何らかの仕方でそれへと態度をとることができ、つねに何らかの仕方でそれへと態度をとっているその存在を、われわれは《実存》と呼ぶ」(32)[12]。ハイデガーにとって、実存とは単に実在的であることではない。石も、あるいは神さえも、ハイデガーの言う実存はしていないのである。自己解釈的な存在者だけが実存する。

ハイデガーは、彼の言う実存することの必要十分条件を与えることに、関心があるわけではない。彼が関心を持っているのは、実存という存在の仕方の事実与えられている構造だけである。ただし、意識を持った主体や自己が人間の実存の必要条件でも十分条件でもなく、むしろ逆に実存こそがそうした主体や自己の条件であること、この点についてはハイデガーはきっぱりしている。「人間の実存論的本質が、存在者を存在者として人間が表象でき、表象された存在者を意識することができる根拠である。すべての意識は、……実存を人間の本質［essentia］として前提にしている」(7)。

人間と同様に文化も実存する。文化の振る舞いのうちには、ある文化であることが何を意味するのかについての解釈が含まれている。ハイデガーによれば、科学のような制度もまたその存在の仕方としての実存を持つし（32）［11］、言語についてのハイデガーのコメントによれば、「言語は辞書に印刷されているすべての単語の総体と同一なのではなく、……現存在が存在しているように言語もまた存在する、……言語は実存する」(BP, 208) [GA 24, 296]。

ハイデガーは『存在と時間』を実存論的分析論と呼ぶが、実存が当初からの自分の関心事だったということをハイデガーが明らかにするのは、ようやく『存在と時間』の第一篇の記述を終えてからである。

> 現存在の予備的分析によってわれわれは何を獲得したのか、われわれは何を求めているのか。……この存在を分析するさいに、われわれが手引としたのは実存であった。この実存は予料的に現存在の本質だとされていたのであった。……気遣いの現象を際だたせることによって、われわれは実存の具体的な機構を洞察した。（274、強調ドレイファス）［231］

文化や制度や人間によって共有され、実存と呼ばれている存在の仕方の基本構造を記述するために、ハイデガーは、この一般的な実存の構造の特定の表明としての現存在のさまざまな活動を、詳細に記述することを提案する。

> 何事かを眺め了解し概念把握すること、それを選択しそれに接近することはいずれも、われわれの問うことを構成する諸態度であって、したがって、問う者としてのわれわれ自身がそれであるところの特定な存在者にとっての存在様式でもある。（26-27）［7］

ハイデガーはこのように、『存在と時間』の第一篇を、現存在の行為のさまざまな仕方――自分自身や物や他者へ向かう行為の異なったさまざまな立場――を記述し、これらの立場があらわにしているさまざまな種類の存在を記述することに当てている。これらの基本的な立場がどのようなものであり、それぞれの立場に対してどのような理解可能性の様式が与えられているのかは、これから見てゆくことになる。この仕事が、ハイデガーの言う「存在の諸々の可能な仕方についての……系譜学という存在論的な課題」（31）［11］なのである。

このような研究によって、科学を遂行することと哲学を遂行することのための、基礎が明らかにされる。

> したがって、存在の問いが確認することをめざすのは、存在者をかくかくのタイプの存在者として徹底して調べしかもその調査にさいしてすでにある存在の了解を用いてい

る、諸科学の可能性のア・プリオリな条件であるだけではなく、存在的な諸科学に先立っていてこれら諸科学を基づけている、諸存在論自身の可能性のア・プリオリな条件でもある。(31)[11]

通常科学［normal science］が危機に陥る場合にはいつも、このような研究の必要性が際だってくるし、また、人間科学のように自分の方法と主題とに自信が持てなくなっている諸科学が、このような研究を要求する。この研究はさらに、繰り返し同じように現われてくる「問題」と「解決」の探究パターンから哲学を救いだし、哲学にそれ固有の主題を授けるために必要なものでもある。

C　現存在の前存在論的な存在了解

人間の存在の仕方が実存なのであるから、一人の人間はいつも、自分の存在についてのある一定の了解を具現していることになる。「現存在は、現存在自身を解釈する一定の伝統的な仕方のうちへと育て入れられ、そのなかで育て上げられている。この仕方によって現存在は、差しあたり一定の範囲内で、絶えず自分を了解している」(41)[20]。このような存在了解が、現存在に固有な特徴なのである。「存在了解がそれ自身、現存在の存在の規定的特徴である。現存在は、それが存在論的である点において、存在的に際だっているのである」(32)[12]。

われわれの社会的振る舞いが一つの存在論を具現しているという考え方はなじみのない考え方であるから、例に即して見ておく必要がある。ハイデガー自身はそうした例を挙げていないので、われわれとしては彼の哲学の外側からそうした例を持ち込む必要がある。まず手始めに必要とされる例は、次のようなものである。個人の活動に含まれる人間であることの了解は、その個人が、個人の心的状態のうちには含みきれない一定の解釈を内蔵した振る舞いのうちへ、社会化されていることの結果だということについての例である。アメリカと日本における子育ての振る舞いを対照してみると、印象的な例が得られる。(この例を示すのに、以下の記述が正確かどうかは問題ではない。)

日本人の赤ん坊は受動的であるように見える。……あやしたり抱えたりゆすったり〈ということをたくさん〉しながら、母親が赤ん坊の面倒をみているのに引き換え、……赤ん坊は静かにしている。母親は、赤ん坊をなだめ静かにさせようと、言葉でよりも身体的に赤ん坊とコミュニケーションしようと努めているように見える。ところがアメリカ人の子供はもっと能動的であり、……自分の周りを探索するのにもっと熱心である。アメリカ人の母親は、赤ん坊を見つめたり赤ん坊に話しかけたりしながら赤ん坊の世話することのほうが多い。彼女は、赤ん坊を刺激して、活動や音声的反応を引きだしているようである。アメリカ人の母親は、声をだす能動的な赤ん坊を望んでいるようであり、日本人の母親は、静かな満足した赤ん坊を望んでいるようである。日本とアメリカの二文化に内在する母親の世話のスタイルを通して、日本人の母親とアメリカ人の母親は、自分たちが明らかに望んでいるところのものを得る。……文化の学習の大部分は、生後三カ月から四カ月のあいだになされる。……この時期までに赤ん坊は、自分が日本人の赤ん坊であるかアメリカ人の赤ん坊であるかを学んでいるのだ。(8)

心のうちに表象されない存在論があるという教訓を、フランスの人類学者ピエール・ブルデューから引きだしてみよう。ブルデューが見事な一般的記述を与えてくれるのは、公共的な理解可能性とさらには私的な体験をも形成している、社会化の過程である。

あるグループの全体とシンボル的に構造化された一定の環境の全体とは、……匿名的で浸透的な教育的効果を発揮する。……実践慣習における熟達を定義している作用の本質的部分は、言説のレベルにもたらされることなしに、実践のうちで実践的状態に伝達される。子供が模倣するのは、「モデル」ではなく、他の人々の行為である。身体のヘクシスが、個別的でも体系的でもある身構えのパターンの形で、直接的に運動機能に訴えかけてくる。こうしたパターンが個別的でも体系的でもあるのは、それが、身体と道具を含み込んだ技量の全体系と結合しているからであり、また、数多くの社会的意味と価値とを担わされているからである。すべての社会において、子供たちが特に注目する身振りと身構えは、彼らの目から見れば、完成された大人を作り上げるあらゆる型を表現するものである。例えば、歩き方、頭の傾け方、顔の表情、座り方、道具の使い方などであるが、これらの型はいつも、声の調子や、話し方、ある種の主観的体験(どうしてそれ以外でありうるだろうか)と結合されている。(9)

ブルデューの見るところによれば、われわれの振る舞いは、人に浸透している応答力、識別力、運動技能などを具現したものであって、これらの能力は結局、一人の人間であること、ある対象であること、ある制度であることなどが何であるかについての解釈そのものなのである。後期のハイデガーの例を使えば、われわれの文化は、事物を「在庫」[独:Bestand]として扱う時代に入ったということになる。このことの意味することの一部は、われわれが事物を、効率的に使用可能でもはや不用になったときには処分可能な資源として扱っているということである。プラスティックのコップはその完璧な例である。暖かい飲物や冷たい飲物が飲みたいときには、コップはその役割を果たす。そして用がなくなれば、われわれはそのコップをぽいと捨てるだけである。日本の繊細な茶飲み茶碗が、その美と社会的意味のゆえに世代から世代へと受け継がれてゆくのと、何と違っていることか。
人間であることが何であるかについての、われわれが仮定しておいた日本人の了解（受動的、満ち足りた、穏やかな、愛想のよい、等々）は、物であることが何であるかについての日本人の了解（繊細な、美しい、伝統的、等々）とぴったり対応している。活動的で独立的で攻撃的である――自分の欲望を伸ばし満足させようと絶えず努力している――と、われわれの想定しているアメリカ人が、日本人の流儀で物と関係を持つとは言いにくいし、逆に（われわれアメリカ人の存在了解にその存在了解が干渉される以前の）日本人が、プラスティックの茶飲み茶碗を発明しそちらを好むとも考えにくい。同様に、アメリカ人は政治を個人の欲望のあいだで生じる交渉だと考えるのに、日本人は合意を重んじるのである。つまり、人間であることが何であるかについての解釈を含む振る舞いは、ものであることが何であるか、社会であることが何であるかについての解釈を含む振る舞いと、相互に対応しているのである。これらの振る舞いはすべて、ハイデガーが存在了解と呼ぶもののある側面なのである。このような存在了解は、さまざまな領域でいかに対処するかを知る［knowing-how-to-cope］ことに含まれるものであって、かくかくのことは真であるとみなす信念群のうちに含まれているのではない。このようにわれわれは、心のうちなるものではないような、存在了解を具現している。われわれは信念の形式で知ることなしに、ある存在論を携えているのである。

ハイデガーの考えのなかにひそんでいる反認知主義をもっと印象的にはっきりと示している例は、距離をとるというわれわれの振る舞いである。われわれは会話を交わすさいにみな、よそ者、親友、同僚のそれぞれに対する、適切な距離のとり方を学んでいる。どの文化にも、適切な距離に対する文化ごとの「感じ」というものがある。例えば、北アフリカの人々はスカンジナヴィアの人々より、より接近した距離をとり、身体的接触もより多い。こうした振る舞いは、両親に教わるものではない。人々は、自分のなしていることに何らかのパターンがあることも、それどころか、自分が何かをなしているということすら知らない。むしろ子供たちは、意識的にそうしようとすることすらなしに大人をいつも模倣しつつ、そうしたパターンを端的に身につけていくのである。そこに何らかのルールが介在していると考えるべき、何の根拠もない。むしろわれわれは、われわれの文化について技能的に身についた了解を携えているのである。考えてみれば、距離をとることのルールを述べようとするなら、さらなるルールを述べることを要求される。例えば、背景に雑音があるなら距離を詰めるとか、相手が風邪をひいていたらもっと離れるとかである。これらのルールを適用するためには、さらにさらなるルールが必要とされ、こうした過程は結局、さらに日常的で当然視されている振る舞いへまでわれわれを連れ戻す。距離をとる振る舞いは、端的に、われわれのなしていることなのである。もちろん、そのようになしていることを学ぶことによって、われわれの脳は変化する。しかし、その過程にルールや原理や信念が介在しているという証拠も論証も、存在してはいないのである。しかも、こうした振る舞いは単独のものではない。どれくらいの近さまで距離をとるかは、身体、親しさ、社会性についての了解と一緒になって進んでいくし、結局は、人間であることは何であるのかについてのその人の了解を反映している。

現存在の存在了解というものは、デカルト主義の哲学者たちが一般に考えてきたようなこと、つまり個別的主体の心のなかに一定の信念システムが内蔵されていることとは違う。そうハイデガーが思っていたのはなぜかを、われわれは今や理解できる。もう一度ブルデューを引いて、日常的な振る舞いが心的な本性を持つものではなく、しかもその振る舞いが重要なのだというハイデガー的説明を聞いてみよう。

> 身体的に具現されている諸原理は、……意識による把握を越えたところに位置しており、したがって、意志や熟慮による変形を蒙らないし、明示化することさえできない。ひそかなる教育の隠れた説得によって達成された全質変化によって、身体に与えられた価値、身体化された価値ほど、言葉で言い表わしがたく、伝達しがたく、独特無比で、したがって大切なものはないように思える。このようなひそかな教育は、「まっすぐに立て」とか「ナイフを左手に持つな」などと同じくらいトリビアルな指令を通して、宇宙論の全体、倫理、形而上学、政治哲学を教え込むことができる。(10)

ブルデューの言うように、ある特定の社会的了解を研究するのみでそれを共有していない人だけが、その了解をルールの体系だと考える。

> 人類学者が非難されるのは、対象となる行為主体やグループに対して押しつけられた行為の表象を自分自身に都合のよいように、無意識に採用する場合である。それは、その主体やグループがある高度に価値づけされた能力を実践的に身につけていなくて、顕在的あるいは少なくとも半形式化された当該能力の代替物を、ルールのレパートリーの形で自らに供給しなければならないというときに、押しつけられた表象である。(11)

しかしハイデガーは、次の点でブルデューとたもとを分かつだろう。現存在が共有しているふるまい方は、人類学や社会学のような「科学的」な学科によって客観的に研究されるべき単なる事実とは違う、とハイデガーはみなすのである（もちろんそのふるまい方を事実としてとらえてもかまわない）。むしろそのふるまい方は、一定の存在了解を含んでいるのであって、それゆえに一定の解釈として研究されるべきものなのである。

ハイデガーは、どんな存在者が出会われうるのかについてわれわれの共有している振る舞いの一致を、前存在論的、あるい

表 1　諸種の探究ならびに了解の種類、についての術語。
(表の本文は、探究において何が暴露されるべきかを示している。)

	探究の種類	
探究されるもの	存在的 (アポパンシス[命題]的) 存在者にかかわる	存在論的 (解釈学的) 存在の仕方にかかわる
「誰」——現存在という性格を持った存在者 (つまり、実存するもの)	(現事実的な) 可能的存在の仕方 (役割) (例えば、学生であること、ゲイであること)、および、これらの存在の仕方の構造	実存カテゴリーとその構造(例えば、共存在、現事実性)
「何」——他のあらゆる種類の存在者	(事実的な) 性質 (例えばオレンジであること、素数であること) と、これらの構造(科学的法則など)	カテゴリーとその構造 (例えば、質、量)

了解の種類

実存論的了解は、実存の存在論的諸構造についての、すなわち現存在であることが何であるかについての、仕上げられた了解である。

実存的了解は、ある個人が自分なりの存在の仕方について、すなわち、自分が何であるかについて持つ了解である。

例
＊心理学者が自分の役割について持つ了解は、実存的である。
＊心理学者に相談する依頼人が、自分固有の役割について持つ了解は実存的である。
＊心理学者が、依頼人のさまざまな役割と依頼人の果たしうる役割について持つ了解は、存在的である (実存的でも、実存論的でもない)。
＊心理学者が (あるいはどんな人でも)、基礎的存在論を遂行し、一般に現存在であることが何であるかを了解するなら、その了解は実存論的である。(ある個人が基礎的存在論を遂行できるためには、その人の自分自身についての実存的了解が本来的なものでなければならない。この点は後に明らかになるだろう。)

は前理論的な存在了解と呼ぶ。（前存在論的と存在論的とのこの区別は、存在的なものと存在論的なもの、存在者にかかわるところのものと存在の仕方にかかわるところのもののあいだの区別とは、混同してはならない。表1を見よ。）

「存在論」という言葉を、存在者の存在〈すなわち理解可能性〉に明示的に向けられた理論的な問いのために保留しておくなら、現存在が「存在論的である」と述べるときにわれわれが意味していることは、「前存在論的な」こととして特徴づけられる。しかしわれわれが意味していることは、単に「存在的である」ことではなく、むしろ、「存在を了解している仕方で存在している」ことなのである。(32)[12]

われわれの前存在論的な存在了解のおかげで、われわれに対して出会われてくるものは何ものかとして出会われてくる。ハイデガーは以下で、前存在論的に了解される「存在」を「現実性」と置き換えている。

現実的な存在者についてのあらゆる事実的な経験以前に、現実性を了解することができなければならない。存在者の経験と区別して対照されるこのような、現実性あるいは存在についての最広義の意味での了解は、ある意味で、存在者の経験よりは先なるものである。存在了解が存在者についてのあらゆる事実的な経験に先行していると述べることは、存在者を理論的あるいは実践的に経験するためには存在についての明示的な概念を、まず持たねばならないということを意味してはいない。われわれは存在を了解しなければならない、というときの存在とは、それ自身もはや存在者とは呼ばれてはいけないもの、他の存在者のあいだに一つの存在者として生じることのないものであり、しかし存在は、それでいて与えられていなければならず、事実、存在了解のうちで与えられているものなのである。（BP, 11）[GA 24, 14]

しかし、われわれが実際に所有している前存在論的な了解を明示的にしようとするなら、この了解が決して明白なものではないことが分かってくる。

現存在が存在的-存在論的に優位を持つことが示されたことで、われわれは次のように想定するように誤って人を導きかねない。すなわちこの現存在という存在者が、それ自身「直接的に」把握されうるという意味においてだけではなく、この存在者の持っている存在の種類がまさに「直接的に」提示されているという意味においても、存在的-存在論的に優位を持っているのでもなければならないという想定である。もちろん存在的には現存在は、われわれに身近であるだけではなく、最も身近なものですらある。われわれは、それぞれが自身現存在なのである。それにもかかわらず、あるいはそれだからこそ、現存在は存在論的には最も遠いものなのである。(36)[15]

つまり、現存在は配慮しつつ活動しながらまさに、自分の存在と他のすべての存在者の存在とにある立場をとるものである(「現存在は存在的には自分自身に最も身近である」)が、しかしわれわれは、この立場を明示的に把握することができない(現存在は「存在論的に最も遠いもの」でもある)。とはいえ現存在は、自分が自分自身と他の存在者とを解釈していることを、ぼんやりとは了解しているのである(「前存在論的には現存在は確かに見知らぬものではない」)(37)[16]。

例えば、われわれの意識を覚醒させようとするグループに入ると、自分が明示化できる了解が氷山の一角にすぎないことを思い知らされる。例えば男性であること女性であることについての、われわれ自身に深く浸透した解釈は、われわれの身体や知覚や言語など、一般に同性と異性に対処するわれわれの技能のうちにひそんでいる。われわれはある程度までは、こうした明示化されていない了解を照らしだすことができる、言い換えれば、こうした了解を共有している人々にこの了解の存在を指摘してやることができる。しかしわれわれは、こうした了解を明瞭に説明することはできない、言い換えれば、こうした了解を共有していない人々にまでもこの了解を理解できるようにしてやることはできない。それだけではなく、われわれが明瞭にできるのは、浸透的に身体において具現されている部分とはほど遠い部分だけなのである。ハイデガーが考えていたのは、われわれの存在了解のある側面がより重要であればあるほど、その側面に到達することはより困難になるということなのである。

この困難が、われわれの信念のネットワークの全体論から帰結するものだとしたなら、われわれは、われわれの信念システムから一挙に飛びでてこのシステムを考察しようと努めることになるかもしれない。これこそまさしく、『危機書』でフッサールがなしていると主張していることである。別の可能性もある。どんなものであれ何ごとかを理解するためには、われわれはいつもある信念のネットワークを前提にしているので、フッサールの主張するようなことが不可能である。そうだとしたら少なくともわれわれは、どんな個別的な信念であれ原理であれ、信念システムの残りの部分は背景に留めたまま明示化することが可能かもしれない。ウィトゲンシュタインの語り方のなかには時としてこうした考え方が含まれるし、こうした考え方は、批判的合理性についてのハーバーマスの提案の中心をなすものである。しかし、存在に関する「信念」なるものが当然あるのだとみなされている場合でも、この信念を明瞭にすることがわれわれにとって不可能だと主張できるよりラディカルな理由を、ハイデガーは提示している。そもそも明瞭にすべき信念などない。あるのはただ技能と振る舞いだけだというのである。こうした振る舞いは、信念、ルール、あるいは原理などから生ずるのではなく、したがってそこには、明示したり明瞭に説明すべきものなどない。われわれが与えうるのは、すでに振る舞いのうちに存している解釈についての解釈だけである。現象学はわれわれの存在了解を扱うのだから解釈学的でなければならない、という序論第二章でのハイデガーの言葉はここからでてくるわけである。まとめてみよう。われわれの存在了解の解明を完全に行なうことは、まったく不可能である。というのも、われわれがその存在のうちに住み込んでいて――つまりその存在が浸透的に広がっていて、それゆえにその存在がわれわれに最も近くかつ最も遠ざかっていて――、しかもまたそうした存在についての、明瞭化できる信念も存在しないからである。

そうだとすると存在論は、カント的な超越論的分析論でも、フッサール的な形相学でもありえない。解釈学的存在論は、その存在論の遂行者が住み込まざるをえないような理解可能性の地平という背景に基づいて、実践されねばならない。解釈学的存在論は、いつも未完成で誤りの可能性をはらんでいる。ハイデガーは『現象学の根本問題』において、存在に関する存在時性的〔temporal〕な彼自身の解釈を問題にしながら、次のように注意している。

……現存在が存在者および現存在自身と取り結んでいる根本的な関係について、誤った解釈があるとすればそれは単に、思考あるいは頭脳の明敏さに欠陥があるからではない。誤った解釈がでてくる理由と必然性は、現存在自身の歴史的な実存のうちにひそむのである。……誤った解釈がどこに存しているのか知らずにいても、われわれは、存在それ自体を存在時性的に解釈することの内部にも誤った解釈が隠されていて、それが恣意的なものではないことに、安んじて納得することができる。(BP, 322)[GA, 458-459]

ハイデガーは、自分自身の探究に知られざる限界が不可避的にそなわっていることを、批判的に意識していた最初の哲学者だと言えるだろう。ハイデガー流に言えば、彼は有限性についての最初の哲学者なのである。

III 自己解釈するものとしての現存在

われわれは今や、現存在の特別な存在の仕方、すなわち実存に含まれることがらを取りだして考えることができる。文化と文化的制度は、その存在の仕方としての実存を持っており、それぞれの個人もまた実存を持っている。実存することは、自分の存在に関して本質的であるものに対して立場をとることであり、その立場によって定義されていることである。だから現存在は、自らが社会的活動のうちで自分自身を解釈して出現させている当のものである。人間はそれだけで、すでに何らかの特定の本性を持っているわけではない。われわれが本質上、合理的動物であるのか、神の被造物であるのか、内部に必要物をそなえた有機体であるのか、性的存在者であるのか、複雑なコンピュータであるのかを問うことは意味をなさない。人間は、今挙げたような仕方のどの仕方でも自分を解釈できるし、もっといろいろな仕方でもできる。人間は今挙げたようなあり方のどれにも、さまざまな程度でなりうるが、しかし人間であることは、本質上それらのあり方のどれかであるということではない。人間存在は本質上、端的に自己解釈をしつつあるものなのである。

> われわれは現存在の本質を、その事象に属しているものの「何」を申し立てることによって定義することはできず、その本質は、この存在者がそのつど自分の存在として存在しなければならないということのうちに存する。（32–33）[12]

> 現存在の「本質」は、その実存のうちに存する。（67）[42]

日本人の赤ん坊の例で見たように、人間がハイデガーの言う特別な意味で実存し始めるのは、生後わずか数週間の後である。赤ん坊が実存し始めるのは、人間であることは何であるのかについての了解のうちへと、しかも、社会的振る舞いにすでに含まれている了解のうちへと社会化されることによってである。一九二五年の講義のなかでハイデガーは、「この共通世界は、第一次的に現に存在するものであり、成熟しつつあるどんな現存在もそのうちへとまず生い育ってゆく公共的世界であるが、この世界が、世界と現存在についてのあらゆる解釈を支配している」（12）と述べている。しかしハイデガーは、有機体としての一人の人間が自らの存在の仕方としての実存を、いつどんな仕方で得ることになるのかとか、どんな特定された存在了解をその人間が得ることになるのかといった問いには関心がない。これらの問いは、特定の事例についての問いであって一般的な構造についての問いでなく、ハイデガー言うところの実存的な問いである。むしろハイデガーが望むのは、われわれ自身を構成し、また文化のような他の存在者を構成している自己解釈的な存在仕方の、構造を記述することなのである。（表1を見よ。）

> その構造についての問いは、実存を構成しているものの分析をめざしている。そうした諸構造の持つ連関をわれわれは、「実存性」と名づける。実存性の分析論は、実存的ではなくむしろ実存論的な了解という性格を持つのである。（33）[12]（13）

実存がわれわれの振る舞いにおける自己解釈的な存在の仕方だと述べるさいに、ハイデガーは現存在を人間の活動と同一視したりはしない。そうした混同を避けるためにハイデガーは、人間のうちなる現存在という言い方をしたりする（14）。現存在という存在の仕方（実存）は、まさに、人間の自己解釈的な側面のことである。ホモ・サピエンスの身体に関する諸事実は、どんな文化においても同一かもしれない。しかしそれぞれの文化は、これらの事実を引き受けてしまうとこれらの事実にある特定の意味を与える。例えば、他の動物と同様にホモ・サピエンスは雄か雌であるという事実がある。ところがこの事実は、人間を男性か女性へと分ける社会的解釈へと変形される。ハイデガーの術語を使って述べれば、ホモ・サピエンスは他のものと同じように事実性（つまり雄か雌）によって特徴づけられるが、「実存」し自らのうちに現存在を持つ人間は、例えば男性とか女性のような、ジェンダー化されたふるまい方としての現事実性において了解されなければならない(15)。

「人」［man］とは、与えられたどんな文化のうちにおいても、現存在が自分をどんなものであれそれぞれだとみなし、したがって現存在がまさにそれであるところの、当のものに与えられる名称だと私は思う。例えば古代ギリシアで、現存在が自分を英雄と敵役という解釈図式によって了解しているような場合には、人々は、英雄とか敵役であることができる。しかしキリスト教の時代になって、現存在が自分を聖者と罪人という解釈図式によって了解しているような場合には、人々は、英雄や敵役であることはできずに、むしろ聖者になる可能性を持った罪人ではありうる。古代ギリシアには聖者も、未発見の聖者すらも存在しえなかった。存在しえたのはせいぜい、他人のなすがままになる弱い人々である。西洋中世では、自分一人で人類の守護者になろうと欲する自称英雄は、せいぜいうぬぼれの強い罪人にすぎなかったろう。現存在の各自が自分を了解するのは、人間であることの特定の可能な仕方について——人間が本質上何であるかについて——すでに決定を下している、ある文化の内部においてのみである。

そのさい、一人の現存在ができることはせいぜい、「自分の意識を高め」ること、すなわち自分の生きる文化における解釈を明瞭にすることである。例えばフェミニストたちは、われわれの振る舞いを変えようとして、われわれの文化において女性であることが何を意味するのかを意識しようと試みている。ハイデガーは、女性であることの意味について明瞭にしようと試みている人々に対して、シンパシーを持つだろうし、実際彼はそれらの人々に対して適切な存在論を提供しているのである。ただし彼は、シモーヌ・ド・ボーヴォワールのような人とは意見を異にするだろう。ボーヴォワールのような人は、われわれは自分の性役割について明瞭にし、それによって性役割を乗り越え端的に人格として生きるべきだと、考えるからである。ハイデガーは次のように言う。

> 物事が解釈される日常的な仕方は、現存在が差しあたってまずそのうちへと生い育ってきているものであるが、現存在はそこから抜けだすことは決してできない。この日常的な解釈の仕方のうちで、この仕方のなかから、またこの仕方に逆らって、すべての真正な了解すること、解釈すること、コミュニケーションすること、すべてのふたたび暴露

することや新たにわがものにすることが遂行される。物事が解釈されるこうした仕方によって、触れられもせず惑わされもせずにいる現存在はないのである。(213)[169]

現存在は、自分の現事実性については明瞭に知ることは決してありえず、したがって、自分の現事実性から離れて根本的に新しい仕方で物事を解釈することは決してできない。

要約しよう。ホモ・サピエンスは事実的な特徴を持っており、この特徴が事実性を構成する。一方人[man]は、ある文化的解釈の結果である。人の文化的に定義された特徴が、その現事実性を構成する。ここで明らかになってくるのは、現存在の存在の仕方が現事実性を可能にするまさにそのゆえに、現存在はその現事実性によっては決して定義されないということ、これである。

Ⅳ　自己を誤って解釈するものとしての現存在

現存在は、本質上自己を解釈しつつあるのだから、本性というものを持たない。しかし現存在はつねに、何かある特定の本質的性質を持っているものとして自分を了解しようとする。現存在は、人間本性についての自分の了解のうちに自分の行為の基礎を置き、さらに、ある国家やある人種に属することでくつろいだ気持ちになる。このように現存在が持つ、自分固有の存在についての日常的な前存在論的了解は、必然的に、前存在論的な誤了解を含んでいる。自分自身をある固定した本質を持った対象として了解することは、現存在の落ち着かなさを隠蔽してくれ、現存在がすみからすみまで解釈だと認識することによって引き起こされる不安を、沈静化してくれるのである。自分固有の前存在論的了解を隠蔽しようとする傾向を現存在が持つからこそ、現存在をある固定した本性を持つある種の対象とみなそうとする、誤った現存在解釈が伝統的に生じてきた。ハイデガーは、こうした動機づけを持った誤了解を「逃避」と名づけ、逃避の生みだす「頽落」が人間存在の一つの本質的な構造だと考えている。

Ⅴ　現存在が実存することの三様態

現存在の最後の特徴に言及しておかねばならない。現存在はいつも誰かに属していると、ハイデガーは言う。現存在は自分固有なものとして所有されている。

われわれ自身が、分析されるべき存在者である。こうした存在者の存在はそのつど私のものである。(67)[41]

しかしこのことは、各々の現存在が体験の私的世界を持っていることを意味しているわけではない。ハイデガーの「そのつど私のものであるという性格」[mineness]は、フッサールが「自己固有の領域」[the sphere of ownness]と呼ぶものからはっきりと区別されねばならない。ハイデガーは一九二三年の講義で、現存在を「自分固有な」ものとして記述するさい、次のように警告している。「自分固有のものしての現存在は、孤立化しつつ……個人（単独ノ自己［solus ipse］）へと相対化することを意味するのではなく、むしろ《自分固有であること》は一つの存在の仕方なのである」(16)。われわれは、われわれの相互的なあり方に関して何が肝心かを知っている。ハイデガーはこうした知からわれわれを切り離さないようにしつつ、他方で、人間が分離されて孤立していることに公平に対応しなければならない。したがって、私が私のものであることは、私の頭痛のような私的感覚や身体を動かすさいの運動感覚、あるいは自分が誰であるかについての一定の私的意識のようなものではありえない。ハイデガーにとっては、私のものであることは、現存在が自分自身に対して――この現存在であることが何であるかに対して――そのふるまいの仕方を通してとる公共的な立場なのである。

思い起こさなければならないのは、一つの文化はいつも、自分の解釈を人間本性だとみなしている点である。人間本性と人間本性の諸可能性についてのこの公共的な了解へと関係をとることによって、個々の現存在は自分自身に対して立場をとるのだが、その仕方には三つの可能性がある。「現存在は、［実存の］可能性を自分で選んだか、それらの可能性のうちへ陥っているか、あるいはすでにその可能性のうちで成長してきたかのいずれかである」(33)［12］。すなわち現存在は、自分を落ち着かせない仕方で自分が存在していることを、自分のものとするか、自分のものでなくしているか、あるいは、それに対する立場をとらないでいるかの、いずれかの可能性なのだ。まず最後に挙げた可能性から検討してみよう。日本人の赤ん坊の例で見たように、現存在は生まれたてには、公共的な解釈によって受動的に形成されることになる。どの人間も、そもそも一人の人間であるためには、文化の形をとったある特定の存在了解のうちへと社会化されていかねばならないからである。（ハイデガーは後の箇所で、現存在はつねに自分の落ち着かなさに不安を持っているというのだが、この様態では、現存在はおそらく自分の不安にはっきりと気づいていない。）この様態では現存在はまだ、自分自身に対して一定の立場をとるようなことはない。次のように言った方がよいであろう。「現存在はいつも、自分がそのつど私のものであるという存在の仕方について、何らかの決定を下してしまっている」(68)［42］のだから、現存在がこの時とっている立場は、自分自身を自分のものとするのではないような、つまり自分の落ち着かなさを隠蔽してしまうような、公共的で集団的な存在の仕方からとられたものにすぎないのである。

第二の可能性は、おそらく青春時代に、現存在の不安が「私は誰なのだろう」という問いに収斂し始めるときに起こる。そのさいに個々の現存在は、落ち着かなさから逃れられる仕方として社会から提供される、公共的なアイデンティティーに自分を「同化する」ことができるようになる。自分がそのなかで成長してきた一定の社会的役割を、単純に受動的に受け入れる代わりに、個々の現存在は、弁護士や父親あるいは恋人などの社会的役割と自分とを、あるいは被害者や自己犠牲的な母親のような社会的に承認された一定のアイデンティティーと自分とを積極的に同一視する。これによって現存在は、自分の真の自己解釈的な構造を、自分のものでなくし隠蔽することができる。エリク・エリクソンの用語では「アイデンティティーの危機」の解決とされるものが、ハイデガーにあっては、自分を獲得することの見せかけにすぎないのである。

自分の可能性を自分固有のものとしている様態、自分固有の実存へと関連する第三の可能性は、『存在と時間』の第二篇のかなりの部分を割いて論じられている主題である。この様態をとる現存在は、自分をある役割と同一視することでは自分の実存の意味を見いだすことは決してできないと自覚することによって、自分の個別性を最終的に獲得する。そのさい現存在は、自分の実存に根拠が欠けているという了解を自分の活動のスタイルに表明するような仕方で、所与の利用可能な社会的可能性を「選択する」ことになる。

こうして現存在は、「自分自身を《選択し》獲得することができ〈第三の可能性〉、さらに自分自身を喪失し決して獲得しないことがありえ〈第一の可能性〉、あるいは、獲得したと単に《見える》だけのこともありうる〈第二の可能性〉」(68)[42]。ハイデガーは、自分自身を選択すること・自分のものとすることを、現存在の存在の本来的な(eigentlich)あり方であると言い、自分を自分のものでなくしていながら自分を選択しているように見えているだけの場合を、現存在の存在の非本来的な(uneigentlich)あり方であると言う。現存在がたいていのあいだ実存している中立的様態は、本来的・非本来的どちらでもない無差別的な様態と呼ばれる。

> われわれは実存の理念を、……了解しつつ存在しうることだと定義したが、この了解しつつ存在しうることにとっては、その自己の存在が問題なのである。だが、この存在しうることはそのつど私のものなのだから、本来性に向かっても、非本来性に向かっても、あるいは両者のような差別化が起こっていない様態に向かっても、自由なのである。(275)[232]

これらの三様態のどの様態で実存するにしても、その実存の可能性は、ハイデガーが「そのつど私のものであるという性格」で意味していた当のものである。私のふるまいを私のふるまいたらしめるものは、私のふるまいが、現存在であることが何であるのかについての特定の立場——落ち着かなさを自分のものとしているのか、あるいはそれを自分のものでなくしているのか、という特定の仕方——を表わしている点にある。このことが、私に関して最も本質的な事柄なのである。私が落ち着かなさから逃避しているのかそれに直面しているのかは、私のふるまいに表明されているのだから、私に関して本質的な事柄は、他人にとっても接近可能である。それぞれの現存在が孤立させられた個人であって、その個人が自分自身の世界に意味を与えその後に他の主体に意味を与え、そして最後に共有された世界に意味を与えるというストーリーは、フッサールやサルトルの説明方式ではあっても、ハイデガーのそれではない。

『存在と時間』の第一篇が扱うのは、実存の無差別的な様態である。

> 分析の出発点において特に重要なのは、ある特定の仕方で実存するという差別化された特徴において、現存在を解釈すべきではなく、現存在が差しあたりたいていとっている無差別な特徴において現存在をあらわにしなければならない、ということである。現存在の日常性の無差別的な特徴は、無ではなく、この存在者の積極的な現象的特徴なのである。(69)[43]

ハイデガーは、この無差別的な様態を「積極的」と呼ぶことによって、この無差別的な様態が劣っているとか派生的だというのではないという注意をしている。ハイデガーが時として、この正常で日常的な存在様態を非本来的と呼ぶことがあったとしても、それによって彼は、この様態の価値を下げているのではない。彼は講義のなかでも、この点についてはっきりと述べている。

> われわれが日常実存しているあいだ、われわれはわれわれ自身をある日常的な仕方で了解している、術語的に定式化して言えば、語の厳密な意味で本来的にではなく了解している。つまり、われわれ自身の実存の……最も極端な諸可能性からで……なく、われわれがわれわれ固有のものではないとか、日常的に実存しているあいだ物や人間たちのなかに自分を失っているというように、……非本来的に了解しているということである。「本来的にではなく」ということは、われわれが根底において自分自身を自分のものとすることができるように、ではなくという意味である。しかし、失われているということは、否定的で価値が低いとみなされた意味を持つのではなく、現存在自身に属する何か積極的なものを意味している。……われわれが現事実的に実存的に、感情をもって物に没入しつつ、自己を日常的に保持していることは、確かに真正でありうるのである。
> (BP, 160)[GA 24, 228]

VI 現存在の優位

『存在と時間』の序論第一章についてのここまでの議論を締めくくろう。存在の探究を開始するさいの正しい道は、存在の問いを立てる存在者の存在の仕方(実存)を調べてみることだという結論に、どのような推論を使ってハイデガーが達したのかをまとめてみるのである。ハイデガーの推論には三つの段階があるように思われる。ただしどれも、完全に説得的だというわけではない。

1　ハイデガーがまず第一に確認するのは、存在の意味を理解しようと試みているのは現存在なのだということ（27）[7]、また、存在の意味への問いを立てるためには、現存在は自分の「平均的了解」のうちに問いへの答えの予想を持っているのでなければならないということである。

2　次にハイデガーが主張するのは、この平均的了解が現存在の本質的な機構に属しているということ（28）[8]、つまり、自分の存在に立場をとることが現存在を決定している事項だということである。「現存在はつねに、自らを自分の実存によって了解している」（33）[12]。

3　ハイデガーがさらに主張するのは、現存在の自己の存在についての了解のうちには、あらゆる様式の存在についての了解が含まれているということである。「現存在はまた――実存についてのその了解を構成するものとして――現存在ではないすべての存在者の存在の了解を等根源的に持つ。だから現存在は、すべての存在論を可能にする存在的-存在論的な条件を提供するという、第三の優位を持っている」（34）[13]。したがって、現存在の実存論的分析論を遂行すれば、われわれは「基礎的存在論」に到達することになる。われわれは、あらゆる様式の――道具、物、制度、人々、などの存在についての――理解可能性が、ある基礎的な存在の仕方つまり実存に、どの程度依存しているのかを見てとることになるのである。

ハイデガーは、哲学的探究と普通の生活との関係に関してある興味深いコメントを付け加えて、序論の第一章を締めくくっている。「存在への問いは、現存在自身に属するある本質的な存在傾向の徹底化、以外の何ものでもない」と（35）[15]。現存在はその活動中に絶えず、自分自身と他のあらゆるものについて了解を持っている。ハイデガーは、自分が存在への問いを探究することや、われわれの振る舞いに含まれる了解を了解しようとすることこそ、人間なら誰もが自覚せずに終始なしていることを自ら主題的に遂行することにほかならないと考えたのである。

存在についての探究としてのこの現象学的解釈は、すでに現存在に属していて存在者とのあらゆる交渉において「生き生きとしている」存在了解を、自主的に主題的に遂行することである。（96）[67]

2章 『存在と時間』の序論――方法論的部分

I ハイデガーの現象学概念

第七節でハイデガーは、存在の探究を求める者は何をなすべきなのか、と問うている。現象学を行なわねばならない、というのが答えである。それでは現象学とは何か。ハイデガーの答えは、フッサールによる現象学の定義を引き継ぎながらも、それをさらにハイデガー流の目的のために全面的に変形し、「現象学」の意味を、自分自身の信念システムの志向的内容を明瞭に解明しながらそれによって不可疑の明証に至るという、フッサールによって提案された方法とはまったく正反対にしてしまうものである。ハイデガーの手にかかると現象学は、決して全面的に分節化されることもなく不可疑的な明証の対象にもならずに、われわれのあいだで共有されている何ものかを、自分から示させるための一つの仕方になる。

A 現象

通常考えられている現象とは、例えば自然科学が自然現象を研究すると言われる場合のように、直接自分を示してくるもののことである。「《現象》、《仮象》、《現われ》、《単なる現われ》といった言葉で示されている《現象》の混乱した多様性のもつれは、初めから現象の概念を、自分を自分自身に即して示すものだと了解していなければ、解けないのである」(54)［31］。自分を示すものとしての現象は、現象に関するすべての派生的な概念の必要条件である。

しかし一方で、現象についてのこの常識的な見方は、一つの現象学的な概念を前提にしている。現象学的な意味における現象とは、気づかれない（主題化されない）ながらも、自分を示すあらゆるものに伴いそれを可能にしているものである。「現われ、つまり通俗的に解された現象において、そのつどそれに先立ってまたそれに同伴してすでに自分を示しているものは、たとえ非主題的に自分を示しているとしても、主題的に自分を示すに至りうる。そしてこのように、自分自身を自分自身に即して示すものが、……現象学の《現象》である」(54-55)[31]。注意深い読者なら気づき始めているかもしれないが、現象学的に解された現象というものは、現存在の前存在論的存在了解とハイデガーが呼ぶもの、そしてその了解によってあらわにされる理解可能性の諸様式とハイデガーが呼ぶものに、驚くほど類似している。

B ロゴス

ロゴスとは、「あるものをそれがあるものと一緒になっているがままに見させる――あるものをあるものとして見させる」(56)[33] ことを意味する。通常自分を示すものの根拠として、現象学者に自分を示してくるものが、見通しよく提示され示されねばならない。思いだそう。現象学者が記述すべき解釈抜きの事実などなく、客観的な事実なるものも、ある信念システムがその一例であるような主観的事実というものもないということを。だから現象学者は、彼がそのうちにすでに住み込んでいる存在了解――この了解こそ、どんなものであれ何ものかを何ものかとして出会わせてくれるものなのだが――をあらわにすべく、与えられた諸現象を解釈し組織的に理解しなければならないのだということを。

C 現象学

ハイデガーは、現象学の概念に三つのものを区別する。

1 現象学の形式的概念によれば、「自分自身を示すものを、それが自分から自分自身を示す通りにそれ自身から見えるようにさせる」(58)[34] ことが現象学である。この概念の範囲は、現象学についてのフッサールとハイデガーの両者の了解を包括するくらいに、広い。しかし形式的だとはいってもこの概念は、現象学が演繹・弁証法・超越論的論証であることを排除している。現象学はこの概念によって、話題になっているものを直接的にあらわにする研究だという限定を受ける。

2 現象学の通俗的な概念によれば、どんな対象も現象学的研究の固有の対象になることが可能であり、研究の目標は、その研究対象を意識の前にできるだけ十全にもたらすことである。「諸現象《について》の学を持つことは、その学の対象について論じられるあらゆることが、直接的に提示することによって論じられねばならないという仕方で、その対象を把握することである」(59)[35]。現象学は「具体的な証示」(359)[311]であって、その要点は、それぞれのタイプの現象を、それぞれの現象についてのありうる最良の明証をもたらす仕方で示そうとすることにある。

3 現象学的概念

（a）「現象学が《われわれをして見させる》べき当のものは何なのか。際だった意味で《現象》と呼ばれねばならないものは何なのか」(59)［35］と、ハイデガーは問う。何ものかに自分を示すようにさせることが現象学であるなら、現象学が取り扱うのは、すでに明白になっているのではない何ものかだ、とハイデガーは答える。「それは、差しあたりたいていは自分をまったく示していない何ものか、つまり、差しあたってたいていは自分を示しているものとは対照的に秘匿されているものであり、しかも、その秘匿されているものは、自分を示すものの意味と根拠をなすほどに自分を示すものに本質上属している」(59)［35］。必然的に秘匿されているものとして挙げられるのは、カントの物自体かもしれない。つまり、はしかのようにその効果によってしか自分を示さないような事物なのかもしれない。しかしこうしたものは、現象学が扱うものではありえない。現象学の主題は、自分から自分自身を示したりはしないが、しかし自分を示すようにさせることのできる何ものかでなくてはならない。

隠されてはいるがあらわにすることの可能なものの完璧な範例は、「単にあれやこれやの存在者ではなく、存在者の存在」(59)［35］であり、「存在者を存在者として規定し、存在者がすでに了解されるさいの基礎になっているところのもの」(25-26)［6］である。すなわち、卓越した意味での現象とは、存在者の理解可能性の諸様式、また、どんな種類の存在者であれそれが存在者として出会われうる基礎としての背景的了解のことなのである。「存在論は現象学としてのみ可能である。《現象》の現象学的概念においては、自分を示すものとして考えられているのは、存在者の存在、この存在の意味、この存在の諸変様態や派生態である」(60)［35］［文の順序を訂正］。

（b）現象はどのように自分を示すのだろうか。フッサールの言うところによれば、現象学は十分に明証的になしうるものだけを研究すべきである。ハイデガーはこの点でフッサールの現象学理解をひっくり返す。十全的な明証と、先入見からの完全な自由をめざすフッサールの方法は、われわれの持つすべての了解が生ずるための背景を了解しようと欲するときには、使い物にならない。われわれの存在了解は、われわれが思考し行なっているどんなことにも浸透しているので、われわれは決してその存在了解を明瞭に明示することに成功できない。しかも、この存在了解は、信念システムではなくわれわれの技能に具現されているのだから、そもそもわれわれが明瞭にできるような種類のものではないのである。

フッサールが「世界の自然的概念」と呼んでいたもの、すなわち自然にわれわれに与えられてくる世界了解を、われわれが了解できるようになるのは、われわれの生活のさまざまな局面を広範にどんどん調べていって、これらの広範な局面をよりさらに一般的で統一化された構造のうちへと組み入れようと試みることによってだけでしかない。そうだとすると、フッサールの言う「自己責任的」な学たらんとしている現象学は、フッサールの掲げるこの目標を放棄しなければならない。それはすなわち、無前提的な学を完成させるという、プラトン以来の哲学の目標を放棄するということである。正しく現象学を理解すれば、それが解き明かすものであること、つまり解釈をなすものであることが分かってくる。「われわれの以下の探究それ自身が示す通り、一つの方法としての現象学的記述の意味は解釈に存する」(61)[37]。

II 解釈学：現存在分析へのハイデガーの二段階のアプローチ

われわれが確認したのは、ハイデガーがフッサールの現象学を引き継ぎながらそれを大転換したということである。われわれが探究すべきは、現存在なのであって意識ではない。現象学の方法は、われわれの心にある自明的な意味を探ることなのではない。存在了解は心的ではないばかりか、さらに、われわれの持つ存在了解は隠蔽されている。それこそ、「現象は……大部分与えられていないがゆえに、現象学の必要が生じている」(60)[36] のである。

ハイデガーによれば、隠蔽には二つの種類がある。第一の隠蔽は、単に暴露されていないこと――「知られているのでも知られていないのでもない」(60)[36] ことである。この種類の隠蔽は、日常の振る舞いの背景を探究するさいにわれわれが見いだすものである。第二の隠蔽は、埋没していることである。「これが意味することは、現象が以前あるときに暴露されていたのだがふたたび隠蔽の状態に陥った、ということである」(60)[36]。このことが起こるのは、現存在が自分の落ち着かなさを感ずるときである。そのとき現存在は、根本的現象を隠蔽してきた現象それ自体が真理だと言い立てようとし、何ものかが隠蔽されているのだということを実際に否定してしまう。ハイデガーはこの種の隠蔽を変装と言う。この変装という事態が意味しているのは、真理を見ることを欲しないことが隠蔽を動機づけるということである。ハイデガーによれば、「この隠蔽……が……最も危険である。ここでは、思い違いをしたり誤って導いたりする可能性が特に執拗であるからだ」(60)[36]。

おおざっぱに言えば、『存在と時間』の第一篇と第二篇のそれぞれは、今述べた二種類の現象の隠蔽をそれぞれ問題にしている。第一篇は、明白ではあるが気づかれていない現象をあらわにする。第二篇は、変装させられた現象へと突破していかなければならない。ハイデガーによれば、世界および世界に没入している現存在という、第一篇の主題は、あまりに明白なのでわれわれの日常の活動が進行しているあいだは気づかれることがない。しかし、現存在の存在の仕方のうちには落ち着かなさがひそんでいて、現存在がこの落ち着かなさに絶えず感づいているまさにそのゆえに、この落ち着かなさは絶えず隠蔽される。こうした落ち着かなさを含んだ存在の仕方と、落ち着かなさの変装ということが、第二篇の前半部の主題なのである。

隠蔽のこの二つの形は、現象学的-解釈学的な探究にも二つの異なった種類があることを要求する。ハイデガーは、この二つの解釈の技術のどちらについてもパイオニアであって、解釈学的な仕事をしていると自任する現代の著作家たちは、この二つの技術を精密にし応用した人々なのである。

A 日常性の解釈学

第一篇のハイデガーは、日常性における現存在の解釈(38)[16]と彼が呼ぶところのものを、学問的に仕上げる仕事をする。振る舞っている当人には見逃されているような、日常的な振る舞いと言説における了解は、近年の多くの解釈学的な研究の主題となってきた。社会学におけるハロルド・ガーフィンケル(1)、政治学におけるチャールズ・テイラー(2)の二人が、それぞれ異なったやり方をとりながらも、追求しているのはこのタイプの解釈学の方向である。日常についてのこのタイプの解釈学と同系統の考えをとるのは、クリフォード・ギアーツ流の人類学(3)と、トマス・クーンである。前者は、この解釈学の方法を他文化に適用し、後者は、それをわれわれ自らの文化の他の時代へと適用する。クーンは例えば、アリストテレス物理学によって前提にされている自然了解に適用される、解釈学的な方法があることを今やはっきりと認めているのである(4)。

リチャード・ローティは、不可共約的な言説どうしを共約的にする試みが解釈学であると定義した(5)。解釈学を定義する試みには、人によっていろいろなものがあってよい。しかしローティのこの定義は、ハイデガーが現代哲学に導入したものとは明らかにかけ離れている。ハイデガーの考える解釈学は、現存在が住み込んでいる日常性の構造を解釈するという、身近なところから始まるのである。ギアーツとクーンに見られるような、異他的な言説と振る舞いの解釈の試みは、いくつかの点で日常性の解釈学を前提にしているとハイデガーなら主張するだろう。『言葉への途上』のなかでハイデガーは、解釈学は「他者の言語を正しく了解する術である」というシュライエルマッハーの言葉を引き、さらに「〈解釈学〉を適切な意味で拡張すれば、あらゆる種類の解釈についての理論と方法論を意味することができる」と注記している。ハイデガーはさらに付け加えて、「『存在と時間』においては《解釈学》という術語は」、「まず第一に解釈の本性を定義する試みを」意味する「より拡張された意味で用いられている」(6)と述べる。つまりハイデガーが遂行していると主張している解釈学は、他のすべての解釈学の基礎を置くようなものなのである。この解釈学は、人間が有意味な一連の社会的振る舞いとして存在することを示し、またいかにこれらの振る舞いが人間の持つ理解可能性を生ぜしめていて、しかもこれらの振る舞いそれ自体がいかに理解可能になりうるかを示すからである。さらにハイデガーによれば、この解釈学についてのハイデガーの主張それ自体も、一つの解釈である。「《現象学》に付け加えられた言葉である解釈学は、解釈の方法論という普通の意味を持つのではなく、解釈することそれ自体を意味している」(7)とハイデガーは述べている。

そうすると、解釈学的現象学なるものは、人間を本質的に自己解釈的なものだとみなす一つの解釈であり、またこうした人間解釈を通じて、解釈こそが人間を研究するための適切な方法だということを示しているのである。しかもわれわれの見てきた通り、人間についてのハイデガーの説明は、「超越論的」、あるいはより正確には実存論的だと考えられている。というのも、ハイデガーはある特定の文化や歴史上の時代において一人の人間であることが何を意味するのかを議論しているのではなく、むしろ彼が日常生活を記述することによってわれわれの目の前で明らかにしようとしているのは、自己解釈的なわれわれの存在仕方についての文化横断的で超歴史的な一般構造であり、さらに、こうした一般構造によって理解可能性のすべての様式がどのように説明されるようになるのか、なのだからである。

B　嫌疑の解釈学

われわれがすでに見てきた通り、われわれ自身の存在についてのわれわれの了解には、次の三つの理由で、完全に接近することは不可能である。(1)この了解が技能のうちで具現されていること、(2)われわれは自分の了解のうちに、水のなかの魚のように住み込んでいること。第二篇でハイデガーは、第三の理由に焦点を当てている。(3)われわれの存在了解は、歪められているということである。日常的現存在は、自分固有の解釈的な活動と、その活動のゆえに生じる人間存在の落ち着かなさとに直面することを欲しないので、現存在は自分の日常の了解を、自分自身に関する真理を隠すことに使うのである。

> 「世界」*の最も身近に配慮されているもののもとでの、われわれの……存在は、日常的な現存在の自己解釈を導いて、現存在の本来的な存在を存在的に隠蔽する。それによって、この存在者に向けられた存在論に、適切な基盤が拒まれることになる。それだから、この存在論が、差しあたっては現存在の日常的な解釈の方向に従っているとしても、現存在というこの存在者が現象として根源的に与えられる仕方は、決して自明というわけにはいかない。(359、強調ドレイファス)[311]

現存在が自分固有の存在についての真理を自分に秘匿しているのだとすれば、われわれは現存在の存在の仕方を、現存在の振る舞いから直接的に読み取ることはできない。自分の存在に関する現存在の了解は非認知的で、浸透的で、歪められているのだから、ハイデガーの用いうる方法は直接的なものではないのだ。彼のできることは、われわれが存在している現場、つまり現存在が自分自身を了解(誤解)している現場から出発することだけであり、自分固有の存在について現存在が持つ意味理解を直接的には含まずそれゆえ歪められることの最も少ないような、現存在の活動の諸局面を記述することだけである。現存在は、「差しあたりたいてい存在している仕方で、――その平均的な日常性において」(37-38)[16]記述されねばならない。

このような現象学概念から読み取れるのは、ハイデガーの哲学観とウィトゲンシュタインの哲学観とのあいだにある、深い親近性のうちの一つである。『哲学探究』のなかでウィトゲンシュタインは次のように述べる。

> われわれにとって最も重要な物事の相は、その単純さと身近さのせいで隠されたままである。（いつも目の前にあるので、気づくことができないのである。）探究の真の基礎は、人を驚かすようなものでは全然ない。そうした隠された基礎があるという事実が、あるときにその人を驚かせたことがないのならば。これの意味するところはこうである。一度見てとられたときには最も衝撃的で最も強力なものによっては、われわれは驚かされることはないということである。（8）

しかしハイデガーにとっては、これは手始めでしかありえない。彼の予備的な分析は、より根源的な説明を与えうるための基礎をなす、いくつかの洞察を与えるものだというのである。

> 現存在の分析は、……暫定的である。この分析は、この存在の意味を学的に解釈することなく、この存在者の存在を単に引き立たせるだけである。この分析はむしろ、最も根源的な存在解釈のための地平から邪魔物を取り払う準備の手続きをなす。いったんこの地平に到達すると、現存在の予備的な分析は、より高次で本来的に存在論的な土台の上で繰り返されねばならない。（38、第二の強調ドレイファス）[17]

このようなアプローチをとれば、解釈学的な分析の持つ循環という特性が、特別な重要性を帯びてくる。いわゆる解釈学的循環とは一般に、あるテクストについての全体的な解釈と、ある一定のテクストの読みによって意味があるとして際だたせられたそのテクストの細部とのあいだで、テクスト解釈は往復運動をしなければならないという事実を指す。新しく読み取られたテクストの細部は全体的な解釈を変容させることができるし、全体的な解釈の方は、意味を持った新しい細部を開くための助けとなりうるのだから、こうした循環は、テクストをさらにさらにより豊かに了解させてくれると期待される。しかしながら、ハイデガーがすでに第一篇で紹介しているように、現象学的-解釈学的循環は、方法論に関するもっと強い主張を含んでいる。（1）われわれは分析を、自分が解釈しようと思っている振る舞いの内部から始めなければならないのだから、解釈すべき現象についてのわれわれの選択はすでに、われわれの伝統的な存在了解に導かれている。（2）われわれの分析が扱おうとするものが気づきがたいものであり、しかも伝統的な存在了解が肝心な事柄を見逃していそうだというのなら、われわれは伝統的な解釈を額面通りに受け取ることはできない。（3）したがってわれわれは、諸対象、主体、言語、空間、真理、実在、時間等々についての伝統的な説明を、われわれの解釈によってあらわにされた現象に基づいて、根本的に改訂する用意があるのでなければならない。

だから第一篇の仕事は、日常的な活動それ自体によって気づきにくくされている、日常的な活動の諸位相に注意を向けさせることである。ところが第二篇では、こうした仕事はさらに展開を遂げて、第一篇であらわにされた現存在の日常的な存在論的構造ですらも、額面通りには受け取られていないのである。むしろ第二篇ではそうした存在論的構造が、直面するのに痛みを伴う真理を何らかの動機から覆ってしまうものだと、とらえられている。現存在は、自らの落ち着かない存在の仕方を隠蔽しているだけではなく、常識的な存在論を用いて、自分の構造へと至る道を「閉鎖して」しまっている。第二篇でハイデガーが、次のように言う通りである。

> 世界内存在の最も基本的な構造の提示だけではなく、……とりわけ、気遣い、死、良心、責めについての分析も……、配慮の常識的な分別が現存在自身において、現存在の存在しうることと存在しうることの開示を――つまり存在しうることの閉鎖を――いかに支配してきたかを示している。(359、強調ドレイファス)[311]

ハイデガーはここから、次のような教訓を引きだす。

> だから現存在の存在様式が要求するのは、根源性の姿で現象を提示しようという目標を掲げた存在論的な学的解釈が、現存在に固有の隠蔽の傾向にもかかわらず現存在の存在を奪取しなければならないということである。だから実存論的分析はつねに、日常的な解釈の持つ要求や、日常的な解釈の満足や安らぎを得た自明性に対しては、暴力を振るうという性格を持つことになる。(359)[311]

そうだとすれば、超越論的-解釈学的現象学は単に、自己解釈的な存在についての一般的な構造を整理して見せることを狙っているのではない。それは、人間についてのある実質的な真理を力ずくで見えるようにするものなのである。人間存在がすべて始めから終りまで解釈であって、それゆえにわれわれの振る舞いが人間本性や神の意志、あるいは合理性の構造に基礎づけられることはありえないのだ、というだけではない。この解釈という条件こそが、誰もが根底において落ち着かない(unheimlich)と感じるさいの、つまり人間は世界内でくつろぐことは決してできないと誰もが感ずるさいの、根本的な根拠のなさの一種なのである。このことのゆえにわれわれは、自分自身をくつろがせ安全にすることにうつつをぬかすのだと、ハイデガーは言う。だからハイデガーにとっては、人間が自分たちの生活に何らかの安定した意味を与えようとするさいによりどころとしている、順応主義的で日常的な活動は、自分の究極的な無根拠さに関してそれぞれの人間が持つ前存在論的な了解に動機づけられた、逃避だということがあらわになる。

特に第二篇においては明らかに、ハイデガーの方法は、ポール・リクール言うところの「嫌疑の解釈学」(9)、つまり暴力的に偽装をあばく解釈学へと変貌していく。このように何らかの動機によって歪曲が生じたと考えられている場合には、マルクスがあらわにしたような階級闘争の隠された真理を見る場合でも、あるいはフロイトが暴露したようなリビドーの歪みとねじれの隠された真理を見る場合でも、その真理のヴェールをすでにはがしてしまっているある権威（マルクス主義理論家、精神分析家）が、自己欺瞞に陥っている相手を導いてその真理に目を開かせる必要がでてくる。『存在と時間』においては、そのような啓蒙的権威は、自分固有の条件についての現存在の自覚のうちにすでに現存している。ハイデガーはこれを、良心の呼び声と名づける。さらに、真理が抑圧されているような場合にはいずれにせよ、抑圧を受けていた個人が、深い解釈を要する真理があることを承認することによって、その真理を確認しなければならない。そして、そこで本当に問題になっているのは、真理への防御として形成されてきた制限なのであるから、導かれた相手が真理を承認することによって、なにがしかの解放が生ずるとみなされる。マルクスが約束するのは、自分の階級が搾取されているという真実を悟ることによって、権力が解き放たれるということであり、フロイトが提供するのは、自分の性の抑圧されていた秘密を取り戻すことがもたらす、自己コントロールである。そして、ハイデガーはこう主張する。何ものにも本当の根拠がなく生きてゆくための指針など存在しないのだという真実を悟ることによって、現存在はますます開かれたものになり、ますます確固としたものになり、それどころかますます陽気になるのだと。

Ⅲ　方法論上の問題

解釈学的現象学は、理解可能性を探究するさいにデカルトのように自明的なものから出発できないし、ヘーゲルの自認するように自明的なものへと到達することも、これまたできない。ハイデガーが『存在と時間』において解釈学的現象学の分析の「終り」に達したとしても、それによって彼は、探究のための新しい背景を開き終えたということだけのことである。

「事柄自身が深く覆われている」この分野では、あらゆる探究において、その成果を過大評価しないようにしなければならない。なぜなら、存在の意味に対する問いはつねに、さらに一層根源的でさらに一層普遍的な地平が開示される可能性に直面するよう強いられていて、そうした地平から「《存在》とは何か」という問いへの答えが引きだされるかもしれないからである。(49) [26-27]

だがハイデガーは、いつも自分の洞察に忠実だというわけではない。『存在と時間』の計画によれば彼は、現存在が意味をなす仕方に意味を与えるのは時間性だということを示そうとし、次いで、存在の他のあらゆるあり方も時間性によって了解されることを示す予定であった。この作業によって、『存在と時間』の第一部をなす予定の基礎的存在論は、完成されることになっていた。第一部は、「時間性による現存在の学的解釈と、存在の問いの超越論的地平そのものとしての時間の解明」（63、強調ドレイファス）[39] を作業目標としているのである。

無限にさらなる解釈に開かれていることと、最終的な地平を見つけたと主張することとのあいだでハイデガーが揺れていることは、第一篇の最後で明白になっている。そこでハイデガーは次のように問う。

> 存在があらゆる存在者から区別されねばならないのに存在が「存在する」こと、これは何を意味するのか。この問いを具体的に問うことができるのは、存在の意味と存在了解の全射程が一般に解明されたときだけである。その場合にだけ、存在そのものと、存在そのものの諸可能性や諸変化とについての学という概念に何が属しているかをも、根源的に分析できる。（272、強調ドレイファス）[230]［ドイツ語原文に合わせて英訳を修正。］

ここでハイデガーは、『存在と時間』における基礎的存在論が存在了解の十全な解明となるだけではなく、存在そのものについての「科」学になるとも言っているようである。こうした発想は、解釈学の前提に抵触する。同じく後に見るように、存在論は「理論的問い」（32）[12] だというハイデガーの主張は、理論についての解釈学的な説明とも抵触するのである。

実際にハイデガーの後期の著作で起こったことは、まさに、さらにより包括的な地平を見いだしてゆくという彼の考えが予想させる通りのものだった。存在を理解するためのどの地平も、存在のあるいくつかの仕方を排除してしまうことが見えてきたのである。『存在と時間』は、芸術作品の存在の仕方を無視していた。ハイデガーが『芸術作品の起源』において芸術作品を問題にしていたときでも、彼はまだ、空間的な場所性を無視していた。また彼は後になって、木のような自然事物に対して公平さを欠いていたことに気づく。自然事物は、道具でも対象でもないのである。解釈の作業のそれぞれは、理解可能性のいくつかの様式は説明するが、他の様式は排除する。実際ハイデガーは、存在の意味についての彼の当初の問いに答えることはついになかった。意味を構成するわれわれの振る舞いと、これら振る舞いがあらわにしている存在の諸々の仕方とについて問うことから、さまざまな問題が生じてきて、問題がどんどん広く深く掘り下げ続けられるのみだったのである。とはいえハイデガーは、言語、伝統、および人間のその他の振る舞いのなかで存在が了解されることによって開かれる明るみがなければ、そもそも存在者としての存在者にわれわれが出会うことは決してありえない、という彼の基本の考え方を放棄することはまったくなかった。

3章　世界内存在についての予備的スケッチ

I　内存在

ハイデガーは、実存するという活動を「世界内存在」［being-in-the-world］と呼ぶ。彼はこの概念を導入するさいに、いかにも彼らしい精確さで、これまで見落とされてきたこの現象に正しい仕方でアプローチすることの重要性を力説する。彼が強調しているのは、現存在の世界内存在というときの「内存在」［being-in］を、ある対象がある別の対象に対して空間的位置関係をとるさいにその対象が持つ特徴だと、考えてはいけないということである。

ハイデガーは、道具連関や主体の関心から切り離され性質に関して確定した実体、として了解される諸対象の存在仕方を、Vorhandenheit と呼ぶ。この語は英訳では普通、“presence-at-hand”［手前に現前すること］と訳されている。しかし、ハイデガーのドイツ語では現前［presence］ということは言われていないし、またハイデガーが、原語に埋め込まれている手［hand］に当たる語を利用することも滅多にないことであるから、私としては、“occurrentness”［事物的存在性］という訳語を使うことにする。事物的に存在する諸対象の最も一般的な諸特徴は、カテゴリーと呼ばれる。すなわち、

> 特定の場所関係という意味で、事物的に存在するものの「内」で事物的に存在することとか、……一緒に事物的に存在することとかは、われわれがカテゴリー的と呼ぶ存在論的特徴である。それらは、現存在とされるにふさわしくない存在様式を持った存在者に属するような存在論的性格である。(79)［54］

すでに見たように、現存在の最も一般的な諸特徴の方は実存カ

テゴリー、と呼ばれる。

現存在の諸存在性格は、実存性に基づいて規定されているがゆえに、われわれはそれらを「実存カテゴリー」と呼ぶ。これら実存カテゴリーは、われわれが「カテゴリー」と呼ぶもの——すなわち現存在とされるにふさわしくない存在者の諸存在特徴——からは鋭く区別されなければならないのである。(70)[44]

ハイデガーは、このように術語をきちんと確定した上で、次いで、内存在という現存在独自の存在の仕方に注意を喚起する。この存在の仕方は、ある対象が別の対象の内に存在するときにとりうる仕方とはまったく異なる。

内存在は……現存在の一つの存在機構であり、一つの実存カテゴリーである。だから内存在を、事物的に存在しているある存在者の「内」に何らかの物体的事物(例えば人間の身体)が事物的に存在していることだと考えることはできない。(79)[54]

ここでハイデガーは、『存在と時間』の他のいくつかの箇所におけるのと同様に、身体を持つことは現存在の本質的構造には属さない、と示唆しているように見える。「この《身体性》がそれ固有の問題性を隠し持っている」(143)[108] ことを彼自身認めているにしても、である。現存在が必ずしも身体的に受肉している必要はないという考え方は、現存在の存在の仕方が一般に、本質的に自己解釈的な活動であるととらえられていることから、おそらく帰結するのだろう。『論理学の形而上学的基礎』でハイデガーが言うように、「分析の主題である存在者に対しては、《人間》という語は使われなかった。その代わりに、現存在という中立的な語が選ばれたのである。この語によってわれわれが指示するのは、その存在者にとってはそれ自身の固有な存在の仕方がある特定の意味で問題であるような存在者なのである。《現存在》という語が持つ独特の《中立性》は、本質的なものである。なぜならこの存在者の解釈が、あらゆる現事実的具体化に先立って行なわれなければならないからである」(136)[GA 26, 171-172]。しかしもちろん、「中立的[中性的]な現存在などというものは、断じて実存するものではない。現存在はそのつど、その現事実的具体化においてのみ実存し」(137)[GA 26, 172]、「現存在は、現事実的なものとしては、とりわけ、そのつど身体のうちへと分散してしまっているのである」(137)[GA 26, 173]。

ハイデガーは、諸対象と人とでは世界の内で存在する仕方がいかに異なっているかを、明確にするような記述を与える。これによって、内存在という現象がかなり明瞭にあらわになってくる。もちろんここで与えられているのは、「内」[in] にいくつかの異なった意味があることを示す論証ではないし、ハイデガーのやっていることは、言語分析なのでもない。むしろ、

「これらの分析において問題なのは、現存在の根源的な存在構造を見てとることなのである」(81)[54]。普段われわれは、前置詞や慣用句の多くをきわめて透明な仕方で使っているので、それらの意味の違いによって何が提示されているのかには気づかない。しかも、一歩退いて「内」[in]のような前置詞の意味について考えたとしても、世界内存在という現象を見ない第三者的な反省において最初に注目される意味は、物理的な空間的内属[inclusion]というカテゴリー的意味なのである。

　例えば「恋愛中である」[being in love]、「実業界にいる」[being in business]、「演劇界にいる」[being in the theater]の場合のように、「内」[in]には適所的参与[involvement]を表わす実存論的な意味もあるという事実に、注意を喚起する人がいるかもしれない。しかし、われわれはこの事実を、物理的な空間的内属からメタファー的に派生したものだと考えがちである。まさにこのことは、現存在は自分が交渉する諸対象の方からつねに自分自身を（誤って）解釈するというハイデガーの観察が正しいとするなら、当然予想されることである。

〈現存在は〉自分が本質上不断に差しあたってそれへと態度をとっているところの、まさにその存在者の方から、つまり「世界」〈諸対象の全体〉の方から、〈自分自身の存在を了解する〉傾向を持っている。現存在自身のうちには、したがって、現存在自身の存在了解のうちには、われわれが後で示すように、世界が了解されているその仕方がひそんでいて、現存在が自分自身を解釈する仕方にはそれが存在論的に反映されているのである。(36–37、二番目の〈 〉内はドレイファスの注釈)[15–16]

　こうした仕方で現存在は、適所的参与という、直接的に与えられている基礎的な経験を見落としてしまう。解釈学が、「いまだ暴露されていないもの」として秘匿されている適所的参与に向かうよう、注意を促さなければならないのはここである。ただし、この見落としにはそれなりの動機があってその結果としてある種の「変装」に行き着くのだということを、教えてくれるヒントがこの見落としのうちにないわけではない。適所的参与の現象を見落とし隠蔽してしまうこうした傾向と戦うために、ハイデガーは、「内」が根源的には空間的内属を意味しないことを指摘する。「内」の根源的意味は、むしろ「住むこと」「住み込むこと」であった(80)[54]。この意味に依拠すれば、「箱の中のチョーク」のような空間的内属の「内」が基礎的だとする発想を克服できる、とされるわけである。

　しかし、次のように問われるかもしれない。ハイデガーによれば、現存在はつねに世界の方から自分自身を誤って解釈してしまうという。だとすれば一体なぜ、これら「内」の原始的な意味が、より非原始的な意味よりも現象の解明に役立つのだろうか。ハイデガーの答えは、「当該の現存在の側で包括的な自己解釈が行なわれることによって、《原始的な諸現象》はしばしば、隠蔽されたり複雑化されたりすることがいっそう少ない」(76)[51]、というものだろう。ごく自然になされる常識による歪曲が、哲学による歪曲によってさらに隠蔽され、そのことが日常言語に反映されている、というわけではないのである。だから例えば、言語の初期の段階では、言葉の第三者的な意味と適所的参与にかかわる意味とは、まだ完全に分離されてはいない。今になってもわれわれは、"being in the theater" という句を発話する場合、この句によって、誰かが空間的に劇場の中にいることと、劇場が当の人物の自己解釈において決定的な役割を果たしていることの、両方を意味しうる、――もっと正確に言えば、これら両極端のどちらよりももっと単純な・分離できないあることを意味しうるのである。「内」が「住む」からきていることを思い起こそう。これによってわれわれは、「内」の客観的な「字義的な」意味が基礎的なのだという想定から脱出するよう、揺さぶりをかけられているのである。

近年、メタファー的なものが字義的なものよりも基礎的だとみなされる、と論じようとしている人がいるが、そういうことが問題なのでもない。そうした人たちは、メタファーは人々が普通認めているよりもはるかに重要であって、例えばわれわれの身体の内と外のような空間的内属に基づく内/外のようなメタファーがなければ、それより抽象的な適所的参与の関係については考えることができないだろうと指摘する(1)。ハイデガーはこうした人たちより、もっと徹底している。こうした人たちの指摘においては、空間的関係が、他の諸関係を想像的に企投するさいの基礎であることが依然として仮定されている。これに反対してハイデガーは、言語の初期の段階においては、メタファー的/字義的という区別がまだ現われていなかったことをわれわれに示したいわけである。

「内」[in]という前置詞の複数の意味に関するハイデガー独特の議論は、ドイツ語を知る人たちにしか分からないものではある。けれども、われわれは英語でも彼の議論の要点をとらえることはできる。英語でも、「内」[in]には、空間的意味(「箱の中に」[in the box])と実存論的意味(「兵役中」[in the army]「恋愛中」[in love]」)の、二つの意味が区別されている。前者の用法が空間的内属を表現し、後者が適所的参与を意味しているわけである。表2が、この二つの系列に沿った区別を、さらに詳細に示している。

内存在[being-in](ハイフン付き)は、〜の中にあること[being in]から本質的に区別される。なぜなら現存在は、物事に従事することによって自分自身に立場をとるものだからである。適所的に参与して存在していることとしての内存在は、現存在にとって決定的なのである。

> 前述したところに従えば、内存在は、現存在が時には持っており、時には持っておらず、それがなくても、それがあるのと同じように存在することのできる「性質」ではない。……現存在は、「差しあたっては」いわば内存在を免れてはいるが、しかし時には世界との何らかの「関係」を結ぼうという気を起こすような、そのような存在者では、

表2　いくつかの前置詞の空間的意味と実存論的意味。

	カテゴリー的意味（無関心によって特徴づけられる）	実存論的意味（配慮によって特徴づけられる）
In	空間的-内属［in-clusion］、の中にあること［being in］。	適所的-参与［in-volvement］、内-存在［being-in］。
	空間的内属 （「彼女は家の中にいる。」“She is in the house.”）	人格的な適所的参与 （「彼は恋愛中だ。」“He is in love.” 「彼女は上機嫌だ。」“She is in a good mood.” 「彼は実業界にいる。」“He is in business.”）
	論理的内属、 ある集合の一員として含まれていること （「〈社会経済的に見て〉彼女は労働者階級に属している。」“She is in the working class [socioeconomically].”）	自己-規定的な適所的参与 集団-内-存在［being-in-a-class］ （「彼は労働者階級に属しており〈自分自身をその役割において了解しているという意味で、階級-意識を持っている〉。」“He is in the working class [and class-conscious, in the sense of understanding himself in that role].”）
At	「彼は（仕事の場所としての）仕事場にいる。」 “He is at work (at his place of work).”	「彼女は（仕事に従事しているという意味で）仕事中である。」 “She is at (her) work (in the sense of being occupied by it).”
By	「彼は妹の傍らに（そばに）立っていた。」 “He stood by (beside) his sister.”	「彼女は兄を支持していた（忠実であり続けた）。」 “She stood by (remained faithful to) her brother.”
To	「彼女は友達の方に振り向いた（顔を向けた）。」 “She turned to (turned to face) her friend.”	「彼は友達に（助けを）求めた。」 “He turned (for help) to his friend.”

決してない。世界との諸関係を結ぶことが可能であるのは、現存在が、それが存在している通りに、世界内存在として存在しているという、ただこの理由からであるにすぎないのである。(84)[57]

対象どうしは、互いに出会われること[encounter]ができないのであるから、厳密に言えば互いに触れ合うこと[touch]はできない、とハイデガーは述べている。(この場合、対象の客観的接触を表わすための「接触する」[touch]の用法は実はメタファー的である)。"touch"という語に二つの意味があることに注意すれば、この区別は英語でもできる。対象どうしは物理的接触という意味(メタファー的意味)ではtouchすることができるが、影響を及ぼし[matter]合うという意味(字義的意味)ではtouchすることはできない。現存在だけが、対象や他の現存在によって触れられる、すなわち動かされる[moved]ことができるのである。

しかしハイデガーは、現存在自身が対象のように扱われうる仕方が二つある、と付け加えてもいる。第一に、現存在は「世界の《内》で事物的に存在している」ことがありえ、「あるいはもっと正確に言えば、ある種の正当さをもって、ある種の限界内では、事物的にしか存在しないものと解されうる」(82)[55]。この箇所でもまた、ハイデガーは、遠回しに現存在の身体に言及しているように思われる。

「現存在」が、事物的に存在しておりわずかに事物的にしか存在していないあるものとして解されうる、という事実は、現存在に固有な「事物的存在性」というある種の仕方と、混同されてはならない。後者[これが第二の仕方である]の種類の事物的存在性が近づきうるものになるのは、現存在の種別的な諸構造から眼を転ずることによってではなく、そうした諸構造を前もって了解していることによってのみである。現存在は、自分の最も固有な存在を、ある種の「事実的な事物的存在」という意味において了解しているのである。(82)[55-56]

この第二の仕方が現存在の現事実性と関係している。現存在の活動は、ただ単に、男であるとか女であるとかいったような身体をめぐる諸事実のさまざまな文化的解釈によって条件づけられているばかりではない。現存在は、一定の活動を必要とする社会的役割の方から、自分自身を規定せざるをえないし、またそうした役割が道具を必要とするのであるから、現存在は、自分の環境内にあるさまざまな事実的出来事や対象に支配されるがままになっている。「現存在は、自分が存在する通りに存在しうるための手段として諸々の存在者を必要とし、そうした存在者に身を委ねてしまっているのである」(416)[364]。

「現事実性」という概念が内含しているのは、ある「世界内部的」存在者が世界内存在であるということ、しかもこの存在者が、自分自身の世界の内部で出会われるさまざまな存在者の存在と、自分の「運命」において固く結びつけられているものとして自分自身を了解しうる、ということなのである。(82)[56]

内存在の最も重要な存在様式はSein-beiであるが、これは英訳ではひどいことに "being alongside" [傍らの存在] と訳されている。その結果生じてくる "being-alongside-the-world" [世界の傍らの存在] などという句は、ハイデガーの意図からまったくかけ離れていて、とうてい受け入れられるものではない。というのも現存在は、世界-内に、存在しているのであって、世界の隣や、世界の外側に存在しているのではないからである。ハイデガーはまさに、「《現存在》と名づけられた存在者が、《世界》と名づけられた別の存在者と《互いに並存する》といったようなことはありえない」(81)[55] と述べているのである。Sein-beiは、"being-at-home" [居心地がよい] と訳すのが最も自然であるようにも思われるが、しかしこのように訳すこともわれわれにはできない。というのも、現存在は世界の内では unheimlich な [落ち着かない] ものなのだと、すなわち真に居心地がよいわけでは決してないのだと、ハイデガーは考えているからである。そこで私は、Sein-beiを、"being-amidst" [もとでの存在] と訳すことにする。

ハイデガーが言おうとしているのは、「住みつくこと」[inhabiting] と呼ばれてよいような、内存在の一様態である。われわれがあるものに住みつくようになると、そのあるものは、もはやわれわれにとっての一対象ではなくなり、われわれの一部となって、われわれと世界内部の他のさまざまな対象との関係へと浸透していく。ハイデガーとマイケル・ポランニーの両者はともに、このような内存在の仕方を「住み込むこと」[dwelling] と呼んでいる。ポランニーは、われわれが自らの言語の内に住み込んでいると指摘する。われわれは自らの言語の内でくつろぎを感じており、また自らの言語を通してさまざまな対象や他者とかかわる、というのである。ハイデガーは、同じことを世界について主張する。住み込むことが、現存在の世界内存在の根本的な仕方である。私と私が住みつく当のものとのあいだの関係は、主観・客観関係というモデルでは、了解することができないのである。

II　利害関心のない認識に優位を置く、伝統的な考え方に対するハイデガーの批判

伝統的哲学はプラトンの時代以来ずっと、認識は第三者的で利害関心のない探究によって得られると主張してきた。そのような第三者的な探究を成し遂げれば、認識の主観と客観の本性に関するさまざまな帰結が、ただ単にそれら主観・客観のような特殊な状況においてだけではなく、人間の活動の全範囲についても得られるのだとデカルト以来の伝統においては考えられてきた。もちろん伝統的な考え方に従っても、ハイデガーが

『存在と時間』でしたように適所的参与に注目することができるし、そうなればわれわれは、自らが内存在であることを見いだすであろう。しかしもしわれわれが、適所的参与の活動から一歩退いて、反省を行なう第三者的な観察者になってしまうならば、われわれは自らを、客観を観照する主観とみなさざるをえない。この地点で、内的な主観的体験と体験の外的対象、知覚することと知覚されたもの、現われと実在といった一連の哲学的諸区別が一挙に生じてきて、「それが認識論や《認識の形而上学》の諸問題にとっての《明証的》な出発点になってしまう」(86)[59]。ハイデガーによればわれわれは、第三者的で反省的な立場が派生的なものにすぎないことを明らかにすることによってのみ、主観的意識とそれが認識する客観という考え方の限界を見抜くことができるのである。

この認識論的伝統から抜けだすためにわれわれは、日常の適所的参与の現象から出発し、その上で、意識とその志向的内容という区別がふさわしいのはどこでなのかを確認しなければならない。ハイデガーは、人間の経験(Erfahrung)が世界を開示し世界の内なる諸存在者を暴露すると考える——しかしこの考えは、人間はその体験(Erlebnisse)によってつまり心的状態を通して客観に関係する、という伝統的な結論を伴うわけではない。ハイデガーの考えは、常識と長い哲学的伝統とに真っ向から挑んでいるのである。

実存カテゴリーとしての「もとでの存在」は、もちろんそれ自体が一つの問題である。それが一つの問題であるのは、まさに主観・客観関係という前提が自明であるかのように見えるからである。このテーゼによって表明されている問題が、びくともしないのは、注目に値する。この問題は哲学と同じぐらい古く、すでにパルメニデスのうちに現われている。霊魂、思考作用ならびに表象作用、意識が、諸客観への関係を確立するのであり、逆に言えば、存在者は、思考作用や直観作用や表象作用の目前で出現しそれらに対して存しているものだという見方は、現存在の先哲学的了解において、早くから容易に展開してきたのである。(MFL, 130)[GA 26, 162]

このような伝統的見方に対するハイデガーの反論は、マイケル・ポランニー(2)やトマス・クーン(3)が伝統的見方に対してなした反論と、多くの点で共通している。これら三人の思想家たちが揃って主張することはこうである。主観・客観用語を使って適切に記述されるような、理論的で利害関心を離れた認識は、過去二五〇〇年間、認識の最良の例を与えるとみなされてきたが、実は実践的で適所参与的な「いかになすかを知ること」[know-how]を前提にしており、しかもこの「いかになすかを知ること」は理論的認識によっては説明することができないということである。この思想家たちによれば、理論的認識は実践的技能に依存しているのである。(しかしこのことは、もちろん、理論的反省において暴露される客観がこのような技能に依存している、ということを意味しているわけではない。ただしクーンは、ハイデガーとは異なり、このような結論を引きだしているようである(4)。

A　志向性に対するハイデガーの批判

利害関心を離れた探究の伝統はフッサールにおいて頂点に達しているわけだが、この伝統とハイデガーとのあいだの根本的な相違は、両者が選択している探究の範例の違いを見れば明らかである。フッサールはある講演の最中、さいころの周りを回り、それについての一連の視覚的経験を受け取る例を実演して見せ、そのときに心的「綜合」が必要とされるということをカントと同じように述べている(5)。彼がさいころを一つの持続的対象として知覚するのは、まさにこのような綜合に基づいてであって、そのときにのみ彼は、このさいころに「振られるもの」という意味を与えることができるというわけである。このことによって、知覚と行為が必然的に心的活動を含むものであることが示されていると、フッサールは主張するのである。

これに対して、ハイデガーの出発点となる範例は、ハンマーやドアの取っ手のようなものを使用するといった、世界内での適所参与的行為である。こうした行為においてあらわにされるのは、デカルトとフッサールの主張しているのとは正反対のことだ、とハイデガーは論証しようとしている。デカルトやフッサールの主張からすれば、われわれはまず初めにさまざまなパースペクティヴを知覚し、次にそれらを諸客観へと綜合し、最後にそれら諸客観の物理的性質に基づいてそれらにある機能を割り当てるということになる。だがむしろ、われわれは通常何らかの道具を操っているのであって、この道具は、さまざまな目的によって組織化されている何らかの世界の内で、すでにある意味を持ってしまっている。これを理解するには、われわれはまずもって、理論は実践に先立つという伝統的解釈を克服しなければならない。そのときにのみわれわれは、自らのなす適所参与的で実践的な事物との交渉とこの交渉があらわにするものとを、記述する準備ができたことになる。そのためには、新しい現象学的アプローチが必要なのである。

> 現象学的に予備的な主題となっている存在者は、――この場合では、使用されているもの……のことなのだが、それは――われわれが何らかの仕方でこの存在者を配慮する立場に身を置き移すときに、近づきうるものとなる。しかし厳密に解すれば、「そのような立場に身を置き移す」というこの言い方は、人を誤らせかねない。なぜなら、配慮的交渉というこの存在の仕方のうちへと、われわれはまずもって身を置き移す必要はないからである。日常的現存在は、つねにこうした仕方で存在しているのであって、例えば、ドアを開くときには、私はドアの取っ手を使用しているのである。そのように出会われる存在者へと近づく現象学的通路は、むしろ、押し寄せてきてともにあずかろうとする解釈の諸傾向を押し退けることによって、獲得される

のだが、それらの諸傾向は、そうした「配慮」という現象を隠蔽するだけでなく、配慮のうちで自分自身の方から出会われてくるものとしての存在者そのものを、いよいよもって隠蔽してしまうのである。(96)[67]

ハイデガーが反対している態度の極端な一例が、サルトルの小説『嘔吐』のうちに見られる。主人公ロカンタンは、伝統的な「利害関心のなさ」に屈して、ついには精神に異常を来すまでになる。そうなるにつれてロカンタンは、ドアの取っ手を――ドアの取っ手はサルトルの例でもある――、彼の手のひらに圧力をかけてくる冷たい金属の物体として知覚する。サルトルは（デカルトやフッサールと同様に）、極度の第三者性を持つことによって、主人公が事物の根本存在の純粋な知覚に戻っていく、と考えているのである。

純粋な利害関心のなさが異常な状態であるという点では、ハイデガーもサルトルに同意するであろう。しかし彼なら、サルトルの事例研究が持つ哲学的意義について、まったく異なった分析をするだろう。デカルトやフッサールやサルトルとは違って、ハイデガーにとっては、単に凝視されている客観は、実際に存在している通りの存在者ではなく、われわれが直接的に操っている道具の色あせた残余なのだ。利害関心のない純粋な知覚において与えられる単なる・裸の客観は、われわれの使用に供されるべくまず与えられている基礎的事物などではなく、われわれが行為を禁じたときに後に残される、日常的な実践世界の残骸なのである。

こうした仕方でハイデガーは、伝統をひっくり返し、第三者的観照を日常的な適所的参与の欠如的一変様とみなしているように見える。フッサール現象学の中心にある第三者的な意味付与する認識主観は、受肉した意味付与する行為主体によって置き換えられなければならない、と彼は言っているように思える。しかし、もし彼が単に伝統をひっくり返しているだけならば、彼は、誤解されたり我田引水的に利用されたりする危険を犯していることになる。実際まさにこの点で、ダグフィン・フェレスダールは、ハイデガーの独自性を過小評価するような結論に達してしまった。フッサールとハイデガーにおける行為の役割について論じた論文でフェレスダールの解釈するところによれば、ハイデガーは、フッサールが第三者的観照のことを強調しすぎたと考えている。そしてフェレスダールは、彼がハイデガーの主張だとみなしているもの、すなわち受肉した実践的活動こそが、主観が客観に意味を与える根本的仕方だということに、自ら同意する。

これまで一般に、実践的活動は世界についての理論的了解を前提する、と考えられてきた。……ハイデガーはこの見解を退ける。彼は、世界と交渉するわれわれの実践的仕方が、理論的仕方よりも、より根本的だとみなすのである。……われわれのすべての人間的活動がわれわれの世界構成においてある役割を果たしているという、このハイデガー

> の考え、そしてこのことがいかにして起こるのかについての彼の分析、それが、……哲学に対してハイデガーがなした最も重要な寄与であると私は思う。(6)

「フッサールは、一九一六年にフライブルクにやってきた後、一九一〇年代後半ととりわけ二〇年代前半に、われわれの実践的活動がわれわれと世界との関係の重要な部分をなすということを、ますますはっきりと自覚するようになった。……フッサールによれば、われわれのさまざまな行為と、これら行為の産物とがかかわっていく《目標や目的や課題の無限の連鎖》というものが存在する」(7)と、フェレスダールは報告している。そして彼は、このような実践的活動の現象学への新たな関心の提唱者にふさわしい人は誰なのかを、決定しようと試みている。「フッサールは、ハイデガーが抱いていたのと類似の構想を『存在と時間』が公刊されるずっと以前から持っていた。この構想は、フッサールが一九一六年にフライブルクにやってきてハイデガーと出会った直後に、フッサールのうちに現われ始めたのである。フッサールがハイデガーに、この《実践的》方向で影響を与えたということがあったのかもしれない。……けれども、ほかならぬフッサールが、若きハイデガーとの議論を通じてこの方向に向かうよう影響を受けた、ということもまたあったかもしれない」(8)。

しかしながらハイデガーが、フッサールと伝統とからいかに深く異なっているかを理解するなら、フェレスダールの問いが興味深いものではあるにせよ、不適切なものであることが認識される。本当の問題は志向性にかかわっている。「志向性」[intentionality]という語は、フランツ・ブレンターノによって、次いでフッサールによって用いられている限りでは、以下の事実を名指している。すなわち、知覚する、信じる、欲求する、恐れる、そして通常の意味での意図する[intend]といったさまざまな心的状態が、つねに何かについての心的状態であるという事実、つまり、それらの心的状態が何らかの対象に一定の記述のもとで——そのような心の外なる対象が実在していようといなかろうと——向けられている、という事実である。この「向けられていること」[directedness]を可能にする心的性質が、心的状態の表象的内容もしくは志向的内容と呼ばれる。フェレスダールは、適所参与的行為と利害関心を離れた観照との重要性の比較へと議論を集中したことによって、ハイデガーのよりラディカルな論点を見落としてしまう。その論点とは、世界へのこれら二つのかかわり方に関する伝統的説明が、より根本的な種類の志向性を前提していながらこれを見落としているということである。

> 内存在は、主観というものと客観というものとが、たとえ考察という仕方によってであれ行為という仕方によってであれ、ただ単に対立していることとはまるで別のことである。すなわち、内存在は、主観というものと客観というものとが一緒に事物的に存在していることではない。(221)

[176]

ハイデガーは、実践的活動を第一のものにしたいのではない。彼が示したいのは、実践的活動も観照的認識も（フッサールには失礼ながら）、自足的な心と心から独立した世界とのあいだの関係としては理解することができないという点である。けれども、フェレスダールがハイデガーの本当の独自性に焦点を合わせ損ねたのも、無理のないことである。というのも、適所参与的立場とそれがあらわにするものとが、第三者的立場とそれがあらわにするものとにある意味では先立つことを、また——『存在と時間』第十三節のタイトルに書かれているように——、世界認識が内存在の一つの基づけられた様態であることを、ハイデガー自身が実際に論じているからである。認識は一つの典型的な主観・客観関係である。だから、もし認識こそ基礎的だとみなすのなら、最初から、対象と事態についての（正当化された・正当化されない）諸信念を持つ主観としての人間という、心的志向性の描像に閉じ込められてしまうことになる。ハイデガーの戦略は、まず第一に、このようなお決まりの優先順位を逆転させることである。しかし、行為に対する認識の優位をこのようにして逆転することはただ、志向性の存在の仕方とは何か、という現象学的な問いの地盤から邪魔物を取りのけるためなのである。

本質的に人格は、志向的諸作用の遂行のうちでのみ実存する。……しかしながら、この「遂行」の存在論的意味とは何であろうか。（73）[48]

少なくともデカルト以来、実践に対する伝統的な見方は心的表象に依拠している。現代の哲学者たち、例えばジョン・サールとドナルド・デイヴィドソンとは、少なからぬ意見の不一致があるにもかかわらず、行為が信念と欲求、つまり身体的運動を引き起こす心的状態によって説明されねばならないという点では一致する。こうした伝統から抜けでようとするハイデガーの試みは、行為を含むあらゆる領域で主観・客観の区別を乗り越えようとする試みのうちへと収束する。ある講義のなかで彼は言う。「私の本質的な意図とは、次のことである。すなわち、まず第一に〈主観・客観関係について〉問題を設定すること、そしてこの問題を、西洋の伝統全体がその本質的な点において一つの根本問題の単純さのうちへと集中していくような仕方で、仕上げていくことである」（MFL, 132）[GA 26, 165] と。かくして焦点となる問題は、理論的志向性と実践的志向性とではどちらの志向性の方がより根源的かということではなくて、志向性に関する伝統的説明の全体をいかにして乗り越えていくか、ということなのである。

すでに、『存在と時間』の二年前に当たる一九二五年の講義で、ハイデガーは志向性に関する伝統的説明を問題にし、それによってこの説明を乗り越えていこうとしているが、それは、主観・客観関係がどんな形態のものであろうともその優位性を切り崩していくためなのである。

志向性というのは、心的なものについての究極的な説明ではない。それは、例えば心的なものとか、意識とか、体験の連関とか、理性とかいった具合に伝統的に定義されてきたさまざまな実在の無批判的な適用を乗り越えていく、その乗り越えへ向けての最初のアプローチなのである。(HCT, 47)[GA 20, 63]

こう見るとすべてが、フッサールの志向性理論に対するハイデガーの批判に収斂してくる。ハイデガーは言う。

ここでもまたわれわれ[＝シェーラーとハイデガー]は、[志向性という]一つの用語と概念を有しているわけであるが、それがあまりに自明であると受け取られてしまうために、人はこの用語と概念のことをいつまでも考え続けたりせずに、準備的段階においてすでに、それを、あたかもすべての扉に通じる鍵であるかのごとくに、問題の解決として受け取ってしまう。しかし反対に、当の術語でもって意味されていることとそれ自体を、問題にすることが重要なのである。(MFL, 132)[GA 26, 166]

志向性理論によって、心中の画像が主観・客観のあいだに挿入される、という点にハイデガーの異議は向けられているのではない。フッサールは、こうした見方をはっきりと退けていた。志向性をめぐる論点を理解するためには、われわれは、初期のフッサールがサールと同様に、表象と志向的内容とについて最小限主義的に考えていたことを押さえておかなければならない。心は、心の中にある何らかの特定の対象に向かっており、この対象には世界内の対象が反映されている、というのではない。志向的内容が話題にされるとき考えられているのは、知覚、信念、欲求、意図などの心的状態がみな、同じ位相のもとで同じ対象に対して向けられうるという事実をつかまえることである。例えば私は、自分が運転して仕事に行くところであるのを知覚することができるし、自分が運転して仕事に行くところであるのを信じることができるし、自分が運転して仕事に行くところであればと欲求することができるし、自分が運転して仕事へ行こうと意図することもできる、などのことである。

しかしそのような説明がすでに、主観・客観の区別を導入してしまっていることを、ハイデガーは見てとる。そのような説明は、心的な志向的内容を客観的世界から——それが、心的内容によって規定されている仕方で存在しているか否かにかかわらず——、切り離し区別することを認めてしまっているのである。フッサールの定義によれば現象学は、世界を括弧に入れた後に心に残存する志向的内容を研究することである(9)。ハイデガーは、志向的に何かに向けられていることが人間活動にとって本質的であることは受け入れるが、しかし、志向性が心的なものであることや、(ブレンターノに従って)フッサールが主張するように、志向性こそが心的状態を他から区別する特徴であるということは、否定するのである。

志向性に対する通常のとらえ方は、……何かに向けられているという構造を、すなわち志向というものを、見誤っている。この誤解は、志向性を誤って主観化してしまっている点にその原因がある。人は、自我ないし主観というものを想定し、次いで、いわばその領圏に属するものとして志向的諸体験を想定してしまう。……自分自身の領圏の内側にだけ志向的諸体験を持っていて……自分自身のカプセルの内部に閉じ込められている主観というような考えは、われわれ自身がそれである存在者の存在論的根本構造を見誤った馬鹿げた考えなのである。(BP, 63-64) [GA 24, 89-90]

ハイデガーは存在論を軌道に乗せるために、物事にかかわる人間のあり方を表わす彼自身の術語、Verhalten を導入する。この語は「ふるまい」[comportment] と訳される。

ふるまいというものは、自分自身を何かに向けている、何かに方向づけられているという構造を持っている。現象学は、スコラ哲学に由来する術語を手本にして、この構造を志向性と呼ぶのである。(BP, 58、最初の強調ドレイファス) [GA 24, 80-81]

ハイデガーが、何かに向けられたわれわれの活動を指すのに「ふるまい」という術語を用いるのは、まさにこの術語が、心的なものを表わすような含みを持たないからである。ハイデガーによれば、心的なものに関する機構全体が理論家による構築物であって、現象学的記述の帰結ではない。つまり彼は、ふるまいないし志向性を、単に意識の諸作用の特徴としてではなく、人間の活動一般の特徴とみなすのである。志向性は、意識にではなく現存在に帰せられる属性なのである。

内在的領圏を持つ主観と超越的領圏をそなえた客観とを分ける通常の分け方――一般に、内部と外部とのあいだの区別――は、構築的なものであり、さらなる構築の機会を次々に与えてしまうものであるから、われわれとしては今後は、主観とか主観的領圏という言い方は一切しないで、志向的ふるまいがそれに属する存在者を、現存在として理解することにしよう。しかもそのさいわれわれは、現存在の存在の適切な特徴づけを試みるのに、まさに正しく理解された志向的ふるまいの助けを借りる、というやり方をするのである。(BP, 64) [GA 24, 90]

フッサールは、心が何かに向けられていることを説明し、主観と客観とのあいだの裂け目を架橋するために、志向的内容という、物理的でも心理的でもないとされるような理念的構成物を導入した。だがハイデガーによれば、これによって解決される問題よりも、生じてくる問題の方が多いのである。

人が、認識作用はまずもって本来的には「内面」にあるのだと、いや、そもそも物理的存在者や心理的存在者の存在の仕方を何ら持たないのだと、一義的に固執すればするほど、人はますます、認識の本質に関する問いにおいて、および主観と客観とのあいだの関係の解明において、無前提的にやっていると信じることになる。……〈しかし〉どのようにこの内面的領域が解釈されようとも、いかにして認識作用は、その内面的領域から「外へ」とでていき、「超越」を獲得するのかという問いしか設定されていない限り、明らかになってくるのは次のことである。すなわち、そうした謎を課してくる認識作用がそもそもどのように存在しているのか、また何であるのかを、あらかじめ明瞭にしておかない限り、認識作用は問題として留まり続けるだろうということである。(87) [60-61]

このようにハイデガーは、フッサールにおける認識作用の優位に、単純に行為を導入して補足することなどできないとはっきり考える。むしろ、内部から外部へと超越していく、という考え全体が改められなければならない。ハイデガーが「存在的超越」と呼ぶ日常的志向性に対しての、伝統的な説明は、より根本的な存在の仕方を見逃している点で批判される。

われわれは……志向性それ自体を問題にしなければならない。志向性はなるほど、さまざまな存在者そのものにかかわっており、この意味で、一つの存在的に超越するふるまいではある。しかし志向性が、この何ものかへのかかわりを根源的に構成するのではない。むしろ志向性は、何らかの存在者のもとでの存在に基づけられているのである。このもとでの存在は、その内的な可能性からすれば、それはそれで、実存のうちに基礎を持っている。こうして、志向性という概念の以前の解釈と機能の限界が明らかになっていき、また同様に、この概念の根本的な意義も明らかになってくるのである。(MFL, 134) [GA 26, 168]

ハイデガーの考えでは、心的状態が客観と取り結ぶあらゆる関係は、事物とともなる存在というより根本的な形式を前提にしており、この形式は、心的な活動をうちに含んではいない。

志向性は現存在の実存に属している。……そのさい、実存するということが意味しているのは、とりわけ、存在者のもとでふるまうことによって自分自身にかかわりつつ存在している、ということである。現存在の本性には、つねにすでに他のさまざまな存在者とともに［＝のもとで］存在するという仕方で実存する、ということが属しているのである。(BP, 157) [GA 24, 224]

このような仕方で現存在を了解すればハイデガーは、伝統においては認識がなぜ誤って根本的なものとみなされてしまったのか、そしてまた、なぜ行為までもが一種の認識として解釈されてしまったのかを、理解できるようになる。

〈実存は〉ただ単に、意識および精神という伝統的概念の変様をもたらすだけではない。そのような伝統的概念のうちで思念されてきた現象を現存在の存在論のうちで徹底的に定式化することによって、われわれは、この伝統的な立場を根本的かつ「普遍的に」乗り越えることになるのである。そこからして、以前の志向性概念が、制限されたものであることが明らかになる。……この制限のゆえに、志向性は第一義的に「〜とみなすこと」として〈意味を付与することとして〉考えられてしまう。……こうして何ものかに自分自身を向けるあらゆる作用が、例えばフッサールにおいては、認識作用という特徴づけを受け取るのである。(MFL, 134、強調と二番目の〈 〉内の注解はドレイファス)[GA 26, 168-169]

右の引用は次のことを示している。すなわち、『存在と時間』の出版から一年後の講義のなかでハイデガーは、『存在と時間』の第十二節と第十三節で自分の言わんとしていたことが、認識作用と行為の優劣関係の逆転をはるかに越えるものであることを、説明しなければならないと感じているということである。

これら誤解を招きやすい二つの節に対する彼の新しい解釈は、長くなるが引用に値する。この解釈は実際、『存在と時間』第一篇の根本的論点に対するハイデガーの最もはっきりした説明だからである。

「主観」の「客観」に対する「関係」というこれまでの問題群全体の根底には、未だ議論されたことのない超越の問題が存している。……この超越の問題そのものは、志向性の問題とは断じて同じではない。後者は存在的超越として、それ自身根源的超越に基づいてのみ、すなわち世界内存在に基づいてのみ可能なのである。この原超越が、存在者へのあらゆる志向的関係を可能にする。……この関係は、存在者についての先行的存在了解に基づいている。この存在了解によって初めて、存在者が存在者として自分を告知する可能性が、保証されるのである。(MFL, 135)
[GA 26, 169-170]

『存在と時間』がなすべき主要な予備的課題の一つは、この「主観・客観の」「関係」をその根源的本質において徹底的に明るみにもたらすことである……(最初の導入的特徴づけとしての第十二節と第十三節を参照)。(MFL, 131)
[GA 26, 164]

ハイデガーは、この講義の後の方でもう一度、『存在と時間』

のこれら二つの節に戻ってくる。ハイデガーは、世界をあるがままに表象する場合にせよ〈信念〉、そうあって欲しいものとして表象する場合にせよ〈欲求〉、いずれにせよすべてのこうした志向的状態よりも、なおいっそう基礎的であるものに注目する。それによって彼は、自らに向けられたフッサール／フェレスダール的誤解、すなわち理論的志向性から実践的志向性への単なる優位の逆転がなされているだけだ、という誤解を防ごうとしている。

　現存在の存在論における中心的課題は、［理論的・実践的という］そうしたふるまいの区別の背後に遡って、それらのふるまいに共通な根を見いだすことである。しかし当然のことながら、この課題は容易なものとは限らない。〈根源的〉超越は、あらゆる可能なふるまい方一般に先行するのであり、ノエシス〈信念〉に先立つだけでなく、オレクシス〈欲求〉にも先立つのである。（MFL, 183）[GA 26, 235-236]

あるいは、一九二七年の講義では次のように述べられる。

　われわれが認識というものをどんな仕方で考えるにしても、それは……存在者に向かうふるまいである。……しかし存在者とのあらゆる実践的技術的交渉もまた存在者に向かうふるまいである。……存在者に向かうすべてのふるまいのうちには——たいていは理論的と呼ばれているとりわけ認識的なふるまいの場合であれ、実践的技術的なふるまいの場合であれ——、すでに存在了解が含まれている。というのも、存在者というものは存在了解の光のうちでのみ、存在者としてわれわれに出会われうるからである。（BP, 275）[GA 24, 390]

　こうして一九二八年までには、純粋に心的状態に訴える志向性の諸形式すべてを拒絶しようとするハイデガーの意図の全体は、完全に明白になっている。しかしまた同様に明白になっているのは、認識と行為という二種類の主観・客観関係のあいだでの、優先順位の逆転であると誤解されかねない現象から始めるやり方を、ハイデガーがどう正当化しているかという点である。

　現存在が世界内存在として実存している限り、現存在はすでに外に、存在者とともに［＝のもとに］存在している。しかしこの言い方でさえ、依然として不正確である。というのも「すでに外に」ということが、いつか一度は現存在が中にあることを前提してしまっているからである。たとえ私が、現存在の志向的活動［＝ふるまい］はつねにすでに存在者に向けて、また存在者に対して開かれていると言ったとしても、その根底には依然として、現存在がかつては閉じられていたという前提が残ってしまう。われわれが超越ということで意味しているものは、超越についてのこれまでの定式化とは両立しえないし、また、この問題についての通常の行き詰まった考え方に照らしたのでは、そもそもそれを見ることさえ困難なのである。ベルグソンも……フッサールも、この問題および現象を見ていない。……われわれは、[世界内存在という意味での超越という]この根本機構を、何よりもまず第一に、認識論的な主観・客観関係という伝統的な[超越]概念から出発して、明らかにしようと試みるように要請されているのである。かくして、『存在と時間』における探究は、第一篇第一章における「現存在の予備的分析の課題の開陳」のあと、第二章「現存在の根本機構としての世界内存在一般」で始まる。こうして第十二節と第十三節とが、世界内存在というこの現象の概略を示し、この現象に初めて習熟させてくれるのである。(MFL, 167) [GA 26, 213–214]

第十二節と第十三節から次のような論点が引きだされると考えらえる。つまり、もし受動的なものであれ能動的なものであれ志向的状態から始めるのであれば、たとえその心的状態が暗黙のものや先反省的な状態であっても、われわれは、物事に対する日常的な対処という現象を歪めてしまい、古い認識論的諸問題全体のうちへと引き戻されてしまうということである。だから、意識というものの存在論的で現象学的な身分に対する問いを立てる以前に、現存在の日常的な内存在の仕方を再解釈しなければならない。ハイデガーが、日常的諸活動というごく自然な状況を分析して示そうとしているのは、次のことである。すなわち、客観から区別された心の持つ伝統的な認識状況は、客観を観察することであれ客観に行為としてはたらきかけることであれ、世界内存在の一つの欠損的様態であって、それゆえ、近代の心の哲学者たちが想定してきたような幅広い哲学的含意を持つことはできない、ということなのである。

B　ハイデガーによる批判の現代的意義

ハイデガーの企ての難しさをきちんと評価し、彼が成功しているか否かを決定しうるためには、その前に、ハイデガーが反対するフッサール流の心の志向性理論の輪郭を、可能な限り明確にしておかなければならない。主観・客観の区別というものが一体どのように、世界に関係するすべての仕方——それが認識の場合であれ行為の場合であれ——のうちに組み込まれているとみなされるのか。行為は、心と世界との亀裂がわれわれの経験に含まれていなくてもよいということを最も容易に見てとれる領域であって、ハイデガーの関心も行為に集中しているのだから、私も、行為の説明に集中する。しかしながら、フッサールが行為論を完成させることはなかったので、私としては、ジョン・サールに目を向けようと思う。というのも彼は、ハイデガーが反対するような心的志向性に関する説明を、説得力ある仕方で詳細に定式化し擁護しているからである。心的状態に訴える志向性に対するハイデガーの攻撃がどんな力と独自性を持つのか——他の一切の問題もこれにかかっている。この点を評価するために、まず初めに明瞭にしておかねばならないのは、心と世界との亀裂が行為の経験［experience］のうちに組み込まれる仕方をサールがどのように定式化しているかである。

分析哲学者たちのあいだで一般に認められているのは、知覚と行為というわれわれの常識的な概念が、因果的な概念であるということである。ポール・グライスが示したところによれば、知覚についてのわれわれの概念が要求するのは、知覚された対象によって正しい仕方で因果的に引き起こされる一つの経験をわれわれが持つことである(10)。サールとデイヴィドソンも、知覚と並行する行為の場合において、行為というわれわれの概念が同じように因果的であること——行為というものが、ある心的状態によって正しい仕方で因果的に引き起こされた身体的運動であること——、に同意する。デイヴィドソンの考えによれば、行為は、信念と欲求によって引き起こされなければならない。しかしサールは、より切り詰めた見方をしており、行為が意図によって引き起こされなければならない、とだけ主張しているのである。

サールは、行為を引き起こす意図に、先行意図［prior intentions］と行為中の意図［intentions in action］という二つのタイプを区別している。その名が示唆しているように、先行意図が行為に先行して形成されるのに対して、行為中の意図は、まさに行為と同時に生じている。「だから行為には必ず行為中の意図が含まれるが、行為は必ずしも先行意図によって引き起こされるものではない」(11)とサールは書く。自発的行為（考えながら、飛び上がったり歩いたりするというのがサールの好んで用いる例である）というものには、先行意図が形成される必要はないが、しかしそれは、行為中の意図によって引き起こされていなければならない。サールの論ずるところによれば、先行意図と行為中の意図とは両者ともに、当の意図が自らの充足条件を因果的に引き起こす、という要請をそれ自身の充足条件のうちに含んでいるという点で、因果的に自己関係的なのである。（充足条件とはサールにとって、ある志向的状態の実現が何であるとみなされるかを決定している条件、すなわち、ある欲求が満たされたとか、ある主張が真であるとか、ある知覚が事実と符合している等々が何であるとみなされるかを決定している条件である。）行為の場合の充足条件は、ある身体的運動が遂行される、ということ以上のものである。充足条件［の指定する内容］が単に生じる［happen］としても、すなわち身体が運動するとしても、それが正しい仕方で引き起こされるのでなければ、当の意図は充足されたことにはならない。自己関係性とは、当の意図が当の運動を引き起こさなければならない、という因果的要請が、当の意図そのものの内容に含まれていることを指している。要するに、行為というものは、それを遂行しようとする私の意図によって引き起こされた身体的運動なのである。

サールによれば、行為中の意図とは行為しているという体験

[experience] であって、これはウィリアム・ジェームズが「努力の感じ」[the feeling of effort] と呼んでいるものである。ジェームズは言っている。

われわれが努力の感じというものを持っていることは疑うべくもない。通常の言語は、努力という語や、尽力、奮闘、懸命といった同義語を言語体系のうちに組織することによって、この事実を十分に重んじている。単に受動的な感覚と、意欲や注意といった要素がそこに見いだされる感覚との違いもまた、通常の話し言葉によって、見える [see] と見る [look]、聞こえる [hear] と聞く [listen]、匂う [smell] と嗅ぐ [scent]、感じる [feel] と触る [touch] といった動詞のあいだの違いのなかに、記録されてきたのである。(12)

サールの分析に従えば、行為することはすべて、行為しているという体験を伴っており、しかもこのような努力体験は、この体験が私の身体的運動を引き起こしつつあるということを、その志向的内容として持つ。行為についての心的体験と物理的な身体運動とは、まったく別の領域に属していることになる。たとえ私が欺かれていて——例えば麻痺状態になっていて——、実際には身体的運動が起こっていない場合にさえ、私は行為している体験を持ちうる。かくしてサールに従えば、心と世界とのあいだの区別、主観と客観とのあいだの区別が、行為の概念と行為することとの現象学の両方に直接的に組み込まれていることになる。

今見たようにジェームズは、注意と意欲と努力（サールの言う行為している体験）とを結びつけて考えている。われわれはしばしば、われわれ自身が注意を向ける主観であることを、またわれわれの意識的な努力がわれわれの行為を引き起こすことを、体験する。もちろんハイデガーも、哲学的伝統によってわれわれの意識概念のうちに自己関係性が組み込まれてきたことを、認めるだろう。あるゼミナールで彼は、「哲学において意識というものはどこから始まるのだろうか」と問いかけ、以下のように答えている。「デカルトとともに、あるものについての意識がどれもみな、同時に自己意識となる。……自己意識を欠くような意識は存在しない。しかしこのことは、自己が主題的にならなければならない、ということを意味するものではない。このことは、あるものについての意識というフッサールの意味での表象の普遍的構造である」(13)。ハイデガーはまた、ジェームズとサールが熟慮的行為の持つ自己関係的体験について正確な記述を与えたことや、例えばサールによって与えられたような自己関係的体験の志向的内容についての形式的説明が、現象学的分析の一つの正統的な領域であることを、十分に認めることであろう。ハイデガーの認めるところによれば、フッサールが彼の現象学において行なっているような自己関係的意識の記述は可能である。

> このような「与え」方とは、端的な形式的な反省的な「自我」認知であるが、それが与える当のものは、おそらく事実明証的であるであろう。それどころかこうした洞察は、枠組みを与える意義を原則的に「意識の形式的現象学」として持っているような、固有の権利をそなえた現象学的問題性へと近づく通路をすら、開くのである。(151)[115]

しかし急いで彼は問いかける。「現存在へと近づく通路は、諸作用からなる《自我》を端的に反省しつつ認知することでなければならないということ、このことは一体ア・プリオリに自明なのであろうか」(151)[115]と。

確かに、そのような自己関係的意識は『存在と時間』の主題ではない。ハイデガーによれば、そのような意識は、あらわにすることの一つの特別な様態であり、しかも一つの派生的な様態である。人間のすべての活動が熟慮的であるわけではなく、それゆえ、すべての活動が自己関係的な心的状態によって引き起こされているわけでもない。ニーチェもまた同じ現象を見ていた。

> われわれは考えたり、感じたり、欲したり、想い起こしたりできるし、また語のあらゆる意味で「行為する」こともできるだろう。しかもこれら一切は、「われわれの意識に入ってくる」(比喩的に言われるような意味で)必要はないであろう。生の全体は、それ自身をいわば鏡に映して見ることがなくても、可能であるだろう。実際、今日でもなお、われわれの生活の大半が、こうした鏡面映写なしに演じられている。しかもこのことは、われわれの考えたり、感じたり、意欲したりする生についても当てはまるのである。(14)

それでもサールが指摘するように、ある種の行為中の自己意識というものが存在しているように思われる。というのも人は、非熟慮的な仕方で行為しているときにそれを止められ尋ねられたとしても、なお、何をしているのかを言うことができるからである。サールの主張によれば、このことが示しているのは、そのような非熟慮的な活動においてすら、われわれの運動が自己関係的な行為中の意図によって導かれ続けているということである。ハイデガーはウィトゲンシュタインと同様に、われわれが何をしているかを言う能力は、われわれの進行中の活動について後から遡及的に合理化できることを示すにすぎない、と答えるであろう。その能力は、内面的な心的原因への内視に基づく必要はないのである。(本書4章における、活動の「用途性」についてのハイデガーの議論への解説を見よ。)

ハイデガーを説明しようとするこれまでの試みにおいて、私は、行為[action]よりむしろ活動[activity]について語らざるをえなかった。行為についての主観・客観的説明は、常識にとっては自明ではあっても、当の行為を構成する身体運動が意図的に遂行されることを要求してしまうという、ハイデガーの当然の主張に配慮したのである。だがハイデガーは、行為というわれわれの常識的概念を解明しようとしているのではなく、彼の用語で言うふるまいといったものの場所を確保しようと試みているのである。ふるまいは、常識によって、また哲学的伝統によってはなおさらのこと、これまで見落とされてきたものである。伝統はこれまで、熟慮的行為を説明することにかかわってきたか（アリストテレス）、［主体に］道徳的責任を割り当てることにかかわってきたか（カント）のどちらかであった。そのような関心の帰結するところは、行為へ導く信念・欲求に注意を集中させることになるか（デイヴィドソン）、行為中の意図に行き着くか（サール）のどちらかである。しかしハイデガーは、何かについての日常的で非熟慮的な進行中の対処に関して、説明を完成させたいと思っているのである。そのようなふるまいが、それ自身においてあるがままの姿でそれ自身を示すようにさせるために、ハイデガーは、伝統からだけでなく、熟慮的行為へのわれわれの常識的関心からも自らを解放しなければならない。ハイデガーは言う。

> 志向性の理解に関する最も危険で、最も執拗な先入見は、哲学の理論という形で現われる明白裡なものではなくて、むしろ現存在の日常的な「良識」による、諸事物のごく自然な統握と解釈とから生じてくるような暗々裡の先入見である。後者の誤解は、まさに、最も気づきにくく、また退けることの最も困難な先入見なのである。（BP, 59）［GA 24, 82］

ハイデガーの考えによれば、行為と意識についての常識的な概念は、ふるまいの最も根本的な様態の構造を見逃してしまっている。伝統に反対して、ハイデガーが示そうとするのは次のことである。普通われわれは、進行中のわれわれの日常的活動について、主題的に意識してはいないということ、そして、主題的な自己関係的意識が生じてくる場合には、この意識は、非主題的で非自己関係的な気づきの様態を前提するということ、これなのである。

『現象学の根本問題』においてカントの知覚についての説明を批判しながら、ハイデガーは、知覚もまたグライス的な意味で自己関係的であるわけではなく、むしろ世界に対して非自己関係的に開かれていることに基づいている、と述べている。世界に没頭している行為は、行為している体験を、すなわち自己関係的に身体的運動を引き起こす心的状態を含んでいるわけではない。まさにそれと同様に、知覚もまた、視覚体験を含んではいない。私はただただ世界の光景に魅せられ、そこに引き込まれているだけなのである。ハイデガーは言う。「知覚されているということは、ある点では客観的であり、ある点では主観的であるが、しかし二つのうちのどちらでもない」（BP, 314）［GA 24, 446］。世界へと現存在が開かれていることこそが、見るとか見ようとするといった派生的な体験を可能にする。そのような体験とは、例えば視力検査という極端な場合におけるような体験であるが、そのような体験ならばおそらく、ある客観によって引き起こされた私秘的な視覚体験を含んでいるものとして記述できるであろう(15)。

『存在と時間』が示そうとめざしているのは以下のことである。すなわち、日常的な活動や人間の存在仕方の多くの部分が、熟慮的な自己関係的意識を頼みとすることなく記述できるということ、そしてそのような日常的活動が――心的なものが身体と事物からなる世界から分離されているという、明示的あるいは暗黙の体験をまったく含むことなく――、いかにしてこの世界を開示し、この世界のうちなる物事を暴露しうるのかということである。

> 現存在の実存論的機構を明るみにもたらすという課題は、差しあたり、志向性と超越という現象をより徹底的に解釈するという、それ自身において統一的ではあるが二重の課題へと導かれる。この課題――すなわち、志向性と超越とをより根源的にとらえることによって、現存在の実存全体の根本規定を眼差しのうちにもたらすという課題――を遂行することによって、われわれはまた、これまでの哲学全体にとっては未知のままに留まってきたある中心的問題に突き当たるのである。(BP, 162) [GA 24, 230-231]

ハイデガーが示そうとめざしているのは次のことである。(1)自己関係的な心的内容を持たない志向性こそが、現存在の日常的活動の妨げられることのない様態の特徴をなすのであり、これに対して心的状態としての志向性の方は一つの派生的様態であるということ、そして(2)何かに向けられていること(存在的超越)のこれら二つの様態は両者とも、世界内存在を、すなわちより根源的な超越を前提にしているということである。

> 志向性は現存在の超越に基づいており、しかもこの根拠に基づいてのみ可能であるということ、また逆に、超越を志向性の方から説明することはできないということ、これらのことが明らかになるであろう。(BP, 162) [GA 24, 230]

われわれは今や、第十三節の末尾でハイデガーがなぜ、「認識作用において現存在は、現存在の内で〈原文のまま〉すでに暴露されている世界へとかかわる一つの新しい存在態勢を獲得する」(90) [62] と主張をしているのかを、理解することができる。当然のことながら、この場合の「内で」[in] という語は、あたかも世界が現存在の「内側の」一つの内面的な表象として見いだされうる、というような意味で理解されてはならない。そうではなく、世界は、現存在すること [Daseining]、現にそこに存在すること [being-there] という日常的活動――現存在の内存在の仕方としての実存することと呼ばれるような活動――の内で暴露される、という意味で理解されねばならないのである。

4章　道具的存在性と事物的存在性

『存在と時間』第一篇第三章を扱うに当たっては、次の二つの根本的な問いをハイデガーが問題にしているということを念頭に置いておくことが大切である。（1）単なる対象と道具のうち、どちらの存在様態がどちらの存在様態を理解可能にするのか、（2）対象に出会うことと道具に出会うこととの両方を含めて、ものとのあらゆる出会われ方を可能にする存在の仕方とはどんなものなのか、という問いである。伝統的解釈によれば、利害関心をそなえた態度とこの態度によってあらわにされる存在者よりも、利害関心を欠いた態度とこの態度によってあらわにされる存在者の方がより基礎的であるとされるのだが、以下で論ずる通りハイデガーはこの解釈を逆転するだけでなく、存在論的な問いそのものを変えてしまう。存在論的な問いはもはや、どの存在者がどのような別の存在者から組み上げられうるのか、というような問いではない。このような問いが意味を持つのは、存在論が「還元」の問いとなっていて、存在者が一定の基礎実体ないし基礎的ブロックのごときものへと還元可能である、と想定されている場合だけである。ハイデガーは、このような伝統的問題設定の全体に異議を申し立てるのである。彼が記述するのは、道具的存在性および事物的存在性と呼ばれる存在の二様態、さらに、これら二つの存在様態をそれぞれあらわにする二つのふるまいの様態、すなわち交渉（Umgang）と認識（Erkennen）である。その上で彼は、どちらの存在様態の方が、またどちらのふるまいの様態の方が、われわれにとって直接的に理解可能であるのかを、そしてまた、認識の存在様態が、交渉というきわめて直接的に理解可能な存在様態の一つの変様であるのは、いかなる意味においてであるのかを問う。しかし、もっと基礎的な事柄としてハイデガーは、実存することと呼ばれる存在の仕方を問題にする。この存在の仕方によって、存在者に出会うこれら二つの様式の違いと、両者の優位関係とがともに、説明されることになる。

問いのあり方が変わっていけば、論証様式も変化せざるをえない。ハイデガーは、自分のテーゼを証明しようとか、それによって伝統的な主観・客観の区別を克服しようとか、あるいはこの区別の最近の新種、例えば意味に関する内在主義者と外在主義者の論争のようなものを克服しようとかするつもりはない。「実存論的分析論は、《必然的帰結の論理学》の諸規則に従って証明するものでは断じてない」(363)[315] のである。しかし、証明を与えることができないからといって、その結果として例えば、一人称的主観的なパースペクティヴから哲学するのか、三人称的客観的なパースペクティヴから哲学するのかをめぐって互いに対立しているジョン・サールとドナルド・デイヴィドソンのように、膠着状態に陥ってしまうわけではないとハイデガーは考える。ハイデガーが提案するのは、彼が実存と呼ぶより基礎的な存在仕方に注目することによって、このような伝統的なデカルト的対立から抜けだすことなのである。次のようなことを彼は示そうとしているのである。伝統的構図が納得しがたいことは一見すれば明らかだということ、そしてその構図のうちにはある代替案、つまり、主観・客観というものは世界内存在の方からしか了解されえないという代替案が、おのずと用意されているということである。まさにこの代替案が、「具体的に論証され」なければならないのである (359)[311]。

ハイデガーが論証しようと目論でいるのは、一定の状況下での道具の使用はある意味では、単に事物を見ることに先立っているということ、そして、使用によってあらわにされるものは、第三者的な観照によってあらわにされるような、コンテクストから切り離された確定的な諸性質からなる実体よりも、存在論的にはより根本的なものだということである。(この点がこの章の主題である。) しかし、自足的客観に心的内容を介して関係する自足的主観、という伝統的モデルがなぜ断じて不適切なのかを理解するためには、われわれはより深く事柄を調べる必要がある。つまりハイデガーは、道具と実体の存在の仕方がともに、そしてまた行為者と観照者の存在の仕方がともに、ある背景的な存在了解——根源的超越すなわち世界内存在——を前提にしていることを示すことによって、伝統に取って代わろうとするのである。(本書5章を見よ。)

まず最初に、現存在が自分自身に対してとる立場すなわち現存在の実存とは、内面的な思考とか体験とかいったものではなく、現存在が行為する仕方だということを、思いだす必要がある。(日本人の赤ん坊を日本人の赤ん坊にするところのものは、まずもってたいていは、この赤ん坊がなす行為であり、この赤ん坊に対してさまざまな事物が出会われてくる仕方なのであって、この赤ん坊が何か思考を持っていると仮定したとしても、そうした思考は単に派生的に貢献するにすぎない。) 現存在は、さまざまな事物や人々への適所的参与を通して、自分自身に対して立場をとるのである。

日常的に、われわれは、われわれがなしている活動やわれわれが気づかっている事物の方から、自分と自分の実存とを了解する。(BP, 159) [GA 24, 227] そのさい、実存するということが意味しているのは、とりわけ、存在者のもとで存在することによって自分自身にかかわりつつふるまう、ということである。(BP, 157) [GA 24, 224]

だからハイデガーは、現存在がそれに適所的に参与している存在者と、現存在のそうした適所的参与の仕方とに眼を向けることによって、現存在に関する現象学的説明を開始するのである。

Ⅰ　表象的志向性に先立つものとしての没入的志向性

A　道具：道具的存在者

われわれは、客観を認識する主観という伝統的説明を世界内存在への探究の基盤として、自明のものとみなすことはできない。だから、われわれはその代わりに、われわれが日常的に配慮しつつ対処しながら何をなしているのかに眼を向けなければならない。

最も身近に出会われる存在者の存在は、われわれの日常的世界内存在を手引きとすれば現象学的に提示されうるが、この日常的世界内存在をわれわれは、世界の内での、かつまた世界内部的存在者との「交渉」とも呼ぶ。(95) [66–67]

まさにこのような日常的な対処することの様態こそが、われわれにとって不断に最も身近なものなのである。「われわれにとって最も身近な交渉の様式は、……単なる知覚的認識ではなく、事物を操りそれを使用するような配慮なのである」(95) [67]。

しかしすでに注意したように、ハイデガーが望んでいるのは、単に実践的なものに特権を与えるということではない。彼が望んでいるのは、人が物事に適所的に参与していることを記述することであって、この参与は、自己関係的な心的内容と心の外なる客観という伝統的関係よりももっと根本的な関係である。このようにより基礎的な仕方で人が何かに向けられていることを、ハイデガーは、『論理学の形而上学的基礎』では「存在的超越」と呼び、『現象学の根本問題』では「何かに向かうふるまい」と呼び、『存在と時間』では「何かに向かう存在」[being-towards；独：Sein zu＝何かにかかわる存在] と呼ぶのである。

ハイデガーがまず最初に注意するのは、われわれは普通「単なる事物」に出会う（使用する、話題にする、交渉する）のではなく、むしろわれわれは、何かをなすために手許にある事物を使用する、ということである。このような事物を彼は「道具」(Zeug) と呼ぶ。しかもこれは、道具や用具、玩具、衣類、住居等、有用なものは何でも含むような十分に広い意味で、道具である。

われわれは、配慮のうちで出会われる存在者を「道具」と名づける。交渉においてわれわれが出会うのは、書くための、裁縫のための、仕事のための、輸送のための、測定のための、道具なのである。道具の持つ存在様式が明らかにされなければならない。(97)[68]

道具の根本的特徴は、それが何かのために使用される、という点にある。「道具は本質的に《何々するための手段であるあるもの》なのである」(97)[68]。しかしながら注意しなければならないのは、ハイデガーが道具をただ単に、何々するためという手段性［in-order-to］によってのみ定義しようとしているわけではないということである。バナナをとるための手段として棒を使うチンパンジーは、道具を使用しているのではない。道具はつねに他の道具を指示している。「《手段性》という構造のうちには、あるものの、あるものへの指示がひそんでいる」(97)[68]。「一個の」道具は、それが他の道具を指示し、それによってある種の仕方で「道具全体性」に適合する限りでのみ、それがそれであるところのものなのである。

道具はつねに――その道具的性格に応じて――、インクスタンド、ペン、インク、紙、下敷き、机、ランプ、家具、窓、ドア、部屋、といった他の道具への帰属性に基づいて存在している。(97)[68]

したがって、ハイデガーの意味で何かが道具として機能するためには、そのうちでこのものが機能するところの、他の道具との連関がなければならない。

厳密に解すれば、一つの道具だけが「存在している」ことは決してない。どんな道具の存在にも、つねに何らかの道具全体性が属しているのであって、そうした道具全体性のうちで、その道具は、その道具がそれである当の道具でありうるのである。(97)[68]

一個の道具は、それがそのために使用されるものによって定義される。

存在者がこの存在者として何であるかということ、またいかにあるかということ、つまり存在者の何性といかに性は、この存在者の手段性そのものによって、すなわちこの存在者の適所性［involvement；独：Bewandtnis］によって構成される。(BP, 293)[GA 24, 415]

椅子や黒板や窓に伴っている機能性［functionality；独：Bewandtnis］こそが、まさに、その存在者をその存在者たらしめている当のものなのである。(BP, 164)[GA 24, 233]

椅子を例に取り上げてみよう。椅子であることとは何であるのかを知るとき、われわれは何を知っているのであろうか。(a)われわれは、その椅子の形や材質についてや、椅子と呼ばれる物体を構成している諸部分のあいだの関係についての物理的記述のような、いくつかの事実を知っているのかもしれない。しかし椅子は、あらゆる種類の形と材質で、現われてくる。バッグチェア［フレームのない変形自在の椅子］のことを考えてみよ。(b)われわれは、プロトタイプとしての標準的な椅子のイメージを持っており、それと他の対象とを比較して、対象がプロトタイプからどのくらい隔たったものかを判定するのかもしれない。しかし、椅子を用いない伝統的日本人やブッシュマンが、このようなイメージを持っていたとして、しかも類似の諸対象を見分けるためにそのイメージを使うことができたとして、その場合、彼らは椅子が何であるのかを知っていると言えるだろうか。(c)われわれは、例えば椅子とは人のための持ち運びできる腰掛けであるという具合に、一つの機能述語を、さらに付け加えることができるだろう。しかしそれならば、自転車のサドルも同じ機能述語を持つ。したがって決定的なのは、ただ単に、椅子というものが狭義において何のために存在しているのかということなのではなくて、むしろ椅子というものがテーブルやわれわれの活動のその他すべてといかに適合するか、ということである。われわれは、全体のうちでそれが占めている位置を認定することによって、椅子を椅子としてとらえるのである。

> 一個の道具の特定のこのもの性、すなわちその道具の個体化は、……それがある一定の空間的時間的位置において現われるという意味で、空間と時間によって第一義的に規定されるわけではない。一個の道具を一つの個体として規定するところのものは、むしろ、その道具の道具性格と道具連関とである。(BP, 292)［GA 24, 414-415］

「それ［=道具］がそのような適所性を持つという事実は、そのような存在者の存在の存在論的規定であって、その存在者に関する存在的な陳述ではない」(116)［84］。ハイデガーは、道具連関の全体のなかでのその使用によって定義されるような存在者の存在仕方を、「道具的存在性」(114)［83］と呼ぶのである。

B　現存在が道具に出会う仕方

1　操ること

われわれは通常、事物が何であるのかを、それが機能する仕方によって知る。しかし、この機能する仕方というものを、われわれは一体いかにして学ぶのであろうか。知覚というものは、それがただ単に対象をじっと凝視することを意味するのであれば、われわれの求めている機能への接近様式ではありえない。

事物の「外見」をただ単に眺めやることしかしないなら、この外見がどのような形をとろうとも、また眺めやりがどんなに鋭いものであっても、道具的存在者を暴露することはできない。(98)[69]

むしろ、一個の道具が何であるのかということは、それが使用のコンテクストのうちでどのような位置を占めるかということであるのだから、すなわち、その道具が何ごとかを達成するためにいかに使用されるかということであるのだから、われわれが道具を了解する最も基本的な仕方は、道具を使用することである。

あるものが使用される場合、われわれの配慮は、そのとき使用されている道具にとって構成的な「手段性」に従属している。ハンマーという事物をわれわれがただ単にボーッと見つめていることが少なければ少ないほど、そしてこの事物をつかみ使用することが多ければ多いほど、この事物へとわれわれがとる関係はますます根源的となり、この事物は、この事物がそれである当のものとして、――つまり道具として、ますます赤裸々に出会われる。(98)[69]

このような了解の様態を、ハイデガーは、「操ること」と呼ぶ。もちろんわれわれは、鋤《すき》や松葉杖が何であるのかを、必ずしもそれらを使用したことがなくても、知っている。ハイデガーはこのような間接的な了解のことを、「積極的な」了解ではあるが「根源的な」了解ではない、と言うであろう。『存在と時間』第一篇第四章で明らかになるように、椅子のような一個の道具が定義されるのは、慣習的に確立された一定の機能がそうした道具的対象に対して認められている一定の文化のなかで、その道具が標準的な使用者によって標準的には何のために使用されるのかによっている。かくして、一個の道具が何であるのかが根源的に了解されるためには、誰かによってそれが実際に使用されるということが絶対に必要である。だが、ただ単に道具の標準的な機能に精通しているだけなら、その人の持ちうるのはその道具についての積極的な了解なのである。

2　道具が透明になること

われわれが道具を使用しているとき、この道具は「見えなくなる」という傾向を持つ。われわれは、その道具を何らかの特徴を持ったものとしては、まったく意識していないのである。

差しあたって道具的に存在するものに特有なのは、まさしく本来的に道具的に存在するために、その道具的存在性のうちで、いわば身を退かねばならない、ということである。日常的交渉が差しあたってそのもとに住み込んでいる当のものは、仕事のための道具そのものではない。むしろ、われわれが第一次的に配慮しているものは、当の仕事なのであって、これこそが、そのときどきになされるべき

ことなのである。(99)[69]

（ウィトゲンシュタインとポランニーとメルロ＝ポンティが用いている）盲人の杖という例を考えてみよう。この盲人に一本の杖を手渡し、それがどんな性質を持っているか、彼に語ってくれるように頼むとする。そうすると彼は、持ち上げてみたり触って調べたりした後で、その杖は軽くて滑らかで三フィートぐらいの長さがあって、などなどとわれわれに語ってくれる。このとき杖は彼にとって事物的に存在している。しかし杖を操り始めるや、彼は杖そのものを意識しなくなってしまう。すなわち、彼はただただ歩道の縁石（あるいは、その杖が触れている対象であれば何であれ、そうしたもの）だけを意識している。あるいは、すべてがうまくいっていれば、彼はそうした対象さえも意識しておらず、むしろ自らの歩行の自由を意識したり、ことによると、彼が友人と話をしているその内容だけを意識しているのである。道具は、本当に純粋にわがものとされて使用されるまさにそのときに、透明になる。ハンマーで釘を打つとき、「ハンマーでもって打つこと自身が、ハンマーに独特の《操りうること》を暴露」(98)[69]しているが、しかし私は、当のハンマーや釘の確定的特徴をまったく意識していない。私が意識しているのは、ハンマーで釘を打つというその仕事だけであり、あるいはことによると、その仕事を終えたときにしなければならない事柄だけなのである。

> われわれは、慣れ親しまれた環境世界におけるわれわれの周りの諸事物を、いつでもひっきりなしに、表立って知覚しているわけではない。われわれは、それら諸事物を道具的に存在するものとしてことさらに意識している、というような仕方で知覚しているわけではまったくないのである。……それら諸事物との習慣的交渉という無頓着な平静さにおいては、それら諸事物は、まさに目立たない現前性という点で近づきうるようになる。諸事物との交渉の可能的な平静さのための前提とは、とりわけ、当の交渉が妨げられていないということなのである。この交渉は、進行の途中で阻まれてはならないのである。(BP, 309)[GA 24, 439-440]

このように道具が身を退けるということ、ないし身を引きとどめておくことこそが、道具がそれ自体において存在する仕方である、とハイデガーは、冗談とも大真面目ともとれる様子で言い添えている。「まさにこのことのうちに、道具的存在者の自体存在の現象的構造が存しているのである」(106)[75]。これは挑発的な主張である。プラトンからフッサールに至る伝統的哲学者が受け入れてきた主張によれば、事物の使用特性、すなわち事物の道具としての機能は、利害関心に相対的なものであって、それ自体においてあるものではない。同じ事物がハンマーでもドアのあおり止めでもありうるのであるから、その事物は自体存在としてはどちらでもありえない、と彼らは推論する。ハンマーでもありドアのあおり止めでもあるというこれら二つの主観的な現われ方と、そこから引きだされるそれぞれの使用述語の基礎には、何ものかがなければならない。つまり、われわれの主観の側からの投射からは独立な実体としての事物がなければならない、というわけである。「ハイデガーに抗して」と題された未公刊の覚書でフッサールは次のように述べている。

> 理論的関心は、存在するものにかかわる。しかもこの存在するものとは、どの場合にも、主観の変化やその実践的関心の変化を通して同一的な何かなのである。……ここにあるこの事物がAという主観にとってはしかじかの道具とみなされ、Bにとってはまったく異なる道具とみなされるということ、どんなものも多種多様な道具連関のうちに組み入れられうるし、それは同じ主観にとってだけでなく、異なる諸主観にとってもそうなのだということ、これらのことは、だれもが（理論的態度をとっていれば）検証しうることなのである。……何が認識されるにせよ、認識されるのはまさに存在者である。しかもその存在者というのは、同一的なあるもの、繰り返し同一化可能なあるものなのである。(1)

こうした異論に対してハイデガーはどう答えるであろうか。この点は6章で明らかにする。しかし今ここで概略を述べておけば、次のようになるのではないか。理論的態度に立てば、実体をその道具機能を捨象した仕方で見ることができるということには、ハイデガーも同意するだろう。しかし彼は、客観的実体に主観的な使用述語を加えることによっては、道具というものは決して理解可能にならないと主張するであろう。道具は、派生的なものでは断じてないのだから、そしてまた適所的参与は、理論と同様に一つの純然たる接近様式なのであるから、われわれは、使用における道具こそが自体存在としての道具である、と言うことができるのである。

3　現存在が透明になること

道具だけが透明なのではなくて、その使用者も同様に透明である。道具の使用者は、日常のあれこれの活動のさなかに自分の環境を把握しているわけであるが、このような把握のことをハイデガーは「配視」と呼ぶ(2)。彼は学生たちに、この日常的活動を、熟慮的で主題的な意識を含まないような一種の「視」として記述してみせている。

> 諸事物の道具連関、例えば、ここにいるわれわれを取り巻く諸事物の連関は、眼差しのうちにある。しかしそれらは、あたかもわれわれがここに座ってそれら諸事物を記述しているかのごとくに、探究する観照者にとって、眼差しのうちにあるのではない。……道具連関が差しあたり、まったく目立たずに、また考慮されずにそのうちにある眼差

しというのは、実践的な配視の、すなわち実践的な日常的方向定位の、眼差しであり視なのである。「考慮されずに」ということが意味しているのは、道具連関は事物についての熟慮的な思考にとって主題的に把握されているわけではない、ということである。むしろ配視においてこそ、われわれは、諸事物に対する自己の方向定位を見いだすのである。……ドアを通ってここに入ってくる場合、われわれは、椅子を主題的には把握していないし、ドアの取っ手についても同様である。しかしながら、それらは以下のような独自の仕方でそこに存在している。すなわち、われわれが配視しながらそれらのかたわらを通り過ぎたり、配視的にそれらを避けたり……等々する、という仕方で、それらはそこに存在しているのである。(BP, 163)[GA 24, 232]

運動選手がしばしば、よどみなく流れるようなとか、我を忘れてプレイするとか呼ぶような体験は、そのような非主題的で非自己関係的な気づきのきわめて典型的な事例である。

よどみなく流れるような体験の真っただ中にある人物は、自分自身の行為に鋭敏な仕方で気づいてはいるが、この気づきそれ自体のことは忘れている。あるロッククライマーが記しているように、「自分のしていることにあまりに熱中しているために、この直《じか》の活動から分離されたものとして、自分自身のことを考えてはいないのだ。……自分のしていることから分離されたものとして、自分自身を見てはいないのである」。(3)

アロン・ギュルヴィッチは、フッサールのもとで学び、かつハイデガーをも深く理解しながら読んでいた人物であるが、『存在と時間』を解釈したさいに彼は、専門家の対処につねに結びついているような自己を欠いた気づきに関して、見事な説明を与えている。

なすべきものとしてわれわれに課せられてくるものは、状況の外に立ってただその状況を傍観しているだけの者としてのわれわれによって、規定されているのではない。なすべきものとして出現し、課せられてくるものはむしろ、当の状況とその状況自体の構造から予描される。だから、わが身を状況に導かれるがままに任せれば任せるほど、すなわち、遠慮せずに状況に没頭しそれに従えば従うほど、われわれはますます、状況を正当に扱ったことになるのである。われわれは自分をある状況のうちに見いだす。われわれはその状況と織り合わされ、それに包み込まれている。まさにわれわれはその状況にただただ「没入して」いるのである。(4)

日常の技能的な対処に関する、哲学的先入見を含まないこのような記述に従うならば、そこには気づきというものはあるが、自己-意識などというものはないことになる。すなわちそこには、サールによって理解されているような（そしてまたフッサールによっても理解されていたであろうような）、行為することについての自己関係的な体験といったものは存在しないのであり、換言すれば、行為することについてのこうした体験が当の行為を引き起こす、という充足条件をそなえた意欲の体験なるものは存在しないのである。ハイデガーは述べる。

> 自己と世界とは、ただ一つの存在者に、すなわち現存在にともに属している。自己と世界とは、主観と客観……のような二つの存在者ではない。むしろ自己と世界とは、世界内存在という構造の統一において、現存在そのものの根本規定なのである。（BP, 297）[GA 24, 422]

あるいはもっとはっきりと表現するなら、「……現存在とは、……世界への配慮的没入以外の何ものでもない」（HCT, 197）[GA 20, 267–268]。

われわれが銘記すべきは、——衣服を着たり仕事をしたり、動き回ったり、しゃべったり、食事をしたり等々といった——われわれの生活のうちの本当に膨大な部分が、この没入状態において過ごされているということであり、そしてまた、熟慮的で意識的努力を伴い主観・客観様態で過ごされる生活は、本当にわずかの部分でしかないということである。われわれは、後者の様態に注目する傾向を持っている。それゆえにこそ、後者の様態が、これまで哲学者たちによって詳細に研究されてきたのである。ジョン・デューイは、「いかになすかを知ること」[knowing-how] と「事を知ること」[knowing-that] の区別を導入して、まさにこの点を明らかにした。

> われわれは習慣によって、……いかになすかを知るのだ、と言ってよい。……われわれは歩いたり音読したり、市電に乗ったり降りたり、衣服を着たり脱いだり、実にたくさんの有用な行為を行なうが、そのさいそれらの行為のことを考えているわけではない。われわれは何かを知っているのだが、それはつまり、それらの行為をいかになすかを知っているということなのである。……もしわれわれが〈このことを〉知識と呼ぶことにするなら、……これまた知識と呼ばれている他のさまざまなもの、すなわち、事物についての知識や、事物がかくかくしかじかであるという事についての知識、反省や意識的評価を内含する知識は、あくまで別の知識だということになる。(5)

さて、以上のように述べてくると、日常的交渉とそれを可能にする環境の配視的把握とに関するハイデガーの説明は、まさに自己関係的な心的状態を否定しているのだから、心を欠いた機械的行動として行為を解釈してしまっている、という見方がでてきそうである。このような見方を防ぐためには、日常的ふるまいが、一方では熟慮的な行為ではなく、また他方では少なくとも以下の五つの点でロボットや昆虫の機械的行動とも異なることを、見ておく必要がある。

1　配視は気づきの一様態である。配視は、この世界と世界内の事物へと開かれている経験の一形式である。ハイデガーは、「日常性という様態においては……何かがすでに存在的に経験されてしまっている」［世界内存在としての］(86)［59］と述べるさいに、経験（Erfahrung）という用語を実際に使っている。しかしこの経験は、「開かれていること」としてのみ特徴づけられうるようなものである。したがってそれは、非心的な対象から切り離されながらもそれに向けられている、心的で内面的な、かつ一人称的で私秘的な主観的体験（フッサールの用語ではErlebnis）ではないのである。

2　ふるまいには順応性があり、さまざまな仕方で状況に対処する。大工がハンマーで打つときには、ロボットのようにそうするわけではない。最も反射的で自動的であるように思われるタイプ打ちにおいてさえ、エキスパートは、いちいちホームキーに戻ったりしない。エキスパートは、打ち終えて手と指がどこにあっても、そこから次のキーを打ちにいくのである。人はこうした対処のさなか、以前の状況で生じたことについての莫大な過去の経験に基づいて、反応する。あるいはもっと正確に言えば、人のふるまいは、莫大な量のこれまでの交渉によって形成されてきた傾向性を顕現するのであって、われわれがこれらの傾向性をはたらかせる場合にはたいてい、一切はあるべき仕方で機能することになる。

3　ふるまいは存在者をさまざまな位相のもとであらわにする。フッサール的な志向性はしばしば「向かっていること」［aboutness］と呼ばれるが、それは、心的内容がある対象にある位相のもとで向けられているからである。ハイデガーのより根源的な志向性も「向かっていること」と呼ばれるにふさわしいが、しかしこの場合には、心が何かに向けられているのではなく、自らの仕事を行なっている人間が何かに向けられているのである。このハイデガーの場合の向かっていることも、フッサールによって記述された向かっていることと同様に、いろいろな位相のもとで事物に向けられている。私は、その上で書き物をしたり、そこで読書をしたり、そこに物をしまったりするために私の机を使う、というようないろいろな位相のもとで、自分の仕事を行なっていくことができる。このように私は、私が向かっている当のものが何であるか、すなわちハイデガーが私の活動の「用途性」［towards-which　〜に向けて］と呼ぶところのものが何であるかに応じて、種々様々な位相のもとで事物に向けられ、かつ事物をあらわにするのである。

4　もし何かうまくいかないことがあれば、人間や高等動物はぎょっとする。機械や昆虫は決してぎょっとしたりはしない。人間がぎょっとするのは、その活動が意識的な目標を追求していないときですら、その活動が未来へと向けられているからである。現存在はつねに自分自身に先んじているのである（11章を見よ）。

5 もし活動に困難をきたすことがあれば、われわれは注意深くしなければならないし、それゆえ熟慮的な主観・客観的志向性に切り替えていかなければならない。そのとき人は、ジェームズやサールによって記述されたような努力意識を持つ。人はまたさまざまな期待をも持つだろうし、したがって人は、うまくいったり失敗したり驚いたりしうるのである。

II 熟慮的な行為：表象的志向性とその対象

熟練した道具使用に関するこれまでの記述によって、ハイデガーは、新しい種類の志向性（没入的な対処）と、われわれに出会われてくる新しい種類の存在者（透明な仕方で現われる道具）の両方を導入することができるようになる。前者は、対象に向けられた内容を持つ心の志向性ではないし、また後者も、確定的でコンテクストから切り離しうる実体ではない。けれども、このようなより根源的なレヴェルの諸現象を導入したことに説得力を持たせるには、主観・客観に関する伝統的説明を無視することはできないし、むしろ示さねばならないのは、そうした伝統的説明が正統的なものであるにしても、そこには一定の制限があるのだという点である。われわれが後に明らかにするように、主観と客観というものは確かにあるのだが、伝統においてはそれらがあまりに性急に分析のなかに持ち込まれてしまったのであり、その上、主観・客観の特徴についての誤ったとらえ方のせいで、それらが果たすことのできないような根本的な機能が、それらに与えられてしまったのである。

心的状態とその固有領域の主題化がいかにして出現してくるのかについての、ハイデガーの説明を取りだすには、ハイデガーのテキストを、強引とも見られかねないやり方で読まねばならない。というのもハイデガーは、『存在と時間』の公刊された部分では、志向性に関する伝統的説明を、表立ってまともに扱おうとはしていないからである。しかし彼が、この問題に結局は立ち向う意図を持っていたということは、ディルタイの努力についての所説への彼の批評から明らかである。ハイデガーは、ディルタイを引用してこう書く。「同一の意識の内部に意志とその阻止とが現われる」。その上で彼は問う。「この《現われる》ということはどのような存在様式に属するのか、《内部に》ということの存在意味は何か、意識は実在的なもの自身とどのような存在関連を持つのか、すべてこれらのことは存在論的に規定されなければならない」(253)[209]。けれどもハイデガーは、約束した議論を先延ばしにして、『存在と時間』の最終ページになってようやくそれに言及する。そこで彼は、「《意識》の存在はどのような積極的構造を持っているのだろうか……」(487)[437] と問うのみである。それゆえハイデガーが、熟慮的な行為に関するフッサール的／サール的説明をどの程度まで受け入れようとしていたかは、決して明らかではない。それにもかかわらず私としては、主観と客観とをあらわにする立場に関して、すなわち心的内容とその指示対象とをあらわにする立場に関して、ハイデガーがどのように説明するかを再構成してみたい。そしてまた、この立場への移行を誤って解釈することから、どのように伝統的認識論の誤謬が生じてしまうのかに関するハイデガーの説明をも再構成してみたいのである。

『存在と時間』においてハイデガーは、主題的意識とその対象とがいかにして出現するのかということについて、ヒントを与えている。

> 世界内存在とは、これまでのわれわれの解釈に従えば、道具全体の道具的存在性にとって構成的な諸指示のうちに、非主題的に配視的に没入しているということである。どんな配慮も、世界とのある親密性ゆえに、すでに、それが存在している通りに存在している。こうした親密性において現存在は、世界内部的に出会われるものに自分を喪失することがあるのである。……存在者の事物的存在性は、配視がそのうちで「活動して」いる指示全体性における、可能的な破れによって押しだされてくる……。（107、強調ドレイファス）[76]

このようにハイデガーは、故障が生ずるところに、伝統的志向性が生ずる余地を認める。例えば、もしドアの取っ手が動かなくなったらわれわれは、熟慮しつつそのドアの取っ手を回そうと試み、それが回ることを欲求し、ドアが開くことを期待するなどのことをしている自分を見いだす。（このことはもちろん、われわれが初めからずっと、試み、望み、期待するなどのことをしていた、ということを含意していない。）妨害されることによって、現存在することの新たな仕方が生じるのである。デューイがすでにこの同じ現象を指摘していた。

> ある習慣がみがきのかかった能率的なものであればあるほど、それはますます無意識的にはたらくようになる、ということは当然のことである。そのはたらきに支障が起こったときにだけ、情動が生じ、思考が引き起こされるのである。（6）

ハイデガーの議論は故障という特殊ケースに集中してしまっているけれども、彼の議論の基本ポイントは、状況が熟慮的注意を要求するときにはいつでも心的内容が生じてくる、という点にあるはずである。サールが、志向的内容の位置づけについて議論するさい述べているように、「志向性は技能のレヴェルに応答する」。熟慮への転換は、没入的対処がもはや可能ではないような状況によって呼び起こされる――すなわち、ハイデガーが述べているごとく「《点検》、達成されたものの再吟味〈等々〉といった一層鋭くされた配視」（409）［358］を要求する状況によって、呼び起こされるのである。熟慮的注意とこのような主題的な志向的意識は、例えば、好奇心一杯の場合や計器の目盛りを読む場合、道具を修理する場合や新しい道具をデザインしたりテストしたりする場合にも、生じうる。しかしハイデガーは、故障という特殊な経験だけを論じている。すなわち、進行中の対処が困難に陥ったときに、われわれが持つような経験だけを論じているのである。

A　三種の障害：利用不可能な道具的存在者

進行中の活動がひとたび妨げられると、新たな出会いの様態が出現し、また出会われる存在者の新たな存在仕方もあらわにされてくる。例えば、私のハンマーに関して何かうまくいかないところがあれば、私はそのハンマーと、ハンマーで打つことに注意を向けざるをえなくなる。ハイデガーによれば、障害の三つの様態——すなわち目立つこと、手向かい、押しつけがましさ——が徐々に、思慮をめぐらす主体としての現存在を生じさせ、また同時に、コンテクストから切り離された確定的実体の存在仕方としての事物的存在性を生じさせていく。

> 目立つこと、押しつけがましさ、および手向かいという諸様態はみな、道具的存在者において事物的存在性という特徴を出現させる機能を持っている。(104)[74]

ハイデガーは、これら三つの故障様態のそれぞれが持つ異なった機能を、明確に区別しているわけではない。けれども私は、ハイデガーの言っていることを整理し直し、テクストの選択に強弱をつけて解釈することによって、次のことを示せると思う。すなわち、これら三つの故障様態は順番に障害としての深刻さを増していくものであること、これらの障害のうちでまさに、性質をそなえた確定的な対象と、自己関係的な心的状態をそなえ確定的対象へと向けられた意識的主体が次第に出現してくること、そして私のこうした解釈は、ハイデガーがフッサールにも伝統的な志向性理解にも同意しなかったことと一致するし、ハイデガーがフッサール的主観性の本来の場所を明らかにする目標を持っていたこととも一致するということ、これである。(世界をあらわにするさいに故障が果たす役割については、5章で議論する。)

故障の三様態に対するこのような読み方をすると、利用不可能になった道具的存在者というものが、ハイデガーのテクストによって直接的に保証されるより以上に重要だということになってくる。そうは言ってもハイデガーの論ずる三様態のうち、一時的故障および全体的故障と私が名づける二つの様態は、存在者に出会う新しい二つの様態と、出会われるべき存在者の新しい二つの存在仕方——利用不可能性と事物的存在性——をあらわにしていることは明らかである。利用不可能性と事物的存在性というこれら二つの新しい存在仕方は両方とも、『存在と時間』の全体的構造において重要な役割を果たしているのである。故障の三様態のうちの残る一種、すなわち機能の不調は、今述べた二つの故障の予告編となっている。道具的存在者から利用不可能な道具的存在者へ、さらにそこから事物的存在者へと至る諸段階を描きだすとき、私は、強弱をつけてテクストを選択しながら、ハイデガーのやや概略的な説明に私の詳細な記述を関連させることにする。

1　機能の不調（目立つこと）

道具の機能が不調になると、われわれは「そのうちでその道具を使用している交渉の配視」によってその道具の使用不可能性を暴露し、当の道具はそれによって「目立って」くるとハイデガーは言う。「目立つことが、道具的に存在している道具を、ある種の利用不可能性［非道具的存在性］において与える」(102-103)[73]。しかし、ごく普通の型の機能不調の場合はたいてい、われわれはそれに対処するいくつかの仕方を用意しており、したがってわれわれは、一瞬ぎょっとして意味を失った物体を見つめた後は、新しい対処の仕方に移行して先を続ける。「そのような道具において純然たる事物的存在性が自分を告げてはいるけれども、この純然たる事物的存在性は結局、配慮されているものの道具的存在性のうちへと引き下がってしまうだけなのである」(103)[73]。

道具の機能が不調になったときのもう一つの反応は、助けを求めるということである。ハイデガーは、後の言語に関する議論のなかで、この可能性に言及している。機能の不調に対処するさい、「《このハンマーは重すぎる》とか、むしろ端的に《重すぎる》、《別のハンマーを持ってこい》と〈言ったりするような〉形式をとることがありうる。……《無駄口をきかずに》不適当な道具を脇にのけたり取り替えたりする［こともある］」(200)[157]。助けが得られれば、現存在の側で新しい立場が要請されることになるまでもなく、透明な配視的行動を素早くまた容易に回復することができる。

2　一時的故障（手向かい）：没入的対処から熟慮的な対処を経て熟慮へ

一時的故障は、何ものかが進行中の活動を妨害するときに起こる。そうなると様態が必然的に変わって、これまで透明だったものがはっきりと表面化してくる。われわれが普段当てにしているものへの通路が奪われてしまうので、われわれは、自分のしていることに注意を払いながら熟慮的に行為する。

道具が故障すると、それの持つさまざまな指示が姿を表わす。例えば、私が釘を打つために使用しているハンマーが大きすぎたり重すぎたりして、釘を打つという仕事を遂行できず、かといって別のハンマーにも手が届かない場合には、「その道具の《手段性》〈このハンマーは釘を打つために使用されるものである〉をある一定の《用途性》〈これらの棚板を適所に固定するために釘を壁に打ちつけること〉へと向ける構成的指示が妨げられてしまっている」(105、〈 〉内の注釈ドレイファス)[74]。事物がスムーズに機能しているときには、「もろもろの指示自身は考察されてはおらず、むしろそれらは《現にそこに》存在しており、われわれは配慮的にそれらの諸指示に従っている。だが、指示が妨げられてしまったときには、すなわちあるものがある目的にとって使用不可能となったときには、指示は表立ってくる」(105)[74]、とハイデガーは言う。

深刻な障害が起こり、熟慮的な活動さえもが妨害されてしまうと、現存在はさらにもう一つ別の立場、すなわち熟慮へと移行せざるをえなくなる。熟慮は、反省しつつ計画するということを含んでいる。熟慮においては、人は立ち止まって何が起こっているのかを考え、何をなすべきかを計画する。ただしこれらすべては、適所参与的活動のコンテクストのうちで生ずる。ここには、伝統的に実践的三段論法として形式化されてきたような推論が見いだされる。

> 〈熟慮〉に特有の図式は、「もし何々であるとすれば、そのときには何々である」ということである。例えば、もしこれこれのものが作製され使用され防止されるべきであるとすれば、そのときにはこれこれの手段や方途や事情や機会が必要である、といった具合である。(410)[359]

熟慮は、局所的な状況に限定されていることもあれば、現存していないものを考慮することもありうる。ハイデガーは後者の射程の長い計画を「ありありと思い浮かべる準現前化」と呼ぶ。

> 熟慮は、熟慮のうちで配視的に近づけられたものが手でつかみうる範囲内に道具的に存在しておらず、またこの上なく身近な視界のうちに現存していない場合でも、やはり遂行されうる。……ありありと思い浮かべる準現前化において、熟慮は、必要とされているが道具的に存在していないものを直接に見つけるのである。(410)[359]

心中のあるものが局所的状況を超えてあるものへと向かっているということ、ないしは向けられていることを、フッサールは、単に記号的に指示すること(indicating)から区別して意味として指示すること(referring)と呼ぶのだが(7)、ありありと思い浮かべる準現前化には、この種の向けられていることが属しているように見える。しかしハイデガーは次のような警告を発する。伝統的哲学は立ち止まってこの現象を注意深く記述しなかったために、「心的状態はいかにして現存してさえいない対象に向けられうるのか」、という有名な疑似的問題の罠にはまってしまっている、と。伝統的説明は、主観が一定の自足的な心的内容の媒介によって対象に関係させられる、という前提をとる。志向性に関するこのような説明によれば、心的表象は主観の心中の特別な存在者であり、これは世界とはまったく独立に記述されうるものだと考えられている。他方、この心的表象の対象も同じく独立した指示対象であると考えられている。『イデーン』のフッサールによれば、志向性を可能にする存在者は、意味ないしはノエマと呼ばれ、現象学者はこれを現象学的還元の遂行によって、すなわち世界を括弧に入れこの意味を直接反省することによって、研究することができる。しかしハイデガーは、対象に関係するわれわれの能力に関して、心的状態に訴えるどんな説明も拒絶する。「ありありと思い浮かべて準現前化する配視は、《単なる表象》に関係しているわけではない」(410)[359]のである。

ノエマへのフッサール流の還元に代えてハイデガーが行なうのは、ある存在者——例えばハンマー——から、現存在の存在了解の仕方、すなわち、存在——例えば手許に道具として用意されていないこと——への対処の仕方へと注意を向け換えるという作業である。

> フッサールは『純粋現象学と現象学的哲学のための諸構想[イデーン]』(一九一三)において初めて表立って現象学的還元を浮き彫りにしたが、彼にとって現象学的還元とは、事物と人格の世界に参与して生きている人間の自然的態度から、超越論的意識生とそのノエシス-ノエマ的諸体験とへ、現象学的眼差しを遡らせる方法である。諸客観は、そうした超越論的意識生のノエシス-ノエマ的諸体験のなかで、意識の相関者として構成されてくるのである。われわれにとっては、現象学的還元は、どのように規定されるにせよともかくも存在者の把握から、この存在者の存在了解……へと、現象学的眼差しを遡らせることを意味する。(BP, 21)[GA 24, 29]

しかしハイデガーは、熟練した対処がその限界に達し熟慮的な注意を要求してくるときに、対象をことさら意識する主観が出現することを、否定しようとしているのではない。むしろ彼は、このような主観を正確に記述し、新たに解釈し直そうとしているのである。

> というのも、「主観」というものが「客観」というものに関係するということ、またその逆でもあるということ、このことにもまして自明なことがあるだろうか。この「主観-客観関係」は前提されざるをえない。しかし、この前提がたとえその現事実性においては侵しがたいものであるとしても、まさにこのことゆえに——もしこの前提の存在論的必然性が、とりわけこの前提の存在論的意味が曖昧なまま放置されているならば——、それはきわめて有害な前提となってしまうのである。(86)[59]

それでは、われわれが障害にぶつかったとき、表象というものはどの程度まで含まれているのだろうか。ある種の心的内容が確かに含まれてはいる。確かにわれわれは、信念や欲求や努力体験を持つのである。しかしこれらのものが、デカルト以来哲学者たちが想定してきたような自足的な心的存在者を含んでいる必要はない。伝統的には、表象の本質的特徴とは純粋に心的であること、すなわち世界への関係なしに分析されうることである。心と世界とは完全に独立した二つの実在領域であると、フッサールは考えている。心的内容に関するこうした主張を、ハイデガーは標的にするのである。

> 主観と客観とのあいだのこの区別は、近代哲学のすべての諸問題を覆っており、さらに、今日の現象学の展開にまで及んでさえいる。フッサールは『イデーン』において次のように言う。「カテゴリー論は徹頭徹尾、あらゆる存在区別のなかでも最も根本的なこの区別――意識としての存在［つまりres cogitans］と、意識のうちに自らを《はっきりと表わす》《超越的な》存在［つまりres extensa］との区別――から出発しなければならない」、「意識［res cogitans］と実在［res extensa］とのあいだには、意味上の一つの真の深淵が口を開いている」と。(BP, 124-125、［ ］内はハイデガー)[GA 24, 175-176]

ハイデガーは、心的なものについての、このような伝統的解釈を退ける。熟慮でさえ、伝統の記述するような純粋で第三者的な理論的反省ではない。熟慮はむしろ、世界への没入を背景にして生じなければならないのである。

> 道具の使用を差し控えることは純然たる「理論」などではまったくなく、むしろ、滞留しつつ「考察する」配視は、配慮された道具的に存在する道具に全面的にとらわれたままである。(409)[358]

人が「心的表象」つまりは信念や欲求のような心的内容を持って、何かを計画したり、ルールに従ったりするようなときでさえ、その人は、適所参与的活動を背景にしてそうするのである。次の5章で見るように、熟慮的な行為や理論的観照でさえもが、つねに世界を背景にして生じるとハイデガーは考える。それゆえ、彼は次のように言うことができる。

> もしわれわれが現存在の存在論において、無世界的な「自我」というものから「出発」し、次に、客観というものと、この客観というものへの存在論的には無根拠な関係とを、そうした「自我」に供給するならば、われわれが「前提」にしたことは、多すぎるのではなく少なすぎるのである。(363)[315-316]

ハイデガーの眼目は、利用不可能な道具と交渉するさいにルールが果たしている役割に注目するとき、きわめてはっきりとしてくる。言語行為のルールを例にとってみよう。私が透明な仕方で行為している――例えば約束している――ときには、私はいかなるルールもまったく必要としない。私は、模倣によっていかにして約束するかをすでに学んでおり、それゆえ私は約束の達人なのである。しかし、何かがうまくいかなくなった場合には、私はあるルール――例えば、人は自分の約束を守らなければならないというルール――に、助けを求めなければならないかもしれない。ただし、ここで注意すべき大事な点は、このルールはその適用条件が当のルール自体のうちに書き込まれているような厳密なルールではない、ということである。それは、「その他の条件が同じならば適用されるルール」［a ceteris paribus rule］なのである。約束が果たされなかった場合には、私は病気だったのだとか、約束を果たせば君を傷つけることになるのではないかと思ったのだ、とかいうような言い訳が認められている。「つねに約束を守れ」というルールは、「その他の条件が同じならば」当てはまるのであって、われわれは、その他の条件が何であるのかについても、「同じならば」と言うときの同じが何であるのかも、明瞭に説明することはしないし、またそうしようとしてもできないであろう。その上、もし、病気だったというような例外的条件のそれぞれを定義しようとすれば、われわれはふたたび、さらなる「その他の条件が同じならば適用される条件」を持ち込まなければならないだろう。こうした「その他の条件が同じならば適用される条件」は、われわれの共有された背景的振る舞いをとらえることなどできないし、むしろその背景的振る舞いを前提してしまっている。こうした背景的振る舞いは、われわれの日常的で透明な対処の仕方の一位相なのである。つまり了解というものは、われわれの心中にではなく、現存在のうちに――われわれのふるまいとして身についている熟練した仕方のうちに――ある。だから、たとえルールや信念や欲求といった心的内容が、利用不可能な道具的存在者の場面で生じてきたとしても、それらを、伝統的に考えられてきたような自足的表象として分析することはできない。熟慮的な活動は、物事に対処する技能という透明な背景への、現存在の適所的参与に依存したままなのである(8)。

伝統的な哲学者たちの正しかった点は、人間が対象をあらわにするというある種の特権的役割を有していると考えたことである。しかしながらこの役割は、主観によってではなく、現存在によって果たされるのである。それゆえハイデガーも時として、現存在のことを、（引用符に入れて）「主観」と呼ぶことがある。

したがって、もし古代哲学の始まり以来哲学的探究が、理性、心、精神、意識、自己意識、主観性に向けて、方向づけられてきたのだとしても、このことは偶然ではない……。「主観」に向かう傾向は、いつも一様に一義的で明瞭であったわけではないけれども、哲学的探究が何らかの仕方で次のような理解を持ってきた、という事実に基づいているのだ。その理解とはすなわち、あらゆる実質的な哲学的問題の地盤は、「主観」を十分に解明することによって手に入れられうるし、また手に入れられなければならない、という理解である。（BP, 312）［GA 24, 444］

そうであるとすれば、この「主観」の存在の仕方、すなわち実存の解明が要請されることになるだろう。ところが伝統的哲学は、ハイデガーが当然次のステップだと考えている、実存の解明を怠ってしまった。

> 今や存在論は、主観を範例的存在者として受け取り、主観の存在様式に目を向けることによって存在概念を解釈するのだと、そして、今後は主観の存在の仕方が存在論的問題になるのだと、人は期待するであろう。ところが、あいにくそうしたことは、起こらないのである。近代哲学が第一次的に主観への方向をとった諸動機は、基礎存在論的なものではない。それは、まさに現存在そのものの方から存在と存在諸構造とが解明されうるというそのことと、その解明がいかにしてなされうるのかを、知ろうとする動機ではないのである。(BP, 123) [GA 24, 174]

ハイデガーは付言する。

> 志向性、すなわちあるものへと関係するということは、最初に一目見たときには、何か些細なことであるように思われた。けれども、この現象の構造を正しく理解するためには、世間一般の——現象学においてすらまだ克服されていない——二つの誤った考え方（誤って客観化してしまう考え方と誤って主観化してしまう考え方）に用心しなければならないということをわれわれがはっきりと認識するや否や、志向性というこの現象は、謎に満ちたものであることが、明らかとなったのである。志向性は、事物的に存在する主観と事物的に存在する客観とのあいだの、事物的に存在する関係ではない。むしろそれは、主観のふるまいの関係性格そのものを構成する一つの機構である。……志向性は、伝統的な意味での客観的なものでも主観的なものでもないのである。(BP, 313-314) [GA 24, 446]

もしわれわれが、「主観」についての現象学的存在論を進めていくなら、伝統的主張とは反対に、心的状態が基礎ではないことが見えてくる。すでに見たように現存在は、道具的存在者と交渉するときには透明な仕方で道具に没入しており、そのさい、「心的状態」によって引き起こされたものとして自分の活動を体験しているわけではない。そしてたった今われわれが付言したように、一時的故障が、熟慮的な行為を呼び起こし「心的内容」を導き入れたとしても、それは非心的な対処を背景にしてのみ起こるのである。

一時的故障においては、存在者の側にももはや透明さは存在しない。一時的故障によって、伝統的に「主観」として考えられてきたようなものがあらわにされる。それとまさに同様に、「客観」のようなあるものがあらわになってくる。そこであらわにされる「主観」は、伝統の考えるようなコンテクストから分離可能で自足的な心なのではなく、世界に適所的に参与したものである。他方そこであらわにされる「客観」も、コンテクストから分離可能で自足的な実体ではなく、むしろ、道具的に存在することができなくなったという点から定義される。故障においては、「道具的存在者は、故障したからといって、ただ単に事物的存在者として考察され、凝視されているのではない。自らを告知しつつある事物的存在性は、なお道具の道具的存在性に縛りつけられているのである。そのような道具はまだ、単なる事物という外観へと自らを遮蔽してしまってはいないのである」(104)[74]。

このことは、利用不可能な道具的存在者が必ず、実践的なコンテクストにおいて出会われてくることを意味している。

あるものが使用されえないとき、例えばある道具がどうしても言うことをきかないとき、そのものが目立ってきうるのは、操作する交渉において、またそうした交渉にとってのみである。諸事物をどれほど綿密に持続的に「知覚し」たり「表象し」たりしても、道具の損傷といったようなことを暴露することは決してできないであろう。(406)[354]

ハイデガーが言わんとしていることを理解するために、機能が不調になっているラジオのことを考察してみよう。ラジオの調子がよくないと述べることは、それが現存在の交渉に関してうまく機能しなくなったと述べることである。けれども電子は完璧に機能し続けている。すなわち、電子は自然の法則に従い続けている。だからただ単に注意深く耳を傾けるだけでは、ラジオからでてくる雑音が現存在の日常的活動に合っていないことを、決定できないわけである。

けれども、適所参与的に道具を使用していれば、利用不可能な道具的存在者の諸特徴をあらわにすることができる。実際、道具が一時的に故障し配視が熟慮的になると、適所的に参与している使用者たちが出会っている道具は、もはや透明なものではなく、使用者たちが当てにしていたのとは異なる特定の諸特徴をそなえる。例えば、

配視的に道具を使用しているとき、われわれは、……このハンマーは重すぎる、ないしは軽すぎる、と述べることができる。このハンマーは重いという命題ですら、ある配慮的な熟慮を表現しうるし、このハンマーは容易なものではないということ、言い換えれば、それを取り扱うためには力がいる、ないしは、それを操作するのは骨が折れるだろうということを意味しうる。(412)[360]

こうして、道具のある一つの存在仕方があらわにされてくる。この存在仕方は、透明に機能する場合よりも確定的特徴を持つのではあるが、しかし、コンテクストから切り離され・事物存在的な諸性質をそなえた・確定的な事物存在的事物のあり方ではない。

使用しているハンマーの調子がよくないのに、すぐには別のハンマーを手に入れることができないとき、私は、重すぎる・バランスのとれていない・壊れた等々の特徴を持ったそのハンマーと交渉しなければならない。これら諸特徴は、ある特定の状況において私によって使用されたものとしてのハンマーにのみ、属している。重すぎるということは、確かに、そのハンマ

ーが持つ性質ではない。哲学的伝統は、諸性質や性質を表わす述語については語るべき多くのことを持っていても、重すぎるのような状況的諸特徴については、語るべき何ものも持ってはいないのだ。重い、のような一項述語や、より重い、のような関係述語は伝統中に存在してはいても、［伝統的に考えられているような］固定された論理的関係の集合によって、「この仕事には重すぎる」のような状況的特徴をとらえることはできない。実際われわれは、故障のさいにあらわにされてくる諸特徴を踏まえて事物と交渉することに、われわれの生活のかなりの部分を費やしているのに、これらの諸特徴を表わす哲学的名称は存在しないのである。それゆえにハイデガーは、性質という語を引用符に入れるという工夫をして、それら諸特徴に言及している。次の引用で、性質という言葉が二度目にでてくる場合がそうである。

> 「性質」というこの名称は、事物が持ちうる何らかの規定された性格を指す名称である。道具的存在者は、せいぜい、ある目的にとっては適しており、他の目的にとっては適していないというあり方をするのであって、だから道具的存在者の「性質」というものは、当の道具的存在者が適しているか適していないかというこれらの仕方のうちに、いわばまだ拘束されているのである。（114-115）［83］

私は、伝統的に見落とされてきた以上のような状況的諸特徴を位相［aspects］と呼び、ハイデガーが伝統にならって性質［properties］と呼んでいる、脱コンテクスト化された特性［features］と区別することにする。

（ここで、ある非対称性に注意しておくことが大切である。位相は、状況における対象について何事かを照らしだすが、それは、すでに起こっていた何かである。ハンマーは、私がそのことに注目する以前から、重すぎたのである。しかし、われわれがたった今見たように、熟慮し始めるとき私は、すでにそこに存在していた心的状態に注目するわけではまったくない。むしろ私は、今やようやく信念と欲求を持ち始めるのである。かくして、ハイデガー的見方からすれば――実際『自我の超越』でサルトルがそう考えたように――、次のように考えられるかもしれない。すなわち、デカルト主義に特徴的な主観・客観の区別は、位相への気づきと同じモデルを用いて熟慮と反省を扱うとき、帰結してしまうのだ、と。そのときにはわれわれは、熟慮的な活動を反省すると現われてくる自己関係的な心的状態が、すでに、その活動を引き起こしながら意識の周縁に初めから存在していたと仮定しているわけだ。）

位相には多くの種類がある。例えば、何らかの障害によって、ある道具の機能的諸位相に気づかされるということがありうる。そのことによって今度は、その道具の諸部分を取り上げて見分けられるようになる。極端な例を挙げれば、椅子としてのバッグチェアにすでにかかわっているときにのみ、それの腰掛け部分や背もたれ部分を取り上げて見分ける（ハイデガーなら「解放する」と言うだろうが）ことができるのである。あるいは、純粋に知覚的な例を挙げてみよう。もしわれわれが何か赤いものを探しているとすれば、われわれは、セーターのウールっぽい暖かい赤に気づくかもしれないし、消防自動車の艶のある冷たい赤に気づくかもしれない。これらの位相は、コンテクストから切り離して述語表現できるような性質ではない。けれども、もし、暖かいウールっぽい赤と冷たい金属的な赤とをカラーチャートに当てはめてみて、両者がともに、コンテクストから切り離された同一の色彩片に一致することが発見されるとするなら、セーターも消防自動車も、同一の性質を持ったものとしてみなされうるだろう。ある性質が、「存在者自身のうちに表立たずに閉じ込められていることから、いわば解きゆるめられる」(199)[157] その仕方について語るとき、ハイデガーはこのことをほのめかしている。そうした仕方によってわれわれは、コンテクストから切り離された諸存在者と、それらが持つ分離可能な諸性質とを得る。まさにこれらこそが、科学理論と伝統的存在論とを築き上げているブロックなのである。

3　全体的故障（押しつけがましさ）：適所参与的熟慮とその関心事から、理論的反省とその対象への移行

ある道具が欠けていて見当たらない状況というのは、利用不可能な道具的存在者が事物的存在者に移行するきっかけとなりうる。ハイデガーによればその場合、状況内でまだ欠けているわけではない諸契機が、道具的存在性という性格を喪失して、単なる事物的存在性という様態において自らをあらわにする。

> 欠けているものが切実に必要となればなるほど、それが利用不可能であるという形で本来的に出会われれば出会われるほど、その道具的存在者はますます押しつけがましくなるわけだが、しかもそれは、その道具的存在者が道具的存在性という性格を喪失するように見えるほどである。その道具的存在者は、わずかに事物的にしか存在していないものとして自らをあらわにする……。(103)[73]

われわれの仕事がひとたび長期間妨げられると、われわれがなしうるのは、途方に暮れて残っている対象をただ凝視するか、あるいは、諸事物に対する新たな第三者的な理論的立場をとってそれらの根底にある因果的性質を説明しようと試みるかの、どちらかである。没入していて進行中の活動が妨げられたときにだけ、このような理論的反省への機会が与えられているわけである。

> 認識作用が、事物的存在者を考察することによって規定する仕方として可能であるべきだとすれば、配慮しつつ世界と関係を持つことが欠損しているということが、まず必要である。(88)[61]

このようなことが、理論的態度は実践的態度の差し控えを前提

にしている、とハイデガーが言うとき通常意味されていることである。けれどもハイデガーは、ときおり、理論的立場とは実践的活動を中止した後に残っているものにすぎない、と言っているようにも思われる。このような極端な見方をすると、今なしている配慮をわれわれが差し控え、当面の企てを放棄するときに残されている唯一の立場は、ただただ諸事物を凝視することだということになる。

> 配慮が、作製するとか操るといったような、どんな作用をも差し控えるときには、この配慮は、それだけがいまなお唯一残存している内存在の様態へと、つまり、何かのもとでわずかに滞留しかしないという様態へと変わる。世界へとかかわるこうした存在様式は、世界内部的に出会われる存在者を、純粋にその外見において出会わせるような存在様式である……。（88、強調ドレイファス）[61]

このような説明によると、理論的認識作用と単に凝視することが同一だということになろう。しかしハイデガーは、こうした含みをある欄外注で撤回する。「度外視することは眺めやることではない。後者はそれ固有の起源を持ち、また度外視することを必然的帰結として持つ。考察はそれ固有の根源性を持つ」〔83〕。つまり考察することは、ただ凝視することではないのである。進行中の活動がひとたび中断すると、われわれは、ただ対象を凝視することもあるが、新たな理論的反省という活動に従事する場合もある。この理論的反省は、「世界をある特定の仕方で脱世界化すること」（94）[65] によって作動する。われわれが後に見るように、「ただ単に見ること」の二つの異なった様態が存在するとハイデガーは考える。第一に、気晴しのために好奇心をもって見つめること、第二に、驚きをもって考察することであり、この驚きが理論に通じているのである。理論が要求する性質の分離（当の性質が与えられるコンテクストを度外視すること）は、独立した発生理由を持っており、それに固有な種類の技能を要求する。ハイデガーにとっては、科学的な理論は、一つの自律的な立場である。それは単なる好奇心ではないし、支配しようとする関心に基づくものでもない。科学は、道具主義的理性ではない。この点でハイデガーは、ニーチェやパースのようなプラグマティストたちや初期ハーバーマスより伝統的である。

『存在と時間』のもっと後のほうで、理論的な科学についての説明を始めるさいに、ハイデガーはこの理論的態度の特殊な性格に立ち向かう。

> われわれが実存論的-存在論的分析の進行過程のうちで問いただしているのが、配視的な配慮に基づいて、いかにして理論的な暴露が「成立」するかということである限り、……われわれが問題にしているのは、次のことである。すなわち、現存在が科学的研究という仕方で実存しうるための可能性の条件として、現存在の存在機構のうちにひそん

でいて実存論的に必然的なのはどのような条件であるのかということである。この問題設定は、科学の実存論的概念をめざしている。(408)[356-357]

まず第一に理論は、日常的振る舞いのコンテクストから、諸特徴を脱コンテクスト化することを要求する。例えば、ハンマーの位相としての重さに出会うことから、哲学者たちが性質と呼んでいる重さに出会うことへと、移行する場合がそれである。たとえわれわれが、位相と性質とに「このハンマーは重い」という同じ言葉を使用してよいとしても、性質の場合には、

> この命題は次のようなことを意味することができる。われわれが配視的にすでにハンマーとして識別しているこの眼前の存在者は、重量を持っている、言い換えれば重さという「性質」を持っている、つまりこの存在者は、その下になっているものに圧力を加えていてこれを除去すると落下するということである。このように了解された語りは、もはや、ある道具全体およびその適所性の諸関連……の地平のうちで、発言されているのではない。(412)[360-361]

> 「このハンマーは重い」という「物理学的」陳述においては、……出会われている存在者の道具という性格が見落とされている……。(413)[361]

ここにわれわれは、事物的存在性という新たな存在仕方をあらわにする、新しい態度を見いだす。ハイデガーは、この重要な転化を次のように要約している。

> このようにわれわれの語り方が変様したときに、この語りの話題となっているもの――重いハンマー――が異なった仕方で示されるのは、なぜだろうか。それは、われわれが操作することを断念しているからでもなければ、われわれがこの存在者の道具性格をただ度外視しているからでもなく、むしろ、われわれが、出会われている道具的存在者を注視しているから、しかもそれを「新たに」事物的存在者として注視しているからである。世界内部的存在者との配慮的な交渉を導いてきた存在了解が、転化したのである。(412)[361]

諸特徴が、特定のコンテクストにおける事物の諸位相として、具体的で日常的で有意味な仕方で互いに関係づけられなくなってしまうと、コンテクストから切り離されてそこに残された諸性質は、科学的な被覆法則によって量化され関係づけられて、かくて理論により措定された存在者の証拠とみなされることができるようになる。「自らがわずかに事物的にしか存在していないということを根拠として、……存在者は、自らの《諸性質》に関して、数学的に《関数概念》において規定されうるようになる」(122)[88]。例えば重さは、重力の法則によって

地球の引力に関係づけられる。同じように、コンテクスト的な意味を欠いた分離された諸性質は、述語計算に従って結びつけられ、さまざまな形式的モデルの内部で使用されうる。法則と形式的モデルとが、事物的に存在する諸性質に対して、新たな、しかし本質的には意味を欠いたコンテクストを提供するのである。

　ハイデガーが強調しようとするのは次の三点である。(1)単なる対象に出会うことができるためには、われわれの実践的関心事を越えることが必要である。(2)科学的法則によって関係づけられた「単なる諸事実」は、単純に見いだされるというよりも、むしろ、選択的に見るという特殊な活動によって事実として分離されてくる。(3)科学において問題とされる「諸事実」は、単に、選択的に見ることによってコンテクストから引き離されただけでなく、理論を負荷されたのである。すなわち、新たな企投のうちで新たなコンテクストを与えられたのである。例えば、ニュートン理論においては、

> 不断に事物的に存在するもの（物質）が先行的に暴露される。そして、……量的に規定されうる構成的な諸契機（運動、力、場所、および時間）に対して主導しつつ着眼するための、地平が開かれるのである。このように企投された自然の「光のうちで」初めて、「事実」といったようなものが見いだされることができ、その事実が、この企投の方から規制され限界づけられた実験のために発端に置かれうるのである。「事実科学」の「根拠づけ」が可能になったのは、研究者たちが、いかなる「単なる事実」も原則的にはないということを了解したことによってのみなのである。(414)[362]

（理論的企投に関するハイデガーのここでの説明が、11章で紹介される企投の概念とは無関係であることに注意せよ。）

　大切なのは、理論的態度と、それによってあらわにされる科学的な存在者・関係とが、どのようにハイデガーによって派生的に導出されるのかに注意することである。なぜなら、彼は理論的認識については何の説明もしていない、と誤解されることがよくあるからである。しかし、ハイデガーは実際には、科学についての洗練された説明を与えている。彼の説明は、データを生みだすことに対する科学的な技能と理論の役割を強調する点で、クーンの説明と似ているが、科学的実在論の余地を依然として残している点で、クーンの説明とは異なっている。（15章を見よ。）

　理論は、ハイデガーが主題化と呼ぶ特別な態度を要求する。

> そのつどすでに何らかの仕方で出会われている存在者を科学的に企投することは、この存在者を表立って了解されるものとする……。こうした企投するはたらきの全体には、存在了解の分節化、……事象領域の限界づけ、そしてそのような存在者に適した概念的思考の仕方の下図描き、とい

ったこれらすべてのことが属しているのであるが、このような企投するはたらきの全体を、われわれは「主題化」と名づけるのである。主題化のめざすところは、われわれが出会う世界内部的存在者を解放すること、しかもこの世界内部的存在者が純然たる暴露に「対して自らを企投」しうるように、言い換えれば、「客観」となりうるように解放することである。主題化は客観化するのである。(414)[363]

主題化は客観化であるとするハイデガーの説明は、彼の企ての全体を危険に陥れかねないように思われるかもしれない。彼の「内存在の主題的分析」(169)[130]は、現存在を客観化せざるをえないということになりそうだからである。実際、フッサールが『存在と時間』を読んだとき、このような異議を唱えた。しかし、哲学的反省に対するこのような批判は、プラトンやデカルトには当てはまるが、『存在と時間』におけるハイデガーの企てに対してはこれを完全に誤解するものである。客観化する主題化と、利用不可能な道具的存在者にただ単に気づくことを、注意深く区別せねばならない。後者は、主題的意識とハイデガーによって呼ばれているものである。『存在と時間』におけるハイデガーの方法は、日常的に行なわれているわれわれの気づきと提示作用とを、体系化したものなのである。ハイデガーは、自分がただぼんやりとしか了解していない(実存という)存在の仕方を、自分自身がすでに持っていることを見つけだす。彼は、自らの生きる局所的な実践的コンテクストから、配慮という様態のままで自分自身を切り離そうとしているが、それでいて同時に、自らの了解を内側から、そのさまざまな位相を提示することによって明らかにしようとしているのである。

しかし、われわれがたった今注意したように、自然科学者もまた自らの仕事に配慮しつつかかわっており、自らの学科の世界に住み込んでいる。とすれば、自然科学者の客観化的立場とハイデガーの解釈学的立場とは、どのようにして区別されるのだろうか。その答えは、以下の点を理解すれば明らかである。すなわち、科学者は自らの対象である自然から第三者的に身を引き離しているために、この自然を主題化し客観化することができるのであるが、他方解釈学的存在論者は、自らがそこに住み込んでいてそこから身を引き離すことができないような、共有された背景的了解をまさに主題にしているのである。(11章を見よ。)おそらくハイデガーは、自分の解釈学は、適所的に参与しつつ熟慮的になった注意の特別な一形態であり、障害の特別な一形態としての不安への、本来的な応答であると主張することであろう。(10章を見よ。)もしそうであるとすれば、ハイデガーはどうしても、適所的に参与しつつ実存を主題的に分析する――われわれがつねにすでにそこに住み込んでいるところのものをあらわにする――という自分の仕事を、物理学から事実を調べる歴史学までのどの学科にも特徴的な、第三者的で客観化的な主題化から区別せざるをえない(9)。

III 理論的反省から純粋な観照への移行

科学者は、日常の実践的なコンテクストからは身を引き離してはいるが、自らの仕事には関心を持っており、自分の技能としての観察と理論化の基礎をなす「専門学問母型」[disciplinary matrix] のうちに住み込んでいる。ところが、適所参与的活動を欠いたもう一つ別の立場が可能であって、それが利害関心のない純粋な観照である。「存在者を純粋にその外見において出会わせる」[(88)[61]] この立場は——理論とは違って——、まさに純粋に凝視することなのであって、適所的参与の単なる欠損的一様態と呼ばれてよいものである。

理論的企投と単なる観照との区別が与えられれば、事物をただ凝視するだけの好奇心から、驚きというものを区別することができる。この驚きこそが、理論的反省を動機づけて、新たな抽象的関係の発見による了解を試みさせるのである。

> 休止において、配慮は消滅するわけではないのだが、配視は解放され、もはや仕事の世界に拘束されることがない。……しかし、好奇心が解放されても、その好奇心が見ることに配慮するのは見られたものを了解するためではなく……、ただ見るだけのためでしかない。……〈だから〉好奇心は、存在者を観察し、それに驚嘆することとは何らの関係もないのである。(216、強調ドレイファス)[172]

ハイデガーの主張によれば、伝統的存在論に基礎を提供しているのは純粋な観照である。「存在とは、直観しつつ純粋に知覚することのうちで自らを示すものであり、だから、このような見ることによってのみ存在は暴露される。根源的で真正な真理は、純粋直観のうちにひそんでいる。このテーゼは、西洋哲学の基礎であり続けてきたのである」(215)[171]。ハイデガーは、この種の立場が可能であることを認めはするが、この立場が、伝統的哲学が想定してきたような根本的地位を有してはいないと主張する。6章において見るように、ハイデガーは、プラトンからフッサールに至る伝統的哲学者たちに反対して、純粋直観に現われてくるものの哲学的重要性を否定するのである。

IV 哲学的含意

A 現存在以外の存在者の、四つの存在の仕方についてのまとめ

最初に、現存在が存在者に対処するさいにとりうる四つの仕方と、そのさいにあらわにされる存在者の四つの存在の仕方を、要約しよう。(一四〇ページの表3を見よ。)

1 現存在は単純に対処することがありうる。あるいは何か問題があっても、現存在がある別の対処の様態に転じただけでそのまま進んでいく、といった場合がありうる。これら両者の

場合には、あらわにされるものはすべて、道具的存在者が操られうるということすなわち道具的存在性である。

2　現存在は、コンテクストのうちに置かれた何か欠陥のある道具に直面したために、この道具を修理したり改良したりすることを試み、そこからふたたび仕事を続けていく、ということがありうる。現存在はこうして、さまざまな位相を持つ独立した事物に、「心的内容」をもって向けられている「主観」として出現してくる。そのとき、さまざまな位相を持つ独立した事物の存在の仕方が、利用不可能性である。

3　現存在は自らの対象を、脱コンテクスト化できる。そのとき現存在は、コンテクストを欠いた特性や性質をあらわにするのである。このような特性や性質は、形式的モデルや科学理論のコンテクストのうちで新たなコンテクストを与えられることができる。けれども科学者は、依然として適所的に参与する技能的主体であって、理論についての伝統的説明にでてくるような、自律的な第三者的主観ではない。この場合にあらわにされてくるのが、事物的存在性である。

4　現存在は、新たにコンテクストを作ることもなく、ただ凝視することもできる。このような利害関心のない注意と、この注意があらわにする・コンテクストから切り離された存在者とによって、伝統的存在論が生みだされるのである。伝統的存在論とは、主観・客観の双方の側にある何らかのタイプの究極的実体によって、すべてのものを説明しようとする試みであって、それは、絶えず更新されてはきたが不成功に終わった試みである。このようにしてわれわれは、伝統的な心の哲学が誤った仕方で特徴を与えてしまった現象、つまり、コンテクストから切り離された自足的客観に対して、やはりコンテクストから切り離された自足的主観が対峙しているという現象を手に入れることになる。これらの客観と主観は、ハイデガーが純粋な事物的存在性と呼んでいる、虚構的な存在の仕方の二つの例なのである。

道具的存在性と事物的存在性とが、現存在以外の存在者の根本的な存在の仕方だと、後期のハイデガーも考えていたのであろうか。こう人は問うかもしれない。すでに『存在と時間』においてもハイデガーは、これら二つだけが根本的な存在の仕方だとは考えていなかったし（6章における自然の原始的見方についての議論を参照せよ）、物や芸術作品についての後期の論考では、他のいくつかの存在仕方について詳細な説明を導入してもいる。しかしながら彼は、『存在と時間』で解明された二つの根本的存在様態を、決して放棄したり過去のものとみなしたりはしなかった。公刊された最後の著作である『時間と存在』でも彼は、道具的存在性と事物的存在性とを、「現前の様態」として選びだしているのである[10]。

B　優位性の問題

今やわれわれは、日常的対処のレヴェルにどんな種類の優位性があるとハイデガーが主張しているのか、そしてまた、彼がこの主張を支えるのにどのような種類の論拠を持っているのか、と問うことができる。ところがこの場合、私はハイデガーを代弁して語らなければならない。ハイデガーはこの問題について直接には取り組んでいないからである。ハイデガーは、事物的に存在する客観に対して心的内容をもって向けられている事物的に存在する主観、という伝統的な認識論的説明の不十分さに関して、二つの関連した主張をするように私には思われる。

1　内的体験をもって、外的客観に対峙しつつそれを監視しているような主観は、現存在の存在の仕方のうちに必ず現われてくるというものではない。現存在はただ単に、世界のうちに没入しているということもありうるだろう。どこか地上の楽園における簡素化された文化では、構成員の技能があまりにぴったり世界とかみ合っているために、熟慮的に何かをしたり明示的な計画や目標を抱いたりする必要がまったくない、ということも想像可能なのである(11)。

2　われわれの世界においては、充足条件を伴った欲求・目標を含んだ熟慮的行為を介して、主観が客観に関係する必要がしばしば生じてくる。サールは、この行為を最も適切に記述できるのは自己関係的な心的内容という概念を使うことだと考える。しかし、たとえサールのこの考えが正しいとしても、主題的志向性はすべて、透明な対処という背景のもとで生起せざるをえない。熟慮的に行為するためでさえ、われわれは、親密な世界に定位せざるをえないのである(12)。（詳細については5章を見よ。）

もし認識論的伝統を守ろうという決意があるなら、したがって心的内容の優位性を守ろうという決意があるなら、――フッサールが『危機書』(148-151［Hua VI, 151-154］)でそうしたように、また認知科学者が今日そうしているように――まだ次のような議論を展開できるかもしれない。すなわち、日常の透明な熟練した対処においてすら、人は無意識的なルールに従っているのであって、われわれの日常的な背景的振る舞いは、無意識的なもしくは暗黙の信念システムによって生みだされたものなのだという議論である。例えば、ライプニッツは技能を、まだ明瞭になっていない理論のことだと考えている。彼は言う。「あらゆる種類の職業における技能の、最も重要な考察と動向は、今までのところではまだ書かれていない。……もちろん、われわれはこの実践を詳しく書き留めることもまたできる。それというのも、この実践は根本においてはまさにもう一つの理論にほかならないからである」(13)。言い換えれば、われわれが道具的存在者に対処する仕方は、事物的に存在するルールを事物的に存在する事実へと適用することに基づいているのであり、「いかになすかを知ること」はすべて実際には「事を知ること」なのであって、ただわれわれは、自分の実際にしていることを明瞭にしていないだけなのである。ユルゲン・ハーバーマスは、依然としてこのような認知主義的見解を持ち続けている。彼によれば、「目標に向けられた行為においては、……ある暗黙裡の知が表現されている。この、いかになすかを知ることは、原理的に事を知ることへと変形しうる」(14)のである。マサチューセッツ工科大学人工知能研究所のシーモア・パパートの研究は、こうした伝統が認知主義の力を借りて頂点にまで達した一例である。パパートの主張によれば、自転車に乗ることやお手玉のような身体的技能でさえ、理論に従うことによって遂行される。自転車に乗ることのプログラムがあって、人がそのプログラムの諸階梯に従っていくならば、人はもっと上手に自転車に乗ることを学べるだろうというのである。人が自分の技能をプログラムとして見るならば、「その結果、それまでは全体的で知覚的-運動感覚的な仕方で知られていたものを、分析的に記述できるようになる」(15)と、パパートは述べる。

もし論証というものが、合意の得られている前提から結論を演繹的に導出すべきものであるなら、ハイデガーは、以上のような主張に対して、これを一撃で倒せるような論証を提出することはできない。しかしハイデガーは、日常進行している対処的活動を注意深く記述してもどんな心的状態も見つけだせない、という点を示すことによって、自分の立場を具体的に実証したと主張できるし、また実際にそう主張しているのである。したがってわれわれは、例えばダニエル・デネットのように、次の見方を自明だと考えてはならない。つまり、ターキー・サンドイッチを作るというような日常の仕事をこなしている人は、冷蔵庫の扉が開けられたら何が起こるのかとか、ターキーがうまくパンにくっつくか、といったことに関する信念を形成することによって問題を解決しているのだ、という見方である(16)。同様にまたわれわれは、アリストテレスからデイヴィドソン、サールに至る伝統的哲学者たちのように、次のように考えることもできない。つまり、われわれの行為の概念が、行為は信念と欲求によって説明可能だということを要求するというそれだけの理由から、行為を引き起こす意識的信念・欲求が見いだされない場合でも行為の説明のためには、信念と欲求とを要請することが正当化されているのだと考えることである。

技能を理論として見る伝統的アプローチは、エキスパート・システムの成功の期待がふくらんだことで注目を集めた。もし、エキスパートたちから引きだされたルールに基づいて作られたエキスパート・システムが、「いかになすかを知ること」の「事を知ること」への変形に成功するならば、本当にそれは、哲学的伝統を強力に裏付けることになるであろうし、また、技能は知識から再構成されうるという伝統的主張を支える証拠はないとするハイデガーの論点にとって、厳しい一撃となるであろう。だがハイデガーにとっては幸いなことに、エキスパート・システムは、エキスパートたちが持っているとされるルールをたいへんなスピードと正確さで用いているにもかかわらず、本物のエキスパートのようにうまく仕事をこなすことができない、ということが分かってきた(17)。かくして、エキスパート・システムについての研究は、ハイデガーの主張を支持することになる。つまり、第三者的態度において「暴露された」事実とルールによっては、配視的対処においてあらわれている技能をとらえられないという主張を、支持することになるのである。

以上述べてきたことのすべてが、日常的活動のうちには心的状態が含まれている必要はないということを、証明しているというのではない。しかし以上述べてきたことによって、立証責任は、心的表象に優位性を与えようとしている人々の側に移ることになる。今や彼らの立場は、自らの理論が真実であるためには、われわれの存在の仕方が実際にそう現出しているのとはまったく異なっているはずだと主張する、非現象学的な――むしろ典型的で哲学的とも言える――立場であるからだ。

5章 世界性

I 世界の世界性

本書の3章で明らかになったのは、コンテクストから分離可能な客観に対して向けられた自足した主観という発想をハイデガーが批判して、志向性を次のように記述し直すべきだと提案しているという点であった。志向性は、社会的に規定された「主観」が全体論的に規定された「客観」にかかわっていく存在的超越であって、しかも、この存在的超越の現象がより根源的な超越を背景として生じているというのである。続く4章でわれわれが見てきたのは、次のようなハイデガーの試みであった。つまり彼が、認識論的伝統の持つ洞察を正しく評価しようとしながらも、他方で、ひたすら物事に対処することから主題的意識を持った実践的主観をへて対象を主題化する理論的認識者にまで至る、さまざまな様態の存在的超越を詳細に記述することを通して、認識論的伝統による歪曲を回避しようとしていることである。ハイデガーは、道具的存在者に対処するわれわれの透明な日常的仕方が、心的内容を伴った主題的に意識する主観――この主観は必然的にある客観と関係づけられる――の出現に依存することなく進行しうることを、存在論的に考察した。われわれの注目してきた通り、ハイデガーはこのような存在論的考察を用いて、主観・客観関係を用いる伝統的認識論に対抗しているのである。これらすべてを念頭に置いた上でいよいよ、『存在と時間』第一篇第三章におけるハイデガーの中心的主題――すなわち根源的超越もしくは世界の世界性――を論ずることができる。

世界という現象を記述するさいハイデガーは、客観に向けられた主観が持つような、つまり伝統的に議論されてきたがその伝統によって歪められてしまった、志向性の背後に遡り、さらに、日常的対処というより基礎的な志向性の背後にまで遡って、コンテクストあるいは背景ということにまで達しようとする。このコンテクストあるいは背景に基づいて、何かに向けられていることのあらゆる様式が出現するのである。伝統的存在論に対抗してハイデガーが示そうとするのは、われわれが考察してきた三つの存在仕方——道具的存在性、道具的存在者の利用不可能性、事物的存在性——のすべてが、世界（と、世界の存在仕方である世界性）という現象を前提にしているということ、また、世界という現象はこれら三つの存在仕方のどれからも理解可能にはならないということである。世界はそれ固有の独特の構造を持っていて、この構造こそが現存在の存在的ふるまいを可能にし引き起こしているのだが、まさにこの点を記述したことが、『存在と時間』のなした最も重要で独創的な貢献である。世界性とは、開示性すなわち現存在の存在了解の別名なのだから、世界性は『存在と時間』においても、また後期の著作においてさえも、ハイデガーの思想の背後にあってその思想を導いている現象なのである。

　ハイデガーはまず初めに、「世界」の伝統的意味を「世界」の現象学的意味から区別する。「世界」という名称が持つこれら二つの意味は、3章でわれわれが議論した、“in”［内］のカテゴリー的意味と実存論的意味という二つの意味を一般化したものである。

II　世界の四つの意味

『存在と時間』の六四—六五ページ［原著］でハイデガーは、世界という名称が用いられるさいのカテゴリー的な仕方と実存論的な仕方の区別に加えて、世界の（存在者にかかわる）存在的意味と（そうした存在者の存在仕方にかかわる）存在論的意味とを区別し、世界の存在仕方の一覧表を作っている。つまりハイデガーは、「世界」の四つの意味をリストアップすることになる。これら四つの意味を、より明確に、「宇宙」［universe］の二つの意味、および「世界」［world］の二つの意味として区分することができる(1)。

A　空間的内属

1　存在的-カテゴリー的意味（ハイデガーが挙げている一番目の意味）

「世界」という語は、ある一つの宇宙を意味するのに用いられることがある。その場合、この宇宙とは、ある種の諸対象の総体として考えられている。例えば、すべての物理的対象の集合としての物理的宇宙や、あるいは、数学者たちによって探究される全対象の領域としての数学のようなある一つの議論宇宙・領域［a universe of discourse］が、それに当たる。

2　存在論的-カテゴリー的意味（ハイデガーが挙げている二番目の意味）

いくつかの個別者からなる一定の集合が、その集合を構成する諸存在者の本質的特徴によって特定される場合。例えば、「物理的世界」を規定している当のもの、すなわち、すべての物理的対象が共通に有しているものがこれに当たる。同じことは、抽象的存在者の世界についても言える。フッサールはまさにこうした世界を、各存在領域を規定する形相［eidos］と呼んだのであり、ハイデガーはこれを、各領域の存在の仕方と呼ぶのである。

B　適所性・適所的参与

3　存在的-実存的意味（ハイデガーが挙げている三番目の意味）

世界とは、「何らかの現事実的現存在が《その内》で現事実的存在者として《生活している》当のもの」(93)[65]である[2]。世界の持つこの意味は、「子供の世界」[the child's world]、「ファッション業界」[the world of fashion]、「実業界」[the business world]（これは、ある人が実業界にいるときその人がそこ「に」[in]いる当のもののことであって、その人の仕事の場所という意味ではない）といった言い回しのうちに、反映されている。クーンが「専門学問母型」――「与えられた共同体の構成員たちによって共有されている信念や価値や技術等の全体的布置」[3]――と呼んでいるものは、この意味における世界であろう。したがってわれわれは、例えば、ゲーデルの証明によって震撼させられた数学の世界、といったものについて適切に語ることができるのである。ここで、諸対象からなる一つの集合としての物理的世界（一番目の意味における世界）と、物理学の世界――物理学者がそこに住み込んでいるところの、道具と振る舞いと配慮とからなる一つの布置――とを、対照させてみれば分かりやすい。世界の意味の根本的な違いを理解するもう一つの方法は、「この世界の罪業」については語ることができても、「この宇宙の罪業」については語ることができないことに注目することだろう。実業界や子供の世界や、数学の世界といったような諸世界は、ハイデガーがこの世界[the world]と呼ぶ道具と振る舞いの全体的システムの「諸様態」である。ハイデガーは、それらの様態の与えられ方を、「世界という現象」(119)[86]と呼ぶのである。

ハイデガーは、この世界のさまざまな可能的諸様態のうちに、「《公共的》なわれわれ-世界とか、《自分のもの》である最も身近な（家庭的）環境世界」(93)[65]が含まれるとする。彼はこれら諸世界を「特殊世界」とも呼ぶのであるが、注意すべき大事な点は、このような「特殊世界」のすべてが公共的だということである。私の世界といったようなものは存在しない。少なくとも、それが何か私秘的な体験と意味の領野であり、自足的でそれ自身のうちで理解可能であって、それゆえ共有されている公共的世界とその局所的諸様態より基底的なものだとみなされる限りはそうである。フッサールとサルトルは両者ともに、デカルトに倣って私の世界から出発し、その後で、孤立した主観がいかにして他者たちの心と、共有された相互主観的この世界［the world］とに意味を与えることができるのか、を説明しようと試みている。これに対して、ハイデガーの考えるところによれば、世界が共有されたものであることは、世界というまさにその観念のうちに含まれている。したがって、この世界はつねに私の世界に先立っているわけである。

> 現存在は……等根源的に他者たちとの共存在であり、また世界内部的存在者のもとでの存在である。世界内部的存在者というこれらの存在者がその内部で出会われてくるところの世界は、……つねにすでに、他者と共有されている世界なのである。（BP, 297）［GA 24, 421］

この世界についてのわれわれの了解は、前存在論的である。われわれは、一定の領域内にある道具と振る舞いと配慮のうちに住み込んでいるが、そのさい、それらに注目したりそれらを明瞭に説明しようと試みたりはしない。

> あらかじめすでにあらわにされているものとしてのこの世界は、確かにわれわれが本来的にそれに従事しているものではないし、われわれが把握しているところのものでもない。それはむしろ、あまりに自明であるがゆえに、われわれが完全に忘れてしまっているようなものなのである。（BP, 165）［GA 24, 235］

4　存在論的-実存論的意味（ハイデガーが挙げている四番目の意味）

世界の世界性。これは、道具と振る舞いとからなるわれわれの最も一般的なシステムに、そしてまたこのシステムの下位領域のどれにも共通する、存在の仕方である。（サイエンス・フィクションの場合がそうであるように、われわれは、別の現実を想像しようとしても、いくつかの細部に変更を加えたわれわれの世界しか想像することができない。同様にまた、猫やイルカであることがどういうことであるのかを想像しようとしても、われわれの世界をさらに貧しくした世界を持つものとしてしか、猫やイルカを了解することができない。だからこそハイデガーは、「生命の存在論は、欠如的な学的解釈という方途をたどって遂行される」（75）［50］と言うのである。）

このような実存論的意味における世界は、伝統によって無視され続けてきた。

> 世界という概念、もしくは、それでもって表示されている現象は、これまで哲学においてはまだまったく知られていなかったところのものである。（BP, 165）［GA 24, 234］

それゆえハイデガーは、この世界の一般的構造を、彼の存在論的探究のなかで詳しく示さねばならない。しかしながら厳密に言えば、この世界の構造は、われわれの世界に住まない理性的存在者にも了解できるぐらいに、完全に明瞭化できる構造でもないし、またすべての事例から抽象化して把握できる構造でもない。またこの構造は、どの世界をとっても、世界それ自体に対して必然的な構造だとして示すことができるようなものでもない。この世界についてのア・プリオリな認識が、世界の本質的構造を述べる諸命題に帰属するものとして伝統的に要請されてきたわけだが、こうした認識に、われわれは到達することはできない。この世界の構造は、それが何らかの下位世界をすでに構造化しているものとして与えられているという弱い意味においてのみ、「ア・プリオリ」なのである(4)。われわれにできることはせいぜい、われわれとともにこの世界に住み込んでいる人たちに対して、この現実世界が持ついくつかの顕著な構造的位相を提示することだけである。もしある構造が、この世界とその諸様態の各々に共通なものだということを示せれば、われわれは、この世界そのものの構造を見いだしたことになる。(『存在と時間』の第二篇でハイデガーは、この構造が時間性の構造と同型のものであることを、示そうと試みている。)

Ⅲ 世界の構造

A 適所性

われわれがすでに見てきた通り、道具は、それが指示全体性のなかで持つ機能(手段性)によって定義される。だが、今やハイデガーが付け加えるところによれば、道具が実際に機能するためには、それが有意味な活動の何らかのコンテクストへと適合していなければならない。ハイデガーは、このコンテクストへの適合を、適所性[involvement](Bewandtnis)と呼ぶ。(このBewandtnisという語は、“bearing upon”[へとかかわること]とか“pertinence to”[への適切性]というふうにも訳すことができるだろう。“involvement”[適所性]という訳は、的外れのさまざまな意味を連想させるが、しかし、食べるという私の活動のうちでの椅子の適所性が、本書3章で論じたような実存論的な適所的参与、すなわち、人間どうしがお互いに、しかも自らの世界のうちで保持しているような実存論的な適所的参与[in-volvement]と混同されない限りは、この訳語で十分であろう。)適所全体性とは、そのうちで個別のさまざまな適所性が意味をなすところのものである。

> 何らかの道具的存在者が適所性を有している〈すなわち、適切な関連性のうちにある〉……ときにはいつでも、それがいかなる適所性であるのか〈すなわち、その道具的存在者がどのような仕方で適切な関連性のうちにあるのか〉ということは、そのつど、そのようなさまざまな適所性〈すなわち、適切な諸関係〉の全体性に基づいて下図を描かれている。例えば、仕事場において、道具的存在者をその道具的存在性において構成している適所全体性は、個々の道

具よりも「いっそう以前に」存在している。(116、〈 〉内の注釈ドレイファス)[84]

この重要な点をもっと一般化して、世界と関連させて述べれば、次のようになるであろう。

> 適所性はそれ自体、何らかの適所全体性が前もって暴露されているということを根拠としてのみ、暴露されている。したがって、暴露されたどんな適所性のうちにも……、道具的存在者の「世界適合性」が、前もって暴露されているのである。(118)[85]

ハンマーは、釘やその他のものを指示することによって意味をなす。しかしハンマーでもって打つという活動は、いかにして意味をなすのだろうか。道具は他の道具のコンテクストのうちでのみ意味をなすが、われわれの道具の使用は、われわれの活動が目的を持ち・要を得ているから意味をなすのである。だから道具の使用においては、すでに論じたような道具を道具全体性へと指示する「手段性」に加えて、「場」(すなわち実践的コンテクスト)や「適具」(すなわち道具)や「用途性」(すなわち目標)や「目的であるもの」(すなわち最終目的)が現われてくる。一つおあつらえの例を挙げてみよう。私は、教室という場の内にある黒板に一本のチョークという適具でもって書くのであるが、それは、一つの図を描くことの手段としてであり、この図を描くことはさらに、ハイデガーを説明するという用途性に向けての第一歩としてなされ、このハイデガーの説明は最終的には、良い教師であるという目的であるもののためになされているのである(5)。

さて、このあとすぐにわれわれは「目的であるもの」の話題に戻る予定であるが、その前にまず少し立ち止まって、「用途性」というものについて考えてみなければならない。心的志向性の理論の流儀で、現存在の活動の目標というものを現存在が心のうちに有している何ものかだとみなすなら、用途性をこの意味での活動目標と考えるのは誤りである。

> 「用途性」を予期することは、「目標」を考察することでもなければ、作製されるべき製品の切迫している仕上がりを期待することでもない。そうした予期は、あるものを主題的に把握するという性格をまったく持っていないのである。(405)[353]

日常的活動に関する伝統的説明、例えば、実践的三段論法についてのアリストテレスの議論や、ドナルド・デイヴィドソンの議論のような現代の行為の哲学のうちに見られる説明に対しては、ハイデガーは反対するだろう。これらの伝統的説明によれば、行為は、何らかの目標を達成しようとする欲求によって因果的に引き起こされるものとして説明されねばならない。すでに見たようにハイデガーは、次のようなジョン・サールの主張をも拒絶することであろう。すなわち、たとえ欲求が存在しないときでさえ、われわれは心のうちに充足条件を持っていなければならず、それゆえ行為の体験はそれ自身のうちに当の行為の目標の表象を含んでいるという主張である。ハイデガーによれば、日常の透明な対処を説明するために、目標についての心的表象を導入する必要はまったくない。活動は、心のうちに目的を持つ行為者がいなくとも、目的にかなったもの［purposive］でありうるのである。

現象学的な考察によって確かめられることだが、人間は多岐にわたる状況において、行為の狙っている達成内容を特定する表象的状態をつねに伴わなくとも、目的にかなった一定の組織化された仕方でこの世界にかかわっている。このことは、ピアノを弾いたりスキーをしたりする場合のような技能的に熟練した活動においても、オフィスへと車を運転していったり歯を磨いたりする場合のような習慣的活動においても、また、ベッドで寝返りを打ったり、話をしている最中に身振りをしたりする場合のような無意識的な活動においても、さらに、白熱したディスカッションのさなかに飛び上がったり歩いたりする場合や、講義が退屈なので気になってもじもじしたり指でトントン机を叩いたりする場合のような自ずと生ずる活動においても、明らかなのである。一般に、自分の活動の短期的もしくは長期的目標についての表象をまったく持たずに生きていくことは可能である。現実に、時として人は、そんな表象なしになされていた仕事が達成されたことに驚かされることがある。例えば、オフィスに到着することによって、それまでの自分の思索が中断されたときがそうである。あるいは、ボストン・セルティックスのバスケットボール選手ラリー・バードが、試合の真っ最中にボールをパスするという目的にかなった複雑な行為の経験について、どのように記述するかを見よう。「コートで私がしている〈多くの〉ことは、ただただ状況に対する反応であるにすぎない。……私は、自分がしようとしていることのいくつかについては考えることをしない。……私は、ボールをパスしても、ちょっと時間がたたないと、ボールをパスしたことに気づかないことがたびたびある」(6)。

このような現象は、筋肉反応に限定されるものではなく、知的に対処することを含め、技能的に対処することのあらゆる領域に存在する。チェスの駒を動かす場合のような、一見すると複雑そうな問題解決の多くの例は、一定の長期的戦略を実行しているように見えるのだが、しかし実際は、親密な知覚的ゲシュタルトへの直接的反応として理解することが理にかなっている。長年にわたっていくつものチェスの試合の展開を見てきたチェスの名人は、彼の熟慮的で分析的な思考がチェス以外の何かに向けられているあいだでも、ただただチェス盤上のパターンに反応するだけで、名人級のチェスをすることができる(7)。このような指し方は、指し手がこれまで幾千もの実際の試合と本に記録された試合に対して注意を向けてきたことに基づいて、ある伝統のようなものをそのうちに組み込んでいる。その伝統によって、各々の状況への適切な反応が規定されており、したがって、心のうちに何ら計画や目標を持つ必要なしに、長期的で・戦略的で・目的にかなった指し方が可能になる。

したがって、非熟慮的行為を記述していくと分かるのは、現に活動しているものとして自分自身を経験しながらも、それでいて自分が何をしようとしているのか意識していないことがしばしばある、という点である。このような思考を欠いた無意識的ふるまいは、少なくとも、それとは正反対のふるまいと同様に、平均的な一日の諸活動にとって典型的なものであるように思われる。現実に、そのような思考を欠いた無意識的ふるまいが目立たない背景を提供しているのであって、この背景によって、何が異常で何が重要で何が困難であるのかということに、熟慮的に注意を集中させることが可能になるのだ。

しかしハイデガーによれば、伝統にも正しいところがある。非熟慮的な熟練した行動は、未分化の流れといったものではないからである。人はそのような熟練した行動を、一定の方向と認知可能ないくつかの部分とを有するものとして理解することができる。例えば、私は家をでて、車でキャンパスに向かい、車を駐車して、私のオフィスのある建物に入り、ドアを開けて、私のオフィスに入り、デスクの前に腰をおろし、仕事をし始める。われわれが自分自身のふるまいや他人のふるまいを理解するのは、今述べたように、人が長期的かつ近接した諸目的に向けられているということからである。しかし、このように理解したとしても、行為中の心的意図を要請すべきではない。というのも、活動の理解可能な諸部分集合への今述べたような区分けが、当の活動に没入している人物の心中に存在することが必要だという証拠はないからである。それはちょうど、よどみなく自分の行為を経験している運動選手が、バスケットの得点を入れたり、タッチダウンをしたりするという目的を達成しようとしているわけではないのと同様である。「用途性」とは、一定の方向へと向けられた一つの活動の流れを理解するさいに、その活動の行く先を心的志向性の理論によらない仕方で表現するための、ハイデガーの用語なのである。

ハイデガーは次いで、一連の諸用途性の行き着く先——すなわち、当の活動がそのためになされるその「目的であるもの」——を説明する。

> 第一次的な「用途性」は、そのための「目的であるもの」である。(116) [84]

> ハンマーで打つことでもって、それとともに、あるものを固定することへの適所性が存在し、あるものを固定することでもって、それとともに、悪天候に対する防備への適所性が存在する。そしてこの防備は、現存在のための避難所を提供するという目的のために〈um-willen〉、言い換えれば、現存在の存在の一つの可能性という目的のために「存在している」のである。(116) [84]

「目的性」は、つねに現存在の存在に関係し、この現存在

にとっては、自分の存在において、まさにこの自分の存在が本質上問題なのである。(116-117)[84]

けれども避難所を作るというのは、「目的であるもの」の例として適切ではない。というのもこの例は、そのうちで現存在の存在が現存在にとって問題となる可能的な仕方よりは、むしろ、自然によって現存在という有機体に組み込まれた本能的必然性といったものを示唆してしまうからである。ハイデガーを弁護するには、彼が避難所を提供することを、現存在の存在の一つの可能性として語っていることに注目すべきである。ここで考えられているのは、鳥たちが本能によって巣作りをさせられているような仕方で、人は家作りをさせられているわけではない、ということだろう。家を作る人であることは、現存在が存在する一つの可能的な仕方なのである。例えばいくつかの文化では、人が、自らを世捨て人であると解釈して山腹の屋外に住む、ということがありうるわけである。

ハイデガーが「目的であるもの」という用語を用いるのは、人間の活動が長期的に見て意味をなすその仕方に注意を向けるためであり、彼はこの用語法によって、最終目標といった発想を含意しないようにしているのである。父親であることとか教授であることといったような「目的であるもの」を、私が心中に持っている到達可能な目標だと考えてはならない。実際、それはまったくもって目標などではなく、むしろ私のすべての活動を特徴づけ秩序づける自己解釈なのである。

差しあたりの近似としてだが、現存在がそれへと「自分自身を指示する」ところの「目的であるもの」を、社会的な「役割」や「目標」として考えることができる。ただし、ハイデガーは「役割」とか「目標」という用語をまったく使っていない。私が首尾よく何かに対処しているとき、私の活動が目的を持ち・要を得ているとみなされることはありうる。しかし私はこの場合、ロジャー・シャンク(8)のような人工知能研究者たちが想定している長期的人生計画はもちろんのこと、どんな目標さえも持つ必要はないのである。

「役割」という用語もまた完全に正しいわけではない。役割が話題になるのは、透明な対処から主題化への移行の最終段階である。私がトラブルに巻き込まれ、私の人生の帰趨を決するような羽目になった場合、私の「目的であるもの」が心的志向性の形をとって、到達しようと努力しているのに手に入らない目標として現われてくることがありうる。私が立場を改めて、私の人生の諸位相——例えば（学生、恋人、父親等々といった）私が人とのあいだに有している諸関係のような諸位相——を、熟慮するようになることもありうるし、また私が自分の職業について思案して、別の職業に変えるべきかどうか考えてしまうということもありうる。親として、あるいは教師として、私は自分の責任に関する諸規範全体に順応していなければならないのだが、この諸規範の全体が、「他の条件が同じならば適用されるルール」として表立たされることもある。例えば、スムーズに進んでいた他者との相互関係が行き詰まり・頓挫して、裁判所に行かなければならなくなったような場合である。しかしながら役割は、事物的存在者のレヴェルにおいてのみ、（いわば）外側から観察されるのである。ここで言う役割は、人々の人生の、コンテクストから切り離された諸特性であって、道具の客観的特性を記述する機能述語と同列のものである。われわれがすぐに見るように、機能述語が道具の全体論的性格をとらえることができないのとまったく同様に、役割述語もまた、人が自らの文化内で入手可能な何らかの「目的であるもの」のうちへと順応的に社会化されていくさいに、その人が端的に持っている、いかになすか・いかにあるかの知をとらえられないのである。

　けれども厳密に言えば、「現存在が社会化される」と語るべきではないことを忘れずにおこう。人間という有機体は、社会化されて存在して初めて、そのうちに現存在を持つ。現存在が自分自身に対して立場をとるためには、すなわち、自分自身であるためには、「目的であるもの」と適所性の構造全体を必要とするのである。だからこそハイデガーは、現存在がつねにすでに、何らかの「目的であるもの」に基づいて何らかの手段性に自分を指示してしまっている、と語るのである。

> 現存在は何らかの「手段性」へと自分を指示してしまっており、しかも現存在は、現存在自身がそのために存在している「目的である」何らかの存在しうることに基づいて、そうしてしまっている。この存在しうることは、表立ってつかみ取られていることもあれば、表立たずにつかみ取られていることもある。(119)［86］

「表立たずに」という語が示唆しているように、「目的であるもの」は、意図的である必要はまったくない。私は、自分の人生を組織化していく最も基礎的な自己解釈を、社会化・社会的順応によって手に入れるのであって、それを選択することによって手に入れるわけではない。例えば人は、兄として、あるいはママべったりの娘としてふるまうが、以前にこのような組織化する自己解釈を選択したわけでもなければ、それを特別の目的として心に抱いているわけでもない。こうした存在の仕方によって人は、例えば、教師であるとか看護婦であるとか被災者であるといったような、ある組織化された活動に導かれるのである。このような「役割」のそれぞれが、振る舞い［practices］の一連の統合である。あるいはそれを、医療実務［practice of medicine］の場合のように、「一つの実務」［a practice］であると言ってもいいかもしれない。そしてそれぞれの実務・実践は、それを実践するための多くの道具と結びついている。現存在は、このような実践の振る舞いとそのための適切な道具のうちに住みつき、住み込んでいるのである。事実、現存在は、社会的振る舞いの何らかの形での統合されたサブ・パターンであることによって、自分の存在に立場をとっているのである(9)。

> 現存在が「自分自身」を差しあたって見いだすのは、現存在が、従事し、使用し、期待し、防止する対象になっているものにおいて――差しあたって配慮されている環境世界的な道具的存在者においてなのである。(155)[119]

B　現存在と世界との相互依存性

現存在が世界ないしは適所全体性について前存在論的な了解を持っていると考えることによって、ハイデガーのテクストでもとりわけて濃密で難解なある一節を理解することができるようになる。道具との交渉が話題になっているときに、「あるものを存在させる」とか「あるものを解放する」とかいうことが意味しているのは、あるものを使用することなのだ、ということを忘れてはならない。この使用は存在的である。存在論的には、使用によってあるものを存在させるためには、当の事物が適所全体性のうちにいかに適合しているかをすでに知っていること、その意味で、当の事物を個別的なすべての存在的使用に向けて「あらかじめ解放している」ことが要求される。

> 「あるものに適所を得させる」ということが存在的に意味しているのは、われわれが、われわれの現事実的な配慮の内部で、ある道具的存在者を、それがすでに存在している通りに……これこれしかじかに存在させる〈例えば、それでもって打つことによってハンマーとして存在させる〉、ということである。「存在させる」ということのこうした存在的意味をわれわれが理解するその仕方は、原則的に、存在論的である。そしてこれでもってわれわれは、世界内部的に差しあたって道具的に存在しているものを先行的に解放するということの意味を、学的に解釈するのである。先行的にあるものを「存在」させるとは、それをあらかじめまず存在するようにさせて作りだすということではなく、そのつどすでに「存在しているもの」をその道具的存在性において暴露し、かくしてこうした存在を持つ存在者としてわれわれに出会う〈すなわち、自分自身を示す〉ようにさせる、ということを意味しているのである。このように「ア・プリオリ的」にあるものに適所を得させるということ〈すなわち、あるものをいかに使用するか、そしてそれが他の道具や諸目的といかに適合しているかを知るということ〉が、道具的存在者がわれわれに出会われてくるための可能性の条件なのであって、その結果、現存在は、そのように出会われてくる存在者との存在的な交渉において、存在的な意味において、一定の適用のもとで、その存在者に適所を得させる〈その存在者を使用する〉ことができるのである。(117、〈　〉内の注釈ドレイファス)[84-85](10)

かくしてハイデガーは、適所全体性――道具的存在者の「場」――が、世界のことだと考え、この「場」の構造が世界の存在なのだと考える。

自分を指示しつつ了解することがそのうちで行われる「場」が、存在者を適所性に属する存在様式において出会わせるその基礎になるところのものなのだが、このような「場」が、世界という現象なのである。そして、現存在が自分を指示するさいの基礎になるところのものの構造が、世界の世界性をなす当のものなのである。(119)[86](11)

世界について議論を展開するさいにハイデガーは、仕事場に関する議論から、指示全体性(Verweisungsganzheit)、道具全体性(Zeugganzes)、適所全体性(Bewandtnisganzheit)、世界という現象、そして世界性へと、何の説明もなく移行しているように思われる。私の解釈によれば、道具全体性は相互に連関する道具のことを記述しており、指示全体性は道具の相互連関の方を記述している。そして、適所全体性が人間の目的性を付け加えるのである。仕事場というのは、こうしたすべての全体性を例示する特殊な一例である。世界という現象は、世界が自己自身を顕現させてくる独特の仕方であり、そして世界性とは、この世界とこの世界のすべての下位世界が存在する仕方なのである。

続いてハイデガーは、有意義性の概念を導入する。

「目的であるもの」は何らかの「手段性」を、手段性は何らかの「一定の用途性」を、一定の用途性は、あるものに適所を得させることがそのもとで得られる何らかの「適用」を、適用は適所性がそれでもって得られる「適具」を、有意義化する。これらの諸関連は、根源的な全体性として互いに結びつけられている。つまり、これらの諸関連がほかならぬこれらの諸関連であるのは、このような有意義化のはたらきとしてであって、この有意義化のはたらきのうちで、現存在は、自分自身に自分の世界内存在を先行的に了解せしめるのである。こうした有意義化のはたらきの関連全体を、われわれは「有意義性」と名づける。この有意義性は、世界の構造を、つまり、現存在そのものがそのつどすでにそのうちで存在している当のものの構造をなすところのものである。(120)[87]

有意義性とは、それに基づいて諸存在者が意味をなすことができ、また諸活動が目的を持ち・要を得ることができるようになる背景のことである。

有意義性は、世界そのものがそれを基礎として開示されている当のものである。「目的であるもの」と有意義性とがともに現存在において開示されている、ということが意味するのは、現存在が、世界内存在として自分自身へとかかわりゆくことが問題であるような存在者である、ということなのである。(182)[143]

「主観」と「客観」、現存在と世界とは、究極のところきわめて密接に織り合わされているので、世界というものを現存在することから切り離すことはできない。「了解は、等しく根源的に、現存在の「目的であるもの」と、現存在のそのつどの世界の世界性としての有意義性との両方を目がけて、現存在の存在を企投するのである」(185)[145]。ハイデガーは、『存在と時間』の後の方でこの議論について次のように言っている。

あの分析で得られたのは、(世界性を構成するものとしての)有意義性の指示全体性は、一つの「目的であるもの」に「固着させられて」しまっているということであった。「手段性」の多様な諸関連というこの指示全体性は、現存在にとってそれにかかわりゆくことが問題である当のものと結びついてしまっているのだが、このことは、諸客観からなる事物的に存在している「世界」というものが、主観というものと一緒に溶接されてしまっていることを意味しはしない。むしろそうした結びつきは、現存在の基礎的機構が根源的に一つの全体をなしている……という事実を、現象的に言い表わしたものなのである。(236)[192]

右の一節を理解するために思い起こさねばならないのは次のことである。すなわち、どんな道具も、例えばハンマーも、それを他の道具と結びつける指示全体性のうちでこそその当のものであり、また道具のいかなる使用も、例えばハンマーで打つことも、それを人間であることの数多くの存在仕方と結びつける適所全体性のうちでこそ起こるのだ、ということである。適所全体性と現存在の生活とは、ともに同じ仕方で、いくつかの「目的であるもの」によって組織化されている。たとえこの現象の「客観的な」側面と「主観的な」側面といったようなものを区別しようとしても、そこから分かるのは、両側面は結局区別しがたいということだけである。両側面のうちの「客観的」側面においてわれわれは、手段性に規定された道具を見いだすのだが、この手段性は結局、「目的であるもの」に基づいてその要を得ている。また「主観的」側面においてはわれわれは、現存在の自己解釈を見いだすだろうが、この自己解釈は、「目的であるもの」に「自分を指示すること」によって達成されるわけである。しかし明らかに、このような区別は成功しない。一方で、現存在が自分自身であるためには、指示全体性と適所全体性とを必要とするし、また他方で、「客観的」ないし道具の側面も、現存在の存在仕方であるところの「目的であるもの」に基づいて組織化されているからである。指示全体性が意味をなすのは、ただただ、指示全体性のすべてが、現存在が自分自身に対して立場をとるときの仕方としての「目的であるもの」に、いわば「ぶらさがっている」からこそである。また現存在が実存し意味をなすのも、ただただ、適所全体性のうちに組み込まれこれを組織化しているものとしての「目的であるもの」を、現存在が引き受けるからこそである。

このとき、他者たちと共有されている親密な世界こそが、個別的な人間を可能にする。

現存在それ自身は、最終的にはわれわれが人間と呼ぶ存在者であるが、それはその存在において、ただただ世界というものが存在しているからこそ可能である。……現存在は、自分の世界のうちに存在しているがしかし同時に、自分がそのうちで存在している当の世界のおかげで存在しているような、そのような存在者として自分を提示するのである。ここにわれわれは、世界の存在と現存在の存在との独特の結合を見いだすのであるが、この結合が把握可能とされるのは、ここでこの結合のうちにあるもの、つまり自分の世界とともにある現存在それ自身が、その基礎的構造において明らかにされてしまっている限りでのみである。
(HCT, 202) [GA 20, 276]

しかしこのことは、世界もまた現存在の存在の仕方に依存していることを、否定するものではない。現存在への依存ということで示されているのは、むしろ、現存在は哲学者たちが「主観」として考えてきたようなものではないということである。『存在と時間』の翌年の講義で、ハイデガーはこの問題を直接議論している。

世界は、現存在が実存する限りでのみ存在する。しかしそうだとすれば、世界は何か「主観的」なものなのではないか。実際、世界は主観的なものなのである！　ただし、人はここで、通俗的な主観主義的「主観」概念をこっそり押し込んでしまってはいけない。むしろここで大切なのは、世界内存在が……主観性および主観的なものという概念を根本から変えてしまう、ということを理解することなのである。(MFL, 195) [GA 26, 251-252]

Ⅳ　世界という現象があらわになる二つの仕方

A　障　害

世界とはすなわち、振る舞いと道具とそれを使用するための技能とが連動しあっていることである。この世界は、特定の道具を使用するための基礎を提供しているのに、秘匿されている。世界は、変装させられているわけではないが、暴露されていないのである。だから、道具的存在者と同様に世界も、ある特別な技術によってあらわにされねばならない(12)。われわれは逃れがたく世界のうちに住み込んでいるのだから、世界に到達できるためには、世界のうちに適所的に参与したまま、世界に注意を向けることが必要である。幸いなことに現象学者にとっては、世界という現象にどうしても気づかされるような特別な状況というものが存在する。

世界内存在の日常性には、ある種の配慮の様態が属している。これらの諸様態は、世界内部的なものの世界適合性がそのさい現われでてくるような仕方で、配慮された存在者を出会わせる。(102) [73]

ハイデガーの説明によれば、ある道具が見当たらず欠けているという発見が、世界の一様態としての仕事場をあらわにする。われわれは障害を通して、道具の機能と、その道具が一定の実践的コンテクストに適合している仕方とに、気づかされる。

> そのときどきの「一定の用途性」への指示が……配視的に目ざまされると、この一定の用途性そのものと、それとともにこの仕事と連関しているすべてのもの――「仕事場」全体――が視のうちに入り込んでくる。しかもこの「仕事場」全体は、配慮がそのうちにつねに住み込んでいる当のものとして、視のうちに入り込んでくるのである。道具連関は、いまだかつて見てとられたことのない何ものかとしてではなく、配視のうちで不断に初めからすでに観取されていた全体として〈すなわち、われわれの透明な日常的対処のうちですでに考慮されていたものとして〉、閃いてくる。だが、こうした全体とともに、世界が自分を告げるのである。(105、〈 〉内の注釈ドレイファス)[74-75]

われわれが仕事に戻ることができなくなった場合、われわれは途方にくれる。そして、自分の企てを断念しうるかどうかの問いかけのうちで、われわれの活動の目的が、われわれにはっきり見えてくる。

> 配視は空虚のうちへと突き入って、いまや初めて、欠けているものが何とともに道具的に存在していたのか、また何にとって道具的に存在していたのかを、見てとる。(105)[75]

B 記号

何らかの障害がなくても、世界を構成している有意義性の関係的全体性に気づくことができるだろうか。諸事物の順調な機能のはたらきに没入していながら、同時にまた、それら諸事物が機能している当のコンテクストに気づくことができるだろうか。

ハイデガーの答えは、自らの実践的コンテクストを見せしめることがその機能であるような仕方で、機能している存在者が確かに存在する、というものである。そのような存在者が「記号」と呼ばれるのである。すべての道具が有用であるが、記号だけは示すために有用である。ハイデガーは、かなり詳細に記号について議論するのだが、その理由の一半は、彼が『論理学研究』におけるフッサールの記号的に指示することについての説明を、すなわち、記号がその対象に対して持つ記号的指示関係はある種の空間的近接に基づく因果関係であるという説明を、退けようとしているからである。また、ハイデガーは、記号の意味関係が存在論的に見て基礎的な関係であるとする、記号論的な見方を退けようとする。しかし、ハイデガーが主に関心を寄せているのは、次のようなものとしての記号である。すなわち、道具は何らかのコンテクストにおいてのみ、そして実際に手にとり使用されるときにのみその当のものである、ということを照らしだしてくれるような記号である。

記号というのは、その機能をはたらかせながら、自らの存在の仕方と自らがそのうちに適合しているコンテクストとを、あらわにするようなタイプの道具である。

> 記号は一つの存在的な道具的存在者であるのだが、それは、こうした特定の道具としての機能と、道具的存在性、指示全体性、および世界性の存在論的構造を告示するものとしての機能との、両方の機能を果たしている。(114) [82]

記号は、つねにある実践的背景のもとで機能している。記号はこの背景を前提しており、しかも記号は、われわれの注意をこの背景に差し向けるのである。ハイデガーが例として使うのは、[初期の] 自動車の方向指示器である。

> この記号は、運転に関する運転手の配慮のうちで運転手にとって道具的に存在している一つの道具であるが、しかし彼にとってだけそうなのではない。同乗していない人々も――しかもとりわけ彼らこそ――この道具を使用している。すなわち、適切な側に避けたり立ち止まったりすることによって、この道具を使用しているのである。この記号は、もろもろの乗り物や交通規則からなる道具連関の全体のうちで、世界内部的に道具的に存在しているのである。(109) [78]

われわれは、記号に主題的に気づくようにならなくても記号に対処することができる。ハイデガーは直接にそうは言っていないが、これでも、ハイデガーの配視の説明に矛盾したことにはならないだろう。自分の前にいる車の方向指示器に対して適切に行為しながら、この指示器に主題的に気づいていないということがしばしばある。これは、部屋に入るために回すドアの取っ手に、われわれが主題的に気づいていないのと同様なのだ。なおかつ、ハイデガーの言いたい点は次のことにある。すなわち、そのような記号に対処するということは、ただ単にそうした記号に対処することではなくて、そうした記号がそのうちに統合されている相互に連関した活動パターンの全体に対処することだということ、これである。記号がわれわれにとって記号としての機能を果たすべきであるとすれば、われわれは確かにそうした記号をただただ凝視することはできないし、道具連関から切り離されて孤立したありさまでそれを使用することもできない。「記号は、かりにわれわれがその記号をただただ凝視し、目の前に出来する示す事物として確認するだけならば、本来的に《把握され》てはいないのである」(110) [79]。さらに記号は、状況のうちで事物的に存在している他の諸客観を――例えば当の車がとって進もうとする通りや方向を――単

> に指し示しているのではない。記号は、その状況それ自体を照らしだすのである。
>
> われわれが、方向指示器の示す方向を視線で追って、示されている方域の内部で事物的に存在しているあるものを眺めやるときですら、記号は本来的には出会われていない。そのような記号は、われわれの配慮的交渉の配視に向けられているのだが、しかもその記号に従う配視が、その記号の指し示すところに従いながら、環境世界のそのときどきの環境性を表立って「概観」させるというような仕方で、向けられているのである。(110)[79]

かくして記号は、共有されている実践的活動のコンテクスト、すなわち世界を提示する。

> 記号は、他の事物を示しつつそれと関係を結ぶ一つの事物なのではない。むしろ記号は、道具全体を表立って配視のなかへと引き立て、その結果、このことと一緒にこの道具的存在者の世界適合性が自分を告げるようになる一つの道具なのである。(110)[80]

したがって記号を、ある事物とある事物との単なる関係として理解することはできない。表立ってではないが、これは、ハイデガーの記号論批判である。

> 何々にとっての記号であるということは、それ自身が形式化されて、普遍的な関係様式になることができ、その結果、記号構造自身がすべての存在者一般を「性格づける」ための一つの存在論的手引きを与えるようになる。……〈しかし〉指示とか記号、それどころか意義という諸現象を探究すべきであるならば、それらを関係として性格づけてみたところで、得るところは何一つとしてない。結局のところ、「関係」それ自身は、それが形式的一般的性格でしかないのだから、その存在論的根源を道具の指示のうちに持っているということが、示されなければならない。(107-108)[77]

記号は、われわれがすでに世界内の事情に通じているからこそ、はたらくことができる。

> 諸記号がつねに第一次的に示しているのは、人が「そのうち」で生活している場であり、配慮がそのもとに住み込んでいる当のものであり、何らかのものにいかなる適所性があるかということである。(111)[80]

記号の意味作用は、何らかのコンテクストのうちで起こらなければならないし、記号が意味する、すなわち記号が記号でありうるのは、そのコンテクストのうちに住み込んでいる者にとってのみ、なのである。

V　開示することと暴露すること

開示することと暴露することとは、あらわにすることの二つの様態である。世界の開示性は、現存在が存在者を暴露すること、とハイデガーの呼ぶはたらきにとって不可欠である。

〈環境世界〉は、配視がつねに存在者へと向かっている限り、配視にとってすら近づきえないものではあるが、しかし、配視にとってそのつどすでに開示されている。「開示する」および「開示性」は、以下においては術語的に用いられて、「開きあける」および「開明性」を意味する。(105)[75]

ここでの基礎的な発想はこうである。ある特定の道具へと、ある特定の人が――その道具を使用するにせよ、知覚するにせよ何にせよ――向けられているためには、その人が持っている対処のための一般的技能と、その道具がそのうちで一定の位置を占めている相互連関的道具全体性とのあいだに、何らかの相関関係がなければならないということである。現存在の側では、根源的超越（開示すること）が、存在的超越（暴露すること）の可能性の条件であり、また世界の側では、開示性が、何ものかが暴露されるための可能性の条件なのである。

今やわれわれは、(1)開示することとはどのような活動であるのか、また(2)開示することは暴露することとどのように関係しているのか、を理解できるところにきている。

A　世界内存在としての開示すること

(1)に対する手がかりは、現存在が道具的存在者を使用するさいのふるまいについて、われわれが述べたことのうちに見いだされる。ある特定の道具は、何らかの指示全体性のうちでのみ使用されうる。ある講義においてハイデガーは、指示全体性についての現存在の了解を、親密性と呼んでいる。彼は次のように説明する。

部屋は、まず私が一つずつ事物を把握し、諸事物の多様を合成し、その後に一つの部屋を見る、というようにして出会われるのではない。むしろ、私はまず第一次的にある指示全体性……を見、そこから個々の家具やその部屋の中にあるものを見るのである。一つの完結した指示全体性という性格を持つそうした環境世界は、同時にある固有な親密性によって際だたせられている。指示全体性……は、まさにその親密性に基づいており、この親密性は、指示の諸関連が既知のものであることを意味している。(HCT 187)[GA 20, 253]

これはとても重要な一節である。第一に注目しなければならないのは、ハイデガーがカント的な発想、すなわち、部屋全体を見るためには諸事物やパースペクティヴやセンスデータ等々の「多様」を綜合しなければならない、という発想を退けようとしていることである。私は端的に部屋全体を把握する。私がそうするのは、親密な部屋やその中にある事物と交渉する準備ができていることによってである。例えば、椅子を避けたり椅子に座ったりすることによって椅子に対処するための私の「用意」ないし「準備態勢」は、私が部屋に入ってくると「活性化」される。もちろん、私の準備態勢は、部屋や椅子と交渉するための一群の信念やルールではない。それは、部屋が通常いかに出会われてくるのか、ということについての勘であり、部屋と交渉するための技能なのであって、私はこうした勘や技能を、多くの部屋を這い回り歩き回ることによって発達させてきたのである。

　結局、私が家具の配置された一つの全体としての部屋を把握し、それと交渉するさいに機能する背景的親密性は、椅子に座り込むというようなある特定の行為でもなければ、身体や脳のうちにある特定の行為を実行するための能力でもない。それは主観的な志向性でもなければ、客観的な筋肉機構でもない（サールはどちらかを選択しなければならないと言う）。そうした背景的親密性は、個々の状況においてどんなものが現われてこようと、それが通常の範囲内なら、それに対して適切に応える準備ができているということなのである。ハイデガーはこのような背景的準備態勢を、「それ自身は意識されても志向されてもおらず、むしろ〈ある〉目立たない仕方で現前している、……第一次的な親密性という背景」(HCT, 189) [GA 20, 255–256] として、記述している。『存在と時間』ではハイデガーは、「現存在が……それによって自分の公共的環境世界の《勝手が分かっている》〈sich 'auskennt'〉、その親密性」(405) [354] について語っている。

　もちろんわれわれは、特定の機会においてのみ、このような最も一般的な技能を活性化させるのではない。むしろそれはいつでも活性的なのだ。『現象学の根本問題』のハイデガーは、それを「実践的配視の視……、われわれの実践的な日常的方向定位［正確には、「実践的配視の視、実践的な日常的方向定位の視」］」(BP, 163) [GA 24, 232] と呼んでいる(13)。われわれは、われわれの世界に精通した達人なのであって、努力することなしに絶えず、適切な事柄をなす準備態勢ができているのである。

> 配慮されていることの現前に向けられた配視が、それぞれの着手、調達、遂行に対して、その実現の仕方や遂行の手段、正しい機会、適切な時期を与えてくれる。このような配視の視は、配慮しつつ暴露するという熟達した可能性である。(HCT, 274) [GA 20, 379]

われわれの眼が光に対して絶えず機能を調節しているその仕方との類比から、われわれが状況に対して絶えず適応している仕方を、「調節」と呼んでもいいかもしれない。しかしハイデガーは、このような最も基礎的な活動に対して、特別な術語を必要としていない。それは、あまりに浸透的であり恒常的なものなので、端的に世界内存在と呼ばれているのである。

> どんな配慮も、世界とのある親密性を根拠として、自分が存在している通りにすでに存在している。……世界内存在とは、……道具全体の道具的存在性をなす諸指示のうちに、非主題的に配視的に没入しているということにほかならない。（107、強調ドレイファス）[76]［ドレイファスは原著の二つの文を順序を逆にして引用している。］

この全体論的な背景的対処（開示すること）こそが、個々の状況における適切な交渉（暴露すること）を可能にする。仕事場に入ったとき、椅子を避け、仕事台を見つけてそれに近づき、何かを道具として取り上げそれを握りしめる等々といったことができるからこそ、われわれは、ある特定の釘を打つためにある特定のハンマーを使用することができ、そのハンマーが軽すぎるとか重すぎるといったことを見いだすことができるのである。

ハイデガーはある講義で、現存在の世界内存在についてのこの説明を、現象学的な知覚理論にまで拡張している。この理論は暗にフッサール（およびサール）を批判するものである。

> いったいなぜ私は、そもそも純粋な世界事物を生身のありありとしたありさまで出会わせることができるのか。それはただ、この出会わせることにおいてすでに世界が現にそこに存在しているからであり、この出会わせることが私の世界内存在のある特定の仕方にすぎないからであって、世界が、世界内の存在者に対してつねにすでに現前しているものにほかならないからである。私は、この世界内存在に基づいてのみ、自然事物をその生身のありありとしたありさまにおいて見ることができるのである。（HCT, 196、強調ドレイファス）[GA 20, 267]

そのさいハイデガーは、没入的な世界内存在ないし背景的対処のことを、知覚を「基づける諸段階」と呼ぶ。ハイデガーはこのとき、フッサールの心的志向性理論にそった術語を用いているわけであるが、この術語は、他のものに取り換えられるべく批判されているのである。

> 私はいつでも、直接に自然事物をその生身のありありとしたありさまにおいて、すなわち基づける諸段階を先行的に通過することなく、知覚することができる。というのも、世界内存在の意味には、こうした基づける諸段階において絶えず第一次的に存在しているということが属しているからである。知覚することを基づける現存在が、まさにこの基づける諸段階の存在の仕方にほかならないがゆえに、つまり世界のうちに配慮しつつ没入していることにほかなら

> ないがゆえに、私はそれら諸段階を通過する必要がないのである。(HCT, 197) [GA 20, 267-268]

さらに、ハイデガーはフッサールやサールに対して、彼らの関心が主観・客観的志向性にしか向かわないと言って反論している。ハイデガーの指摘によれば、使用したり観照したりすることによって存在者をあらわにするためには、われわれは同時に、状況についての熟練した一般的把握を遂行していなければならない。たとえ、ハンマーで打つという特定の行為に、努力体験ないしは行為体験(ハイデガーはこのような体験を自らの経験のうちには見いださない)が伴われて存在していたとしても、方向をとるとかバランスをとるなどといった背景的なはたらき――これこそが世界内存在として特定の諸事物の使用を可能にする――に伴っているような、充足条件つきの行為体験などというものの存在する余地はないように思われる。世界内存在について、フッサール/サール的な心的志向性理論に基づく説明を考えようとしても、それがどのようなものであるかを理解するのは困難である。そうした説明を考えようとするならサールは、「意識されても志向されてもいない」(HCT, 189) [GA 20, 256] 世界内存在が、依然として何らかの仕方で行為中の意図によって引き起こされ導かれる、という信じがたい主張をしなければならなくなるように思われる。こうした主張を避けるためにサールは、背景というものを恒常的な対処としてではなく、単に一つの能力としてのみ考えている。しかし能力という概念は、開示する活動を掬《すく》いとれないでいる――まさにこのことこそ、背景を根源的な様式を持った志向性として考えるよう、ハイデガーを導いている理由なのである。

現存在のなす背景的対処は、それ自身は意欲や努力の感じに伴われているものではないけれども、これらの感じに基づいた行為の体験が生じている場合には、この体験を可能にするものである。しかしその場合も、こうした体験が唯一の志向性であるはずはなく、むしろそうした体験は背景的志向性を前提にするのである。

> 意欲や欲求は、存在論的には必然的に気遣いとしての現存在のうちに根づいている。それらは、その存在意味からすれば完全に無規定的な「流れ」のうちで出来するような、存在論的にまったく無差別な体験(Erlebnisse)ではない。(238) [194]

開示性の構造として本書の後半で明らかになってくる、気遣いという構造は、背景にとどまったままの構造である。まさにそれゆえにこそ、フッサールやサールといった哲学者たちは、心的状態を説明するさいにこの構造を見落としてしまう。

> 気遣いは、[意欲、欲求などといった] たった今述べた諸現象よりも存在論的には「より以前に」ある。これらの諸現象が、ある種の限界内ではつねに適切に「記述」されう

るのはもちろんのことだが、そのためには完全な存在論的地平が観取されうるようになっている必要もなければ、そもそもその地平が熟知のものにだけでもなっている必要もない。(238)[194]

われわれは今や、現存在の開示する活動が、開示性としての世界とどのように関係しているかを理解できるところまできている。道具的存在者に対処する場合に現存在は、自分の経験がまったく自己関係的な志向的内容を持たないような仕方で、自分の活動に没入している。そうした特定の場合とまったく同じような意味で、現存在は一般的に、世界を親密なものとして開示する背景的対処のうちに没入していて、そのさい、開示する現存在のふるまいと開示された世界とを分断することはできない。「われわれは、〈配慮的な世界内存在を〉世界のうちに没入していること、世界によって引きずり込まれていることとして規定する」(HCT, 196)[GA 20, 267]。「道具との交渉が《手段性》の指示の多様性に従属している」(98)[69] のとまったく同様に、「現存在は、現存在が存在している限り、出会われる何らかの《世界》*(14) へと自らをすでに差し向けてしまっているのであって、現存在の存在には本質上このように差し向けられているという性格が属しているのである」(120-121)[87](15)。

B　開示することと暴露することの同一性と差異

ハイデガーは、現存在の開示するふるまいと暴露するふるまいとのあいだの相互連関を強調している。まず第一に、開示することは、状況全体のうちで存在者がとるもろもろの存在仕方と技能的に交渉することであるのだが、このような開示することは暴露することよりも基礎的である。

今や何とかしてわれわれは、存在者の披暴露性とその存在者の存在の開示性とのあいだの連関をより詳細に提示し、そして、存在の開示性……が存在者の披暴露性の可能性をどのように基づけ、つまりこの可能性に対してどのように根拠や基礎を与えるのかを示さなければならない。(BP, 72)[GA 24, 102]

『存在と時間』では、これに関する一節は次のように書かれている。「《ア・プリオリ的》にあるものに適所を得させるということが、道具的存在者に出会うための可能性の条件である」(117)[85](16)。あるものに適所を得させることとしての開示することは、根源的超越である。ハイデガーはこのような超越について、ある一節で論じているが、これには多くの解釈作業が必要である(〈 〉内の注釈ドレイファス)。

ふるまいの志向的構造は、いわゆる主観にとって内在していて今や初めて超越を必要とするかのようなあるものではない。むしろ、現存在のふるまいの志向的機構〈開示のはたらきをする根源的超越〉は、まさにありとあらゆる〈暴露のはたらきをする存在的〉超越の可能性の存在論的条件なのであって、われわれはこのことを心に留めておかなければならない。〈存在的〉超越、超越することは、〈〈根源的〉超越に基づいて〉志向的存在者として実存している存在者、すなわち、〈道具的存在者と〉事物的存在者のもとに住み込むという仕方で実存している存在者の、本質に属しているのである。(BP, 65) [GA 24, 91]

しかし第二に、根源的超越（世界内存在、開示）は、存在的な超越すること（特定の事物への透明な対処、暴露すること）と根本的に異なるものというわけでもない。むしろ根源的超越は、すべての目的にかなったふるまいの全体論的背景として機能するものとして、存在的超越と同じ種類の対処である。「現存在のふるまいの志向的機構は、まさにありとあらゆる超越の可能性の存在論的条件なのである」(BP, 65) [GA 24, 91]。道具を使用するためには、世界のうちで事情に通じている必要があるが、事情に通じているということは、より多く対処しているというだけのことである。対処のどんな特定の活動も、より一般的な対処という背景において起こる。世界内存在は確かに、特定の諸活動の可能性の存在論的条件として存在論的に先立っている――ハイデガー的な特別の意味でア・プリオリである――のだが、しかし世界内存在とは、より多く熟練的活動をしているというだけのことなのである。

世界内部的に出会われるものの解放がそれを基盤として生ずる当のものを先行的に開示するとは、世界を――すなわち、現存在が……つねにそれへとふるまっている世界を――了解しているということ、このこと以外の何ものでもない。(118) [86]

だとすれば、われわれの一般的な背景的対処、つまり世界とのわれわれの親密性が、われわれの存在了解なのである。

現存在がそのうちで……すでに自分を了解している場というのは、いつでも、現存在が根源的に親密にしているところのものである。世界とのこの親密性が、……現存在の存在了解を構成しているのである。(119) [86]

かくてハイデガーは、特定の対処（存在的超越）と世界を開示する背景的対処（根源的超越）との差異を、存在者に対するわれわれの関係とわれわれの存在了解とのあいだの差異として、概念にもたらす。おそらくはこれが、あの有名な存在論的差異の原型なのであって、後期ハイデガーによれば、存在者の存在に関するさまざまな伝統的な説明のうちで、この差異をとらえる試みは失敗し続けてきたのである。

6章　現代版デカルト主義に対するハイデガーの批判

伝統のように世界を無視し・飛び越してしまうことなく、われわれは世界の記述を行なってきた。そこで得られた結果は、哲学の伝統的諸問題の取り扱い方に対して、どのような意味を持っているだろうか。道具的存在者への対処に関するハイデガーの現象学的記述が、客観（拡ガリヲモツモノ）［res extensa］を観照する主観（思考スルモノ）［res cogitans］、というデカルト流の認識論的説明に対してどのような意義を持つのかはすでに見た。今度は世界性の解明が、デカルトに端を発するもう一つの伝統に対してどんな意義を持つのか見てみよう。その伝統とは、直接理解可能とみなされている、あるタイプの事物的存在者によって一切を説明しようという存在論的な企てのことである。

　デカルトの存在論において、宇宙の究極的な構成要素は、自然科学が理解するような自然の諸要素（naturae simplices）である。だがそうではなくて、感覚与件やモナドによって一切を説明しようと試みることも可能だったし、あるいはフッサールの場合のように、「述定的意味」相互の関係によって一切を説明することも可能だった。そうした述定的意味の関係は、感覚与件やモナドといった基本要素が指示すると称している世界の原始的特性同士の関係に対応しているのである。ハイデガーが、「まずもって《思考の作用》によって定立される」「諸関係の体系」（122）［88］による世界の了解という言い方をするとき念頭に置いているのは、おそらく、原子論的、合理主義的伝統のこの最終段階である。このようなフッサール的企てが行き着いた果てに、世界とその内部の諸対象をさまざまな特性の複合的結合として理解し、そして心を、これら特性の記号的表象を含み、特性間の関係を表象するルールやプログラムをも含む容器として理解しようとする近年の試みが生まれてくる(1)。

　伝統的存在論に成功があるとすれば、それが、事物的に存在する諸要素を法則やルールの形で結合することを通して、現存在の実践活動や現存在が没入している道具全体性をも含めた、ありとあらゆる存在様式を説明できたときである。ところが逆に、物質の細片、原子的事実、感覚与件、あるいは情報の細片など、何であろうと、世界をそのような事物的に存在する諸要素に還元することはできないことが示されうるなら、事物的存在者に基礎を置く存在論は破綻する。ハイデガーは、一切を自然の方から了解しようとするデカルトの試みに焦点を当てる。ハイデガーの批判についていくためにはまず、自然と世界の関係についてのデカルトの説明を理解しなければならない。

I　自然の存在論的地位

ハイデガーが自然主義的存在論を批判するからといって、彼は、自然が道具の機能することの基礎にあってその機能を説明するということを、否定しようとしているわけではない。釘を打つのに、鉄や木は使えるがゴムや氷は使えないのである。だが、自然が一見したところ持つこうした優位に、いかなる存在論的意義があるのか問うなら、問題は複雑なものであることが分かってくる。

まずハイデガーは、自然が出会われうる仕方を少なくとも四つに区別する。ハイデガーはこう述べる。「自然はそれ自身一つの存在者なのであって、世界の内部で出会われ、さまざまな方途と段階で暴露されうるのである」(92)[63]。自然は、道具的に存在するものとして、利用不可能な道具的存在者として、道具事物的に存在するものとして、さらに奇妙なことにそのいずれでもない仕方においても、出会われてくる。それではこれらの存在仕方を、それぞれに含み込まれている配慮のあり方に注意しながら解明しよう。差しあたりこの段階でのわれわれの問いは、次のようなものである。(1)現存在という存在様式だけに基づいて、自然の存在までも含むあらゆる存在様式を理解可能にすることができても、その逆は成り立たないことを論証すれば、それによってハイデガーは自分の基礎的存在論の目標を達成できるだろうか。(2)ハイデガーはそのときでもなお、存在的で因果的な科学的説明のための場所を確保できるのか。

A　道具的存在者としての自然

デカルトが「拡ガリ」でもって存在論的に……とらえようと試みる存在者は、……差しあたって道具的に存在している世界内部的存在者を通過してしまって、初めて暴露されうるものになるようなもの――自然、である。(128)[95]

1　自然的素材

自然は、道具的存在者を作る材料――道具が「それから作られているところのもの」――とみなされる。そのとき自然は原料として「取り上げられ」る。つまり自然は、道具を支える上で果たす機能の方から「解放され」、理解可能なものとなっている。

環境世界のうちでは、つねに道具的に存在しているがしかしそのもの自体では作りだされる必要のない、ある存在者に近づくことができる。ハンマー、やっとこ、釘はそれ自体で、鋼や鉄、金属、鉱物、木を指示しているが、それは前者が後者から成り立っているからである。使用される道具において、その使用を通じて「自然」がともに暴露される――つまり自然の産物という光のもとで見られた「自然」がである。(100)[70]

鉄は、展性や延性、硬度などの性質を持つがゆえに、加工可能で衝撃に耐えるものとなる。これに基づいて現存在は、鉄の属すべき指示全体性へと鉄をもたらす。鉄は、ハンマーの頭や釘、金床、椅子、彫刻などとして用いることができる。しかし当然のことながら、自然はどのようにでも使用できるわけではない。事物的に存在する自然によって、その道具で何ができるかの制限が加えられる。鉄の因果的力や確定的性質は所与のものなのだから、燃料や栄養物に使うわけにはいかない。

現存在の自己解釈的な日常的活動と自然とが共同することによって、何が何に使えるのかが決定されると考えられる。道具の素材の持つ性質を無視して、現存在があくまで独りよがりな使い方をしようとすれば、その道具は壊れてしまう。このように利用不可能になったときに、道具の手に負えないという性質や位相、ならびに道具の有用性への自然の寄与が「告げられる」ことになる。

道具的存在者はせいぜい何らかの目的に対して適性と不適性とを持っているのであって、だから道具的存在者の「性質」はこれらの適性と不適性とのうちにいわばまだ拘束されているのだが、これは、事物的存在性がある道具的存在者の可能的な存在様式としては道具的存在性のうちに拘束されているのと同じである。(115)[83]

2　自然の規則性

『存在と時間』のハイデガーは、自然を道具として了解する立場をとる。「森は造林であり、山は石切場であり、河は水力であり、風は《帆にはらむ》風である」(100)[70]。後にハイデガーは、このような立場を、自然を「巨大なガソリンスタンド」として取り扱うことだと言って批判する(2)。

環境世界的自然がわれわれにとって有用となりうるのは、原料として用いられるときだけではない。例えば、

時計を見るときには、われわれは表立ってではないが「太陽の位置」を利用しているのであって、この太陽の位置に従って官庁が、時間測定を天文学的に調整している。差しあたり目立たずに道具的に存在している時計という道具を使用するときには、環境世界的自然もともに道具的に存在しているのである。(101)[71]

3　歴史に取り込まれた自然

第一次的に歴史的に存在しているのは現存在なのだと、われわれは主張する。だが、第二次的に歴史的に存在しているのは、世界内部的に出会われるものである――それは、最も広い意味での道具的に存在している道具だけではなく、「歴史的な土壌」としての環境世界的自然でもある。(433)[381] 風景、植民地、開拓地として、また戦場や礼拝所として自然は歴史的に存在する。(440)[388-389]

B　利用不可能なものとしての自然：自然の力

われわれは、道具として利用不可能であるどころかむしろ、道具連関を脅かしさえする自然にも出会う。このとき自然が出会われ意味を持つのは、それが何の障害となるのか、あるいはわれわれがそれに対してどのように身を守るか、ということの方からである。

道路とか市街とか橋梁とか建物とかにおいて、自然は、配慮を通じて、特定の方向を持つものとして暴露されている。屋根つきのプラットフォームは、雨天を考慮しており、公共の照明設備は、暗夜を、言い換えれば昼の明るさの有無という特殊な交替を考慮している。(100)[71]

C　事物的存在者としての自然

自然は、利害関心なき観照に対してもいくつかの異なった仕方で現われうる。

1　純粋な事物的存在性

すでに見たように、自然が道具的に存在するものや利用不可能な道具的存在者として考慮されないとき、純粋な事物的存在性という欠如的様態で現われることがある。「道具的存在者としてのこうした《自然》の存在様式が無視されて、こうした自然自身が、もっぱらその純然たる事物的存在性において暴露され規定されることもありうる」(100)[70]。こうした自然は、理論において新たにコンテクスト化されてはじめて、自然科学が研究する自然となる。

2　自然科学

4章においてすでに見たように、科学が研究するものとしての自然があらわにされるのは、受動的な観照によってではなく配慮の特殊な様態、つまり「世界からその世界性を特定の仕方で奪うこと」(94)[65] によるのである。この様態は、理論において新たなコンテクスト化が可能になる仕方である。科学的観察はその結果、人間の「目的であるもの」とは無関係な宇宙をあらわにすることができる。こうした自然の因果的力を基礎として、道具、ならびに、身体を持つ限りにおける現存在そのものも成立する。この論点には15章で立ち返ることにする。

D　未開人ならびにロマン派の詩人にとっての自然

「しかし〈科学が自然を研究する〉ときには、《生きとし生ける》自然、つまりわれわれを襲い、風光としてわれわれをとり

こにするものとしての自然は、秘匿されたままである」(100)[70]。詩人の場合、

> 自然は、わずかに事物的にしか存在していないものだと解されてはならないし、また自然力だとも解されてはならない。……植物学者の植物は畦道に咲く花ではなく、地理学者が確定する河川の「水源」は「地に湧く泉」ではない。(100)[70]

ハイデガーはそれゆえ、次のように記す。

> おそらく道具的存在性と道具は、存在論的手引きとして、未開世界の学的解釈には、何の貢献もしないであろうし、事物性の存在論ではいよいよもって何も貢献しないことは言うまでもない。(113)[82]

とはいえ、『存在と時間』においては、ハイデガーは次のように主張している。「例えばロマン派の自然概念の意味での《自然》という現象も、世界概念の方から――言い換えれば、現存在の分析論の方から、初めて存在論的にとらえられうるのである」(94)[65]。ところがこれとは逆に、後期の作品においてハイデガーが示そうと試みるのは、この第四の自然の存在の仕方が、われわれの伝統において無視され続けており、しかも現存在の配慮に訴える仕方では了解しえないということである(3)。自然のこの第四の存在の仕方は、ギリシア人がピュシス［physis］として経験し、また、われわれが物に対して非道具的でありながらしかも非観照的な関係をとるさい、まだときおり経験するものである。

II　ハイデガーの科学的還元主義批判

以上から分かる通り、ハイデガーの区別するそれぞれの存在仕方に応じた仕方で、自然が出会われてくることは確かである。しかしそれによっては、最初の問い、すなわち存在論的により基礎的であるのは道具なのか、それとも道具の機能をその因果的力によって可能にする自然的素材なのか、という問いの答えにならない。

この問いは簡単に片づけられるものではない。ハイデガーはいくつかの箇所で、伝統的な自然主義的見解を支持する諸現象に注意を促している。実践的活動が中断されたとき、事物的存在者がすでにそこにずっとあったことにわれわれは気づくのだ、とハイデガーは指摘する。

> 目立つことが、道具的に存在している道具をある種の利用不可能性において与える。……この利用不可能なものは道具事物として自らを示すのであって、そうした道具事物はしかじかの外見を呈してはいるのだが、その道具的存在性においてはそのような外見を呈するものでありながら、絶

えず事物的にも存在していたのである。(102-103)[73]

ここからするとおそらく、道具の基礎に恒存する事物存在的素材こそが、道具の信頼性を説明したり(4)、逆に道具が適切に機能しないことを説明するものなのである。

道具的存在者のなかの事物的存在者によって、道具的存在者は利用可能でありうる。ハイデガーは「事物的存在者を根拠としてのみ道具的存在者は《存在する》」ことを認める。けれども彼は即座にこう問うのである。「だが、このテーゼがひとたび承認されるなら、このことから帰結するのは道具的存在性は存在論的には事物的存在性のうちにその基礎を持っているということなのであろうか」(101、強調ドレイファス)[71]。事物的存在者が、利用可能な道具やその諸位相に存在論的に先行すると考えれば、ハイデガーの中心的主張に矛盾する。にもかかわらず、『存在と時間』以前になされた講義においてハイデガーはまず、自分と対立する見解が、いかにもっともらしいかを示すことに努力する。

製品世界はそれ自身において存在者への指示を担っているが、そのことは、次の点を明らかにする。すなわち、それ——製品世界、配慮されているもの——は第一次的存在者ではまったくないということである。自然の世界への指示をたどるという形で製品世界を分析することによって、われわれがついには自然の世界こそが実在の基礎をなす層であると認知し、かつそのように定義するときまさに、世界的に第一次的に現前するものは……気遣いではなく[「世界的に第一次的に現前するものとして気遣われるのは」、と訳すべき]、むしろ自然の実在性であることが分かる。これは避けることのできない帰結であるかのように見える。(HCT, 199)[GA 20, 270-271]

しかし次の点に注意してほしい。存在論は存在するすべてのものについての学なのだから、自然科学よりも強い主張を行なわなければならないということである。自然科学は、ハンマーがどのようにはたらくかは語るが、ハンマーが何であるかは語らない。自然科学は、ハンマーのような道具の存在を説明する必要はないのであって、ただ鉄とか木といったハンマーを構成する素材の自然種の因果的力を説明すればよい。ハイデガーが強く主張するところによれば、自然が世界性を説明することができない以上、自然は道具的存在者がなぜはたらくのかを説明できるだけであって、道具的存在性を一つの存在の仕方として理解可能にすることはできないのである。

たとえ〈伝統的〉存在論が、数学的自然科学において自然という存在者に関して与えられている基礎陳述に適合した形で、自然の存在を最も純粋に説明することに成功したとしても、それは決して「世界」*という現象に到達しはしない。(92)[63]

ハイデガーが論証しようとするテーゼは、二つある。（1）世界性は自然の方からは了解しえない。

> 従来の存在論を一瞥してみて分かるのは、現存在の機構としての世界内存在が見損なわれると、世界性という現象もまた飛び越えられてしまうということである。その代わりに人は、世界内部的に事物的に存在して……いる存在者の存在から、つまり自然から、世界を学的に解釈しようと試みている。……「自然」は、世界内部的に出会われるある特定の存在者の存在諸構造のカテゴリー的な総体にほかならないのだが、世界性を理解可能なものにすることは決してできないのである。（93-94）［65］

（2）自然が理解可能なものとなりうるのは、ひとえに世界性を基礎としてのことである。

> 世界性の意味を単なる自然から読み取ることはできない。自然は環境世界的指示のうちで世界的な仕方で第一次的に現前するが、その環境世界的指示はむしろその逆のことをわれわれに語っているのであって、つまり実在としての自然が理解されうるのは、ひとえに世界性を基礎とすることによってのみなのである。（HCT, 199）［GA 20, 271］

ハイデガーはこの主張を擁護するためにまず、およそ理解可能なものとしてわれわれに出会われるものはどのようなものであれ――邪魔になったりわれわれを脅かすものであるにせよ、何らかの仕方で使用に供されるものであるにせよ――、有意義性を背景として出会われることに注意を喚起する。われわれが、コンテクストから切り離された事物的存在者としての事物に出会って、それに、コンテクストから切り離された機能述語を付加するなどということは起こらないのである。ハイデガーは、農夫が南風を使用する仕方を例として挙げる。農夫が風を道具として使用できるためには、風が、気象学者の言うような事物的に存在する空気分子の流れとしてではなく、日常世界に適合したものとしてあらかじめ出会われていなくてはならない。

> 例えば、南風が雨を知らせる記号として農夫によって「受け入れられる」なら、この「受け入れ」あるいは南風というこの存在者に「付着している価値」は、気流や特定の地理学的方向といったような、それ自体ですでに事物的に存在しているものに添えられた追加物ではない。南風は、気象学的に近づきうるかもしれないような、わずかに事物的に出来しかしないこうしたものとして、次いで時として予告記号の機能を引き受けるのでは決してない。むしろ土地耕作の配視が、考慮するという仕方で、まさしく初めて南風をその存在において暴露する。（111-112）［80-81］

ハイデガーの予想によれば、伝統的な存在論者はこう反論するだろう。

　しかし、人はこう反対するであろう。記号として採用される当のものは、何といっても前もってそれ自身に即して近づきうるものになっており、記号の創設に先立って捕捉されていなければならない、と。（112）[81]

ハイデガーの答えはこうである。

　確かにその通りであって、そのものは、およそすでに何らかの仕方で眼前に見いだされていなければならない。残されている問いは以下のようなものである。この存在者はこの先行的な出会いにおいてどのように暴露されているのか、つまり、出来する純然たる事物としてであるのか、あるいはむしろ了解されていなかった道具として――人がこれまでそれを「どうしたらよいのか何も」分からなかったため、配視にはなお遮蔽されていた道具的存在者として、ではないかということである。この場合にもまた、道具的存在者の道具性格が配視的にまだ暴露されていないときにそうした道具性格を学的に解釈して、わずかに事物的にしか存在していないものを捕捉するために前渡しされている単なる事物性だとみなしてはならない。（112）[81]

これまでのところ、世界性と有意義性こそが存在論的に優位を持つことを主張する「論証」は、次の主張にかかっている。すでにわれわれの世界に統合され・われわれの対処的振る舞いへと適合しているものとしてまず出会われるのでないなら、何ものも理解可能ではありえないということである。

III　ハイデガーの認知主義批判

世界のうちで出会われるものは、自然ですらそれが世界のうちで占めている位置によって理解可能なものとなる、と認めたとしよう。それで、世界性が事物的存在者によって理解可能となることは決してないと証明されたことになるのだろうか。

　ハイデガーの回答の出発点は、伝統的存在論の主張はあらゆる種類の存在を一種類の基本的な存在様式を用いて説明することにあるという指摘である。それゆえそのような存在論は、どんな基本的要素をもって実在の究極的構成要素だと主張するにせよ、それをもとに道具性をも含む一切を築き上げられねばならない。

デカルトは……それにあらゆる他の存在者が基礎づけられているところの、まさにその世界内部的存在者を、つまり物質的自然を、存在論的に性格づけるための根拠を置いた。基礎的な層をなすこの物質的自然の上に、世界内部的現実性のその他すべての諸層が築き上げられるわけであ

る。(131)[98]

自然だけで有意義性を説明することができないのは明らかだ。それゆえ、伝統的存在論――デカルトによって展開され、フッサールの現象学や、心のはたらきを情報処理としてとらえる心理学、さらには人工知能研究においてさえなお見いだされる存在論――は、道具全体性を事物的に存在する要素を用いて説明するために、自然科学的説明の下支えをする裸の自然物に加えて、それを機能もしくは価値述語で補わなければならない(5)。そうなれば結局、ハイデガーがたった今有意義性として記述した全体は、その部分である道具に先立つにもかかわらず、取り去られることになり、そしてそうした全体は、事物的に存在する要素から築き上げられた複合的な総体として分析されることになる。あらゆる存在の仕方を、事物的に存在する自然プラス事物的に存在する心的述語という、自明で直接的に理解可能だと思い込まれた存在仕方によって基礎づけようとするアプローチ――認知主義の理論はその一特例にすぎない――を、ハイデガーは皮肉って次のように表現し直している。

拡がりある事物そのもの……に基づくのは、「美しい」とか「美しくない」、「適合する」とか「適合しない」、「使用しうる」とか「使用しえない」とかいった種別的な諸性質である。これらの諸性質は、事物性に第一次的に定位すれば、量化されえない価値をあらわす述語〈機能述語〉だと解されざるをえないのであって、そうした述語によって、差しあたって物質的事物でしかないものが、〈何かにとっての〉財物という刻印を打たれる。……「世界」のデカルト的分析は、こうしてようやく、差しあたって道具的に存在するものの構造を安全に築き上げることを可能にするのである。デカルト的分析は、自然事物を補足して完全な使用事物にしさえすればよいということになるわけだが、このことは容易に遂行されるのである。(131-132、〈　〉内の補足ドレイファス)[98-99]

この立場を批判するハイデガーの主張は、いくら事物的に存在する機能述語を足し合わせたからといってそれで道具的存在者が了解されうると信ずべき理由はない、というものである。認知主義批判の背後にある基本的なハイデガーの直観は、事物的に存在する諸特性が「解放される」のはまさに有意義性がはぎとられることによるというものである。それゆえ、意味のない諸要素をさらに足し合わせて有意味な全体が再構築されうるかどうかは、きわめて疑わしい。

物質的事物性を語ることによって、一つの存在が――事物の不断の事物的存在性が――暗黙のうちに発端に置かれているのであって、この存在は、価値述語を存在者に後から付与したところで、存在論的に補足されるどころか、むしろこうした価値性格自身が、事物という存在様式を持つ存在者の存在的規定性にとどまるにすぎないのではないか。価値述語を添加しても、財物〈機能〉の存在に関して何らかの新しい解明がいささかも得られるわけではなく、そうした添加は、純然たる事物的存在性という存在様式を財物〈機能〉が持つことをふたたび前提するにすぎない。（132、〈 〉内の補足ドレイファス）[99]

デカルト主義的存在論者も現代の認知主義者もこう答えるだろう。一個の道具の存在とは、指示と有意義性の連関全体のうちでのその道具の役割なのだから、要素から全体を組み立てようと試みる存在論はうまくいくはずがないと、ハイデガーは言うだけだが、そう言うだけでは不十分である、と。認知主義者の考えでは、道具が各々のタイプに応じて他のタイプの道具と取り結ぶ関係を明瞭に解明し、それによって道具全体の表象を少しずつ築き上げることを、忍耐強くやっていくしかない。例えば、初めは椅子やランプや机など、個々の道具一つ一つから素朴に出発して、その道具が相互に取り結ぶ関係を記述する述語を加え、最後にそれが人間の技能や目的にどんな関係を持つかを付け加えるというわけである。

この主張を論駁するため、ハイデガーに何ができるだろうか。事物的に存在する諸要素によって、われわれの日常的了解を説明しようとする試みがもっともらしく見えるのは、ひとえに世界を、諸対象の集合ならびにルールに支配された日常活動の集合とみなす伝統的見解を保持しているからなのだから、ハイデガーの最初の一歩はすでに見たように、伝統的存在論が世界を飛び越してしまっていることを示すことにある。伝統的存在論者ならびに現代の認知主義者にとっては、「世界を学的に解釈するための発端が、……世界内部的な存在者というもののところに置かれ、その結果、世界という現象が総じてもはや眼差しのうちへと入ってこなくなってしまう」（122）[89]。ハイデガーなら次のように言うだろう。いったん世界内存在の現象学を正しく遂行すれば、有意義性をはぎとって純然たる事物的存在者を獲得し、熟練した対処を妨げて熟慮へと向かうときに生じている、貧困化が見えるようになると。そうすると認知主義はきわめて受け入れにくいものと見えてくる。立証責任は、認知主義の成功を望む者の側に移されるのである。

認知主義が受け入れにくいことを主張するのに、ハイデガーだったら二つのやり方をとりうるだろう。第一に全体論からの議論がある。テーブルの表象に、テーブルはそこで食べたり座ったりするものだという事実を付け加えても、テーブルが他の道具と取り結ぶ適所性や、テーブルであるとは何であるかを規定する「目的であるもの」の表面をかすっただけにしかならない。このような機能述語だけによっては、伝統的な日本人が、われわれの使うようなテーブルを扱えるようになったり、それどころかテーブルが当たり前のようにでてくる西部劇を完全に理解できるようになるのに十分ではないだろう。テーブル性を明瞭に説明する命題には、「その他の条件が同じならば適用される」という条件［ceteris paribus conditions］がつくだろうし、後者の条件にもまた「その他の条件が同じならば適用される」という条件がついて、いつまでたっても完全な理解には達しないのである。

これと関連して第二に、技能からする議論がある。コンピュータは物理的記号システムとしてプログラムされている、すなわち、[コンテクストを欠く]特性とルールを用いている。したがって、コンピュータは技能を持たない。換言すればコンピュータには、ある状況に立ち会っても、その種の状況において通例出会われるものに対処する準備態勢といったものがない。そのようなコンピュータは、事物的に存在する諸要素を処理することしかできないのである。だからコンピュータをプログラムするときには、コンピュータが状況のモデルを作ってテーブルに対処できるように、必要なデータとルールとをコンピュータにインプットしなければならない。ブルデューの記述する文化人類学者は（本書二三五ページを見よ）、贈与交換に含まれた技量［savoir faire］――いかなる返礼の間合いや価値差が適切なのか知ること――をとらえるためにルールを案出しなければならないが、同じように認知主義者は、テーブルにかかわるわれわれの技量をルールの形でとらえようとするだろう。これは当然、その適用が背景的状況に依存する「その他の条件が同じならば適用」されるルールだろうし、だから認知主義者は、今度はこうした背景的条件をとらえる厳密なルールを探さなければならない。その結果はといえば、さらに多くの技量をあらわにすることにしかならないのである。人工知能研究者にとっても、フッサールにとっても、これは無限の仕事を意味する(6)。だが、われわれの常識的了解が「いかになすかを知ること」に類するものであって、命題的な「事を知ること」ではないと主張しているハイデガーから見ると、事態は認知主義にとってさらにいっそう絶望的である。われわれの親密性は膨大なルールや事実の集まりからなるのではなく、諸状況に適切な仕方で応対する傾向性からなるのだから、形式化できる常識的知識などというものはない。仕事は無限なのではなく、初めから絶望的に方向を誤っているのだ。

『存在と時間』に含まれるこの二つの議論は、ディレンマの形で表現できる。事実やルールはそれだけでは意味を持たない。事実やルールによって、ハイデガーが有意義性とか適所性と呼ぶものをとらえるためには、それらに適切な関連性が割り振られなければならない。ところが、適切な関連性を定義するために付け加えられなければならない述語は、さらに別の、意味のない事実にすぎない。そして逆説的なことに、コンピュータに与えられる事実が多ければ多いほど、コンピュータにとってそのつど何が適切な関連を持つのかを計算することは困難の度を増すのである。特定の状況における適切な関連性を算定するためにコンピュータは、適切な関連を持つかもしれない事実を見つけるためのルールに従ってすべての事実を隅々まで探査し、さらに、当のタイプの状況においては通例どのような事実が適切な関連を持つのかを決定するルールを適用し、その上で、こうして得られたすべての事実から、この個別的状況において何が本当に適切な関連を持つのかを演繹しなければならないだろう。しかし、巨大なデータベースにおいてはこのような探索はどうしようもなく困難だろうし、しかも、探索の導きとなる事実が付け加えられ量が増えれば増えるほど、困難の度は増すだろう。だとすれば、無意味な事実とルールからなる巨大なデータベースを持っていて、そのなかの事実とルールのどれにそのつどの状況で意味があるのかを決定するために設計されたプログラムは、そのプログラムを実行すればするほどますます泥沼にはまりこむことになるだろう。

　ハイデガーが好んで使う例を用いて言うと、コンピュータがハンマーを理解しようとするなら、データベース上のすべての情報指示、つまり釘や壁、家、人々、木材、鉄、呼び鈴、サーカスの力比べゲーム、凶器等々への情報指示をしらみつぶしにたどってはならない。コンピュータは、そのつどのコンテクストにおいて適切な関連を持つかもしれない事実だけに、アクセスしなければならない。ところがそもそも、認知主義的に考えられた心とかデジタルコンピュータのような、第三者的な理論的主体にとっての、そのつどの状況といったものをプログラマーはどのようにして定義できるというのだろう。コンピュータは状況の内にはいないので、人工知能研究者は、他の事実へのどんな情報指示がたどられるべきかということに何らかの人工的制限を加えることによって、状況内存在の表象を試みるほかないだろう。テリー・ウィノグラードは一時期、ストーリー理解のために、まさにそのような手法を作り上げようとした。彼はこう記している。

　人間の推論の結果というのはコンテクスト依存的であり、記憶の構造には長期にわたる蓄積を組織化したもの（私は何を知っているか）だけではなく、そのつどのコンテクスト（今何が大切か）も含まれている。われわれの信じるところによれば、これは不便な制約ではなく、人間の思考の重要な一特徴なのである。(7)

「問題は……そのつどの注意の焦点や目標について形式的に語るやり方を見いだすことである」(8)とウィノグラードは考えた。ウィノグラードの「解決」は、コンピュータが出発点を与えられてから、データベースの全方向を探査するのに使える時間を制限することだった。それによってコンピュータは、そのつどの目標にとって適切な関連を持つものだけを呼びだすことができるだろうと彼は考えたのである。

　しかし、そのつどのコンテクストというのは、考える時間が少ししかないとき何を考えつくかによって定義されるものでないのは明らかである。そのつどの状況で何が適切な関連を持つものとして出会われるかは、自分が今何をやっていたか、また、何をしようとしているかによって規定される。私はある状況内での存在から、次の状況内での存在への移行を準備態勢の変更によって遂行するのであるが、この準備態勢は、もろもろの状況が展開する典型的な仕方を何年にもわたって経験することで、形作られてきたものである。現存在はつねにすでに何らかの状況のうちにあって、絶えず新たな状況へと移行しつつある。このとき、次に何が適切な関連を持つものとして出会われるかは、その状況に先行する過去の経験によって組織化されている。それに対してコンピュータは絶えず、そのつどの状況の何らかの代理物に、そのつど新たに［de novo］直面しなければならない。探索の制限は、展開していく一連の状況の内にすでに存在していることの代わりにはならない。

ハイデガーの分析から予想されるように、「適切な関連性」問題のウィノグラード的解決はうまくいかなかった。こうしてウィノグラードは、「いかなるスクリプトや目標、戦略が適切な関連性を持ち、それらが相互にいかに関係し合うかを決定する常識的背景を形式化することの困難さ」(9)に気づくことになる。彼は後に、探索制限による解決法を放棄し、人工知能への「信頼をなくした」結果、今ではスタンフォード大学のコンピュータ科学講座でハイデガーを教えている(10)。

コンピュータをプログラムしなければならないとなると、ごまかしはきかない。書斎派の合理主義者にありがちな思弁の登場する場所はない。こうして、人工知能研究によって、デカルト主義的認知主義者のはったりが露見してしまったのである。道具連関を説明するには、典型的状況では何がなされるべきかを記述する機能述語とルールを次々に付け加えさえすればよいと、述べるのは簡単である。しかし人工知能における実際の困難――一つには、常識的知識問題と呼ばれるものについて人工知能が進展を見いだせないこと、また他方では、そのつどの状況を人工知能は定義しえないという、時として「フレーム問題」(11)と呼ばれるもの――を見れば、ハイデガーの正しさが分かる。どうやら、世界という現象を意味のない要素から築き上げるのは無理らしいのである。

こうした諸困難――これらは、デカルト主義的な存在論的前提の遺産である――に照らして見れば、われわれは、現象へと帰れというハイデガーの指令をより深く味わうことができる。われわれとしては、自分が何を説明しようとしているのか、また自分が使っている要素がそれを説明するのに十分豊かなものであるかを確かめる必要がある。

差しあたって「皮をはがされてしまっている」という仕方でわれわれに与えられているとみなされる使用事物を再構成するためには、その全体性がこの再構成のうちでふたたび作りだされるべき当の現象へと、先行的に積極的に眼差しを向けることが、必要となるのではなかろうか。(132)［99］

そして、有意義性ならびにそれとのわれわれの親密性の全体論的性格を記述したときに初めてわれわれは、ハイデガーが形式的モデルについてはっきり言明したわずかな箇所を理解しうるのである。形式的モデルは抽象的構造であり、そのモデルによって表わされるものや、また表わされたものに対処するわれわれの傾向性とは独立に、完全に特定できなければならない。したがってハイデガーによれば、形式的もしくは抽象的モデルによっては、「何かをハンマーで打つ」とか「どこかに座る」といった技能の「いかになすかを知ること」をとらえることはできないし、また世界性の適所性構造――「配慮しつつある配視そのものがすでにそのうちに住み込んでいる諸関連」(122)[88]――をとらえることもできない。

　ハイデガーの結論はこうである。

有意義性として世界性を構成している指示のコンテクストを、人は、形式的には一つの関係体系という意味においてとらえることができる。ただ注意すべきは、このような形式化は諸現象をきわめて水平化してしまうので、本来的な現象的内実が失われるかもしれない〈原文のまま〉ほどであるということ、ことに有意義性のうちにひそんでいるような「単純な」諸関連の場合にはなおさらそうであるということ、このことである。「手段性」、「目的であるもの」、適所性がそれでもって得られる「適具」といったこれらの「諸関係」や「諸関係項」は、それらの現象的内実から見れば、あらゆる数学的な関数化には逆らう〈原文のまま〉のである。(121-122)[88]

　ハイデガーの言い方は、正確であり慎重である。日常的了解についての形式的モデルが自分の記述する現象を逸せざるをえないこと、これを証明できないことをハイデガーはよく分かっている。しかし彼はまた、ひとたび現象が正しく記述されさえすれば、認知主義者の企てがきわめて受け入れにくく見えてくることも知っている。認知主義の伝統をハイデガー的に理解することによって、われわれは、認知科学者が楽観的にすぎると予想できるわけだし、ハイデガー的な現象の記述によって、認知主義がまさに今日直面している袋小路を予想できるわけである。

　ハイデガーはこうして、近代自然科学とデカルト的存在論の両者にふさわしい位置をあてがうことができることになる。科学の持つ正統的な位置とは、道具全体性を説明することにある。理論へとスイッチを切り替えることによって、道具的存在者は、指示全体性から、また「目的であるもの」から切り離される。その結果残されるのが意味を欠いた要素、すなわち被覆法則やプログラムによって形式的に処理されうるような要素にほかならない。理論が脱コンテクスト化を遂行するとき、それは事物的存在者を構築するわけではない。むしろハイデガーが述べるように、理論は、道具的存在者のうちにすでに存在していた事物的存在者をあらわにする。例えば、ハンマーがこの仕事には重すぎる、といった道具性をはぎとったとき、われわれはそのハンマーが五〇〇グラムの重さであることをあらわにできるのである。こうして科学は事物的に存在する諸性質と、これら諸性質のあいだに存在する因果関係を暴露しうる。つまり科学が自然の物理学的性質を暴露するのは、人間の目的にとってのあらゆる適切な関連性を排除することによってのことなのだ。（15章を見よ。）

> 差しあたり経験される世界が脱世界化されればされるほど、……換言すれば、差しあたり経験される世界が単なる自然になればなるほど、その自然のうちでわれわれは、例えば物理学の客観性といった意味における、単なる自然存在を暴露するのである。（HCT, 168）[GA 20, 227]

ところが伝統的存在論は、存在的（因果的）説明と有意義性の存在論的（現象学的）記述とを区別できなかった。

> もしデカルトの業績を、数学的自然科学の構成と、そしてとりわけ数学的物理学の仕上げとの関連から考察するなら、この考察は根本的に肯定的な意義を当然持っている。しかしデカルトの業績［英訳では「考察」だが修正］を世界の実在に関する一般理論との連関のなかで見たとき明らかになるのは、ここから実在性探究の運命的な狭隘化が始まったということである。そしてこれは今日に至るまでいまだ克服されてはいないのである。（HCT, 184-185）[GA 20, 250]

Ⅳ　結論

有意義性を度外視することによって科学的事実がどのように獲得されるかについて、現象学的に記述した結果明らかになるのは、次のことである。すなわち、理論を構成する諸要素を手に入れるためにあらゆる有意味なコンテクストをはぎとったが最後、理論はなぜ意味を回復できないのかということである。つまり、科学は有意義性を説明できないのである。それゆえ、たとえ自然科学が指示全体性の因果的基礎を説明しえたとしても、「《自然》は……世界性を理解可能なものにすることは決してできないのである」（94）[65]。

ハイデガーは『存在と時間』の自家用本で、この点について「そうではなくまさに逆が成り立つ」{88}と書いている。だから、ハイデガーにとって世界性と道具的存在者の（存在論的）優位が結局何を意味するのか、またこの優位が、自然と事物的存在者の説明上の（存在的）優位といかにして両立しうるのかを見ておかなければならない。確かに、事物的存在者は道具的存在者がいかに機能するかを説明するために必要である。しかしハイデガーの考えでは、道具全体性こそ、説明されるべき道具的存在者がそもそも存在するための必要条件なのである。何かを一個の道具として取り上げる（あるいはハイデガーの言葉では「解放する」）には、道具をその目的の方から、コンテクストとしての道具全体性のなかで取り上げなければならない(12)。すでに見たように、諸性質をいくら組合わせても椅子を取り上げることはできない。たとえ「座るための」という述語をその性質に付け加えたとしても、である。しかし、いったん椅子を取り上げてしまえば、われわれはそれが木材あるいは金属などからできていること、こうした自然種とその因果的力によって椅子が機能しえていることを暴露しうる。この関係がもっとはっきりするのは明かりの場合である。明かりはどんな外見でもかまわない。何か特定の形をしていなければならないことも、何か特定の材質からできている必要もない。どんなはたらきをすれば明かりとして機能するかも一通りではない。終夜灯、街灯、読書灯、交通信号、いずれも明かりなのだ。明かりをその役割をもとに取り上げた後にはじめて、われわれはその有意義性と利用法から、あらわになっているものとしての事物的に存在する諸性質を抽象し、さらに明かりが光を放つのはいかにしてかを説明する自然法則を抽象することができる。この意味において有意義性としての世界性こそ、優位を持つのである。

> 世界はそれ自身一つの世界内部的存在者ではない。それでも世界はこうした存在者を規定しているのであって、それは、世界が「与えられている」限りにおいてのみ、こうした存在者は出会われうるし暴露された存在者は自分の存在において自分を示しうる、というような規定である。

(102)[72]

伝統的存在論はつねに、事物的存在者のレベルにおける何ものか、例えば実体や感覚与件、あるいは超越論的な意識内部の表象を見いだすことで、日常的世界を了解しようとしてきた。こうした何ものかとは、他のどんなものにも依拠することなく理解可能だと想定されているものである。さらに伝統的存在論が示そうとしてきたのは、今述べたような自足的な諸要素からそれ以外の一切が築き上げられているのだから他の一切のものも理解可能だ、とみなされうるその仕方を明らかにすることである。こうみなしたのでは、表3［一四〇ページ］を読むときに、理解可能性の方向を下から上にとることになるだろう。ハイデガーの議論は、存在論の出発点となるこうした諸要素が、世界性を説明しようとするにはあまりにも貧弱であり、その結果、理解可能性の存在論的方向性を、表3の下から上にとる試みは決してうまくいったことがないというものである。何らかの事物的存在者が世界性を理解可能にすると考える理由は、まったくないのである（理論が、存在的科学的説明に成功しているということを除いては、の話しだが。このことにせよ正当な理由ではない）。

現象学は反対に、日常的世界は理論の対象に勝るとも劣らず、自己充足的でありかつそれ自体で理解可能であることを示そうとする。他の何ものかを用いて日常的世界を理解可能とすることはできないし、またその必要もない。むしろ、日常的世界こそが理論の可能性と位置を説明できるのである。世界こそ、われわれが直接了解するものなのであり、また、自然や道具や人格などがいかにして相互に適合し意味をなすかをも、世界によって知ることができる。それゆえ、世界性ならびにそれと相関的な現存在による存在了解こそが、存在論固有の主題なのである。

現存在の世界内存在によってあらわにされる世界を記述することと、現存在の対処によってあらわにされる存在の仕方を記述することとは、ハイデガーが基礎的存在論と呼んでいるものである。ハイデガーが擁護するのは、基礎づけ主義といってもこの種のものだけである。現象学的探究によって獲得されるような類の理解可能性は、伝統的存在論が捜し求めた理解可能性、つまり要素からの全体の築き上げによる理解可能性とは違う。しかしハイデガーの主張によれば、現象学的な理解可能性こそが、われわれが必要としまた手に入れる望みのある唯一の哲学的な理解可能性なのである。

そうだとするとここでハイデガーは、立証責任を相手に転嫁することで認識論主義者に答えていたのとは違って（4章を見よ）、問いをずらすのである。科学はなるほど道具的存在者の機能を、事物的に存在する諸要素間の因果関係を用いて正しく説明することができる（この存在的基礎づけは、表3を下から上へと読んでいくのである）。しかしこれは存在論の問題ではない。問題は、説明することではなく了解することである、つまり物事がいかに存在するかを了解することであって、それらがいかに作動するかを説明することではない。ある現象が了解されるのは、それが他の諸現象といかに適合するかが見てとれるときである。道具的存在性は、事物的に存在する諸要素の何らかの組合せに基づいて理解可能となることはないのだから、われわれとしては問いの向きを逆転しなければならない。つまり、利用不可能になった道具的存在者の持つ状況的位相を選択的に排除することによって事物的存在者があらわにされるのだ、という点を示すことで、事物的存在者性の説明を試みなければならない。「自然は、可能的な世界内部的存在者の存在の一つの極端な場合である」(94)[65]。このようにわれわれが、存在者の三つの出会われ方を理解することができるのも、表3を上から下へと読むことによってである。見えてくることはまださらにある。伝統的存在論の基礎となっていた、純粋な事物的存在者はそれ自体としてはまったく理解可能ではなく、道具的存在者の一連の正当な変容過程を、不当に拡張解釈することによってのみ了解できるのだということである。こうした変容の過程で、日常的理解可能性は徐々に取り去られてしまう。

だが、これで議論が終わったわけではない。内的表象を持った自足的主観というデカルト的概念をハイデガーが批判したときと同じように、伝統的存在論者はここで次のように論じるかもしれない。なるほど、意味を持たない諸要素から全体論的有意義性を構築する試みはどうにも見込みのないように見える。しかしそれでも依然として、何らかのそのような構築は可能で

表 3　現存在以外の存在者の存在の様態。

存在の様態	何が起こるのか	現存在の立場	何が出会われるのか	何が出会うのか
道具的存在性	道具が円滑に機能すること。	透明な対処。 実践的活動へと没入。 繰ること。	透明な機能すること。 道具的存在性。	どんな主体でもない。 どんな主題的な反省的気づきでもない。
利用不可能性	道具の問題：			心的ではない背景に基づき心的内容を持つ主体。
	(1)機能の不調 (目立つ：重すぎるハンマー)。	再び先を続ける (別のハンマーを取り上げる)。	コンテクスト依存的位相 または、「対象」の特徴 (「重すぎる」ものとしてのハンマー)。	
	(2)一次的故障	実践的熟慮。	「その他の条件が同じならば適用されるルール」。	
	(手向かう：頭のとれたハンマー)。	障害の除去。	道具の相互結合性。 用途性。	
	(3)永続的故障 (押しつけがましい：ハンマーを見つけられない)。	途方にくれて前に立つが、まだ配慮している。	仕事場の世界適合性 「目的であるもの」が含まれる。	
事物的存在性	日常的実践的活動は止まる。	第三者的に前に立ち、理論的反省。(驚き。)	ただひたすら事物的でコンテクストから分離可能な確定的な性質、および性質の集まりとしての対象 (ハンマーは 500g である)。	心的ではない背景に基づき心的内容を持つ主体
		熟練した科学的活動。 観察と実験。	新たにコンテクスト化されている。 要素の、法則に支配された集合としての宇宙。 厳密なルールによって人間行為を説明する試み。	
純粋な事物的存在性	休止。 終えつつあること。	純粋な観照。 何かをただ凝視するだけ。(好奇心。)	裸の事実、感覚与件、 拡ガリヲモツモノ [res extensa]。	自足的主観。

なければならない。なぜなら、究極的に実在するものは何らかの要素であるからであり、またすべてのものは、こうした諸要素を関係づける何らかの理論を用いて説明されねばならないのであって、さもなければすべてのものは、受け入れがたいほど神秘的なままにとどまってしまうであろう、と。

現象をありのままに受け入れる妨げとなっている、こうした存在論的命法の土台を掘り崩すためには、存在論を事物的存在性に基づけようという要請がいかにして生じたのかを、はっきりさせねばならない。だから、『存在と時間』の予告されていた第二部において、ハイデガーは次のように問おうとしていたのである。

なぜ、われわれにとって決定的な存在論的伝統の始めにおいて（それはパルメニデスのところで明示的になるのだが）、世界という現象が飛び越えられたのか、このように飛び越えられることが絶えず繰り返されるのは、なぜなのか(13)。（133）[100]

ハイデガーは加えて次のように述べる。

現存在の分析論が、こうした問題性の枠内で最も重要な現存在の諸主要構造を見通しのきくものにしたとすれば、つまり、そのうちで存在一般という概念を理解可能なものにしうる地平がこの概念に割り当てられて、こうしてようやく道具的存在性と事物的存在性もまた存在論的に根源的に理解可能なものになるとすれば、そのときに初めて、デカルト的な（しかも原則的には今日でもなお普通に行なわれている）世界存在論に対するわれわれの批判は、自らの哲学的正当さを発揮させられることになる。（133）[100]

彼はこう予告する。

これらの問いに対する答えのうちで、世界という問題性の積極的な了解が初めて達成され、この問題性が認知し損なわれた根源が提示され、伝統的な世界存在論を拒絶する権利根拠が証示される。（134）[100]

私の見るところこの発言の意味は、『現象学の根本問題』でハイデガーが「破壊」（BP, 22-23）[GA 24, 31］と呼ぶものによって現象学的批判が補完されねばならないということである。ハイデガーは次のように説明する。

この課題をわれわれは、存在問題を手引として、古代存在論から伝承された内実を破壊することだと解するが、この破壊は、根源的な諸経験をめがけて遂行されるのであって、それらの根源的な諸経験のうちで、存在の本性を規定する最初の仕方、しかも引き続き主導的となっている規定の仕方が獲得されたのである。（44）[22]

われわれが、理解可能性は実在のあらゆる領域に関する理論を所有することによって到達されるという、自らの存在論的前提の源泉を理解したときに初めて、換言すれば、この前提が哲学的に必然的であるというより歴史的に規定されたものであることを見てとったときに初めて、この前提はわれわれを支配することをやめる。

もちろんこの時点でも、伝統的な存在論者からの反論がありえよう。パルメニデスは単に、真の理解可能性が何に帰着するかを見てとった最初の人であるにすぎず、また、ある企てが歴史上の一時点に生起したことが分かったからといって、それだけでその企ての健全性が損なわれるわけではないというのである。だがそのような場合、われわれにできるのはただ、現象に還帰し、次のように主張することだけである。すなわち、伝統的存在論は明らかな受け入れがたさを持っているのであり、自足的実体の恒常的現前に基づく存在論を求めるべき、あるいはそのような存在論が無歴史的な必然性であると考えるべき、それ自体で完結した理由はないのだ、と。

初期のハイデガー、つまり『存在と時間』におけるハイデガーに特徴的なのは、伝統的存在論に関するこうした議論をさらに押し進めて、彼の主張をより強い議論へと持っていくことである。彼は以下のようなことを示そうと欲している。

世界および差しあたり出会われる存在者を飛び越えるということは、偶然でもなければ、……見誤りでもなく、現存在自身のある本質上の存在様式のうちにその根拠を持っている。(133) [100]

つまり、現存在は自分に立場をとるために諸対象の使用に没入する必要があるばかりではなく、「自己の非本質性」(MFL, 140) [GA 26, 176] を隠蔽するために自己自身のことを、事物的存在者と同様の固定された自足的性格を持つものとして解釈するものでもある。ここから今度は、事物的存在者に基づいた存在論が生じる。こうして『存在と時間』第一部第二篇では、伝統的存在論は、現存在が本質上自己の真理に直面することができないことに動機づけられている、ある体系的な隠蔽の一部だとして批判されることになる。

こうした嫌疑の解釈学は、当然予想されることだが後期のハイデガーでは斥けられ、パルメニデスは復権して、次のような結論が導きだされる。ソクラテス以前の哲学者にとって自明なものとして受け取られていた世界性が、パルメニデスの時代の直後に、プラトンによって飛び越えられるという出来事がまさに生起したのだと。後のハイデガーが述べるところによると、ソクラテス以前の哲学者とともに「真理の本質は……現われ、……そしてその後あっと言う間にふたたび消えてしまう」(14)。後期ハイデガーによれば、何が存在や理解可能性とみなされるかを決定する、このような深い「出来事」の原因を求めるのは無意味である。われわれの唯一なしうることは、こうした出来事の歴史を物語ることによって、こうした出来事からわれわれ自身を解放する試みだけである。このことを一つの理由として、後期ハイデガーは、「超越論的解釈学的現象学から、存在を歴史的な仕方で思索することへ」(15)と転回した。

7章　空間性と空間

われわれが見てきたところによれば、伝統的存在論がその近代的形態において始まったのは、デカルトが客観的空間の細片（拡ガリヲモツモノ）［res extensa］を、世界内のすべてを説明する要素ととらえたときである。今ここでハイデガーが着手するのは、まぎれもなく、この存在論の限界を示し、またそれにふさわしい位置づけを与える仕事である。

> 拡ガリを「世界」の根本規定性とみなすことは、その現象的正当性を持っている。たとえ、拡ガリへと訴えることのうちでは、世界の空間性も環境世界のうちで出会われる存在者の空間性……も存在論的に把握されえないとしても、そうなのである。（134）［101］

ここでハイデガーの引用符の使い方の習慣を忘れてはならない。彼が実際に述べているのは、拡ガリが「世界」すなわち物理的宇宙の基礎的素材であるということだけである。むしろ彼が後に主張していくことは、拡ガリによっては（引用符なしの）世界は説明できないということである。デカルトに反対してハイデガーは次のように断言する。

> 環境世界の環境性、すなわち、環境世界のうちで出会われる存在者の種別的な空間性は、世界の世界性によって基礎づけられているのであって、逆に世界の方が空間の中で事物的に存在しているのではない。（135）［101-102］

現存在の配慮によって、いかにして現存在が空間性をあらわにすることが可能になるのか。また、こうした実存論的空間性は物理的空間とどのように関係するのだろうか。いかなる存在者であっても、つまり岩や日没であっても、それと出会う可能性は現存在の配慮的交渉に依存するというハイデガーの主張に納得していない人がいるだろう。そのような人でも、ハイデガーが、物理的な時間・空間は現存在から独立しているというわれわれの確信を維持した上で、日常的な時間・空間が現存在の配慮によって構造化されていることを論証できるなら、彼の主張をもっと信じる気になるかもしれない。

すでに見たように、現存在が世界の「内」にあるのは、事物的に存在するものが物理的空間の中にあるのと同じ仕方ではない。これは、現存在がいかなる空間性をも持たないということを、意味しているわけではない。適所的参与の空間性というものもあるのである。

> 現存在が空間という容器のうちでそのように内存していることを拒否したとしても、それは原則的には、現存在のあらゆる空間性を排除するはずのものではなく、現存在にとって構成的な空間性を見てとるための道をあけておくはずのものにすぎない。現存在にとって構成的なこの空間性が、今や明らかにされなければならない。(134)[101]

フッサールと違ってハイデガーは、空間と時間が、個別的自我の意味付与的活動によって内的体験の今-ここの流れから綜合されるなどと論じたりしない。むしろハイデガーの主張は、公共的な時間・空間の構造が、実存の構造を前提にするということ、すなわち自分の存在こそがそれ自身にとって問題であるような存在者の存在仕方を、前提にするということである。空間に関する議論においてハイデガーは、(1)公共的空間は配慮の一関数であることを示し、(2)実存に特有の空間性のタイプを記述し、(3)物理的(つまり利害関心から離れた)空間は、日常的な適所的参与の空間の、欠如的なすなわち脱世界化された様態として理解されうることを示す。

空間性に関する議論は、『存在と時間』のなかでも最も難解な議論の一つであるが、それは、この議論がほかのどの議論よりも深遠だからではなく、基本的に混乱しているからなのである。ハイデガー自身が後に自覚するに至ったことなのだが、存在者が人間存在に出会われる場である公共的空間と、個別的な各々の人間に特有の、中心をそなえた空間性とがはっきり区別されなかったのだ。テキストを解明していくなかで、私は、この混乱を整理するよう試みる。

I　公共的空間性

3章で私は、「内」[in]の二つの意味を区別した。空間的-内属[in-clusion]と適所的-参与[in-volvement]、あるいは「道具の適所性」である。ところで、これら内-存在の二種類は、今では、事物的に存在する対象と、道具的に存在する道具との区別に対応させることができる。まず、道具はその占めるべき場所を持っている。

このことは、任意の空間的位置で純粋に事物的に出来することは、原則的に区別されねばならない。あれやこれやのための道具がその場所を占めているとき、この場所は、道具の場所として、すなわち、環境世界的に道具的な道具連関に属している、……もろもろの場所の全体のうちの一つの場所として規定されている。(136)[102]

例えば、道具はそれぞれ仕事場のなかで特定の場所を持つ。ここでもまた全体から、その部分とされているものが規定を受ける。方域としての仕事場によって、のこぎりや旋盤、作業台などの場所が可能にされる。

配視的に意のままになる一つの道具全体性が占めるもろもろの場所を指令し眼前に見いだす可能性が存在すべきであるならば、方域といったようなものがあらかじめ暴露されていなければならない。(136、強調ドレイファス)[103]

それのみならず、場所は公共的であって、特定の人々の所在位置からは独立である。

道具的存在者が占める場所の多様性が、方域的に定位づけられていることによって、環境世界的にわれわれが最も身近に出会う存在者の環境性——そうした存在者が持っている「われわれの周囲の環境」——が、構成されるのである。……「上」は「天井に」であり、「下」は「床に」であり、「背後」は「戸口のそば」なのである。「どこか」といったものはすべて、日常的交渉においてわれわれが、われわれなりの道筋を進むなかで暴露されており、配視的に解釈されているのである。(136-137、強調ドレイファス)[103]［ここでの英訳は人称代名詞「われわれ」に関して必ずしも原文とは一致していない。］

方域それ自身はといえば、現存在の配慮の方から割り付けられており、したがって最終的に空間性のこの位相は、自己の存在がそれにとって問題であるような存在者を遡及的に指示している。(これから見るように、これによってハイデガーは空間性を気遣いに基づけるのに成功したも同然なのである。)

現存在にはまさに自分の存在においてこの存在自身へとかかわりゆくことが問題であるのだが、そうした現存在の配慮がそれらの方域を先行的に暴露し、それらの方域のもとで、ある適所性が決定的となるのである。それらの方域の先行的暴露は、出会われるものとしての道具的存在者がそれに向けて解放される適所全体性によってともに規定されてもいる。(137)[104]

II　実存論的配慮の関数としての空間性

現存在が道具的存在者と出会うための空間性は、現存在が配慮的に世界内存在することに依拠している。

> 道具的存在者をその環境世界的な空間のうちで出会わせることがあくまで可能であるのは、存在的には、現存在自身が自分の世界内存在に関して「空間的」であるという、このことのゆえにのみである。……現存在は、世界内部的に出会われる存在者との配慮しつつある親密な交渉という意味において、世界の「内」で存在する。したがって、現存在に何らかの仕方において空間性が帰属しているというなら、このことはこの内-存在を根拠としてのみ可能である。(138)[104-105]

道具が空間的に出会われることにおいて現存在の配慮が果たす役割を説明するのに、ハイデガーは、英訳では"de-severance"(Ent-fernung)[脱-分離]と呼ばれている概念を導入する。Entfernung の通常の翻訳は「遠方」とか「距離」だが、ハイデガーはこの言葉をハイフン付きで用いており、ent には否定の意味があることを考えると、結局文字通りには距離を廃棄することを意味するのであろう。このような用語法を用いてこの語の意味するところは、距離を創設し、かつ克服すること、つまり事物が遠いとか、近いとかといったことがありうるような空間を切り開くことである。私は、この言葉遊びを取り逃さないよう、英語の"dis"の否定の意味を利用して Ent-fernung を dis-stance [隔たりの奪取]と翻訳しようと思う。現存在は事物を近づけるが、それは事物をその配慮の射程にもたらすという意味においてのことである。それによって事物は、特定の現存在にとって近くにあるか、遠くにあるものとして経験されうることになる。

> 隔たりの奪取は、……実存カテゴリーである……。そもそも存在者がその隔たりを奪取されたという性格において現存在にとってあらわにされている限りにおいてのみ、もろもろの「隔たり」や距離が、世界内部的存在者自身に即して他の世界内部的存在者に関連して近づきうるようになる。(139)[105]

隔たりの奪取は、距離の隔たり[distance]とは異なる。隔たりの奪取に程度の差というものはない。むしろ、隔たりの奪取によって、さまざまな程度の近さや遠さ、接近可能性と不可能性が出会われるようになる。ある対象が指示連関に組み込まれ、隔たりを奪取されて初めて、それは多かれ少なかれ使用可能となる。つまり、多かれ少なかれ特定の個人から距離を持つことになり、多かれ少なかれ各個人の活動に組み入れられる。道具の利用可能性の程度とは配慮にとっての近さである。(ここで現にハイデガーは、Zuhandenheit というドイツ語の術語のなかに含まれている、「手許に」[zuhanden]あるという含意を利用している。この術語は、われわれの翻訳では道具的存在性[availableness]である。)

日常的交渉がかかわる道具的存在者は、近さという性格を持っている。精確に見れば、道具のこうした近さは、道具の存在を表現する術語つまり「道具的存在性」（Zuhandenheit）のうちで、すでに暗示されている。「手許に」（zur Hand）存在しているものは、異なった近さをそのつど持っているが、こうした近さは距離の測定によって画定されているわけではない。この近さは配視的に「算定しつつ」操作したり使用したりすることに基づいて規整される。（135）［102］

隔たりの奪取と距離の隔たりとを区別したことに応じて、空間を記述するハイデガーには、二つの異なった仕事を区別できる。（1）共有された世界を、実存と呼ばれる存在の仕方がどのように切り開くのかを示すこと。この共有された世界では、事物が現前するものとして、したがって近くあるいは遠くにありうるものとして出会われるのである。（2）事物が特定の現存在にとって近くのもの、あるいは遠くのものとして経験されうるのはいかにしてかを説明すること。われわれとしてはそれゆえ、近さと遠さの可能性を切り開く上で配慮の果たす役割と、特定の現存在に対する特定の道具の近さ・遠さとを区別するよう注意しなければならない。

ところがハイデガーは、例えば次のような箇所ではこの区別を曖昧にしてしまう。

「隔たりを奪取することは」遠さを消滅させることを意味する、換言すれば、あるものの遠隔性を消滅させること、つまり近づけるということを意味する。現存在は、本質上、隔たりを奪取しつつ存在しており、現存在がそれである存在者として、どんな存在者をも近さのうちへと出会わせる。（139）［105］

ここでハイデガーは、そもそも事物が近かったり遠かったりするための条件である、現前（隔たりの奪取）の場としての空間を開くこと一般と、事物を取り上げ用いることにおいて現存在が事物を実践的に近づけることとを、区別し損なっている。ハイデガーの言う意味において実践的に近づけることは、私にとって近いということでしかありえず、公共的空間の次元ではない。いま引用した部分に含まれる誤りに気づいたハイデガーは、後に欄外注にこう記している。「本質的なことは、近さや現前であり、距離の大きさではない」〔140〕。すなわち、事物がいかにして空間的なものとして現存在にとって出会われるのか理解したいとき本質的なことは、事物がそもそもいかにして現前的であるかということである。実存カテゴリーとしての隔たりの奪取は、特定の現存在の特定の対象に対する距離の隔たりに先行している。ある対象が、それぞれの場合においてどのくらい遠くにあるのかが理解されるのは、現前に基づいてのことなのである。例えば、テーブルは教室のうちに現前しうるが、そのとき何らかの特定の人物に現前する（したがって彼にとって近かったり遠かったりする）必要はない(1)。テーブルがこうして現前的なものとして出会われるがゆえにのみ、それは書類を乗せる台となって私の目的にかないうるのだし、こうした仕方で私にとって近くにありうる、つまり私にとって道具的に存在することができるのである。こう考えれば、なぜハイデガーが「現存在のうちには近さへのある本質上の傾向がひそんでいる」(140)[105]という部分に続けて、その欄外に「どのくらい、また何ゆえに。恒常的現前としての存在が優位を持つ。現前化すること」{141}と書いたのか理解しうるのである。

ハイデガーが空間性について書いたこの章を整合的に読もうとするなら、公共的な仕事場の空間——それは、現存在がいつもその内に存在しているところであり、またそれは、それ自身の諸方域、場所、皆にとっての接近可能性を持っている——における道具の現前の方が、特定の道具が特定の現存在から近かったり遠かったりするといったことより、優位を持っていることを肝に銘じる必要があるだろう。そのようにして初めてハイデガーは、近さや遠さをそなえた私の世界を、公共的な方域や場所を持つこの世界より優先するデカルト／フッサール的伝統の定石を回避できることになるし、また、世界の公共的空間を徐々に脱コンテクスト化することで、事物的に存在する「世界」空間を派生的に導出することもできることになる。

しかし『存在と時間』においては、現前を存在論的に説明することは、現前が、自己自身にとって自分の存在が問題であるような存在者としての現存在にどのように基づくかを示すことと同義とされている。まさにこのことのためにハイデガーは、配慮的対処がどの程度事物に対してなされるかによって定義された、事物の近さと遠さに、優位を与えるという誤りを犯すことになる。そのため彼は結局、個別的現存在の空間性に優位を与えることになってしまう。この困難から抜けでようとハイデガーは、第七〇節において、空間は時間性に根拠を持ち、それゆえ空間は、自分の存在が自分自身にとって問題であるという現存在のあり方のうちに、ただ間接的にしか根拠を持たないと論じる。しかし後にハイデガーも、この論じ方は成功していないことを認めている(2)。空間性が、個別的な現存在の自分固有の存在への配慮に基づくということは、直接的にせよ間接的にせよ、ありえないことをハイデガーは後に受け入れるのである。この章のかかえる問題こそが、基礎的存在論の企て、すなわち、あらゆる存在仕方を現存在の存在仕方に基づける存在論の企てを放棄することへと、ハイデガーを追い込んだような困難だと考えられる。

Ⅲ　現存在の所在位置

ハイデガーが強調するのは、ある特定の個人を起点とした距離を理解するに当たっては、現存在は純然たる配慮とみなされなければならず、客観的空間内のある点に位置する物理的身体とみなされてはならないということである。

> 現存在が配慮においてあるものを自分に近づけるとき、このことが意味しているのは、身体の何らかの一点から最小の距離しか隔たっていないある空間位置にそのあるものを固定するということではない。……近づけることは、身体を持った自我事物をめがけて定位されているのではなく、配慮しつつある世界内存在をめがけて定位されている。(142)[107]

現存在からの距離の隔たりが、もし現存在の身体の位置という観点から定義しえないのなら、どのようなものと考えられるのだろう。ハイデガーの答えはこうである。「環境世界的に差しあたって道具的に存在しているものの近さと遠さについて決定を下すのは、配視的な配慮である。この配視的な配慮が初めからそのもとに住み込んでいる当のものが、最も近いものである」(142)[107]。世界内の事物は一定の接近可能性を持つもの——つまり一定の近さや遠さを持つもの——として、その事物を「つかんだり」「調達する」私の能力に応じた形で出会われてくる。

> 「最も近い」と考えられているものは、「われわれから」の最小の距離を持つものではまったくない。「最も近いもの」は、それに達し、つかみとり、眼が届きうる平均的な範囲のうちで隔たりを奪取されているもののうちに、ひそんでいるのである。(141)[106-107]

ある事物が私の近くにあるのは、私がその事物を一番しっかりつかむことができるときである。「何かが近くにあるということは、それが、配視に対して差しあたって道具的に存在しているものの圏域のうちにあるということである」(142)[107]。したがって、近さはさまざまな物理的距離と結びつくのであり、例えば同じように近さを持っていても、壁にかかった絵の場合と郵便切手の場合とでは、異なった物理的距離が結びついている。

近さを規定するもう一つの特徴は関心である。

> 歩行しているさいには〈街路〉は、一歩ごとに触れられており、一見すると、およそ道具的に存在しているもののうちで最も近く最も実在的なものであるかのように思われ、足の裏という特定の肉体部分にそっていわばずれ動く。だが街路は、そうした歩行のさいに二〇歩の「遠さ」で「街路上」で出会う知人よりも、ずっと遠い。(141-2)[107]

ここから察するに、ハイデガーにとって、何かが近くにあるということが成立するには、それが私の対処しているものであり、かつ、私がそれに注意を没入させているものでなければならないのだ。それは、私の足元の街路でもありえないし、また私がいかに強い関心をもっていようと、遠く離れたパリの友人でもありえない。近くにあるものとは、私が目下それに没入しつつ、対処しているところのものなのである。

個別的現存在が道具の指示全体性のうちで所在を得るということは、ある位置——そこからすると、道具のあるものは容易に使用できるし、あるものには手が届かない——を占めることである。

〈現存在の〉そのときどきの現事実的な状況における「ここ」は、空間上の位置というものを意味するのではまったくなく、最も身近に配慮された道具全体性の圏域の持つ活動空間……を意味する。(420)[369]

「あそこ」にある事物すべてがそれぞれ持っている接近可能性の度合いによって、私の、中心をそなえた、生きられた空間——私の「ここ」——が定義される。

現存在が自分の空間性に応じて差しあたって存在しているのは、決してここではなく、あそこであり、この「あそこ」から現存在は自分の「ここ」へと帰来する。しかもこうした帰来は、現存在が、あそこに道具的に存在しているものの方から、自分の配慮しつつ何々へとかかわる存在を解釈するという仕方においてのみ生じる。(142)[107-108]

「あそこ」にある道具は公共的であるがゆえに、「ここ」もまた公共的である。「私固有の環境的世界と公共的世界との境界は、さまざまな程度にわたる裁量可能性の様態によって定義されうる」(HCT, 192)[GA 20, 261]。こうしてハイデガーは、現存在がそれぞれ自分固有の「ここ」を持つという事実を認めながらも、現存在はそれぞれ世界に対する私秘的パースペクティヴを持つとか、現存在はそれぞれ世界に対する私秘的パースペクティヴそのものであるといったデカルト/フッサール的主張に、陥らない説明を与えている。あたかも私の心が映画のカメラか移動する幾何学的点ででもあるかのように、私の意識がパースペクティヴ的体験(Erlebnisse)の流れを容れていると考えてしまうと、日常的な対処の経験(Erfahrung)は歪曲されてしまう。私がもはや対処に関与することをやめて、私自身ならびに私の事物的存在者に対する関係を反省するときには、自分の経験についてのこのような記述も可能であろう。しかしこの解釈を、道具的存在者に対処している私の経験に読み込むことがあってはならない。画家がパースペクティヴ的視点から世界を描いたのは、ようやく十四世紀になってからであった。それ以前の画家は、より重要なものほど、つまり自分が適所的にそれに参与しているものほど大きく描いた。ハイデガーは、没入によって開かれていることのこうした素朴な経験を復活させる一方で、それに現代的でプラグマティズム的なひねりを加える。つまり各々の現存在は、接近可能性の程度を持った事物と対処することのうちに適所的に参与していて、しかも、事物の接近可能性が体系的に変化するに応じて事物の実存論的な近さと遠さも変化するということである。

しかしここでもハイデガーは、実存論的構造としての隔たりの奪取を、ある特定の現存在からの事物の近さや遠さと混同している。その結果、次のようなはなはだ不明瞭な一節が書かれることになる。

> 現存在は世界内存在として、隔たりを奪取することのうちで本質上自分を保持している。こうした隔たりの奪取、つまり、道具的存在者が現存在自身から隔たっている遠さは、現存在が決して横切りわたることができないものである。……自分の隔たりの奪取を現存在は横断して妨げたことがないどころか、むしろ現存在はこの隔たりの奪取を携えてきたのであり、またつねに携えている。（142）[108]

ここまで見る限り、ハイデガーは、接近可能な事物の公共的現前は日常的経験の不断の特徴であると言っているように見える。ところが、彼はこう続けるのである。

> 〈現存在は〉自らのもろもろの隔たりの奪取からなる、そのつどの圏域のなかを歩き回ることはできず、そうしたもろもろの隔たりの奪取を変えることができるだけである。（143、強調ドレイファス）[108]

ここでハイデガーは、（絶えず変化する）存在的距離と、（変化しない）存在論的な隔たりの奪取とを区別していない。そうだとすると、隔たりの奪取と、個別的現存在から特定の事物への変化しつつある距離とが混同されてしまう。しかしもし、各々の現存在がそれ固有の隔たりの奪取を自分が携えているものとして持っており、そしてこの隔たりの奪取が、現前を存在論的に開くことでありかつ同時に個別的中心から事物への変化を伴った接近可能性であるなら、公共的空間は存在しえないだろう。そうだとすると、現前について各々が自己中心的な体験を持つ無数のモナドのみがあって、公共的空間は後からの構築物だということになってしまうだろう。もちろんハイデガーは、このようなフッサール的でありサルトル的な、主観主義的な空間の取り扱いを認めるつもりはない。

> 空間が主観のうちで見いだされるのでもなければ、主観が世界を、「あたかも」世界が一つの空間のうちで存在している「かのように」観察するのでもない。存在論的に十分了解された「主観」（現存在）が、空間的なのである。（146）[111]

しかし、先の不明瞭な一節を主観中心的な空間論から救いだせるのは、ひとえに、『存在と時間』ではなされていなかったと後のハイデガーが認める区別を、なす場合だけである。すなわち一方で、現存在一般が公共的な隔たりの奪取を開き、そのさい特定の現存在がこの現前の開けを「携え」ているということがある。ところが他方これと区別されることとして、特定の現存在が道具と交渉するさいに、実践上の活動の自己中心的圏域をそれぞれ携えていることがあるわけである。

主観主義を回避するため、ハイデガーが強調すべきであったのは、私の自己中心的な空間は現前の公共的領域に依存し、そのうちに所在を得ているという点であり、また、私の「ここ」は私秘的な主観的パースペクティヴを意味するのではなくてむしろ、公共的世界内の公共的道具と相関して所在を得ているということである。したがって、私の実践上のパースペクティヴは私秘的ではない。私が直接接近可能な道具は、誰であれ私のいる場所にくれば接近可能にできる。こう考えればハイデガーは、現存在の各々が自分の活動の中心を自分の身に携えるという事実を十分に認めることができ、それでいて公共的空間を個別的パースペクティヴの多数性に依存させているかのごとくみなされることを回避できただろう。

Ⅳ　方向の切り開き

空間性はもろもろの場所や諸方域へと組織化されているだけではなく、もろもろの方向——左右、前後、上下——を持っている。現存在はこうした方向を用いて自らの方向を切り開く。ハイデガーが議論で取り上げるのは、左右の方向の切り開きだけでしかなく、しかも、その議論もかなり曖昧である。彼は以下のことを認識している。

方向の切り開きは、隔たりの奪取と同様に、世界内存在の存在様態として、配慮の配視によって先行的に導かれている。こうした方向の切り開きのうちから、右と左という固定した方向が生じる。現存在は絶えず、自らの隔たりの奪取と一緒にこれら左右の方向をも携えている。(143)[108]

現存在が方向の切り開きを携えるとは、現存在の対処の技能と、現存在から見た道具の左右の方向性とが相関的な関係にあるということである。

左と右とは、主観がそれに対してある感じを持っているといった何か「主観的なもの」ではなく、すでに道具的に存在している何らかの世界のうちへと、人の方向が切り開かれていることの持つ二つの方向である。(143)[109]

ある部屋と親密であるとき私にはすでに、自分の右にあるものと左にあるものへと、手を伸ばす用意ができている。もし、その部屋のなかのすべての対象の位置が正確に組織的に反転されているとすれば、私の準備態勢はもはや指示全体性とかみ合わなくなって、私は何かおかしいとすぐに感じるであろう。ハイデガーはおそらくこうしたことを念頭に置いて、ライプニッツに対するカントの反論を半分は正しいが余りにも主観主義的であるとして批判したのである。カントによれば、左右の方向性は対象どうしの関係を用いただけでは分析できず、事物のどこにあったかの記憶を要求するという。

私が、熟知してはいるが真っ暗な部屋のなかへと入るとする。その部屋は、私の不在中に模様替えされたので、右側にあったものがすべて、今や左側に移されているとしよう。私が方向を定めようとすれば、私の両側面の「区別という単なる感じ」は、何らかの特定の対象が捕捉されずにいる限りは、まったく役に立たない。カントはそうした特定の対象について、「それはその位置を私が記憶している対象である」と付け足しのように言っている。だが、このことが意味しているのは、私が方向を定めるのは必然的に、何らかの「熟知の」世界のもとですでに存在していることにおいてであり、またこのことからであるということ以外の何ものでもない。……「自我」はあることを「記憶している」という心理学的な学的解釈は、根本においては、世界内存在の実存論的機構を指し示しているのである。(144)[109]

左右は、身体を持つことに依存しているように思えるだろう。ところがハイデガーはここでも、身体は本質的ではないと考える。ハイデガーは括弧付きの文中でのみ、そのことに言及する。「(〈現存在の〉身体性は、ある固有の問題性をそれ自身のうちに蔵しているが、ここでは論ずるわけにはゆかない)」(143)[108]［原文では「身体性」のみが引用符に入れられている］。それゆえハイデガーは、現存在の身体的受肉の問題を方向の切り開きの問題からは切り離さざるをえない。方向の切り開きとは、すべての道具が同時に接近可能であるわけではないという事実の帰結だと、ハイデガーは考えているようである。私はある事物の方を向いたり、また別の事物の方を向いたりすることはできるが、両方一度にはできない。これら相互に両立不可能な行為の領域は、同時に接近可能な事物をとりまとめて、左右とか前後と呼ばれる対立を含んだ方域に振り分けている。だがそれにしても身体なしには、なぜこれらの方域しかないのかが説明できないであろう。例えば、なぜ左右の接近可能性は対称的ではないのか、またなぜ、事物に対処しようとすればいつもそれに「対面」しなければならないのかが了解できないだろう。ハイデガーの説明による限り、こうしたことは実践の領野における説明されざる非対称性といったものにとどまってしまうだろう。これは矛盾した説明ではないにせよ、満足のいくものではない(3)。

V　実存論的空間性からの物理学的空間の派生

ハイデガーがこれまで示したことは、利害関心を持ちつつ世界内で対処することにおいて、われわれは実践上の空間性を開示しているということである。しかし、この空間性との親密性は、まだ物理学的空間を開示することにはならない。

> 世界の世界性とともにこのように開示されている空間は、まだ何ら三次元という純粋な多様性を持っていない。空間がこのように最も身近に開示されているさいには、測度による位置配列や、事物の場所規定がそのうちで行なわれる純粋な「場」としては、まだ秘匿されたままである。(145)[110]

ハイデガーによる実存論的空間性からの物理学的空間の「派生的導出」は、道具的存在者からの事物的存在者の「派生的導出」と緊密な並行関係にあることに気づかされるであろう。派生的導出はここでもまた、日常的対処から実践的熟慮への移行、次いでそこから理論的反省へと至る移行からなっている。ハイデガーによるこれらの移行の記述は意外に手短かだが、それはおそらく、そうした移行が以前に見た派生的導出によって、もう当然なじみのものになっているはずだからである。彼の議論の展開を注意深くたどってみよう。その要約は表4となる。

まず、場所や方域にわれわれの注意が向くのは、何らかの障害があってそれらが利用不可能になるときだけである。

> ……方域に先行的に属する道具的存在性は、目立たない親密性という性格を持っているが、それは、道具的存在者の存在が持っているよりもさらにいっそう根源的な意味においてなのである。そのときどきの方域が、目立つという仕方においてそれ自身可視的になるのは、道具的存在者が……配慮の欠損的な諸様態において暴露されるときのみなのである。(137-138)[104]

これと同様に、接近可能なものと私とのあいだの実践的な距離が注意の対象になるのは、その距離に問題が生じたときであって、ある事物の接近可能性が査定の対象になるのである。困難さといったものが、近さや遠さといった「位相」をあらわにする。

> 「客観的」には長い道も、「客観的」に短い道よりもいっそう短いことがありうるが、それは、後者の短い道がおそらくは「難路」であって、歩く人には無限に長いと思われるからである。……事物的に存在する事物の客観的な距離は、世界内部的な道具的存在者の遠さや近さとは一致しはしない。(140-141)[106]

道具の機能性の場合と同様ハイデガーはここでも、実践上の見積りが空間を、それ自体においてあるがままにあらわにすると主張する。続けて彼はこう述べる。

> 人が、「自然」や「客観的」に測定された事物間の距離に先行的に定位するとき、以上のような隔たりの解釈や見積りを「主観的」だと言いふらしがちになる。けれども、こ

の「主観性」は、おそらく世界の「実在性」の最も実在的なものを暴露しているのであって、「主観的」な恣意や、「それ自体」では別様に存在しているものについての主観主義的な「見解」とは、何の関係もない。現存在の日常性が配視的に隔たりを奪取すればこそ、「真の世界」……の自体存在があらわにされるのである。(141)[106]

通常われわれは、事物が接近可能であることに気づいていない。われわれは事物を透明な仕方で使用する。あるいは、事物へと接近することの困難に気づくことがあっても、どうにか仕事を続けていく。しかし何らかの障害があれば、立ち止まって、目標にどうやって到達するか思案をめぐらさなければならないかもしれない。何かを設計するときとか、他人との不一致に直面するときとかは、距離を測定しなければならないかもしれない。しかしそのような場合ですら、利用不可能な道具的存在者に対処する場合と同様、私がそうしたことを行なうのは、もろもろの場所と接近可能性の透明な背景のもとにおいてなのである。それでもそのような移行は、道具的存在者の空間性の根底に横たわる、事物的に存在する空間をあらわにし始める。

配視的に差しあたって出会われるものの空間性は、例えば家屋を建築したり土地を測量したりするときに、配視自身にとって主題的になり、算定や測定の課題になりうる。環境世界の空間性のこのような主題化は、まだすぐれて配視

表4

物理学的空間	実存論的空間
幾何学的空間、事物的存在者の空間。	生きられる空間、道具的存在者の空間。
同質的、中心の不在。	人格的、つまり各人に中心を持つ。
純粋延長。	方向性（上下、左右）。
諸位置の三次元的多様体。	諸対象の遠さ・近さ。
	公共的、つまり諸方域を持つ、そして、その方域のうちで場所を持つ。
距離の測定。	道具的利用可能性の度合い。

のはたらきなのだが、このはたらきによって、空間はそれ自身に即してすでにある種の仕方で眼差しのうちへと入り込んでくる。（146）[111-112]

こうして反省と理論への移行——利用不可能となった空間性から事物的に存在する空間への移行が始まる。特別な場合には私は、自分の利害関心といったものをきっぱりと閑却することがある。私は事物の接近可能性を無視し、それどころか場所や方向というコンテクストすら無視しうる。

配視なしに、わずかに眺めやることしかせずに空間を暴露すれば、環境世界的な諸方域は中性化されて、純粋な諸次元になってしまう。道具的に存在する道具が属している場所と、そうした道具が配視的に定位されている場所全体性とは崩壊して、任意の諸事物が占める位置の多様性になってしまう。……道具的に存在する道具全体性としての「世界」*は空間化されて、わずかに事物的にしか存在していない、拡がりのある諸事物の連関というものになってしまう。同質的な自然空間が姿を現わすのは、道具的存在者の世界適合性が種別的に脱世界化されるような仕方で、出会われる存在者が暴露されるときのみなのである。（147）[112]

『存在と時間』の後の方でハイデガーは、科学によってあらわにされた存在者の存在仕方を現象学的に派生させるにさいして、この「脱世界化」について詳述している。

「このハンマーは重い」という「物理学的」陳述においては、出会われている存在者の仕事道具という性格が見落とされるだけではなく、それとともに、道具的に存在しているあらゆる道具に属している当のもの、つまり道具の場所も、見落とされる。道具の場所はどうでもよいものとなる。これは、事物的存在者が総じてその「ありか」を失うということを意味するのではない。道具の場所は、一つの時間空間上の位置となり、いかなる他の点とも異なるところのない一つの「世界の点」となる。……道具的に存在している道具に属す、環境世界的に枠づけされた場所の多様性が、純然たる位置の多様性へと変様される。（413）[361-362]

こうして、事物的に存在する空間は、初めからずっとそこに存在していたものとしてあらわにされる。このことはハイデガーの次の発言から見てとれる。「事物的に存在している事物でもって充満されている可能的な位置の三次元的な多様性が、差しあたって与えられているのでは断じてない。空間のこうした三次元性は道具的存在者の空間性においては、まだ覆われている」（136、強調ドレイファス）[103]。

理論があらわにする物理学的空間は、説明を旨とする自然科学においては正当かつ重要な役割を果たしている。しかし、ハイデガーが物理主義者でないことは、ここでもまた明瞭なはずである。日常的空間性をその場所と方域ともども「見落とす」ことに伴って、客観的空間があらわにされるのだ、ということが理解されたなら、もはや日常的な場所と方域の世界を、純然たる延長を用いて理解することに望みはないことが分かる。したがって、理解可能性ということに関して言えば、現存在の実践上の空間性こそが存在論的には先行していることも分かるはずである。

8章　日常的現存在は「誰」か

I　共存在としての世界内存在

　これまで見てきたように、「現存在は、それが有意義性の親密性のうちにあることによって、存在者を暴露する可能性の存在的条件である」(120)[87]。つまりいかなる存在者も、一個の存在者であるところの現存在がそれに対処する準備態勢にあることによって、直接的もしくは間接的に出会われることが可能なのである。こうした発想は明らかに、あらゆる形態の志向性を第三者的な超越論的主観の意味付与作用に基づけようとする、フッサールの試みを拒否するものである。しかしそこにはまだ明確に、フッサール的な響きが残っている。ハイデガーはあたかも、ある絶対的源泉に代えるに他の絶対的源泉をもってしているように見えてしまう。つまり彼は、第三者的な超越論的意識の構成的活動の代わりに、適所的に参与する実存論的現存在の構成的活動に注目しているかのように見えてしまうのである。

　フッサールからハイデガーへの移行の重要性は、過小評価すべきではない。フッサールにとって、個別的な超越論的意識の志向的内容は自足的であり・理解可能であり・現象学的反省に対して直接的かつ不可疑的に与えらるものであり、かつ完全に明示化しうるものであった。一方現存在の技能について示されたのは、それが(志向的内容によっては分析不可能なのだから)自足的ではなく、(直接与えられず必然的に背景にとどまっているところの)世界とは切り離して理解可能なものではなく、(意識的あるいは無意識的信念やルールは含まないのだから)明示化もできないということである。それゆえ、対処的技能の現象学的記述によってわれわれは、事物的に存在し自己完結的なフッサール的主観の観念から解放され、それればかりかサールが擁護するような心と世界の表象的関係の普遍性からも解放される。

けれども、『存在と無』のサルトルのように、伝統の内部に部分的にとどまるという可能性もある。サルトルは、個人はその実践活動を通じてまず、自分固有の世界を生きる人間という有機体に実践的意味を付与し、さらに共有された公共的世界に意味を付与すると考えるからである。ハイデガーは、こうした主張よりはるかに徹底的にフッサールから離反する。フッサールやサルトルの主張によれば、哲学は自己固有性という他と切り離された領域から出発しなければならず、この自己完結的な志向性の源泉が、まず超越論的相互主観性に意味を付与し、そして最終的には共通世界に意味を付与することになる。こうした主張をハイデガーは拒絶する。それどころかハイデガーは、個人に中心を持った開示の活動が複数あったとしても、それらの活動は一つの共有された世界の開示を前提するということを示そうとする。ハイデガーは、『存在と時間』以前の講義でこう述べている。

> 世界の現象的構造を、日常的交渉において示される通りにより正確に描きだすためには、こうした世界との交渉において問題となるところのものが、誰かに固有の世界ではなく、むしろ世界との自然な交渉においては、まさにわれわれは共通の環境的全体のうちで動いていることを銘記しなければならない。（HCT, 188）[GA 20, 255]

各々の特定の現存在のうちに意味の源泉が存するわけではないということを、示すことができたなら、ハイデガーはそれによって、デカルト主義的伝統が育んだ「幻想」を克服する最後の一歩を踏み終えたことになるだろう。

> この幻想が……哲学によって完全に強化されたのは、哲学があるドグマを流布したことによる。それは、一人孤立した人間が彼自身にとって孤立的であり、一人孤立した自我がその一人称的自我領野もろとも、自分にまず差しあたり最も確実に与えられるものである、というドグマである。こうして、相互共同存在がもともと、こうした独我論的孤立から創作されねばならないという臆見が哲学的に認可されたのである。（1）

フレデリック・オラフソンは、『存在と時間』の企図に関して有益な記述を行なっているが、それによればハイデガーは、私の世界から出発して世界そのものへと移行するフッサール的説明を回避しようとしていた。オラフソンはこの点について、ハイデガーが自分の見解をはっきりと定式化している文をいくつか見つけることまでしている。次の文もその一つである。

> 人間は実存する限り、他の人間へと置き入れられている。……自分自身を他の人間に置き入れうることは、他の人間とつまり彼らのうちなる現存在と共なることと理解される

> のだが、このことは人間のうちなる現存在を基盤につねにすでに生起している。……というのも、現存在の意味は他者と共存在することであり、しかも現存在すなわち実存という様態において共存在することだからである。(2)

ところがオラフソンの考えるところによると、ハイデガーがこうした記述をしているにもかかわらず、フッサールの抱いていた超越論的独我論を自分は回避したという彼の主張にはいかなる根拠もない。

> なるほど、現存在が暴露する存在者が、少なくとも原則的には、他の類似の存在者が暴露したのと同一の存在者であり同一の世界に含まれているということ、このことが現存在の一つの本質特性なのは分かる。……しかし、私がある存在者を暴露するということが、他の人間がそうしていることにどのように依存しているのかという点に関して実質的な説明はない。その結果、ある現存在が存在者を存在者として暴露しても、それは、他の現存在が当の存在者を暴露することとはまったく関係がないように見えてしまうようになる。現存在の各自が暴露することは自分だけのことではなく、暴露された存在者はどの現存在にとっても同じ存在者なのだ、と各々の現存在が理解していると約定されているとしても、事情は変わらない。暴露がなぜ一点に収束するものでなければならないかということについての明確な指摘はどこにもない。(3)

この点の弁護ができなければハイデガーの企図全体が、破綻していることになる。今やわれわれとしては、『存在と時間』の第四章に眼を向けなければならない。そこでハイデガーは、彼の現象学的記述に補足さるべき部分を導入しているからである。ハイデガーがどう考えなければならなかったか、オラフソンには分かっている。

> 仮に、……Mitsein〈共存在〉を十分正当に扱いうる理論を展開するのであるならば、次のような事実を考慮に入れねばならないであろう。それは、例えば私がハンマーとして暴露するものは、以前他人がハンマーとして使用(したがって暴露)していたという事実、また、ハンマーとは何でありそれをどう使うのかを私が通常学ぶのは、そうした他人からであるという事実などである。(4)

しかし、オラフソンが認識していないのは、私がこれからハイデガーのテキストを整理して示すように、ハイデガーはまさにこの立場に立っているという点である。

ハイデガーのここでの論点を、オラフソンやサルトルほどの注意深い読者でさえとらえ損なったということについて、責任の大半はハイデガー自身にある。英訳で彼ら[the They]と訳されていて、私としてはすぐ後に述べる理由からむしろ世人

[the one] と訳した方がよいと考えているものをハイデガーが論じた第四章は、多くの意味で、この書の最も基本的な章の一つであるのみならず、最も混乱した章でもある。ハイデガーは、キルケゴールとディルタイの影響を受けていて、この両人とも社会的世界の重要性について多くを論じている。ただ、ディルタイが社会現象の肯定的機能を強調し、それを「生の客観化」と呼んだのに対して、キルケゴールの方は、彼の言う「公衆」の体制順応主義と凡庸さの否定的帰結に焦点を当てた。ハイデガーが採用し拡張したディルタイの洞察によれば、理解可能性と真理は、公共的かつ歴史的な振る舞いのコンテクストにおいてのみ生じるというものであったが、同時に、彼が深く影響を受けたキルケゴールの見解は、「真理は決して大衆のうちにはない」というものであった。もしハイデガーがこうした対立する見解を明確に区別し、その上で両者を統一的に理解していたならば、内容豊かで首尾一貫した章が書けていただろう。彼は現実に、『存在と時間』に先行する講義でこれら二つの見解をはっきり区別し、二つの問いを立てているのである。

> 現存在の構造は今や、そのような、世界の方から規定された相互共存在と、それとともに与えられる共通の了解とが現存在のうちでいかに構成されるかという観点から明らかにされなければならない。問われなければならないのは、まず差しあたり……相互共存在のうちで自分自身を了解しているものは実は誰なのかということである。……これを基盤として、われわれはさらに、もう一つの問いを立てることができる。……まさに相互了解がつねにすでに存在しているがゆえに現存在が真正な了解へと到りえないといったことが、いかにしてありうるのかというものである。
> (HCT, 243-244) [GA 20, 335-336]

ところが残念なことにハイデガーは、『存在と時間』でこの二つの問題を区別することなく、両者のあいだを——時には同一の段落においてさえ——行きつ戻りつするばかりである。こうした事情のために、この章の読者は混乱させられるだけではなく、『存在と時間』を理解する上で本来果たすべき中心的役割を、この章が果たせなくなってしまっている。

ハイデガーによる第四章は現行のままである限り、他者の心の問題と順応主義の害悪を扱う短い章にすぎないかに見えてしまうが、実際には、デカルト的伝統にとどめを刺すものなのである。公共的規範が確立される仕方を論ずることによって、まさしく第四章は、多くの点で『存在と時間』の中枢をなしている。この章の内容を解読することによって私は、ハイデガーの思考の二つの筋道を選り分け、かつ両者を統一的に理解することを試みようと思う。だがそのさい私としては、ヘーゲルの倫理的実践や人倫（Sittlichkeit）の概念から、ディルタイの言う生の客観化をへて、ハイデガーや生活形式を論ずる後期ウィトゲンシュタインにまで至る思考の系譜の方に注目する。このコメンタリーの今の段階では、共有された背景的振る舞いという考えによって、世界内存在をウィトゲンシュタイン流に解釈する私のやり方は、ハイデガーとは無縁な考えを彼に押しつけるように見えるかもしれない。しかし第四章のなかでは、私の解釈とハイデガーの発言とは一点に収束してくる。

A 「誰」か、についての実存論的解釈：共有された社会活動としての人間存在

ここでハイデガーは、自分がすでに示したことに含意されていることを引きだそうとする。すなわち、現存在に特有な有意義性との親密性は、社会が提供する「目的であるもの」を現存在が引き受けることに基づいている、ということに含意されているのである。ハイデガーの基本的論点は、あらゆる対処や志向的状態の基礎にある背景的親密性は、お互いの他者が何を信じているかについての相互の信念をも含んだ、主観的信念システムの複数の存在などではなく、行為や判断の仕方についての一致なのであり、人間はこの一致へと「つねにすでに」社会化されることによって、自分自身のうちに現存在を持つことになるというものである。このような一致は意識的主題的な一致ではなく、むしろ、諸主観のあいだで達成される心的志向性としての一致に先立ち、その前提となっているのだ。

この場合ハイデガーによれば、それぞれが固有の背景的技能や「目的となるもの」をそなえた複数の現存在は、単一の共有された世界を暴露せざるをえない。なぜなら、背景的親密性や現存在としての存在仕方は、私秘的体験の問題ではなく社会から獲得されるものだからである。ハイデガーは普通、現存在について発生論的に語ることはないが、講義のなかの、ある示唆に富んだ箇所で彼は次のように述べている。

> この共通世界は最初にそこに存在し、すべての成長期の現存在が、差しあたりそれへと生い育っていくところであるが、それは、公共的世界として、世界ならびに現存在についてのすべての解釈を支配している。(HCT, 246)[GA 20, 340]

この指摘は、差しあたっての近似としてはいい線をいっているが、現存在が共通世界へと育っていくという言い方は誤解の種ともなりうるだろう。現存在は何歳で社会化されるかと問うことはできないのである。社会化されるのは赤ん坊ではあるが、その赤ん坊が（動詞的に）現存在するのはすでに社会化されたときでしかない。公共的な技能や「目的であるもの」が（おそらく模倣によって）引き受けられて初めて、思考と活動をそなえた現存在といったものがそもそも存在できる。さまざまな存在者や他者、そして自分自身をすらも存在的に暴露することを可能にする、親密性と準備態勢の存在論的な源泉は、社会なのである。

ハイデガーは、自分の立場を論証しながら、オラフソンからくるような反論に答えようとする。彼はまず手始めに、出発点

の確認を行なう。

> 現存在はそのつど誰であるのかという問いに対する答えは、第九節で現存在のいくつかの根本的規定性が形式的に告示されたさい、すでに与えられたように見える。現存在は、そのつど私自身がそれである存在者であり、その存在はそのつど私のものなのである。(150)［114］

だが、私のものであるということが何を意味するにせよ、これがフッサールの言う「自己固有の領域」、すなわち各人の内的体験の私秘的世界を意味するわけでないことはすでにはっきりしている。その意味するはずのところはむしろ、各々の現存在は、ふるまいが自分固有のものとされている仕方で、自分固有のものとされているということである。なるほど、あなたのふるまいとか私のふるまいといった言い方はできるし、あなたの活動における存在了解と私の活動における存在了解といった言い方もできる。しかしだからといって、あなたのふるまいはあなたの世界にあり、私のふるまいは私の世界にあるとか、あなたは自分の存在了解をもち、私は私で自分の存在了解を持つなどと考えてはならないのである。それゆえ、現存在が私のものであるということにひそむ、一見したところ主観主義的な含意を、ハイデガーがそぎ落としたとしても驚くべきではない。

> 私はそのつど現存在である当のものである、というこの陳述は存在的には自明である。しかしこの自明性から導かれて、そのように「与えられているもの」を存在論的に学的に解釈する方途も、この陳述でもって誤解の余地なくその下図を描かれていると、誤って考えられるようなことになってはならない。……日常的な現存在の「誰」であるのが「私自身」ではないということが、ありうるかもしれないのである。(150)［115］

ハイデガーの提案は、この問題に実存論的に接近することである。

> 「自我」が現存在の一つの本質的規定性であるなら、この本質的規定性は実存論的に学的に解釈されなければならないものである。そうだとすれば、「誰か？」という問いが解答されうるのは、現存在の持つある特定の存在様式が現象的に提示されるときだけである。(152)［117］

伝統にとってその答えは明白である。デカルトは「自我」の所与から出発し、フッサールは超越論的主観性を立てた。ハイデガーはウィトゲンシュタインと同様、伝統的立場をとる論争相手を想定し、この私秘的な出発点がそれ自体明証的であることを擁護させる。

> 「自我」が所与であること以上に不可疑のものが、何かあ

るのであろうか。しかも、このように自我が所与であることのうちには、自我を根源的に際だたせるという目的のためには、その他なお「与えられている」もののすべてから、――存在しつつある何らかの「世界」＊からばかりではなく、他の「諸自我」の存在からも――眼を転ずべしという指令が、ひそんでいるのではないか。(151)[115]

しかしこのような手続きを用いて、日常性における現存在、あるいはそもそも現存在というものが開示できるのか、とハイデガーは問う。「前述のように《自我》が所与であることに発端を置くのでは、実存論的分析論が、いわば現存在自身と現存在の手近な自己解釈とがもうけた落とし穴に陥るとすれば、どうであろうか」(151)[116]［この箇所の英訳は採用しない］。この落とし穴とは、もちろん、あらゆる存在仕方を事物的存在性の様態として解釈しようとする伝統的な傾向にふたたび屈することである。

人が「霊魂実体」と意識の事物性を拒否し、また人格の対象性を否定するにしても、存在論的には依然として、その存在が表立ってか表立たずにか事物的存在性という意味を保有しているあるものが、発端に置かれている。(150)[114]

現存在を事物的に存在する主観として把握してしまえば、現存在を孤立させることになる。そのことのうちには、われわれ各自は自分固有の体験しか知りえないということが含意されており、その結果、他者が実存するということをおよそ知りうるのはいかにしてかという懐疑論的問いが立てられることになる。ところがすでに見たように、ハイデガーはこの困難を回避したと主張するのである。

世界内存在を明瞭にしたときにわれわれが示したのは、世界なしの単なる主観というものが、差しあたっては「存在している」のでもなく、また決して与えられているのでもないということであった。こうして結局のところ、それと同様に、差しあたっては孤立的「自我」というものが他者なしで与えられているのでもない。(152)[116]

人は本質的に主観であるという解釈に反対して、ハイデガーがわれわれに教えるのは次のことである。すなわち、世界内存在としての現存在は自分自身に立場をとらなければならないものであり、また現存在は「それが従事し、使用し、期待し、防止するところのものにおいて――差しあたって配慮された環境世界的な道具的存在者において」(155)[119]、了解されなければならないということである。『現象学の根本問題』においてハイデガーはこのことをもっと噛み砕いて述べている。

〈現存在は〉差しあたり通常は諸事物のうちにあるが、それは、現存在が諸事物の世話をしたり、諸事物に悩まされたりしつつ、つねに何らかの仕方で諸事物のうちにとどまっているからである。われわれは、それぞれ自分が従事し配慮するところのものである。日常的には、われわれは自分自身ならびに自分の実存を、自分が従事する活動や自分が配慮する諸事物の方から理解する。(BP, 159) [GA 24, 226–227]

あるいはもっとあからさまに言ってしまえば、「《人》は、人が従事している当のものなので《ある》」(283) [239]。これは行動主義の一種、ウィトゲンシュタインやことによるとギルバート・ライルにも見いだされる行動主義の一種とみなすことができる。ただし忘れてはならないのは、ここで問題となっている行動が何らかの対象による意味を持たない物理的運動なのではなく、有意味的な社会的世界で自分の関心事に取り組んでいる人間たちの、方向性をもった、有意義で、配慮的なふるまいである限りで、「行動主義」ということを言ってよいということである。

けれどもデカルト主義側の仮想論敵は、こう限定したとしてもハイデガーの行動主義は、行き過ぎだと言うかもしれない。つまり、行動を三人称的に記述しても本質的なものには達しないのだと。現存在の意識やその私秘的な心的状態はどうなるのか。「自己は現存在というこの存在者の存在の一つの仕方として《のみ》把握されるべきであるなら、このことは一見、現存在の本来的《核心》を発散させるのと同じことになるように思われる」(153) [117]、というわけである。ここで見落としてならないのは、ハイデガーがウィトゲンシュタインと同じく、意識体験を否定しようとはしていないということである。ウィトゲンシュタインと同様ハイデガーは、その本質的内容として体験の自己完結的な流れを蔵している自己という、特定の描像を廃棄しようとする。ハイデガーが否定するのは、心的状態が基礎づけを担うような意義を持っているということなのである。反省に「与えられる」ものは、デカルト主義的哲学におけるような優位を日常的生活においては持たないと、彼は指摘する。すでに見たように、現存在が自分自身と出会うのはたいていの場合、一日の大半を占めている透明な対処においてであり、実践的熟慮——これに引き続いて、自己関係的な行為中の意図に導かれた目的にかなった行為が起こる——においてではない。

自分固有な現存在すら、「体験（Erlebnisse）」や〈利用不可能な道具的存在者と熟慮的に交渉する主観としての〉「作用中心」を無視しているとき、ないしは〈道具的存在者との純然たる対処におけるように〉それらをそもそもまだ「見てとって」はいないときにのみ、現存在自身によって差しあたって「眼前に見いだされる」ものとなる。(155、〈 〉内の注釈ドレイファス) [119]

だからハイデガーは、「意識内容」は存在しないと言っているわけではない。彼はただ、われわれの日常的活動において内的体験が果たす役割は明らかに二次的である、という事実に注目させる。それが基礎的だとすることは、「倒錯した予断」であって、主観は自足的実体であると主張することになってしまう。

……〈内的自己を無視することに〉対して人が抱く恐れは、現存在という問題の存在者は根本においてやはり事物的存在者という存在様式を持っているという、倒錯した予断によって養われているのであって、たとえ人が、出来する物体事物という塊りを現存在から遠ざけるとしても、そうなのである。(153)[117]

ハイデガーはそれに付け加えて、「人間の《実体》は、霊魂と肉体の綜合としての精神ではなく、実存なのである」(153)[117]と述べる。すなわち、『死にいたる病』でキルケゴールが述べているように、自己は、霊魂と身体の綜合でも、内的なものと外的なものの綜合でも、体験と運動の綜合でもない。自己とは、ある特定の存在の仕方が自己自身に対してとる立場なのである。さらにハイデガーにとって、この立場は日常的活動において生起する。現存在はつねに、自分の存在を自分にとって「目的であるもの」の方から解釈している。人の持つ役割、例えば大学教授であるという役割は、学生であるという役割のような他の役割なしには意味をなさない。それどころかその役割は、それ以外の役割、例えばティーチング・アシスタントや図書館司書、アドヴァイザー、記録係であるなどという役割と網の目のように結びついているのだから、非社会的な現存在などはそもそも、何を意味するのかさえ理解できないのである。

B　共存在

他者に対してわれわれがどのような関係をとっているかに関する、ハイデガーの説明を正しく理解するには、共有された志向性についての二つの見方を区別することが役立つ。まずフッサール流の見方というものがあって、それはデカルトに始まり、現在なおポール・グライスやスティーブン・シファーに受け継がれている。この見方によれば、意味についての分析は自分の個別的な志向的状態から開始し、共有された公共的意味を、自他の相互的な信念から導きだす。他者の信念についてわれわれが信念を持っている場合、このわれわれの信念について他者が持つ信念についてわれわれは信念を持つ、というようなことからである。シファー言うところのこの「相互的知識」が、フッサールの言う「相互主観性」の基礎を与える。ハイデガーは反対に、われわれの通常の社会的な存在仕方から出発し、その仕方を共存在と呼ぶ。ハイデガーも、コミュニケーションにおける故障状況においては、他者の信念や相互的な信念についての信念をわれわれが形成する可能性のあることを、否定するわけではない。これは共存在が、利用不可能性の様態で現われるときのあり方である。しかしたいていの場合われわれは、他者と技能的に共働したり交渉したりするだけで、そのさい他者や他者の信念についての信念など持つことなど一切ない、とハイデガーは念を押す。

「他者」ということでわれわれが意味するのは、「自我」がそれに対して際だたせられるものとしての、私をのぞいた残余の人々全部ではなく、他者はむしろ、人自身が自分をたいていはそれから区別しないでおり、人もまたそのなかに存在しているところの人々なのである。人もまた他者と共に現にそこに存在しているということは、……「共に」事物的に存在しているという存在論的性格を持ってはいない。この「共に」は現存在という性格に即したものであり、この「もまた」は、配視的に配慮しつつある世界内存在としての存在の同等性を指している。「共に」と「もまた」は、実存論的に解されるべきであって、カテゴリー的に解されてはならない。このような共にをおびた世界内存在を根拠として、世界はつねに、私が他者と共有している世界なのである。現存在の世界は共世界なのである。内存在は他者と共なる共存在なのである。(154-5) [118]

サールも、最近、このような結論に近づきつつある。サールは、個人的な志向的状態に基づいた相互的知識を批判するが、それは、そのような分析が「われわれ志向性」[we intentionality](5)の現象を見落としてしまうという論拠からである。サールの指摘はこうである。われわれが車を押すという活動の一部として私が車を押すことは、私が車を押すことに、君もまた車を押しているという信念を私が持つことをプラスする、のとは異なった活動だというわけである。

ハイデガーは、われわれの背景的振る舞いに含まれる親密性に焦点を当てるのだが、サールの記述する「われわれ志向性」も、この親密性によって可能となる。特定の他者がそこにいようといまいと、私が道具を知覚したり使用するのなら、また私が言葉を語るのなら、私は一つの共有された世界へとつねにすでに適所的に参与している。ハイデガーによれば、「共存在」は現存在の存在の基礎的構造であり、それは特定の他者へと関係すること以上に基礎的なのである。私が他者と出会っていなかったり、道具を使用していなくても、他者は私にとってそこにいる。私は、道具と交渉する準備態勢にあるとき、同時に、他者と交渉する準備態勢にある。ほかの現存在がすべて消え失せたとしても、共存在は依然として、私が現存在することの構造であり続けるだろう。

「現存在は本質上共存在である」という現象学的陳述は、ある実存論的・存在論的意味を持っている。この陳述は、私は現事実的に一人で事物的に存在しているのではなく、むしろ私と同じ種類の他の人々がさらに出来しているということを、存在的に確認しようとしているのではない。……共存在は、他者というものが現事実的に事物的に存在

していなくとも、知覚されていないときでも、実存論的に現存在を規定している。(156)[120]

共存在は、世界内存在の一位相であって、特定の他者とのいかなる出会いもそれなしには不可能である。ハイデガーは、こうした他者の存在仕方を、共現存在と呼んでいる。

われわれが「共現存在」という術語を使用するのは、存在する他者がそれを基盤として世界内部的に解放されているところの、まさにその存在を表示するためである。(156)[120]

それゆえ、世界との親密性は、個々の事物が道具的に存在するものとして、あるいは事物的に存在するものとして出会われることを可能にするばかりではない。親密性は共存在として、共現存在としての他者との出会いもまた可能にするのである。

C　他者の心についてのハイデガーの見解

ハイデガーによる「誰」かについての実存論的分析は、他者の心をいかに知りうるか、という伝統的問題にとっても重要な帰結をはらんでいる。まずハイデガーの指摘するところによれば、「他者の心」は通常、(配慮として)道具に対処したり(顧慮として)人々に対処するという共有された透明な活動において、われわれにとって直接接近可能であり、その事情は、われわれが日常活動を通じて自分自身に接近可能である仕方と変わるものではない。

互いに面識を得るということが……差しあたって行なわれるのは、共存在しつつある世界内存在という最も身近な存在様式に応じてであり、それはまた、現存在が環境世界的に配視的に他者と共に眼前に見いだし配慮する当のものを、了解しつつ識別するときなのである。……このように差しあたって他者は、配慮しつつある顧慮において開示されているのである。(161)[124]

他者は通常、心として出会われるわけではないし、われわれも通常、他者についての信念を持っているわけではない。それゆえハイデガーとしては、他者の心という問題がどのように起こりうるのかを説明しなければならない。ハイデガーの答えは、コミュニケーションにおける故障状況のような特異な状況下では、われわれは自分の活動を隠したり偽ったりするというものである。そのときまさに、われわれの他者との関係は利用不可能な状態となる。

……互いの面識が、控え目とか、自分を隠しだて偽るとかいうあり方のために失われたときには、相互共存在は、他者と近づきになるために、特別の方途を必要とする。(161)[124]

こうした障害があまりに極端なものとなった場合、第三者的な態度が生まれ、「《他者の心的生活》の了解という理論的問題性」(161)[124]が生じる。こうして哲学者たちは、例えば感情移入の理論(シェーラーやフッサールが考えたのもその一変種であった)のような説明を考案するが、その理論は、他の人物の行動の「背後に」あるその人物の意識体験を、われわれがどのように知りうるかを説明しようとするものである。ところが、ここでもハイデガーは、このような問題は反省と私秘的体験をもとにして生じてくるものであり、つねに背景としての公共的世界を前提すると論じる。

「感情移入」が、共存在を初めて構成するのではない。「感情移入」は、共存在を根拠として初めて可能になる。それが不可避的になるのも、共存在の欠損的な諸様態が優勢であることによって動機づけられている。(162)[125]

そうだとすると他者の心の問題は、デカルトやフッサール、そしてサルトルにとっては哲学の基礎的問題であるけれども、ハイデガーによって、ウィトゲンシュタインにおいてもなじみのやり方で「解消」されてしまう。すなわち、一体いかなる特殊な派生的状況において、われわれの日常的な親密性が故障を起こして心的生活と行動との分離を誘発し、その結果、他者の心の問題が初めて生じるようなことがありうるのかを決定する問いへと、他者の問題を転換してしまうやり方である。

感情移入についての種別的な解釈学が示すべきは、現存在自身のさまざまな諸存在可能性が、相互共存在と相互共存在からくる面識とをいかに誤り妨げ、その結果、真正の「了解」が押さえつけられて、現存在が代用品に逃げ込むかということ、……このことである。(163)[125]

ハイデガーもウィトゲンシュタインのように、共有された配慮と活動というこの背景こそが、他者についての知という特別な問題が生じる背景をなし、世界性と理解可能性にとって構成的であると考えている。「ここでの分析は、共存在が世界内存在の一つの実存論的な構成要素であることを示した」(163)[125]。それゆえ、こうした背景に対して、故障という特殊な状況をもって異議を唱えるのは無意味なのである。結局、他者の心についての伝統的な問題が生じたのは、ハイデガーの診断によると、(1)自己を、公共的ふるまいのパターンと見るのではなく、孤立化可能な事物的存在者とみなすこと、(2)特殊な場合に生じる問題を、あらゆる場合についての問題へと一般化してしまうこと、による。この二番目の手続きがもっともらしく見えるのは、共有された背景的振る舞いを見落とし、世界という現象を飛び越えてしまったときだけなのである。

II　実存カテゴリーとしての世人

A　道具の公共的性格

道具は二つの重要な仕方で、公共的である。道具は一般的なものであること、そして、規範に従うということである。

第一に、一個の道具は誰が使っても、その道具であることに変わりない。ハンマーやタイプライターやバスは、私が使うためだけにあるのではなく、他人がそれを使うためにもある。道具は「あらゆる人のため」、つまり使用者一般のためにある。

第二に、どんな道具にも、規範的な（適切な）使用方法といったものがある。この規範は、例えば「人は豆をフォークで食べる」と言う場合のように、「人」がすることを述べることによって表現される。そのような規範的［normal］使用者を指すためにハイデガーは、das Man［世人］という術語を作りだした。それを英訳者は"the They"［彼ら］と訳す。しかしこの翻訳は誤解を招く。この言い方では、私が彼らと区別されるという含みを持ってしまうからである。ところがハイデガーの眼目はまさに、ある社会の道具や役割を規定する規範はあらゆる人に当てはまるということにある。かといって、das Manを「われわれ」とか「あらゆる人」と訳しても、この表現の持つ規範性という性格をとらえることができない。われわれやあらゆる人は国税庁をごまかそうとするかもしれないが、しかしそれでも人［one］は自分の税金を払うことになっている。人のすること、しないことについての言明には、規範性に訴える語感があるが、それを損なわないためにわれわれは、ハイデガーのドイツ語からあまり離れず、das Manを"the one"［世人］と訳すことにする。それに合わせて引用はすべて改訳しておく。

まず最初に、ハイデガーのこの重要で独創的な洞察を、明確にしておくことが肝心である。忘れないでほしいのは、人が椅子というものを理解するのは、その上に立つことによってではなく、いかにしてそれに座るかを知ることによって、あるいは、それが通常座るために使われることを知ることによってだということである。人は椅子に座る。この意味では、ただ一人の人物しか使用できない道具、例えば処方箋で作った眼鏡や義歯も（あらゆる人が使えるといったわけではないにもかかわらず）、世人によって規定されている。人は眼鏡を、落ちた視力を補うために用いるものだ、などといった言葉遣いを考えよ。「人」という言葉をこのように使う場合、眼鏡が、落ちた視力のためにデザインされているということを言いたいわけではない――そう言うことが真ではあっても。「人」のこの言葉遣いによって、眼鏡のどのような使用法が規範的もしくは適切かということが告げられている。「人」のこの用法は、「"Gloucester"は三音節であるのが正しいように見えるが、人は二音節で発音する」におけるそれと同じである。"Gloucester"の発音は、やはり何らかのもののためにデザインされているわけではない。規範は正誤について教えるのだが、いかなる正当化も必要としない。ハイデガーが述べるように、「世人の常識が識別しているのは、……公共的な規範が満たされているとか満たされていないとかいうことだけである」(334)[288]。

　今の発音の例を考えれば、社会的規範を、道徳の格率と思慮深さの両方から区別することもできる。規範の力によってわれわれは、端的に、単語を正しく発音しようと試みるように導かれる。いや、われわれはそのように試みることすらしない、と言った方が適切かもしれない。私がある単語や名前を誤って発音すれば、他人は私が間違って発音したところをやんわりと強調しながら、その単語を正しく発音するだろうし、しかも私は、気づくことさえないまま発音を改めているのが普通である。(人が他人とのあいだにとることを期待されている距離のとり方へと、われわれ自身がどのように形成されてきたのか、確かにわれわれはまったく知らない。)規範に順応するわれわれの傾向は、思慮深さに従ったものでもない。たとえ私の発音がずれたものであっても、私の言うことは正しい発音をしたときと同様、ある程度まではよく理解してもらえるだろう。それでも、私の順応の仕方は自動的なのである。ハイデガーが強調するには、

> これら諸現象は、まさに世人の特徴をなすものであるが、一つとして意識的であったり意図的であったりはしないのである。この自明性は、そこで、現存在の運動が遂行されているところであるが、これもまた、世人という存在様態に属しているのである。(HCT, 282)[GA 20, 389]

規範に何か問題が生じて初めて私は、自分がこれまでずっと、人が通常行なうところのことをやってきたことに気づく。

　自分が規範から逸脱していることを表立って指摘されれば、私は自分が間違いを犯していると感じる。順応し損なったときに、なぜこのようにばつの悪さを感じるのだろう。思うに、われわれはまさに規範に従う生き物なのであり、だから自分の行動が規範からあまりに外れていると、居心地の悪さを感じるのであろう(6)。「他者と共に、他者のために、また他者に逆らってつかみとったものを人が配慮することのうちに、人が他者との区別を気遣うことが絶えず存している」(163)[126]。他者との距離を、人がこのように配慮することをハイデガーは、「懸隔性」と呼ぶ。

> 実存論的に言い表わせば、相互共存在は懸隔性という性格を持っている。こうした存在様式が日常的現存在自身にとって目立たなければ目立たないほど、ますます執拗に、またますます根源的に、この存在様式はその影響を発揮する。(164)[126]

後にハイデガーは、規範からの逸脱についてのこの居心地の悪さを、不安と結びつけることになる。そしてわれわれの順応への熱望を、自分の落ち着かなさからの逃避として解釈すること

になる。その逃避とは、何をするにも正しいやり方というものがあるということを、自分自身と他のすべての人とに信じ込ませようとする企て、あるいはさらに、そうであるかのように行動させようとする企てである。

物事や人々との一般的な親密性と一緒に獲得される、われわれの習慣的、規範的ふるまいのことを、ハイデガーは「平均性」と呼ぶ。

> 存在者が出会われるとき、現存在の世界は、それらを「世人」にとって親密なものである何らかの適所全体性をめがけて、また、「世人」の平均性でもって固定されている限界のうちで解放する。(167)[129]

平均性は、単なる統計上の事柄ではない。すでに見たように、ハイデガーが明らかにしようとしているのは、われわれの行動を規範に順応させようとする傾向なのである。こうした傾向は、規範破りがしばしば起こっているにしても、存在する。人口の九〇パーセントがXをすると言われて強迫感を感じるのは順応主義者だけである。それに対して規範は、ゆるやかに全員に影響を及ぼす。

規範と、それに支えられた平均性は決定的な機能を持つ。それらなしに、指示全体性は存在しえないのである。西洋では、人はナイフとフォークで食事をし、極東では、人は箸で食事をする。重要なことは、どの文化にも道具にかかわる規範があり、それゆえ物事をなす平均的なやり方があるということである。そのようなものはなければならないのであり、というのも、そうした平均性なしには道具全体性が存しえないからである。チンパンジーの場合なら、このチンパンジーとあのチンパンジーが、バナナをとるために違った棒を違った仕方で用いたとしても、何の問題にもならないであろうし、実際、それをするのに「正しいやり方」というものは、そこには存在しないのである。だが指示全体性が機能するためには、全員が（少なくともたいていの場合）通常のやり方で食事をしなければならない。フォークで食べる者あり、箸で食べる者あり、そのうえ右手で食べる者ありだったら、食べ物をどう切り分けるのか、晩餐でナプキンが供されるか否か、パンがあるのか御飯があるのか、皿かボールか、などといったことも決められないだろうし、食事を調理し食べることに適所的に含まれる道具連関全体も存在しえないだろう。食事の道具が機能するためには、人が、どのように、いつ、どこで、何を、何を用いて食べるのかが、すでに前もって決定されていなければならない。このように道具が機能することそれ自体が、社会的規範に依存する。それどころか規範によって、道具の存在を定義する手段性、ならびに道具にその有意義性を付与する「目的であるもの」が規定されるのである。

B　世人の肯定的機能と否定的機能

今や、ハイデガーがオラフソン的な反論にどう答えるかも分かる。世人によって平均性は保持され、平均性はさらに、指示全体性が機能するために必要である。そして結局、世人のおかげで、個人の世界が複数ある代わりに、単一の共有された公共的世界が存在するのである。

> 日常的な相互共存在を……なすものとしての世人が厳密な意味における公共性と呼ばれるものを構成する。ここに含意されているのは、世界がつねにすでに第一次的に、共通の世界として与えられているということである。次のようなことはありえない。つまり、差しあたって個別的主体があってそれがそのつど固有の世界を持っていて、そして次に問題になってくるのが、諸個人の多様なそのつどの世界を何らかの申し合わせによって畳み込み、さらに人が共通世界をいかに有するのかについて取り決めることだ、というようなことである。哲学者が相互主観的世界の構成を問うとき、事態をこのように表象している。それに反してわれわれが主張するのは、最初に与えられているのは共通世界——世人——である、ということである。(HCT, 246) [GA 20, 339]

残念ながらハイデガーは、この構成的な順応性[conformity]と有害な順応主義[conformism]とを区別しなかった。それどころかハイデガーは、『現代の批判』におけるキルケゴールの大衆攻撃に感化され、この重要な区別をぼやけさせてしまうのにどんどん手を貸してしまう。規範の重要性と順応主義の危険という、二つの事柄についてハイデガーが言わんとすることを正しく評価するには、世人の肯定的はたらきと否定的はたらきとをわれわれ自身で選り分けなければならない。

1　世人の肯定的機能：理解可能性の源泉としての順応性

肯定的側面について、ハイデガーははっきり次のように述べている。「《世人》は一つの実存カテゴリーであり、根源的現象として現存在の積極的な機構に属している」(167)[129]。

言語こそ、平均性の肯定的重要性の最適な例である。「平均的な理解可能性は、自分を言表するさいに発言された言語のうちにすでにひそんでいる」(212)[168]。この理解可能性は、公共的規範に同調しようとする現存在の傾向から帰結するのであり、日常的了解の基盤となる。「人は同一のことを思っているのだが、それというのも人が、言われた内容を同一の平均性において共通に了解しているからなのである」(212)[168]。そうなのだ。ウィトゲンシュタインが強調し、またわれわれも先に述べたように、最も単純で基礎的なものを説明するとき、最後には「人はそうするものなのだ」と言うしかない。この意味で、「公共性は、すべての世界解釈と現存在解釈とを差しあたって規整しており、つねに正しいと認められている」(165)[127]。ウィトゲンシュタインの、反対論者の疑問に対する答え方は、ハイデガーのそれだといってもおかしくない。

「それではあなたが言っているのは、人間の一致によって、何が真で何が偽かが決まるということなのか」――人間が述べることこそ、真であったり偽であったりするのだ。そして人々は、自分たちが使う言語のうちで一致している。これは意見〈志向的状態〉における一致ではなく、生活形式〈背景的振る舞い〉における一致である。(7)

そうすると、ハイデガーとウィトゲンシュタインの両者にとって、世界の理解可能性の源泉は平均的な公共的振る舞いであり、およそ了解というものが可能であるのはひとえにこれによる。共有されているのは概念枠、つまり、顕在化され正当化されうるような信念システムではない。だからといってわれわれは、いつも非明示的で恣意的な信念システムを共有しているというわけではない。こう考えることは、同じ誤りをサルトル流にしただけである。われわれが共有するのは、単に、われわれの平均的ふるまいのみである。人がしていることに最終的に訴えて、ある実践を説明してしまえば、もうそれ以上基礎的な説明はできない。ウィトゲンシュタインが『確実性の問題』で述べるように、「根拠を与えることは、どこかで終わりになる〈のでなければならない〉。しかしこの終わりは、根拠づけを持たない前提といったものではない。それは根拠づけを持たない行為の仕方なのである」(8)。

この見解は、全面的な明断性や究極的理解可能性といった哲学的理念とはまったく正反対のものである。ハイデガーは、『形而上学入門』において、そのような形而上学的根拠づけは存在しえないと示唆している。

まだ未解決のままであるのは、到達した根拠が真に根拠なのかどうか、言い換えれば、それは基礎づけを与えるものなのか、すなわち、原根拠〈Ur-grund〉なのか、それとも、その根拠は与ええず根拠づけが断たれてしまっている深淵〈Ab-grund〉なのか、あるいはまた、根拠はそのいずれでもなく、むしろ基礎づけのおそらくは必然的な仮象のみを提示するもの、言い換えれば非根拠〈Un-grund〉なのか、ということである。(9)

哲学者は究極的根拠を求める。そのようなものがないことが発見されたとき、サルトルやデリダのような現代の哲学者ですら、自分が無の深淵に落ち込んだかのように考え、究極的根拠の不在は人間活動にとって破局的諸帰結をもたらすと考えてしまうようだ。それに対して、ウィトゲンシュタインや『存在と時間』第一篇におけるハイデガーは、非根拠は無の深淵ではないと見る。振る舞いにおける共有された一致を拠り所にすれば、われわれは望むことは何でもできる。世界を理解し、相互に理解し合い、言語を持ち、家族を持ち、科学を持つ等々ができるのである。

しかしハイデガーは、日常性においてあらわにされるより以上の、何かしら深い了解を求める。『現代の批判』におけるキルケゴールと同様に、だがウィトゲンシュタインとは反対に、ハイデガーは日常的理解可能性というものが、隠蔽された「真正の」明白性を代償に得られた偽の明白性であると考える。「公共性は、すべてのものを曇らしてしまい、こうして隠蔽されたものが、熟知のものであり誰にでも近づきうるものであると、言いふらす」(165)[127]。『存在と時間』第二篇では、言語に「平均的理解可能性」が存していするというハイデガーのこの主張は、平均を超えた理解可能性が、たとえ道具についてではなくとも少なくとも現存在と世界性については存しうるという示唆にまでなる。

しかしハイデガーはなぜ、日常的生活においては理解可能性が曇らされていると述べて、どんな理解可能性であれ一切の物事が理解可能性を得るのは公共的な実践においてなのだ、と述べないのだろうか。より高次の理解可能性が存在するのだろうか。第二篇においてすらハイデガーは、有意義性と理解可能性はすべて、世人による産物であることを否定しない。それなら、このよりすぐれた理解可能性とはいかなるものでありうるのか。この理解可能性は、伝統が発見したと言い張っているような類のより高次の理解可能性ではありえない、すなわち、日常的了解において与えられる説明に代わって、世界や人間についての別の本質的な説明をするような理解可能性ではありえない。ハイデガーの主張は、すべての知覚は混乱している(デカルト)とか、見かけとは裏腹にあらゆる日常的技能はじつは無意識の理論の産物である(ライプニッツ)とか、社会はもっぱら階級闘争によって構造化されている(マルクス)などといったものではない。このようなものはハイデガーにとって、曇らされてしまった真理や理解可能性ではない。さもなければ、現存在や世界が日常性において与えられている仕方を、絶えず哲学的に問いただそうとする彼の試みは、的外れなものになってしまうだろう。

しかし、平均的な日常的理解可能性が曇らせている何ごとかが存在する。それは、平均的な日常的理解可能性が単に平均的な日常的理解可能性でしかないということである。日常的な「目的であるもの」、およびその手段となる道具は、神の善性や人間本性、あるいは少なくとも堅固な良識に基礎を持つと、あたかも当然のように考えられている。これこそ、「基礎づけについてのおそらくは必然的な仮象」とハイデガーが呼ぶものにほかならない。例えばわれわれは、正しい(健康的な、文明的な、合理的な、自然な、等々の)座り方とは、椅子の上やテーブルに向かって座ることで、床の上に座ることではないと、どうしても考えてしまう。われわれのやり方は動かしがたい本質的な意味を持つように見えるし、「西洋ではたまたまこうやっています」と述べたのでは、この動かしがたい本質的な意味はとらえられないというわけだ。だが日常的了解において隠蔽されていることは、伝統がいつも想定してきたような何か深い理解可能性ではない。隠蔽されているのは、理解可能性の究極的「根拠」は共有された振る舞いでしかない、という事実なのである。正しい解釈というものはない。平均的理解可能性は、より劣った理解可能性であるわけではなく、ただ自分固有の無根拠性を曇らせているだけなのである。これこそ、嫌疑の解釈学の最終到達点である。残された唯一の深い解釈とは、深い解釈など存在しないということなのである。

　現存在が本来的となったとしても、自らの自己解釈を表明するまったく独自のやり方を得るというわけではない。本来的現存在は、現存在する人が自分の文化において持っている平均的な「目的であるもの」を、その文化の他のすべてのメンバーと同じように引き受けなければならない。ただ、その引き受け方が異なるのである。この相違についてハイデガーは、第二篇の決意性についての議論で記述している。だからハイデガーは、「了解は一般にどのように生起するか」についての議論の締めくくりに、次のような重要な発言をすることもできたのである。

　本来的自己存在は、「世人」から分離されたところの、主体の一つの例外状態に基づくのではなく、本質的な実存カテゴリーとしての「世人」の一つの実存的変様なのである。(168)[130]

2　「世人」の否定的機能：均等化としての順応主義

　いかにして「了解が……妨げられ、欺かれうるか」――順応性がいかにして順応主義に退化するか――についてのハイデガーの説明は、理解可能性を構成する骨格となる平均性と、規範を使って現存在自身の持つ本質的な理解不可能性を隠蔽しようとする誘惑とのあいだの、きわめて微妙な関係を明らかにしている。平均性は、深さや重要性のあらゆる相違を抑圧することによって、現存在の落ち着かなさを隠すのである。

　平均性は、世人の一つの実存論的規定性である。世人にとって平均性は、それを軸としてすべてが回っている本質的に問題となるものなのだ。……日常的な現存在解釈ならびに世界評価の磨き上げられた平均性、慣習や風俗の同様な平均性は、出しゃばってくるすべての例外を監視する。いかなる例外も短命であり、音もなく圧殺される。(HCT, 246)[GA 20, 338-339]

キルケゴールと同様ハイデガーも、このようなあらゆる有意味な差異の抑圧を「均等化」と呼ぶ。

　懸隔性、平均性、均等化は、「世人」の存在の仕方として、われわれが「公共性」として識別しているものを構成する。……公共性は、すべてのものを曇らせてしまい、こうして隠蔽されたものが、熟知のものであり誰にでも近づきうるものであると、言いふらす。(165)[127]

(均等化については、13章でふたたび論じることにする。)

Ⅲ　日常性の「最も実在的な主体」としての世人

さて、われわれがここで立ち戻らなければならないのは、日常的現存在は誰なのかという問題であり、そして、個別的人格は日常的有意義性の源泉ではないことを最終的に論証することである。これから見ることは次の諸点である。まず、世人の存在仕方は実存であるということ、そして、有意義性の源泉としての個別的主観にとって代わって世人がその座を占めているということ、さらにこの第二の点によって、意味が個別的主観の活動に根拠を持つというデカルト主義的主張は封じられ、それゆえ意味はある絶対的源泉にその根拠を持つという伝統的主張もその基盤を失うということである。

A　現存在の代役としての世人

すでに見たように、現存在にとって利用可能な「目的であるもの」は、あなたや私によって初めて造りだされるのではなく、社会が提供する公共的可能性である。「目的であるもの」が本質的に、あなたや私に対する指示を含むことはない。社会は、その活動がどのようなものであれ、事物的に存在する主体でないことは確かだし、またハイデガーによれば、一人の人間でもない。そこで問題が生じる。「役割」や道具の社会的組織化は、そもそも何らかの活動なのか、また、もしそうならその活動は、実存という存在仕方を持つようなものなのだろうか。そうならざるをえないように思われる。なぜなら、すでにわれわれが知っている通り、実存とは世界の理解可能性を可能にする存在の仕方だからである。

すでに見た通り現存在は、そのつど私のものであるという性格に加えて、自己の存在が問題であるもの、つまり実存するものという性格を持っている。公衆というものもまた、自分の存在についての配慮を表明する仕方でふるまう。公衆は、それの持つ役割や規範において、人間であるとは何なのかについての一定の解釈を具現しており、またこの規範を保持するために、どんな逸脱に対しても、順応を促したりその逸脱を吸収したりして対処する傾向がある。

> 「世人」は、それ自身、自分に固有な存在する仕方を持っている。われわれが「懸隔性」と名づけた共存在の前述の傾向の根拠は、相互共存在そのものが平均性を配慮していることのうちにある。この平均性は「世人」の一つの実存論的性格である。「世人」にとっては自分の存在において、この平均性が本質的に問題なのである。（164-165、強調ドレイファス）[127]

個々の現存在の場合と同様、世人にとってはその存在において、人間であるとは何なのか、また一般に存在するとは何なのかについての一定の了解を保持することが問題なのである。

B　日常的現存在の「誰」としての世人

日常的現存在は誰か、という問題に答えるための材料はすべてそろった。われわれとしてはまず、現存在とは自分固有の存在を配慮するという存在の仕方なのであり、しかも現存在が自分の意味を獲得するには、世人が提供する（役割や道具を含んだ）仕事に自分を指示しなければならないことを思い起こさなければならない。「現存在は、それが存在している限り、出会われる何らかの《世界》*へと自分をそのつどすでに差し向けてしまっているのであって、現存在の存在には本質上このように差し向けられていることが属している」(120-121)[87]。ヘーゲル的な術語でいえば、現存在は、自分の諸活動を通して自分を客体化しなければならない。とはいえハイデガーは、このような言い方を避けている。なぜなら客体化という言い方は、現存在が差しあたり何か内在的で主観的なものとして存在し、その後で公共的で客観的なものにならなければならないという含みを持ってしまうからだ。現存在はつねにすでに外にある。それどころか、今や明らかになりつつあるように、現存在とはまさに、公共的な「役割」や活動によって要求されている、程度の差こそあれ首尾一貫したふるまいのパターン、つまりは世人の一つの具現化と同じことなのである。だからハイデガーはこう結論を下すことができる。「〈世人は〉日常性の《最も実在的な主体》である」(166)[128] と。

どんな人でも、すでに現にある規範のなかで生い育つ。その さい人は、部屋やテーブルや椅子のようなもの――この文化で人が交渉するもの――と適切に交渉するための、共有された準備態勢を引き受け発展させる。さらに人は、他の人々が――人々がわれわれの世界に存在する仕方として――一人前だったり、親切だったり、胡散臭かったりというような仕方で出会われるさいに彼らと交渉するための、共有された準備態勢を引き受け発展させる。人とは、人が引き受けているところのものそれ自身である。人々なしには規範もないだろうが、逆に、規範なしに人々も存在しえないであろう。

利己的遺伝子の比喩を使うなら、規範のさまざまなパターンが、あたかも自己を永久化する手段として人々を利用しているかのようである。ピエール・ブルデューは人類学の側から、ハビトゥス [habitus] という概念を用いて、この点について説得力のある主張をしている。（とはいえもちろん、ブルデューが、客観的構造や有機体、傾向性といった言い方をするのは、ハイデガーにしてみればあまりにも自然主義的に映るだろう。）

ハビトゥスは教え込みと習得の作業の所産であり、それは、集合的歴史のさまざまな産物、つまり（例えば、言語、経済などの）客観的諸構造が、完全さの度合いにおいてはさまざまではあっても、自己を再生産しうるために必要なのである。そうした再生産は、持続的な傾向性という形態において、すなわち、さまざまな同一の条件づけに持続的に従う有機体（お望みなら個人と呼んでもいい）において遂行される。(10)

ブルデューはまた、この共通世界がハビトゥスのおかげで私の世界に先行するということが、どのようなことを意味するかについても理解している。

> 個人史は、彼が属する集団もしくは階級の集合的歴史の一定の特殊化にほかならないのであるから、諸傾向性からなる個人のシステムの各々は、他のすべての集団ハビトゥスもしくは階級ハビトゥスの構造的な一ヴァリアントとみなすことができる。(11)

そうすると、現存在の個別性を、実存論的につまりその活動という観点から問題にするとき、以下のことが分かってくる。「世人とは無ではないが、しかし私が見たり、つかんだり、重さを計ったりできるような世界内部的事物でもない。こうした世人が公共的となればなるほど、世人はより把握しがたくなり、また、それはますます何物でもないものではなくなり、むしろ日常性の各瞬間において、その人固有の現存在の誰かをまさしく構成するものとなる」(HCT, 247)[GA 20, 341]。

> 差しあたって、自分に固有な自己という意味で「私」が「存在している」のではなく、「世人」というあり方における他者が存在している。この「世人」の方から、またこの「世人」として、私は「私自身」に差しあたって「与えられて」いる。差しあたって現存在は「世人」であり、たいていはそれであるにとどまる。(167)[129]

それゆえ、

> 「誰」かであるのは、この人でもなければ、あの人でもなく、人自身でもなく、幾人かの人でもないし、すべての人々の総計でもない。「誰」かは中性的なものであり、つまり「世人」なのである。(164)[126]

ここからハイデガーは次のように結論を得ることができる。

> 日常的現存在の自己は世人自己なのである……。世人自己としてはそのときどきの現存在は、「世人」のうちへと分散して気散じしており、自分をまず見いださなければならない。(167)[129]

この結論が奇異に感じられるとすれば、それは、現存在が有機体でも、私秘的体験の流れを容れた自我でもなく、ふるまいの一様式であることを忘れているからである。

今やわれわれは、「現存在が、自分自身にあらかじめ自分の世界内存在を、了解せしめるものとしての有意義化」(120)[87]、の源泉を見いだした。匿名的な公共的実践が前もって、役割や規準、規範などについて決定を下していて、現存在はこれらの規範や基準を「目的であるもの」としながら、自分の日常活動に従事している。現存在の存在仕方を注意深く記述すれば、日常性において与えられるのは、（フッサールにおいて見られるような）複数の超越論的主観性の意味付与的活動でもなく、（サルトルに見られるような）行動的意識ですらもないことは、——これらの主観性や意識は、まず自分固有の世界に意味を与え、それから共有された世界に意味を与える存在者なのだが——明らかである。個人は日常的意味を解読し自分の信念体系に組み込むことによって、日常的意味を引き受けるのだ、とすら言えない。個々の現存在は、自分の「役割」やさらには自分の気分でさえも、自分の社会において利用可能な「ストック」のうちへと社会化されることによってのみ獲得する。本来的な現存在ですら、これらの日常的可能性を通じてのみ、自分の落ち着かなさを表明せざるをえないのである。

しかし、今述べられたことの意味は、現存在に対して利用可能な役割や規範などが、変えようもなく固定されているということである必要はない。技術や社会の新たな発展によって、現存在がいかなる特定の仕方で存在するのかは絶えず変化させられている。また、個人や政治グループが新たな可能性を開発し、その可能性が社会にとって利用可能となる余地がないということが、今述べられていたのでもない。そうではなくて、今述べられたことの意味は、こうした「創造性」が生じるのはつねに、人が行なうこと、つまり受け入れられた「目的であるもの」を背景にするということである。このような仕方で背景となっている「目的であるもの」は、明示化可能な前提といったものではないし、とにかく背景にとどまって、批判や変化に理解可能性を与えるものなのであるから、それを一挙に問題視することはできない。事物的に存在するものを見つけてそれを使用することは、共有された実践的活動を背景としてのみ可能であった。ここでも同様に、存在的活動は新たな役割や意味を創造しうるが、それは人間の意志で変化させることのできない存在論的背景に基づいてのみ可能だと言うことができる。このような社会文化的背景も、ある言語が変化するように、徐々に変化することがある。しかしその変化は、決して一度に突然起こるわけでもないし、集団や個人の意識的決定の結果として起こるわけでもないのである。

C　有意義性と理解可能性の源泉としての世人

すでに述べたように、世人が各々の現存在に対して及ぼす不断の支配が、整合的な指示全体性や共有された「目的であるもの」を可能にし、これによって最終的には、有意義性と理解可能性をも可能にする。ところが、独創的で重要なこの論点に対するハイデガーの両価的な態度を暗示するかのように、この論点の決定的な定式化は、まるでついでに触れるとでもいった調子で、段落の途中でなされている。

> 現存在は「世人」自身を「目的であるもの」として日常的に存在しているのだが、〈つまり、「目的であるもの」はすべて世人が与える〉、そうした「世人」自身が有意義性の

指示連関を分節する。(167、強調と〈 〉内の注釈ドレイファス)[129]

確かに、ハイデガーの発見には、どこかしら居心地の悪いところがある。伝統的には意味の源泉はすべて、何らかの究極的で・それ自体として理解可能であり・かつ最も実在的で事物的に存在する源泉、例えば、善、神、超越論的自我にまで遡って求められた。世人を究極的な実在——哲学者から見た神のことである「最モ実在的ナモノ」[ens realissimum] (166)[128]——だとみなしても、伝統的な意味でのこうした理解可能性が与えられることはない。世人は決して、完全に明示化されたり正当化されたりすることはありえないのである。世人は、存在了解を自らのうちに持っており、またあらゆる理解可能性を説明するものであるが、世人自体は理解可能なものなどではない。

この不可解な状況に対する伝統的な反応は、世人の源泉となるものをどこかに想定することである。予め存在して自己を世界へと外化するヘーゲル的な絶対精神の活動や、あるいは個別的主体の意識的な意味付与活動のうちに想定するのである。しかしハイデガーが暴露した諸現象は、このいずれの選択肢によっても説明できない。第一に文化的規範は、明々白々たる絶対的意識にまでその理解可能性の源泉をたどることができる、というような仕方では与えられてはいない。「世人は、複数の主体の上に浮かびただよっている《普遍的主体》といったようなものではない」(166)[128]。第二に、一人の人間が社会化される——完全には意識に上らない規範に従うよう訓練される——のは他の人間たちによってのことなのだから、その結果を相互主観性と記述するのは誤っている(12)。

こうした「世人」は「本当は」何ものでもないものである、と性急に判決を下してもならないし、また次のような見解を抱いてもならない。すなわち、世人というこの現象を「説明」して、例えば、若干の主体が一緒に事物的に存在していることを後からつなぎ合わせた結果だとすれば、この現象は存在論的に学的に解釈されている、という見解である。(166)[128]

伝統的論理学もこれらの諸現象に直面すると役立たないということは、驚くべきことではない。(166)[129]

しかし世人は、確かに何ものかである。ハイデガーは言う。「公然と《世人》がふるまえばふるまうほど、ますます世人は、とらえられない隠密のものになるが、しかしますます、何ものでもないということにはならない」(166)[128]。例えば、他人との距離をとる振る舞いを統御する規範が教え込まれていること以上に、公然としていてかつ隠密のものがありうるだろうか。

重要なのは、規範を教え込む活動は人間たちの実存に依存するとはいえ、いかなる特定の人間の実存に依存するものでもなく、むしろ個々の人間たちを生みだしていくものだということである。こうした不思議な現象に直面したときわれわれにできるのは、そこで生じていることをひたすら記述することだけである。「存在諸概念の仕上げは、これらの却下されえない諸現象に従って方向をとらねばならない」(166) [128]。「言葉の前に、表現の前に、つねに現象が先にある。概念はその次だ」(HCT, 248) [GA 20, 342]。われわれにできるのは、諸現象が自己を示すがままに現象を記述し、それがいかに人間的実存の残りの側面と適合するかを示すことだけである。これこそ、まさに解釈学的現象学の仕事なのだ(13)。

9章　内存在の三重の構造

現存在とは世界内存在である。そうハイデガーは最初からわれわれに語っていた。『存在と時間』の第三章および第四章において、世界性の構造——指示全体性と有意義性——が明らかにされたが、その構造はすべて世人によって分節化されているものであった。しかし人間は、決して直接的に世界の内に存在しているのではない。われわれが世界の内に存在するのは、つねに、何らかの特定の環境の内に存在するという仕方によってである。内存在が一定の状況のうちに置かれているこうしたあり方こそ、『存在と時間』の第五章の主題にほかならない。

ハイデガーはそうした状況のことをLichtung［明るみ］と呼んでいる。このLichtungというドイツ語は、文字通りには、森の中の間伐地という意味を持っている。この間伐地ということの意味をいくらかとらえるためには、現存在が開示性の場であると考えればよいだろう。このような場とはハイデガーにとって、人がそこでさまざまな対象に出会いうるような開かれた空間を指している。また、Lichtという語は、光という意味も持っている。もろもろの事物は、われわれの存在了解という光のもとで出会われるのである。プラトンから啓蒙主義に至るまで、理解可能性は、光によって照らされることと等置されてきたが、つまりハイデガーは、現存在が対象との出会いに開かれているということをそうした伝統に結びつけるのである。

ハイデガーが注意しているように、現存在は客観に関係する主観ではないし、また、マルティン・ブーバーのように、現存在は主観と客観との「あいだ」に存在する、と言ってみても仕方がない。なぜなら、「あいだ」と言う場合、現存在がそのあいだに存在するとされるところの二つの存在者がある、と依然として想定されているからである。むしろ現存在は、世界内存在である以上、つねにすでに自己自身の外側に存在している。つまり現存在は、共有された振る舞いによって組織づけられており、対処するという活動に没入しているのである。だが、ハイデガーによってそのつどの (jeweilig) 現存在と呼ばれているものは、一つの活動に没入しているにすぎず、それゆえ、一度にごくわずかの振る舞いに携わっているだけである。(「そのつどの現存在」という術語は、現存在がテーブルのように事物的に存在するとすれば、意味をなさないであろう。現存在が行為の仕方であることを忘れてはならないし、そのつどの現存在すること [Daseining] のことを考えるべきである。) そうだとすれば、そのつどの現存在が世界の内に存在するのは、ある状況の内に存在するという仕方においてなのであって、つまり現存在は、物事や人々が置かれているあるコンテクストにおいて特定の何ごとかと交渉し、何らかの特定の目的へと方向づけられ、何らかの特定の仕方で現存在であるために現になしていることを行なうのである。

ハイデガーは、明るみを開くという現存在の活動を、現存在が明るくされて存在していること、現存在の内存在、あるいは、現存在が自分の現であることといったふうに呼んでいる。

> 存在的レベルで比喩的に人間の内なる自然ノ光 [lumen naturale] ということを語るとき、われわれが心に抱いているのは、人間という存在者が自分の「現」であるといった仕方で存在しているという、この存在者の実存論的・存在論的な構造以外の何ものでもない。この存在者が「照明されて」いる、と語ることは、世界内存在として自分自身において明るくされていること、つまり、他のいかなる存在者によってでもなく、自分自身が明るみそのものであるといった仕方で明るくされているということ、このことを意味する。(171) [133]

注意すべきは、ハイデガーが、自分の現 (Da) という言い方と明るみそのものという言い方とを、区別して使っている点である。自分の現であるとは、明るみそのものへと現存在が開かれていることなのである(1)。ドイツ語で“Da”[現]とは、いやむしろ「ここ」と「そこ」(「あそこ」)の両方を意味する。この語には、「ここ」と「そこ」という二つの意味の区別がないのである。英語でも“There I was, in trouble again.”[そらまた面倒なことになった]と言ったりするが、そのような場合の“there”[そら]という語の用法を考えてみれば分かりやすいかもしれない。ハイデガーが「自分の現であること」という表現を使うのは、個別的な現存在が明るみのうちで中心をなすように存在していることを言い表わすためなのである。つまり、「《ここ》にしても《あそこ》にしても、つまりは《現》においてのみ可能なのである」(171) [132]。

現という語 (「自分の現」という句における) が、共有された状況あるいは明るみについて開かれた、個別者の持つパースペクティヴを実存論的に言い換えたものであるということは、次の引用部分を注意深く読めば分かる。まずハイデガーは、空間的なパースペクティヴといったものを認める。

「状況」……という術語には空間的な意味合いがともに鳴り響いている。われわれは、この空間的な意味合いを実存論的な概念から削除しようとはしないであろう。というのも、そのような意味合いは、現存在の「現」のうちにもひそんでいるからである。（346）［299］(2)

次いで、すでに空間性の議論のさいに示されたように、空間的なパースペクティヴとは、現存在が中心をなしつつ何かに対処していることとして了解されるべきだということに、ハイデガーは注意を促す。

〈現存在の〉そのつどの現事実的な状況の「ここ」は、空間内の位置を意味するものでは決してなく、むしろ、〈現存在が〉最も身近に配慮している道具全体性の圏域の活動空間を意味する。（420）［369］

すでに空間性の議論のさいに準備しておいたので容易に了解されるであろうが、「現存在は自らの《現》を携えている」（171）［133］。つまり現存在の現とは、幾何学的なパースペクティヴではないにしろ、共有された世界のただなかにおける実践的な活動の移動する中心なのである。現存在は、心といったようなものではなく、それがなしている当の物事に没入しておりその物事によって規定されるようなものなのだから、ハイデガーは、現存在は自分の「現」であると言うことができるのである。「《現存在は自分の開示性である》とは、……この存在者にとってまさにその存在において問題である当の存在とは自分の「現」である、ということを意味する」（171）［133］。

これら新しい術語のすべてを了解するための一つの方法は、以下のようなものである――この解釈はテキストのあらゆる部分に当てはまるわけではないのだが。まずすでに見た通り、世界とは、すべての下位世界がその詳細化であるような全体である。さらに、下位世界とは、個別的な現存在によってある状況の内での存在であることを通じて生きられるものである。各々の現存在の現とは、自分の活動の回りに組織づけられているがままのまさにその状況である。そのとき共有されている状況こそが明るみそのものと呼ばれているのであり、一方、明るみの内に存在していることは、現であるということなのである。

現存在が明るみを開くのは、現存在にとって自分の存在が問題だからである。「この存在者を本質的に明るくするもの、つまり、この存在者をそれ自身にとって《開いた》ものにするとともに《明るい》ものにもするもの、それは、……《気遣い》として規定されていたものであった。気遣いのうちに《現》の十全な開示性が基づいているのである」（401-402）［350］。人々は現存在する限り、自分自身に関しても自分の状況に関しても、気遣うことにおいて明るませる活動を遂行している。各々の現存在は自分固有の気遣いを行なっていて、したがって自分固有の「現」であるわけだが、それにしてもこの各人の気遣いの帰結として生ずるのは、ただ一つの共有された状況なのである。したがってわれわれは、活動としての明るませることと、その活動から帰結する明るみそのものとを区別する。森を間伐して野原を作るために一緒にはたらいている人々の集団を考えてみよう。間伐の活動は複数あるが、しかし、このすべての活動は、唯一の間伐された野原に帰結する。「環境世界はわれわれ各人にとって一定の仕方で相異なっているが、にもかかわらず、われわれは一つの共通の世界のうちを動いている」（BP, 164）[GA24, 234]。そこで、「〈現存在は〉……それ自身が明るみそのもの〈原文のまま〉であるという仕方で、自分自身において明るまされている」（171）[133]とハイデガーは言うことができるのである。ハイデガーは、今ということに関してもはっきりと同様の指摘を行なっている。「われわれ各人は、自分なりの今を発語するのだが、しかしそれにもかかわらず、それはあらゆる人にとって同じ今なのである」（BP, 264）[GA24, 373]。

明るませること（動詞）のいくつかの活動が、一つの明るみ（名詞）を生みだすということを理解するための一つの方策として、ある状況の内に存在することの論理について考えてみよう。心的状態あるいは体験（Erlebnis）の本質に属しているのは、私秘的であるという性格である——例えば、私はあなたの頭痛を共有することができない、なぜなら私がそれを体験するならそれは私の頭痛になるのだから。これに対して、もろもろの状況はまさにその本性からして共有されうるのである。私があなたの状況を共有するなら、それは私の状況ではなくてわれわれの状況となる。状況の内にあるとき、「現存在は、つねにすでに自分自身を超えて外へと抜けだしている、つまり脱-存[ex-sistere]しているのであって、現存在は何らかの世界の内に存在している。したがって現存在とは、主観的な内部領域といったものでは決してない」（BP, 170）[GA24, 241-242]。それどころか「意識は、《現》に基づいてのみ可能なのであって、前者は後者の派生的な様態にすぎない」（3）。現存在のそのつどの状況が、つねに原則として他者とともに共有されうるということは、現存在の理解可能性が共有された振る舞いに依存しているという事実の当然の帰結である。だから、各々の現存在の「現」とは、すでに共有されている世界の共有可能な一定の持ち分のことなのである。「この存在者は、自分の最も固有な存在において、閉鎖されていないという性格をそなえている」（171）[132]。

ハイデガーが強調するように、内存在することあるいは明るませること（動詞）を行なう個別者の活動は、共有された明るみ（名詞）と相互依存的である。「現存在は、自己の世界の内に存在する存在者として、かつ同時に、自分がその内に存在しているまさにその世界のおかげで存在するような存在者として、自分自身を示す」（HCT, 202、強調ドレイファス）[GA20, 276]。明るませるという現存在の活動は、また、その活動が生みだす明るみ（名詞）によって生みだされるものでもあるが、そうした活動は、存在的な諸活動にとって意味を持つものではない。とはいえ「世界内存在として自分の存在そのものが問題であるような存在者は、存在論的には、何らかの循環的構造を持つ」（195）［153］のである。この循環構造は、論理学が扱いうるようなものではないが、にもかかわらずそれは、世界内存在と呼ばれる独特の存在論的な現象が持っている構造なのである。

このようにハイデガーは、世界があるということに対して個別者の活動が寄与していることに関心を示しており、この点で彼はフッサールの現象学に負うている。後期の著作や『存在と時間』の欄外注において、ハイデガーはこの負債に反発する形で、むしろ、個別的でパースペクティヴの中心をなす現存在に対しての、明るみ（名詞）の優先性を強調しており、また、現存在の活動が心的表象の観点からは了解されえないという点を再度強調している。現存在の循環的存在について述べられている先に挙げた本文について、ハイデガーは後年、以下のような注記を施している。「だが、この《自分の存在そのもの》は、存在了解によって規定されている、言い換えれば、現前性の明るみの内に立ち抜くことによって規定されている。その上さらに、明るみそのものも、現前性そのものも、表象作用の主題となることはない」〔204〕。

さてこれまでのところ、『存在と時間』においてハイデガーが明らかにしてきたのは、現存在の循環構造のうち世界の側面であった。そこには、手段性、指示全体性、有意義性、および「目的であるもの」という契機があり、しかもそれらの契機はすべて、世人によって組織化されているものであった。今やわれわれは、内存在——現存在が自分の現であることこそ——という活動の構造へと向かおう。この点を解明することこそ、ハイデガーにとって最も労苦に満ちた現象学的作業なのである。なぜなら、個別の現存在の開示的な活動としての内存在とは、伝統的にはつねに、モナド的、超越論的な主観——まさに閉鎖された「窓のない」パースペクティヴ——の活動として解釈されがちだったからである。この内存在としての活動は今や、共有された明るみを前提しかつ生みだすような存在者が持っている活動、として再解釈されねばならない。一定の状況における活動として、各々の現存在は、以下のような三重の構造を持っている。

「現」がまったき仕方で開示されるとすれば、「現」の開示性とは、了解、情状性、および頽落、によって構成されている。（400）［349］

この構造の各契機は、それぞれ実存カテゴリーであって、そのいずれも、その他の契機なしには理解不可能である。ハイデガーが指摘しているように、それらすべては等根源的なのである。以下の三つの章において私は、現存在の適所的参与のこの三つの基本的な契機——了解、情状性、および頽落——を詳しく議論し、そして、それらがいかに現存在のそのつどの状況を構造づけているか、を示すことにしよう。

10章　情状性

現存在は、物事や行為の仕方が自分に影響を及ぼすのをまさに見いだすという仕方で存在している。ハイデガーは、現存在の存在のそうした受容的な契機に、Befindlichkeit［情状性］という術語を与える。この語はドイツ語の日常語ではないが、造語の点から言うと、日常的に挨拶の言葉として用いられる“Wie befinden Sie sich ?”［具合はいかがですか］という言い回しから採られたものである。この言い回しは、直訳すれば“How do you find yourself ?”［あなたはあなた自身をどのように見いだしますか］と尋ねる言い方であって、英語の挨拶では、“How are you doing ?”［いかがおすごしですか］に相当する。この術語を翻訳するに当たって、『存在と時間』の英訳者たちのように“state-of-mind”［心の状態］という訳語を採用することはできない相談である。なぜなら「心の状態」という語は、少なくとも哲学者にとっては、何らかの心的状態、つまり事物的に出来する孤立化可能な主観のある確定的な状態を、思わせるものだからである。物事がどうなっているかをわれわれが受け入れる感覚は、私秘的な心的状態などではないということを、ハイデガーは努めて示そうとしている。しかも、心の状態という言い方が余りに内面的に聞こえかねないのとまさに同じように、私がかつて試みた“disposition”［気質］という訳語も、行動主義者によって行動の傾向性という意味で使われているので、あまりに外在的に響きかねない。かつて私は“situatedness”［状況づけられていること］と訳すことを試みたこともあったが、右で見てきたように、状況とは明るみの別名なのである。

困り果てた私は、ハイデガーのBefindlichkeitという語と同じくらい奇妙な“where-you're-at-ness”［人がそこに位置しているそのそこ性］という訳語を思いついたりもしたのだが、この言い方は、状況に対する感受性という面を置き去りにしてしまう。求められているのは、物事や選択がすでにそこで影響を及ぼしている何らかの状況の内に見いだされてある、という意味を伝えてくれるような英語の単語なのである。この意味をすべて伝えてくれる単語は私には見当らないので、私は“affectedness”［情状性］という訳語で我慢することにする。少なくともこの語は、以下のテクストに見られるような、物事によってわれわれがすでに情状づけられてあること、を言い当てているからである。

> 道具的に存在しているものが不便であったり反抗的であったり威嚇的であったりすることによって、影響されること［情状づけられてあること］が存在論的に可能であるのは、世界内部的に出会われるものがそのような仕方で内存在に「影響を及ぼす」ことがありうるというふうに、内存在そのものが実存論的に前もって規定されてしまっている限りにおいてのみである。そのような種類の事物が内存在に「影響を及ぼす」ことがありうるという事実は、われわれの情状性に基づいている。情状性として内存在は、すでに世界を——例えば内存在がそれによって脅かされうる何かとして——開示してしまっている。……現存在が世界へ開かれていることは、実存論的には、情状性という気分的調子づけによって構成されている。(176)［137］

さらにわれわれは Stimmung［気分］という語をどう翻訳するかについても決定しなければならない。この語は mood［気分］という英語に相当するドイツ語の日常語である。

> われわれが存在論的に「情状性」という術語によって表示しているものは、存在的には、この上なくなじみの日常的な事柄なのである。つまりそれは、われわれの気分であり、調子づけられてあること［Gestimmtsein］なのである。(172)［134］

私は“mood”［気分］という訳語を堅持することにしたい。とはいえハイデガーにとって、Stimmung とは英語の“mood”よりも広範な射程を持つものである。例えば恐れは、ハイデガーにとって Stimmung の一つなのだが、明らかにそれは affect［情状］ではあっても mood ではない。Stimmung とは、現存在が情状づけられうるあらゆる仕方を名指しているように見える。ハイデガーの指摘によれば、気分ないしは調子づけられていることは、現にそこに開示されている存在の調子［tone］を表明する。ハイデガーのこの術語の使い方からすれば、気分は、ある時代の感受性（例えばロマン主義的な感受性）を指示することができるし、ある集団の文化（例えば攻撃的な文化）を指示することもできるし、時代の気質（例えば革命的な気質）を指示することもできる。同様にそれは、そのつどの何らかの状況における気分（例えば教室での熱心な気分）や、言うまでもなく、一個人の気分をも指示しうる。これらはすべて、物事が影響を及ぼすのを見いだすいろいろな仕方である。つまりこれらはすべて、物事がつねにすでに影響を及ぼしているということの存在論的・実存論的条件である情状性が、存在的に種別化されたものなのである。

ハイデガーは最初にまず、気分を取り上げている。この戦略は、教育的に見るといくつかのゆゆしい欠点を持っている。内存在の三つの契機のうち情状性は、とりわけ個人の気分のうちに表明されるような情状性は、デカルト主義に接近する危険が最も大きい。もし、あなたと私の両方にかかわっているものが、私にとって威嚇的でありながら、あなたにとっては浮き浮きさせるものであるとすれば、私たち二人はともに同一の状況に開かれている、などと言うことがどうしてできようか。せいぜい、私たちの気分が異なるのはあらかじめ共有されている中立的場面に主観的な色合いが投影されるからである、とみなされるのが関の山であろう。いっそう悪いことに、状況というものはそれが私に影響を及ぼす仕方をそれ自身の構成契機の一つとして含んでいるので、ハイデガーは、私の気分によって色づけされた私の一身上の状況を何らかの私秘的な世界に仕立ててしまう、という危険を冒してしまっている。しかも、その私秘的世界というのは、公共的世界から切断されており、公共的世界よりいっそう基底的なものなのだ、というふうに見えてしまうのである。この種の危険性は、現前よりむしろ近さに焦点を当てることで、私の空間性を公共的空間性よりも根源的なものに見えさせてしまう、という危険を彼が冒してしまっていたのとよく似ている。しかしわれわれは次のことをわきまえておかなければならない。つまり、個人的な近さとか個人的な気分といったものは、公共的な明るみを必要とするということ、また、それらの近さと気分が状況および状況の内にある物事を開示するのは、何らかの公共的な位相のもとでだということ、つまり他者にも利用可能なある位相のもとでなのだということである。

もしもハイデガーが、情状性の議論を個人的な気分よりはむしろ文化的な感受性でもって始めていたなら、今述べたようなデカルト主義的誤解を避けることができたであろう。文化的な感受性とは、公共的であってかつ気分に先立つところの情状性の一様態である。というのもそれは、気分の通用する幅を支配しているからである。だがハイデガーは、『存在と時間』においては、そうした文化的感受性に触れさえしていない。しかしながら彼は、数年後の講義においては、この種の感受性を実際に強調することになる。ギリシアの哲学の始源にある根本気分(Grundstimmung)とは驚嘆(Erstaunen)であったのに対し、現代の文化的気分は驚愕(Erschrecken)である、と彼はそこで述べている(1)。一九三四/三五年の諸講義においてハイデガーは、こうした文化的感受性に重要な位置を与えている。そこでは文化的感受性は、世界を開くという役割、つまり『存在と時間』において親密性が演じているのと並行する役割すら演じている。

気分を何らかの仕方で抑圧し、脇へ押しやることに基づいてのみ……、諸事物についての単なる表象と呼ばれるものへと人は達することができる。というのも、あたかも表象された諸客観の束を積み上げることによって世界が層状に構築されうるというふうには、表象は第一次的ではないからである。世界は……知覚された多様な諸事物が事後的に掻き集められた末に、くっつき合わされて出来上がるものでは決してない。むしろ世界とは、根源的かつ本来固有な仕方であらかじめあらわなものなのであって、その内部でこそ、われわれは、あれやこれやの事物に出会うことができるのである。世界が開かれるという運動は、根本気分(Grundstimmung)において起こる。……根本気分は、われわれの現存在に対して、その現存在の存在に開かれた場所と時間とを決定するのである。(2)

なぜハイデガーは、『存在と時間』において文化的感受性に言及していないのだろうか。おそらく、もしそれを議論したとすれば、以下の点をぼやけさせてしまいかねなかったからであろう。すなわち、彼がそこで導入しているような情状性とは、世界の一つの構造ではなく、むしろ現の一つの構造——そのつどの状況を開示する現存在の仕方の三つの構造的側面の一つ——であるという点がそれである。気分がそのつどの状況に応じて変化するのに対して、文化的感受性の方はそうではない。ハイデガーが行なうべきであったのは、情状性の次の三つのタイプを区別することだと私は思う。つまり、世界に関するタイプ(文化的感受性)、状況ないしはそのつどの世界に関するタイプ(気分)、そして、気分によって特定の方向づけが可能になること(情状)、の三つである(二七五ページの表9を見よ)。(同じような体系構成上の問題は、ハイデガーが了解を論じるさいにも生じるのだが、彼はその場合には、世界に関するタイプ、状況に関するタイプ、個人的な・方向づけられた・志向的なタイプ、の三つを実際に認めている。11章を見よ。)

I 気分

A 気分は公共的である

まずハイデガーは次のような伝統的な見解を紹介し、かつ斥けている。つまりそれは、気分は私秘的な感情であって、われわれはそれを世界に投影しているのであり、またそれを発見するのはわれわれ自身の体験を反省することによってである、とする見解である。

> 気分は、なるほど存在的にはわれわれによく知られたものであるが、しかしその根源的な実存論的機能において認識されているわけではない。気分は、人の「心理的状態」の全体を「彩る」はかない体験だとみなされているのである。(390)[340]

だが情状性は、振り向いたり振り返ったりして把握するこ

> とによって何らかの心理的状態にでくわす、といったことからは非常にかけ離れている。それどころか、「現」が情状性においてすでに開示されてしまっているからこそ、内在的反省がそもそも「体験」にでくわすことも初めて可能であるほどである。(175) [136]

英語でも、「われわれは気分のうちにある」[We are in a mood] と言う方が普通であり、「気分はわれわれのうちなる体験である」[A mood is an experience in us] とは言わない。ハイデガーならこの事実をきっと重要だとみなすことだろう。

私の世界の彩りとしての感情から気分を絶縁させることに困難をおぼえる人は、公衆もまた気分を所有しうるということを思い起こすとよいだろう。このことはハイデガーも指摘している。

> 公共性は、世人に属する存在様式として、総じて、気分に襲われる特有のあり方を持つのみならず、気分を必要とし、自ら気分を「作りだす」。(178) [138]

公共的気分のうちにはおそらく、社会的動揺、軽薄さ、社会的憤慨、服喪などが含まれるだろう。

気分が人間関係にかかわる場合もありうる。ハイデガーは、一九二九年の講義において、相互共存在の仕方としての人間関係的気分を論じている。

> いわゆる「きげんのよい」人は、好ましい気分を仲間うちにもたらす。その場合彼は、ある心的体験を自分のうちに造りだし、次いでその体験を他の人々に転送しているのであろうか。例えば伝染病の病原菌がある有機体から他の有機体へとあちこちさまようように。……あるいは、その人がいるだけですべてが白け塞いだ気分になるような人も仲間のうちにはいる。誰もみな打ち解けない。こうしたことからわれわれは何を学びうるであろうか。それは、気分とは随伴現象ではなく、むしろ前もって相互共存在を規定するようなものであるということである。まるで気分とは、言わば雰囲気のようにいつでもすでに現にそこにあるのであって、われわれはそこに浸されており、それによって徹底的に規定されている、といったふうに見える。そのように見えるばかりか、実際その通りなのである。こうした事情を考えれば、感情やら体験やら意識やらの心理学を使わないことが必要なのである。(3)

さらに、世人が気分を持つ仕方が存在しないとすれば、個人が気分を持つということもそもそもありえないだろう。

物事が解釈される公共的な様式は、どのような気分を持ちうるかということまでもすでに決定的に支配している。つまり、現存在が世界を自分に「影響を及ぼさ」せる根本的な様式はそのように決定されてしまっているのである。（213）［169-170］

例えば、面子を失って恥ずかしいと感ずるのは、日本人独自の感じ方だろうし、他方、ロマンティックな恋愛をして浮き浮きして快活になるのは、長いあいだ西洋にだけ見られる特性であった。

以上述べてきたように、気分をつかのまの私秘的感情が世界へと投影されたものとして記述するのは適切ではない。むしろ実存のある次元が特殊化されたもの、つまり世界内存在の一つの仕方としての情状性が特殊化されたものとして気分を理解しなければならない。その理由を要約すれば、以下のようになるだろう。

1　もろもろの文化は、長いあいだ培われてきた感受性を持っている。ある文化においては、物事が神聖なものを祝うための機会として出会われてくるが、別の文化では、あらゆるものが生存に対する何らかの脅威として出会われてくる。

2　気分は世人の規範に左右される。私が持つことのできる気分は、私の属する文化において人が持つことのできるような気分だけである。つまり、公共性は個人の気分の可能性の条件なのである。

3　人間関係にかかわる気分というものが存在する。

4　私の気分は、ときによっては私だけの気分である場合もあるが、本質的には私秘的なものではない。というのも、私が属している文化のなかにいる別の個人が、私と同じ気分を共有することもありうるからである。

だが、気分が一人称的な主観的状態でないとすれば、今度は、デカルト主義的伝統からして、気分は何らかの種類の三人称的な客観的行動に違いない、と考えたくなる。しかしながら、あらゆる心理学的状態を身体的動作に還元しようとする行動主義的なアプローチでは、気分の志向性を説明することはできない。だからこそ、ギルバート・ライルやウィトゲンシュタインは、修正された行動主義的アプローチを提案したのである。ウィトゲンシュタインの指摘によれば、例えば、「期待すること」は感情でもなければ一組の客観的動作でもない。それは、ある適切な状況における一定の統一的な活動スタイルのことなのである。例えば、誰かが恐れるとき、その人は単に恐ろしく感じるだけではないし、恐れはすくむという動作にすぎないのでもない。恐れとは、ある適切なコンテクストにおいてすくむということなのである。気分は内的状態ではありえず、一種のふるまいであるという点には、ハイデガーも同意するように見える。というのも、ハイデガーは以下のように言うからである。

気分は心的なものに関係するのでもなければ、……それ自

> 身まず内的な状態であり次いで謎めいた仕方で外へと達し物事や人物を色づけする、といったようなものでもない。……気分は、「外」からくるのでも「内」からくるのでもなく、世界内存在の一つのあり方として世界内存在からきざしてくる。(176、強調ドレイファス)〔137, 136〕〔引用文の順序が変えられている。〕

だがハイデガーは、ウィトゲンシュタインの見解を支持しようとはしないだろう。なぜなら、露骨な行動主義と同様に、ウィトゲンシュタインの見解では、次のような現象を正当に取り扱うことができないからである。つまり気分は、われわれが行なうことがらを規定するばかりでなく、物事がわれわれにどのように出会われるかを規定する、といった現象である。

開示することの一種としての気分のこのような基本的な機能を、われわれはいかにして説明できるであろうか。われわれは気分という現象を純粋に記述すべきなのであり、伝統的な考え方が、しかも近年のそのヴァリエーションさえもが、われわれに押しつけてくる哲学上のカテゴリー(「主観的」・「客観的」にしろ、あるいは「内的」・「外的」にしろ)のすべてに抵抗しなければならない。これは世人について記述したときと同じである。現象に忠実であれば、気分とは情状性の一種であって、感情が世界に投影されたものでも単なるふるまいの一種でもなく、むしろ明るませるという活動を構成する独特の要素にほかならない、ということに気づかされる。「実存論的に言えば、情状性には、開示しつつ世界へと委ねられているということがひそんでおり、この世界の方から、われわれに影響を及ぼすものにわれわれが出会うということがありうるのである」(177)〔137-138〕。

B 気分は被投性をあらわにする

気分のもう一つの重要な特徴は、気分があまねく浸透しており、ときには透明に見えるほどあまねく浸透している、という点である。

> 最も強力な気分とは、われわれが少しも注意せず、ましてや観察などしないような気分なのであって、あたかもそこには気分などまったく存在しないかのように、われわれを調子づけるような気分なのである。(4)

おそらく、気分がこのようにあまねく浸透しているからこそ、伝統的な哲学において気分は見過されてきたのである。また伝統的な想定によれば、何であれ何かを最もよく知ることができるのはいつも、それについての反省的でかつ第三者的な明晰性を獲得する場合であるが、そうした想定とも気分は相容れない。気分が現存在を根源的な仕方であらわにするのは、現存在が気分を反省していないときだけなのである。その上、反省したときでさえ、気分がまるごとそっくり心の前に置かれることはありえない。

存在論的には、気分は現存在にとっての根源的な存在様式なのであって、気分において現存在は、あらゆる認知や意欲に先立って、しかも認知や意欲が開示する範囲を超えて、自分自身に開示されている。(175)[136]

ハイデガーが指摘するように、われわれは気分の背後に赴くことはできない。われわれは気分に関して明晰になることもできなければ、気分を免れて明晰になることもできないのである。「現存在はつねに何らかの気分を持っている」(173)[134]。私はつねにすでに、何らかの特殊な仕方で私に影響を及ぼしてくる諸対象によって取り囲まれている。

　現存在は、このようにつねにすでに与えられていて、そのさいに、現存在が与えられてそれであるところのものに立場をとらねばならない。現存在とは、自己を解釈しつつ見いだされてあることなのである。このように見いだされてあること、ないしは与えられていることを、ハイデガーは被投性と名づけている。

現存在の存在のこうした特徴――つまり「存在している」ということ――は、その「どこから」と「どこへ」に関しては遮蔽されているのだが、にもかかわらず、その事実自体はそれだけいっそう遮蔽されずに開示されている。この事実をわれわれは、この存在者が自分の「現」へと「被投されていること」と名づける。……「被投性」という表現は、現存在が委ねられているという現事実性を示唆するために使われている。「現存在が存在しており、かつ存在しなければならない」ということは、現存在の情状性において開示されている。(174)[135]

C　根源的超越としての気分

気分は、特定の出来事がわれわれを触発するさいの背景をなすものである。私がおびえた気分のうちにいれば、どんな個々のものも恐ろしいものとして出会われてくる(5)。気分は、世界全体、および世界のうちへやってくるものすべてを彩る。したがって、私が想起したり、予期したり、想像したりするものが、明るいものであったりくすんだ灰色であったり安心させるものであったり、いま挙げた例では、おびえさせるものであったりする場合でも、それらはみなそのつどの私の気分に左右されているのである。こう考えれば、気分とは天候のようなものである。晴れた日にはそこにあるものすべてが明るく輝いているだけでなく、くすんだ灰色の世界など想像することも難しいものだが、その反対に、どんよりと曇った日には出会われうるすべてがどんよりと曇っているし、思い描くものすべてが鈍くて冴えない。気分は、伝統的に想定されてきたように、つかのまのはかないものであるどころか、むしろ、天候のようにどっしりと落ち着いており、自らを永続させる傾向を持っている。例えば、私がいらいらしているとき、新しい出来事は、いっそう私をいらいらさせる理由として出会われるのであって、陽気なときには挑戦してくるものとしてあるいは楽しませるものとして出会われるものでさえ、いらいらさせる。このことをハイデガーは以下のように要約している。

> 「単なる気分」こそ「現」をいっそう根源的に開示するのだが、しかしまたそれに応じて、どんな無知覚よりもいっそう執拗に閉鎖する。（175）［136］

いらいらした気分の場合に明らかになったように、気分は物事を、われわれに影響を及ぼすものとして出会わせるだけではない。気分はまた、われわれがどんな具合でいるかをわれわれに示す。人は、いらいらさせる物事や出来事という世界の方から自分自身に立ち返って、自分がいらいらしていることに気づく。これは、内観というよりは、世界の方からの反照というべきものであり、このような種類の反照によって、われわれは自分自身を見いだすのである。

> 現存在という性格を持った存在者が自分の「現」であるのは、表立っているにせよいないにせよ、この存在者が自分自身を自分の被投性において見いだすというふうにしてである。情状性において現存在はつねに自分自身に当面しており、つねに自分自身を見いだしてしまっているのだが、それは、自分自身を知覚することによって自分自身にでくわすという意味ではなく、この存在者が持っている気分のうちで自分自身を見いだすという意味においてなのである。（174）［135］

例によってハイデガーが強調したがっていることは、気分が志向性にとっての背景をなすこと、つまり気分は、物事や起こりうること・なしうることがわれわれに影響を及ぼすものとして特定の仕方で出会われるさいの、背景をなすということである。

> 気分はいつでも世界内存在を全体としてすでに開示してしまっており、何かへと自分自身を向けるということをまずもって可能ならしめる。（176）［137］

物事がわれわれに出会われるのは、つねに何らかの特定の仕方においてであって、例えば、魅力的だとか、威嚇的だとか、興味深いとか、退屈させるとか、失望させるとか、とにかくそういうものとしてなのである。われわれがなしうる行為はつねに、魅惑的であったり、おびえさせるものであったり、好奇心をそそるものであったりする。道具がいつ故障するのか、また目標を達成できるか否かを、われわれは気にかける。情状性は、特定の物事がわれわれに影響を及ぼすものとして出会われるための可能性の条件である。それゆえ情状性は、現存在の開示作用の一つの次元であり、つまり根源的超越の一つの位相なのである。

II　存在的超越としての情状的志向性

ハイデガーは、情状性が可能にする志向性の多様なレベルを組織的に提示してはいないが、彼が言わんとすることを推測することならできる。威嚇的なものとして何かが出会われることは一種の志向性であり、それは、道具的存在者に対処することと同じように、心的内容を何ら必要としない。ところがもし私が自分の置かれた状況を、私の心を攪乱するものとして見いだすならば、例えば、何か人やものが魅力的でかつ同時に威嚇的なものとして出会われるのなら、私は自分の体験を反省する気にさせられるかもしれない。そのとき私は、利用不可能な道具のレベルにあるわけである。例えば、その場合恐れは、一つの志向的状態として出会われる。恐れは、透明であるどころか、判別しうる感じを持ち行動に現われる要素を持つ。つまり私は、動悸を感じたりすくんだりする。ホッブズからスピノザそしてジョン・サールに至るまで哲学者たちが試みてきたのは、そのような情状を、興奮状態や抑圧状態等々の主観的な感じプラス志向的内容として定義することであった。例によってそのような心的状態に訴える哲学は、一段階遅すぎるところから説明を始めるのである。というのも、そうした説明では気分が世界を開くという役割も、情状が透明に方向づけられていることも考慮しようがないからである。

結局のところ、行動主義者は事物的存在性のレベルで気分をいくつかの動作に還元するわけだし、ポール・アークマンのような認知主義者は情状を脱コンテクスト化して、情状を定義しうるような客観的特徴を探し求めるのである。そして、アークマンが情状の客観的特徴として見いだすのは、コード化とコードの解読、感情表現のルール、評価メカニズムなどである。このような行動主義的および認知主義的アプローチにおいて完全に無視されているのは、気分がわれわれに影響を及ぼしてくるという性格であって、この性格は、切り詰められた貧弱なそれらの諸要素から再構成されうるものではない。たとえそれら諸要素相互の関係がいかに複雑かつ全体論的なものであったとしても、である。

A　恐れと不安

世界規定的な気分という具体的な形をとった情状性は、いかにして、志向的に存在者に方向づけられることを可能にするのだろうか。この点をハイデガーは特定の例に即して立ち入って論じている。彼はまたこの機会を利用して、情状性の二つの基本的な様式である恐れと不安とを――また両者の対象を――対比しようとする。

1　恐　れ

ハイデガーは、キルケゴールの『不安の概念』にかなり依拠しながら、恐れの記述を詳細に展開しているが、その目的は、恐れを不安と対比することにある。恐れにおいては、われわれは次の三つの位相を区別することができる。

a 恐れること自身。これは、何かが恐ろしいものとしてわれわれに対して影響を及ぼすようにさせる、気分である。

b 恐れの対象。これは、われわれにやってくる特定の何かであり、ある特定の仕方で、われわれの周囲のある特定の方面からやってくる。

c 恐れの理由。これは、ある特定の点で脅かされている現存在自身である。といってもこの点は別に、身体のどこかである必要はない。恐れというのは、現存在の抱いている企てを脅かすことによって現存在の自己解釈といったようなものを脅かすこともできるからである。「差しあたりたいてい現存在は、自分が配慮している当のものの方から存在している。この配慮されるものが危険に晒されるとは、もとでの存在そのものが脅かされることなのである」(180-181)[141]。

「恐れは現存在を主として欠如的な仕方において開示する」(181)[141]。ひどくおびえさせられたとき、現存在は麻痺状態になる。

恐れているとき、配慮はあれやこれやの身近な可能性に飛びつくが、そのわけは、配慮がその場合自分を忘却し、それゆえ、いかなる特定の可能性をもつかみとっていないからなのである。……〈ある個人の〉「環境」は、消え去ってしまうのではなく、その環境のなかではもはや勝手が分からない、というふうにして出会われるのである。(392)[342]

この狼狽状態が、道具が見当たらないことによって引き起こされる故障状態と類似している、という点に注意しよう。狼狽状態に陥ると、世界は押しつけがましく迫ってくる。「恐れは、危険に晒された内存在を閉鎖するのだが、それでいて同時に、そうした内存在を見えるようにさせる」(181)[141]のである。

以上の記述によって示されている通り、恐れとは、人が恐れるときの気分であり、恐ろしい何かに志向的に方向づけられていることであり、脅かされていることを現存在が感受していることである。この記述は、不安を「現存在が開示される際だった仕方」(228)[184]として後に論議するための伏線ともなる。

2 不安

ハイデガーは不安を非常に長々と論じている。というのも、基礎的存在論を遂行するためには、つまりありとあらゆる存在様式の由来を現存在の存在様式にまで遡って突き止めるためには、現存在の全体的な構造をあらわにするにふさわしい特別の方法を見いだす必要があるからである。

現存在の実存論的分析論が、基礎的存在論におけるその機能に関して原則的に明晰さを保有すべきであるなら、この実存論的分析論は、現存在の存在を明らかにするというその暫定的な課題を成就するために、最も広範で最も根源的な開示可能性の一つを探し求めざるをえない――しかもそれは現存在自身のうちにひそんでいる可能性でなければならない。……そのときには、そうした仕方で開示されたものでもって、われわれが探し求めている現存在の存在の構造全体性は基本的に明らかにされるにちがいない。(226)［182］

これは、フッサールの超越論的還元に対するハイデガー流の実存論的等価物であろう。この実存論的還元を準備するに当たってハイデガーは、フッサールが自然的態度と名づけたものの見かけ上の自明性をも、私秘的体験の見かけ上の自明性をもともに斥ける。

日常的な環境世界的経験〈Erfahren〉は、存在的にも存在論的にも世界内部的存在者に向けられたままであるから、そうした経験は、存在論的分析のために現存在を、存在的に根源的に前もって与えることはできない。同様に、体験〈Erlebnisse〉の内在的知覚には、存在論的に十分な手引きというものが欠けている。(226)［181-182］

現存在を単純かつ全体的にあらわにするために、ハイデガーは不安を選ぶ。道具の一つが故障することによって、道具性の本性と指示全体性の本性がともにあらわになるのとまったく同じく、不安は、現存在およびその世界の本性をあらわにする一つの故障のようなものとして役立つのである。だが、予想されることかもしれないが、不安においてあらわになる事態は、フッサールの超越論的還元においてあらわになる事態のまさに正反対なのである。なるほどどちらの還元の場合でも、現存在は「単独ノ自己」として孤立化されるし、またどちらにおいても、理解可能性を当然のごとく受け入れている自然的態度に対して、そのような理解可能性はそもそも生みだされねばならないのだ、ということがあらわにされる点で両者は似ていなくもない。だが、フッサールの還元においては、超越論的自我があらゆる理解可能性の絶対的源泉としてあらわにされるのに対して、不安においては、現存在が、自ら生みだしたのではない有意義性の公共的システムに依存しているということがあらわになるのである。

フッサールとのこのような違いを、ハイデガーは明示的には少しも述べていないが、この違いは次のような主張の背後にひそんでいるように思われる。

不安はこのように現存在を「単独ノ自己」として単独化し

開示する。だが、こうした実存論的「独我論」は、孤立化した主観事物なるものを、無世界的に出来することの無邪気な空虚さのうちへと置き移すどころか、現存在をまさしく極限的な意味において世界としての自分の世界に当面させ、かくして現存在自身を世界内存在としての自分自身に当面させるのである。(233)[188]

現存在は、公共的世界の方から自己を規定しなければならない。自己自身の意味を理解するためには、世人によって与えられたさまざまな意味のうちにすでに住み込んでいなければならない、という事実を現存在は引き受けざるをえない。「現存在は、自分の存在の根拠が自分に固有な企投から発現する〈という意味では〉、それ自身自分の存在の根拠ではない」(330)[285]。現存在が孤独であるとしてもそれは、世界内部的ないかなる意味も個別の現存在へと関連づけられることはなく、また個別者としての現存在のための余地を与えず、したがってどんな役割も――どんな存在の仕方も――個別的な現存在にとって内在的な意義を持たない、という意味においてなのである。

a 不安は何をあらわにするか

ハイデガーは、不安と恐れとを対比することから始めている。

不安がそれに直面して不安がる当の対象は、恐れがそれに直面して恐ろしがる当の対象から、どのように現象的に区別されるのであろうか。不安の対象は、いかなる世界内部的存在者でもない。……不安の対象による脅かしは、何らかの特殊な現事実的な存在しうることに明確に着目しつつ脅かされたものを襲うような、そうした特定の有害性という性格を持ってはいない。不安の対象は完全に無規定的である。……そもそも世界内部的存在者は「重要」ではなくなる。(230-231)[186]

いかなる「目的であるもの」もまた重要ではなくなるので、有意義性は消失する。

道具的存在者や事物的存在者の世界内部的に暴露された適所全体性は、そのようなものとしてそもそも重要性を持たない。そうした適所全体性は、それ自身において崩壊する。世界は完全な無意義性という性格を持つ。(231)[186]

しかしそれでもなお、世界は押しつけがましく迫ってくる。

世界内部的存在者はそのもの自身に即して完全に重要ではなくなるので、世界内部的存在者のこうした無意義性を根拠にして、世界がその世界性においてひたすらなおも押しつけがましく迫ってくる。(231)[187]

これら二通りの発言はいかにして調停されうるのだろうか。世界が有意義性を失うと同時に際だってくるということはいかにして可能であるのか。この問題を解く鍵は、世界性が押しつけがましく迫ってくる、とするハイデガーの発言にある。この語は、用具が見当たらないときに指示全体性が際だってくる、その仕方を記述したときに用いられたのと同じ語なのである。次の記述を想起されたい。

道具的存在者は、それが手もとにないことが気づかれるさいには、押しつけがましさという様態をとる。（103）［73］

道具的存在者が欠けているとき、……配視は空虚のうちへと突き入って、今や初めて、その欠けているものが何にとって、また何とともに道具的に存在していたのかを見てとる。（105）［75］

実際、世界は非本来的な現存在にとっては用具のようなものであった。現存在は、世人によって与えられた道具、例えば家を建てるのに使うハンマーをその家でくつろぐために受け入れ、例えば大工であるというような「目的であるもの」を、自分が誰であるかを知るために受けいれている。そしてこれらすべての連関は、落ち着かなさについての現存在の前存在論的な理解から離反するためのものなのである。

現存在が落ち着かなさを「了解」する日常的な様式は……この落ち着かなさから離反することであり、この離反において、「居心地の悪さ」が「遮蔽」される。（234）［189］

不安において非本来的な現存在は、世界を、仕事をこなすことができなくなった道具のようなものとして経験する。

不安は〈現存在を〉《世界》*(6)のうちに没入していることから連れ戻す。日常的な親密性は崩れ落ちる。（233）［189］

《世界》も他者の共現存在も、もはや何ものをも提供することはできない。このように不安は、《世界》*と公共的な被解釈性に基づいて……自分を了解する可能性を、現存在から奪ってしまう。（232）［187］

こうして現存在の根本的な「居心地の悪さ」がついに出現する。

不安において人は「落ち着かなさ」を感じる。このことでもって差しあたって表立ってくるのは、現存在がそのもとで不安という情状のうちにある当のものの特有な無規定性なのである。すなわち、「何ものでもなくどこにもない」ということである。だが、「落ち着かなさ」（Unheimlichkeit）という語は、ここでは同時に、「居心地の悪さ」をも指している。（233）［188］

だが、道具が故障するといった月並みな場合とは違って、不安とは、全面的な障害の発生である。仕事場の世界が部分的に内側からあらわにされるのではなく、むしろ不安においては、世界の全体がいわば外側からあらわにされる。不安は、世界の無根拠性と現存在の世界内存在の無根拠性をあらわにする。「不安の対象は世界内存在そのものである」（230）［186］。

われわれの以上のような解釈の仕方が、ハイデガーが言わんとしていることを正しく理解しているとすれば、世界は、たとえ無意義なものとしてあらわになるとしても、指示全体性であることをやめるものではないということは明白なはずである。（世界は、サルトルの『嘔吐』におけるロカンタンにとってのように、無構造で粘性の塊のうちへと崩れ落ちるのではない。そのようなことが起こりうるとすれば、それは、それぞれの個別的な現存在が、自分固有の世界の内部に存在する事物に、意味とか構造とかいったようなものを与える場合だけであろう。）むしろ世界は、不安がっている現存在から離れ去って崩れ落ちる。世界は引き下がるのである。いかなる特定の可能性も現存在を動かすことはない。一定の目的のために一定の道具を用いながら透明な仕方で未来へと突き進むどころか、現存在は世界に没入することをすっかりやめてしまう。

不安は概念的認識ではない。「不安がることは、根源的かつ直接的に世界を世界として開示する。……けれどもこのことは、不安において世界の世界性が概念的に把握されるということを意味するものではない」（232）［187］。しかしながらここで、世界性を反省的に再構築するという発想も生じる可能性がある。不安がっている現存在がこれまで受け入れてきた役割と道具から引き離されるとき、世人によって与えられた「目的であるもの」と指示連関の全体とは、単なる構築物であるように見えてくる。つまり、文化にひそむたくらみによって、何らかの究極的な行為が意味と動機を与えるものとして存在しているという幻想が、もたらされているというわけである。その場合には社会的行為は、やってもむだなゲームのように見えてくるのだが、それというのも、そのゲームには何ら内在的な意味などないからである。まじめに参与することは幻想［illusio］としてあらわにされる、とブルデューなら言うだろう[7]。不安がっている現存在は依然として、役割と道具のシステムがまるごと存在しており、またそれを誰もが使うことができるということを承知している。しかし、誰もが使えるというまさにその理由によって、そのシステムは、不安がっている現存在に対しては本質的な関係を持たないのである。道具はその手段性において依然として現前してはいる。だが現存在はもはや、自らを何らかの「目的であるもの」へと指示されたものとしては経験しないので、道具を使う理由に事欠いているのである。

脅かしは、道具的存在者や事物的存在者からやってくるのではなく、むしろ、すべての道具的存在者や事物的存在者は人に絶対にもはや何ごとをも「言う」ことがないということ、まさにこのことからやってくる。……私がそのうちで実存している世界は、無意義性へと沈み込んでしまっており、このようにして開示された世界は、存在者を無適所性という性格において解放することができるだけなのである。（393）［343］

例えば、電話機が人と話をするための道具であるといったことは、不安においてもわれわれは分かっているのだが、われわれはその通りにただ行為する代わりに、なぜ誰もがそういう行為をしようとするのだろうと考えこんでしまうのである。たとえ、一歩退いて自分の行為の内在的理由を探し求めてみても、そんな理由などありはしないということしか発見できない。

このように不安は、次のような前存在論的理解を伴った開示なのである。つまり現存在は、自分を了解するために現存在が用いているもろもろの意味の源泉ではないということ、さらに、公共的世界は、現存在にとって本質的な意味をなすものではなく、その個別の現存在が実存していようがいまいが、そんなことにおかまいなしに進行していくということである。不安において現存在が発見するのは、現存在は自分固有の意味も内実も持ち合わせていないということなのだ。現存在はまさに、このような空虚な被投性において単独化されているのである。

不安は、落ち着かなさのうちへと被投されたものとしての赤裸々な現存在という理由のために不安がる。不安は、最も固有な、単独化された被投性の純然たる「それが存在するということ」の方へと連れ返す。（393-394）［343］

恐れにおいてと同じく不安においても、現存在は「阻止」されて「狼狽」させられる（395）［344］。現存在は、極限ぎりぎりまで完全に麻痺させられる。それどころか、この極限においては、現存在などどこにも存在しない。なぜなら、現存在とはその配慮であり、その活動なのだから。だから今挙げた箇所において、ハイデガーが「現存在が不安がる」とは言わないで、「不安が不安がる」と言っているのは辻褄が合っている。

不安は必ずしも、汗をかくとか泣きわめくとか手を強くすり合わせるといった動作を伴うわけではない。ハイデガーは『形而上学とは何か』において、不安はおだやかでありうると述べる。ハイデガーが記述しようとしていることの感じをつかむためには、アントニオーニの映画、とりわけ『太陽はひとりぼっち』と『赤い砂漠』を参考にするのがよいだろう。『赤い砂漠』では、いつ消えるともない霧のなかをさまよい歩くヒロインの姿が描かれており、これに対して『太陽はひとりぼっち』では――こちらの作品の方がハイデガーの説明により近いと思われるが――事物がまったき明るさのなかに映しだされ、そこに一種のさむざむとした神秘性がただよっている。『太陽はひとりぼっち』のヒロインにとって、事物は有意義性を失ってしまっており、彼女はあてどなく事物を通り過ぎて行き、何か行為するということができないのだが、その一方で、他の人々は事物を使ってせわしなく活動している。

『太陽はひとりぼっち』のヒロインは、日常世界との接触を取り戻そうと、株式市場の狂騒に満ちた活動に夢中になっている一人の男とかかわり合いを持つ。『赤い砂漠』でヒロインが最初にやることは、まるでどうしようもなく腹をすかせているかのようにサンドイッチをひったくることなのだが、彼女は、一口だけかじりついてあとは投げ捨て、もうかえりみようともしない。ハイデガーも不安に関して次のように述べる。

> 配慮しつつ予期することは、それに基づいて自分を了解しうるようなものを何一つとして見いださず、手を伸ばしても世界の無をつかむだけである。(393) [343]

『太陽はひとりぼっち』[原題は『日蝕』]は、現実の日蝕が起こり、すべてが次第に暗くなってゆくところで終わる。ヒロインは、世界がだんだん異様になってゆく分だけ、それだけ正常になってゆくように見える。ハイデガーが記しているところによれば、不安は暗やみのようなものである。というのも暗やみのなかでは、手段性の関係を帯びた道具に取り囲まれていても、それを使うことができないからである。

> 暗やみのなかでは、強調された仕方において「何ものも」見てとることはできないのであり、たとえまさしく世界が、依然としてまたいっそう押しつけがましく「現にそこに」あるとしても、そうなのである。(234) [189]

不安の来襲がおさまると、非本来的現存在は、あたかも不安など何ごとでもなかったかのように、親密な世界のうちで居心地よくつろぐことへとふたたび没入してゆく。

> しかし、安らぎと親密性とを得た世界内存在は、現存在の落ち着かなさの一つの様態なのであって、その逆ではない。「居心地の悪さ」は、実存論的・存在論的には、いっそう根源的な現象として把握されなければならない。(234) [189]

b　不安からの逃避

フロイトの考えによると、不安は、抑圧された恐れと欲求不満とから発生する。ハイデガーは、フロイトのこの考え方をひっくり返してこう言う。「恐れは、《世界》*に頽落した非本来的な不安であり、しかも恐れ自身にはそうしたものとしては秘匿されている不安なのである」(234) [189]。例えば、不安に直面する代わりに、むしろ、飛行機恐怖症に罹っておいて、飛行機に乗るという特定の危険を避けるためのいろいろの予防策を講じることで、不安を回避するということがありうる。ハイデガーの主張の通り、恐れが不安を避ける一つの仕方であるな

表5　不安に関係するさまざまな仕方、およびその帰結としての開示の諸相。

	何が起こるのか	現存在の立場	自らを示すもの
	日常性 (「人がする」ようにふるまうこと)。	世界内部的事物のうちに没入し、世人という「目的であるもの」のために行為する。	居心地のよさ、お決まりの行為、お決まりの選択。
	不安は隠されている。	恐ろしがる。	脅かすものとしての特定の諸事物。
消極的な実存論的還元	不安が出現する。	狼狽する。	居心地の悪さ(落ち着かなさ)。押しつけがましいもの、私にとって言うことをきかないものとしての世界の世界性。 直面するか逃避するかの「選択」の必然性。
積極的な実存論的還元	不安を受け入れる。	決意する。 恐れから解放される。	世人の作りだしたものとしての世界、それにもかかわらず、その世界を私は引き受けることができる。一回限りの状況への応答。

らば、不安を受け入れれば恐れは感じないはずである。一般化して述べれば、不安を受け入れることは、実存論的還元の積極的な形態の一つであろう。つまり、不安を受け入れることで、現存在とその世界とがあらわになるのである。しかもそれは、現存在の隠蔽作用を故障させることによってではなく、世界と現存在の無根拠さをあらわにしつつも、世界と現存在とをそのまったき機能において照らしだすことによってなのである。(表5を見よ。)

だが、不安に対する平均的な応答は、より活動的になってそこから逃避することである。単に、世人のなかで隠蔽のなすがままになっているよりは、むしろ私は、活動的に世界へと飛び込んでゆくこともできる。私は、すでに自分がそれへと指示されている「目的であるもの」と一体となり、私を動かすさまざまな可能性へと熱心に突進してゆく。私は、自分が行なっていることに参与しようとするあまり、私がそれを行なっているのはなぜなのかと一歩さがって自問するということもない。ハイデガーからすれば、逃避のこうした戦略が示すのは、日常的世界はまさしく現存在に自分の落ち着かなさを隠蔽する仕方を与えるためにこそ組織されている、ということなのである。

11章　了　解

情状性と了解とは、現存在がそのつどの世界を開示するさいの二つの相関連し合う側面、つまり現存在が開かれていることの二つの側面である。

> 情状性は、「現」の存在がそのうちで保たれている実存論的な諸構造の一つである。情状性とともにこうした存在を等根源的に構成しているのが、了解にほかならない。情状性は、……つねにその了解を持っている。了解はつねに、気分的に調子づけられた了解なのである。(182)〔142〕

了解へと正しくアプローチするためにまずもって不可欠なのは、了解を認知的現象と考えないことである。

> 「了解」という術語でもってわれわれが意味しているのは、一つの基礎的な実存カテゴリーであって、例えば説明や概念的把握から区別されたある特定の認識様式でもなければ、また主題的捕捉という意味での認識でもまったくない。(385)〔336〕

なぜなら、ハイデガーにとって根源的な了解とは「いかになすかを知ること」だからである。

> われわれは、ときとして存在的な言い方において、「あることを了解する」という表現を、「あることをつかさどりうる」、「それだけの力がある」、「あることをなしうる」という意味で使っている。(183)〔143〕

日常言語においてわれわれは、……「彼は人の扱いというものを了解している」とか「彼は話し方を了解している」とかいった言い方をする。了解とはここでは、「いかになすかを知っていること〈können〉」「そうするだけの能力がある」といったほどの意味を持っている。（HCT, 298）[GA20, 412]

例えば、ハンマーを了解することは、ハンマーがかくかくの性質を持っているとか、ハンマーは一定の目的のために使われる、とかいった命題を知ることを意味するのではない。あるいはそれは、ハンマーを打つために人は一定の手続きに従う、つまり手にハンマーを握るなどの手続きに従う、といったような命題を知ることを意味するのでもない。むしろハンマーを了解するとは、その最も根源的な意味においては、ハンマーを打つにはいかになすかを知っていることを意味するのである。『現象学の根本問題』においてハイデガーは、この点を次のようにいっそう明瞭に解説している（英訳者の補足を使わせていただいた）。

ドイツ語でわれわれは、「誰かがあることをvorstehen[つかさどることが]できる」という言い方をする〈vorstehenとは、文字通りには、あることの面前にまたは前方に立つ、という意味であり、つまり、あることの長の位置に立つ、あることを統治・管理・主宰する、といった意味を表わす〉。この言い方は、「その人がversteht sich darauf[そのことをよく心得て了解]している」という表現と等価である〈sich darauf verstehenとは、その技能に長けているとか、その道のエキスパートであるといった意味での了解であり、「いかになすかを知っている」という知なのである〉。「了解」という術語の意味は、日常言語におけるこのような用法に立ち戻るべく意図されている。（BP, 276、〈 〉内は英訳者の付加説明）[GA24, 391–392]

このような「いかになすかを知っていること」は、技能的に何かに対処することを可能とするものであって、したがってこの知は、思考と行為との区別よりも根本的である。「了解は、実践的ふるまいだけでなく認識的ふるまいをも含めた、あらゆる種類のふるまいにとっての可能性の条件である」（BP, 276）[GA24, 392]。

われわれは日常、道具や自己自身に関して技能的に習熟している。例えば、われわれはハンマーをいかに打つかを知っているし、ハンマーを打つコツを知っている。より一般的に言えば、われわれは誰もみな、われわれが各々そのために存在している特定の「目的であるもの」――例えば父親とか教授とか――、であるにはどうすればよいか知っている。つまり、われわれは実存する技能を身につけているのである。「実存カテゴリーとしての了解においてなされうるものは、対象的な《何か》ではなく、実存することとしての存在なのである」（183）[143]。のみならず、われわれはそのような技能そのものなのである。「現存在は、あることをなしうるということを添え物として付加的に所有している一つの事物的存在者ではなく、第一次的に可能存在なのである。現存在はそのつど、自分がそれでありうる当のものである」(183)[143]。

しかし、了解という実存カテゴリーでハイデガーが注意を喚起しようとしているのは、正確に言えば、技能的に何かに対処するということではない。というのも、対処するという概念が当てはまる範囲は、そのつどの状況におけるわれわれの活動のすべての側面だからである。ハイデガーが特に了解として取りだそうと考えているのは、われわれが事物と交渉して営んでいるそのつどの活動を可能にする、三つの側面のうちの一つである。それらのうち、ここまでのところ情状性が導入された。情状性とは、私が行なっていることが私に影響を及ぼすということであった。今やこれに加えて了解が導入されているのだが、了解とは、私が行なっていることをするにはどうすればいいか知っていることであり、それぞれの状況において適切なことを私が行なうことができるということであった。情状性においては、あれこれの事物は私を脅かすもの、私の興味を引くもの等々としてあらわにされ、しかじかの可能性はどうでもいいもの、魅力的なもの等々としてあらわにされるのであった。ちょうど同じように了解は、ある行為を行為可能なもの、意味をなすものとしてあらわにし、他の行為をそうでないものとしてあらわにする。いや後者の場合、了解は後者の可能性を可能性としてはあらわにすることはまったくない、と言うべきだろう。(後の13章で見ることになるが、頽落という現象が、私のそのつどの活動の三番目の構造的な条件であって、これによって、私が行なっていることに私が没入しているという側面が取りだされることになる。)

I　了解の三つのレベル

今やわれわれは、何かに対処する特定の活動とその可能性の条件に注目してみなければならない。雰囲気としての気分が特定の情動を可能にするのと同様に、背景は何かに対処する特定の局所的な活動を可能にする、と考えてよいだろう。つまり、「活動範囲」(Spielraum)とハイデガーによって名づけられているものが、何かに対処する個々の活動を許容して、そのつどの世界のなかで可能なものとして出会われるようにする(二七五ページの表9を見よ)。さらに進んで考えられることは、(感受性の場合に匹敵するような)なおいっそう基礎的な背景があって、これが、そのつどの世界の了解的側面を可能にしているのではないか、ということである。この最も基礎的な了解こそは、有意義性とのわれわれの親密性によって与えられている理解可能性のことなのである。

> 了解の開示性は、「目的であるもの」および有意義性の開示性として、まったき世界内存在に等根源的に関係する。(182)[143]

ハイデガーはここで、前に『存在と時間』第十八節（本書5章を見よ）でなされた了解についての議論に立ち帰っている。そこでは、彼は次のように述べていた。

> 了解については以下においてさらにいっそう立ち入って分析されるべきなのだが（第三一節を見よ）、この了解のはたらきにおいて、さきに告示された〈現存在が自分を指示するはたらきの〉諸関連が先行的に開示されて、その開示性のうちで保持されている。(120)［87］

> 「目的であるもの」は何らかの「手段性」を有意義化し、「手段性」は何らかの一定の「用途性」を有意義化する。……これらの諸関連は根源的な全体性としてお互いに結びつけられている。つまり、これらの諸関連がほかならぬこれらの諸関連であるのは、このような有意義化のはたらきとしてであって、この有意義化のはたらきのうちで現存在は、自分自身に自分の世界内存在を先行的に了解せしめるのである。(120)［87］

それゆえ、この章の内容を理解するためには、了解あるいは「いかになすかを知ること」に関して言及された三つのレベル——方向づけられた対処、局所的な背景、一般的な背景の三つ——を、それぞれ区別しておかなければならない。忘れてはならないのは、それぞれのレベルがより特殊なレベルを可能にするが、また他方、より特殊なレベルに依存してもいるということである。では、最も局所的でかつ特殊なレベルから始めることにしよう。

A　可能性のうちへと迫ることとしての、そのつどの対処

私が行なっている了解という活動は、何かを成し遂げることへと向けられている。道具的存在者に対処することは、何らかの諸可能性へと迫ることによって行なわれる。そのような対処は、つねに一つの眼目を持っているのである。私が何かに対処することは「目的であるもの」によって組織されているのであって、この組織のされ方のことをハイデガーは企投と名づける。

> 了解が……諸可能性のうちへとつねに迫るのはなぜであろうか。それは、了解が、われわれが「企投」と名づける実存論的構造をそれ自身おびているからなのである。(184-185)［145］

「目的であるもの」とは私が自分を了解する仕方であって、父親であること、などがその例である。しかし、この「目的であるもの」は、例えば子供を持つことのような、私が努力の末に達成することができるような目標ではない。

企投することは、考案された……計画へと何らかの態度を

とることとは何の関係もない。それどころか現存在であるからには現存在は、そのつどすでに自分を企投してしまっており、現存在が存在している限り、企投しつつ存在している。(185) [145]

了解の企投性格が意味するところは、了解がそれを基盤として企投する当のもの、つまり諸可能性を、了解は主題的に捕捉していないということ、このことである。(185) [145]

(私の目標といえども、意識的に狙われている必要はない。すでに5章において名人レベルのチェスの例を論じたさいに述べておいたことだが、熟練した活動の場合、すべてがいつも通りの仕方で進んでいる限りは、わざわざ計画することは必要ないのである。そのような場合、人はただ、現在の状況の促しに応答しているだけなのであって、前回うまくいったことをそのまま行ない――考えなくとも脳がそのことを処理してくれる――、その今回の行為によって次回の状況が据え置かれ、かくして次回もまた適切な応答さえあればうまくいく、といった具合である。このような目的にかなって [purposive] 進行する活動は、目的をめざした [purposeful] 活動であるように見えてしまう。つまりそうした活動は、目標という言葉で記述されうるような長期的な帰結をもたらすように見えてしまう。だが、意識的あるいは無意識的ないかなる目標も、こうした活動を生みだすさいに、いささかも役割を演ずる必要はない。)

次のように問う人がいてもおかしくないだろう。どのような仕方で現存在はつねにすでに企投してしまっていることができるのか、現存在の企投はいつかある一定の時点で始まらざるをえないのではないか、と。しかしこれまでの議論から見れば、この疑問に対してハイデガーならどんな回答をするかは明らかなはずである。もちろん、有機体としての人間は一定の時点で、人間の持つ諸可能性のうちへと迫ることによって、自分自身に立場をとり始める必要がある。人間がそうしたことを行ないうるのは、単なる反射行為によってではないし、あるいはまた動物として何らかの仕方で方向づけられていることによってでさえない。人間が人間らしく何かに対処することができるようになる前に、幼児は社会化によって、人々のあいだで共有され・進行しつつある活動にあずからねばならず、そのためには、人々を模倣し必要な経験を積み重ねなければならない。そうするうちにやがて、幼児は、何であれ人が存在する「目的であるもの」のために人が行なっていることを、行ない始めるのである。幼児が何かひとかどのことをなす能力ありとみなされるやいなや、つまり、幼児の活動が意味をなすものとみなされうるやいなや、その幼児は現存在するものとみなされうるのであり、つまり、すでに可能性へ向けて企投してしまっているものとみなされうるのである。現存在はつねにすでにXしてしまっている、というこの同じ論法は、これまで見てきた気分や共存在の場合にも適用されていたし、後に頽落や語りを話題にするさいにもふたたび見いだされるだろう。もちろん、現存在の構造全体は、突然一挙に幼児に乗り移るというわけではない。有機体としての人間が現存在し始めるのは、徐々にである。よく似た文脈のなかで言語に関してウィトゲンシュタインが言っているように、「夜明けの光は徐々に全体に広がってゆく」。だが、有機体としての人間が現存在を内蔵していると言うためには、それが、自分自身に影響を及ぼす社会的な可能性のうちへとすでに迫っているのでなければならない。

　そうなると当然、現存在の発達について発生的に説明することなどできないことになる。しかしハイデガーは、いかに現存在が有機体としての人間にそなわってくるか、といったことを発生的に説明する可能性を否定しないだろう。次のように問うことはそれなりに意味を持っている。すなわち、幼児が言語を獲得するのはいつか、またそれはいかにしてか、幼児が単に反射的に泣いたり笑ったりするのではなく、気分といったものを持ち始めるのはいつか、幼児のころげまわる動きが目的にかなったものとなり始めるのはいつか、といった問いである。だが、そのような経験的探究を始める前に、そこで問われているものは何なのかを明確にしておいた方がよい。つまりハイデガー的に言えば、現存在の実存論的分析論はあらゆる経験的探究に先立つということである。

　さらにハイデガーの主張するところでは、「現」の構造を形づくって全体的なシステムをなしている実存諸カテゴリーは、等根源的である。それぞれの実存カテゴリーを、いっしょくたにして論ずることはできない。これは、経験的な主張ではなく、「実存カテゴリーは相互に規定し合う」とする――カントがカテゴリーに関して行なっている主張とよく似た――一つの超越論的な主張であるように思われる。実存カテゴリーの等根源性というこの主張が確証されるのは、『存在と時間』第二篇において、明るみの構造が時間性の構造にどのように対応しているかが示されることによってだ、とハイデガーなら主張するだろう。

　企投の話に戻ろう。注意すべきは、私がそのつど行なっていることは、私の自己解釈によって意味をなすという点である。それゆえ私は、私のそのつどの計画や目標によって規定されるのではなく、父親であるとか教師であるとかいった可能性によって規定されるのである。「了解することは、企投することであって、現存在がそのうちで可能性としての自分の可能性であるような、現存在のそうした存在様式なのである」(185) [145]。私とは、私の「目的であるもの」である。この「目的であるもの」こそが、何であれ私がそのうちへと迫ってゆく特定の可能性すべてを組織化し、それに意味を与える。私が目下家を建てているとすれば、私が誰であるかを了解するためには、今なされていることを了解する必要がある。そして今なされていることは、これはこれで、私の用途性（完成された家）、そして究極的には、私の「目的であるもの」（例えば家を建てる人であること）を要するのである。

　このことが意味するのは、そのつどの目標や成果といったような一揃いの事実的な特徴によって、現存在を本質的に性格づけることなど決してできないということである。現存在は活動しているあいだつねに、自分の事実的な諸特徴に対して何らかの立場をとっている。というより、現存在とは、それがとっている立場そのものなのである。例えば、男性の現存在は、その男性性を現存在自身が解釈することによって規定されるのであって、解剖学上の事実的な諸特徴によって規定されるのではない。それでいて現存在は、それが現事実的にそうである以上のものでは決してない。なぜなら、現存在がまさにそれが自分自身に対してとっている立場そのものであるのは、現事実的なことだからである。このことは、現存在がそのつど非反省的に行為しているときにはっきりと現われている。

> 現存在の存在様式は企投という実存カテゴリーによって構成されている。それゆえ、かりに人が現存在を事物的存在者として記述しようとすれば……、その記述レベルで事実的に存在しているよりも、現存在は不断に「いっそう多く」存在している。しかし現存在は、現存在が現事実的に存在しているよりも、いっそう多く存在しているのでは決してない。というのは、現存在の現事実性には、本質上、存在しうることが属しているからである。……〈したがって〉現存在は、……実存論的には、現存在が自分の存在しうることにおいてまだそれでないものなのである。(185–186、最初の二つの強調ドレイファス)[145]

一つの現事実的な自己解釈、例えば良心的な大工であることといったような自己解釈は、過去や現在の成果によっては理解できない。むしろそれは、将来のうちへと迫ることによって自分自身に立場をとりつつある現存在によって開かれる、諸可能性によって理解されうるのである。

　われわれが誰であるかを規定している「目的であるもの」は、目標ではない以上、表立って把握されることはできない。

> 〈現存在がそれへ向けて企投するものを〉捕捉することは、企投されたものからまさしく可能性というその性格を奪い、与えられ思念された内容にまでそれを引き下げてしまうのだが、これに対し企投というのは、投げることにおいて、可能性を可能性として自分のために前もって投げ、そうした可能性として存在させるのである。(185)[145]

自己解釈を選択するとか、自己のすべての「価値」を選択するなどということは、ばかげた話である。われわれが選択する対象と、われわれが選択するさいの「基礎になるところのもの」とのあいだに何の相違もないとすれば、つまり、ありとあらゆるものが選択に供されるとすれば、一方を選択して他方を選択しないための基礎は何も残されなくなってしまうだろうし、自由選択ということもばかげた話でしかなくなるだろう。幸運にも、われわれの自己解釈とは特定の目標といったものではなく、われわれがあれこれやっていくうちに仕上げられてゆくべきものであるから、われわれがそうした自己解釈を心の面前に立てて把握することなどありえないのである。

B　活動範囲：そのつどの世界のうちで利用可能な可能性の範囲

現存在はまた、それによって個々の行為が意味をなすところの局所的な背景を基礎にして、自己のさまざまな可能性を企投する。

> 了解は、現存在のそのつどの世界の世界性としての有意義性をめがけて、現存在の存在を根源的に企投するのだが、それと同様に、現存在の「目的であるもの」をめがけて、現存在の存在を根源的に企投する。……企投とは、〈現存在の〉現事実的な存在しうることとの活動範囲の実存論的な存在機構なのである。(185、強調ドレイファス)[145]

このようにハイデガーは、どのような行為が現存在に可能であるかの範囲を拘束するような諸可能性の空間が存する、という考え方を導入している。ただしその場合、現存在が実際に何を行なうかを決めることが問題なのではない。諸可能性の空間の明るみは、何をなすことに意味があるのかを、限定しかつ開くのである。ハイデガーが現存在の可能性と言うとき、物理的な可能性、例えば泳ぐことはできるが飛ぶことはできないといった可能性のことを指しているように見えるかもしれない。しかしながら、彼がここで見いだしているのは、ある状況において論理的あるいは物理的に可能なものすべてのうちのある部分集合なのである。彼が関心を持っているのは、実存論的に可能であるような諸活動のこと、すなわち、ある状況内で実際に開かれている諸活動――ウィリアム・ジェームズが「生きた選択肢」と名づけるもの――なのである。

この、実存論的な可能性という重要な発想を、実例に即して明らかにしておく必要がある。ハイデガーの例にでてくる大工が、お昼どきであることを知ったとしよう。この大工が、岩を食べることは論理的には可能であるし、どんぐりを食べることは物理的に可能である。また彼は、何も食べないで釣りにでかけることを、勝手気ままに選択することもできるだろう。しかしながら、彼の文化的な背景や、彼の現在の気分、例えば職業上のまじめさという気分が所与のものだとするなら(「気分的規定性というあり方において現存在は、自分がそれらの方から存在している諸可能性を《見てとる》」(188)[148])、また現在彼が仕事に適所的に参与していることが所与のものだとするなら、ある一定の範囲の可能性だけが、例えばプチプチソーセージと焼きソーセージのどちらを選ぶのかが、彼にとって実際には利用可能であるにすぎない。もっと身近なケースを取り上げよう。学生が論文を期限までに用意できていない場合、その学生は、徹夜して仕上げることもできるし、期限を延長してもらうこともできるし、飲んだくれることも町を離れることもできる。しかし、彼が切腹をしでかすことはありそうにない。第一に、そんな考えはアメリカの学生には決して思い浮かばないだろう。彼にとって切腹とは、行なって意味のあることではないのである。さらに第二に、道具や規範からなるわれわれの世界を前提にすれば、たとえ彼がまさしく正式な動作でナイフを自分のはらわたに突き刺したとしても、彼のやったことは依然として切腹ではないだろう。

現存在が反省なしに「知っている」諸可能性の範囲によって、そのつどの状況における活動範囲が設定される。活動範囲は、配視にとっての常識的な背景である――「配慮が携えている配視とは、常識としての了解なのである」(187)[147]。したがって、どんな場合にせよ特定の状況において開かれている実存論的な諸可能性は、有意義性を構成している一般的な諸可能性の部分集合とみなすことができる。こうした実存論的な諸可能性によって、ある特定の状況において何をなせば意味をなすのかがあらわにされる。

そうだとすれば、一定の実存論的諸可能性は、一定の活動範囲の内部で出会われるものであって、ある主観が心に抱く心的志向性の一人称的な可能性とも、三人称的で客観的な、論理的・物理的可能性とも異なるのである。一人称的な可能性のなかには、第三者的視点から見て私なら着手できるだろうと思われるすべての行為が含まれる。つまり、私がしようと考えつくことのできるものすべてが含まれる。さきほどの大工も原理的には、一歩下がって思案し、それこそアリのチョコレートがけから酢漬けキャベツまで、どんなものを食べることも自由に選択できるだろう。だが、「実存カテゴリーとしての可能性は、《恣意の無頓着》(無関心ノ自由)という意味での、宙に浮いた存在しうることを意味しはしない」(183)[144]のである。

客観的で三人称的な観点からすれば、論理的に可能なもの、および――偶然の仕方で――物理的に可能なものが、可能性のうちに含まれる。しかし、「そのつど現存在が実存論的にそれである可能存在は、空虚な論理的可能性から区別されるのと同じく、事物的存在者の偶然性からも区別される」(183)[143]。

こうした実存論的可能性のあり方に応じて考えれば、実存論的あるいは統御的因果性[governing causality]が物事を生ぜしめる仕方は、何かをなすことを選択するさいの生ぜしめ方とも違うし、物理的因果性による生ぜしめ方とも異なっている。統御的因果性はそもそも何ごとも決定しない。それは一人称的選択にも物理的因果性にもまったく干渉しない。だが、適所的に参与しつつ活動している存在者に関する限り、実存論的因果性こそ、行為を本質的に可能にしかつ拘束するものなのである。

後期のある著作のなかでハイデガーは、明るみが活動を統御するその目立たない仕方のことを、「押しつけがましくない支配(Walten)」と名づけている[1]。人間の行為を理解しようとするならば、志向的(主観的)および物理的(客観的)因果性と同様に、この統御的因果性をも考慮に入れる必要がある。ミシェル・フーコーは、その著『言葉と物』を、諸可能性の空間といったものが各時代の重大な思想を支配するさまを記述することに当てているし、ピエール・ブルデューの「社会領域」の概念は、どのような行為が可能なものとして、つまりそれを行なうことが意味をなすものとして出会われるかを、社会的振る舞いが統御しているその仕方に光を当てているのである。

活動範囲とは、非認知的な志向性がはたらく特定の機会が確保されるための可能性の条件であり、つまり、現存在が諸可能性のうちへと特定の仕方で迫ってゆくための可能性の条件である。「〈実存論的諸可能性を〉そもそも見てとるための現象的地盤を提供するのは、開示しつつ存在しうることとしての了解なのである」(183)[144]。こうした了解とは何か特殊な技能といったものではなく、むしろ、そのつどの全体的な状況と相互に関係しつつそれによどみなく対処することへの準備態勢なのだ。この意味で、活動範囲は根源的な超越の一つの形なのである。

要約しよう。ある文化の感受性が一定の気分のみを許容するのと同様に、私がつねにすでに適所的に参与しているところの「目的であるもの」・規範・道具全体性、すなわち有意義性としての了解は、どんな特定の状況についても、可能的活動の開かれてはいるが限定された範囲を許容し、そのことによって活動は実行可能なものとして出会われることができる。これこそが活動範囲としての了解にほかならない。また気分によって、物事が私に影響を及ぼすものとして出会われうる特定の仕方が可能になるのと同様に、活動範囲としての了解のおかげで、私は、特定の行為の仕方のうちへと迫ることができる。これがつまり、可能性のうちへと迫ることとしての了解である。ところで、情状性に関する節では文化的感受性ではなく、気分のみが論じられていたが、その理由はそこでの議論の主題が内存在だからであった。同じように了解に関するこの節において、活動範囲ということで議論されているのは、そのつどの状況において利用しうる可能的行為の範囲だけであって、文化において利用しうる諸可能性の全範囲ではない。文化において利用しうる諸可能性の全範囲とは有意義性にほかならず、それに関しては世界性の名のもとに議論されていた。

C　有意義性、世界性、および背景的な存在了解

これまで見てきたように、そのつどの状況に適所的に参与している人にとって意味をなす実存論的可能性は、世界によって開かれているさまざまな可能性の範囲全体——意味をなす行為の仕方の総体——とは区別されねばならない。ところが切腹の例によって明らかになった通り、世界レベルでの了解は、世界レベルでの感受性と同様に、ある特定の文化のうちで意味をなすような諸可能性だけに限定されざるをえない。しかし初期のハイデガーは、こうした、文化や歴史にかかわるレベルの分析には関心を示していない。彼が関心を寄せているのは、もっぱら世界内存在という非歴史的な構造のみであり、『存在と時間』ではそうした構造は、現存在が自分自身と有意義性とに立場をとっていることと同一視されている。こうした構造のゆえに現存在が、存在の三つの基本的な仕方——実存、道具的存在性、

事物的存在性——に親密であるわけだが、この親密性が現存在の存在了解一般と同一視されているのである。

有意義性（世界）をめがけて企投されていることと一つになって、「目的であるもの」をめがけて〈現存在の〉存在が企投されているその仕方のうちには、存在一般の開示性がひそんでいる。諸可能性をめがけて企投することのうちで、存在了解はすでに先取りされている。……世界内存在の本質上の企投という存在様式を持った存在者は、自分の存在の構成要素として存在了解を持っている。（187-188）[147]

II　本来的了解と非本来的了解

世界を了解することのうちで内存在はつねにともに了解されており、そのさい、実存そのものの了解はつねに世界を了解することなのである。（186）[146]

個別的な現存在が了解しつつ、一定の局所的な状況において自分自身に態度をとるのは、「目的であるもの」やいくつかの手段性を世界——世人によって組織された道具連関——の方からわがものとすることによってである。ハイデガーはある難解な段落において、了解のこうした二面的な性格を、本来性と非本来性という二通りのあり方に関連させている。そうすると現存在は、あたかも、公共的世界の方から自分を了解するか、あるいは自分固有の個別的な状況の方から自分を了解するかのどちらかであるかのように、思えてくるかもしれない。

現存在は、差しあたってたいていは、自分の世界の方から自分を了解するおそれがある。さもなければ了解は、第一次的に、「目的であるもの」のうちへと自分を投げ入れる、言い換えれば、現存在自身として実存する。（186）[146]

だが、この二通りのあり方は分離不可能である。真正であるためには、現存在の活動は、世界内存在を全体として表現していなければならない。

「非本来的」という場合の「非-」とは、現存在が自分の自己から自分を解きはなして、世界「だけ」を了解するということではない。世界は、世界内存在としての現存在の自己存在に属しているのである。本来的了解も非本来的了解も、これはこれで、真正であることも真正でないこともありうる。（186）[146]

言い換えれば、たとえ本来的現存在であっても、自分の全体的な構造を自分の活動において表明することもできるし、自分の存在の何らかの側面を脱落させることもできるのである。真正な了解と真正でない了解とがこのように区別されていることによって示唆されているのは、ハイデガーが実存論的了解を五つの種類に分類しているということである。

A　非本来的な了解

1　真正でない非本来的了解

(a)　世界のうちに自分を失う場合

人は、ありとあらゆるものを、たとえ他なる文化であろうとも、引き受け統合して何らかの折衷的な世界観を仕立て上げるべきものとして取り扱って、それによって世界を受け入れようと試みることができる。

> 次のような見解が……現われるかもしれない。すなわち、この上なく縁遠い諸文化を理解し、またそれら諸文化と自国の文化とを「綜合」することが、現存在を自分自身に関してあますところなく解明できるようにさせ、また初めて真正に解明できるようにさせてくれるのだ、とする見解である。多面的な好奇心と休みない「博識」とは、現存在について普遍的な了解を持っているのだという思い違いを起こさせる。(222) [178]

だから真正でない非本来的実存は、可能な限りのあらゆる仕方で救済されようとする「精神的」な試み、という形態をとることもありうる。例えば、ヨガ、超越的瞑想、ギリシア的ボディー・ビル、キリスト教的愛、といったものをすべていっぺんに習得することによって救済されようとする場合がこれに当たる。

(b)　自分のうちに自分を失う場合

> この疎外は、最も過度な「自己分析」を重大視するある存在様式のなかへと〈現存在を〉駆り立てるのであって、そうした「自己分析」は解釈しうるあらゆる可能性において試みられるので、その結果、それによって生みだされた「性格学」や「類型学」自身がすでに概観されえないほどになっている。(222) [178]

自分のうちに自分を失う例としては、ユング主義者が含まれるだろうが(右の引用で「類型学」に言及するときハイデガーが指しているのは、そのようなユング主義者であるように思われる)、人間の心の潜在能力を開発しようとする人々の次のような発想もこれに含まれるであろう。つまりそれは、自分の感情に直接触れるとか、フロイト的な治療法を通して自分の願望のうちに隠された深い真理を発見しようと試みるといった発想である。

2 真正な非本来的了解

世界内存在は、日常の仕事のうちで自己自身を表明することによって成立している限り、正常で積極的な、それゆえ真正なあり方であって、本来性・非本来性に関して無差別的現存在と非本来的現存在とがともに、世界のうちで安んじて過ごす仕方なのである。

> こうした非本来的な自己了解は……真正でない自己了解を意味するものでは断じてない。それどころか、現事実的に実存しつつ情熱的に事物に没入することのうちで日常的に自分を持つということのあり方こそ真正な自己了解である、ということは非常にありそうなことである。これに対して、常軌を逸して心の中をやみくもにほじくり返したりすることは、この上なく真正でなく、あるいはそれどころか極端で病的であったりする。現存在が自分を事物の方から了解するという意味での非本来的自己了解は、真正でないというのでもないし、また、あたかもその場合に了解されているのは自己ではなく別の何かであるというふうにそこでの了解が見せかけであるというわけでもない。(BP, 160)(GA24, 228)

B 本来的な了解

1 真正でない本来的了解

本来的現存在の自己了解が真正でない場合を考えることは難しい。というのも、本来性とはまさしく、現存在が本質的にそれであるものを、自分固有のものとして認めることにほかならないからである。おそらく、真正でない本来性とみなされうる最も有力な候補は、不安にしがみついて離れないあまり、まったく世界を欠いたままで何も行為することができないようなあり方であろう。

2 真正な本来的了解

これこそは、決意した現存在が自分に最も固有な可能性(死)を「目的であるもの」として、世界のうちで行為する場合の自己了解のことである。この活動は、ハイデガーの(そしてまたキルケゴールの)専門用語を使えば透視的であるということになるが、「透視的」とは、現存在であるとは何なのかがこの活動によって完全に表明される、といったほどの意味である。

> 第一次的に、また全体として実存に関係する視を、われわれは「透視性」と名づける。われわれは、……「自己認識」を表示しようとしてこの術語を選んだのだが、それは、自己認識ということで問題であるのは、一つの点としての「自己」を知覚しつつ嗅ぎつけたり観察したりすることではなく、世界内存在のまったき開示性を、その本質上の諸契機を貫き通して、了解しつつ把握することなのだという

こと、このことを告示するためなのである。（186–187）
[146]

そのような透視性とは、没入して活動するあり方の一つの様式にほかならない。それは、澄みきった反省的自己意識の境地といったものとは最も遠いところにある。

Ⅲ　了解の三つのタイプ：対処すること、解釈すること、陳述すること

現代の哲学者たちは、人間科学における解釈としての了解と、自然科学における説明としての了解とを区別している。しかし『存在と時間』の基本的な方法に沿って考えれば、われわれとしては次のことを期待したいところである。つまりハイデガーは、基本的な了解のこの二つのタイプを、日常的に何かに対処するさいの了解から変形されて生じたものとして「派生」させようとしているのではないかと。実際このことこそ、彼が試みていることなのである。

われわれが了解を基礎的な実存カテゴリーとして学的に解釈するときには、このことでもって告示されているのは、了解というこの現象が現存在の存在の根本様態として把握されているということ、このことである。これに対して、もろもろの認識様式のうちの一つの可能的な認識様式という意味での「了解」（例えば「説明」から区別された「了解」）は、この説明とともに、「現」一般の存在をともに規定している第一次的な了解の実存論的な派生態として、学的に解釈されなければならない。（182、最後の強調ドレイファス）[143]

表立っては言われていないがこの派生の道筋は、道具的存在者から利用不可能な道具的存在者へ、さらに事物的存在者へ、というすでにおなじみのステップをたどることになる。この道筋を次のように要約できる。了解が、つまりハンマーを打つといったような非反省的、日常的、企投的な活動が表立ってくるのは、技能が発揮できなくて実践的熟慮が必要とされるときであって、また、そこで主題化されるものは、例えば「このハンマーは重すぎる」といったような言語行為において表現可能である。ハイデガーが「解釈」（Auslegung）と呼ぶはたらきにおいて、利用不可能な道具的存在者として展開されたものは、次いで、事物的存在者として欠如的に（つまり事物として抜粋されて）主題化されうる。そうした主題化は、命題を述べて陳述するといった仕方でなされる。例えば、「このハンマーは一ポンドの重さである」といったような、主語に述語を帰属させる命題がこれに当たる。（laying-out［展開する］という英語は、ドイツ語のAuslegungの直訳であって、われわれはこれを、単に「解釈」［interpretation］と翻訳することにする。これに対して、ドイツ語のInterpretationという術語は、学術的

なテキスト解釈や、『存在と時間』で展開されているような解釈そのものについての理論を指すものなので、われわれはこれを「学的解釈」[Interpretation] と翻訳することにしたい。）

　解釈（Auslegung およびそれに下属する一タイプとしての解釈学）は、了解の派生的様態ではあるが、その欠損的様態というわけではない。むしろ解釈は、「了解において企投された諸可能性を仕上げること」（189）[148] によって、われわれの了解を豊かにする。「解釈という形をとるとき、了解は何か別物になるのではなく、それ自身になる」（188）[148]。ところが伝統的には、命題的陳述は、事物が純粋直観に対して現われる仕方の受動的記録を表現することだと誤解され、また、あらゆるものについての客観的な説明上の基盤を確保していると誤って想定されてきた。だが実際には、命題的陳述は、たかだか了解の欠損的様態を表現するにすぎないのである。

A　解釈の派生

　さて、まずは派生の最初のステップを見てみることにしよう。何かに単に対処することができなくなるとき、了解はある新しい形へと発展する場合がある。

> 了解の企投するはたらきは、自分を完成するという固有の可能性を持っている。了解の完成をわれわれは「解釈」と名づける。この解釈において了解は、自分が了解したものを了解しつつわがものとする。（188）[148]

> このことが意味するのは、解釈そのものは本当は開示したりはしないということである。なぜなら、開示を行なうのは了解ないしは現存在自身だからである。解釈が行なうのはつねに、開示されたものを際だたせることだけであって、これは、了解に固有な諸可能性を完成することなのである。（HCT, 260）[GA20, 359]

物事が円滑に作動していないときには、われわれはそれに注意を払い熟慮しながら行為せざるをえない。

> すでに了解されている《世界》*は、解釈される〈直訳すれば「展開される」〉に至る。道具的存在者は、了解しつつある配視のうちへ表立って入りこんでくる。準備する、整備する、修理する、改善する、補充する、といったはたらきが遂行されるのはすべて、配視的に出会われる道具的存在者が、その「手段性」において解釈し分けられ、さらに、解釈し分けられていることを視が見届けるようになっているのに応じて、配慮されるという仕方においてなのである。（189）[148–149]

> そのような解釈によって、今やこの事物は初めて本当に、現前的で了解可能なものとして環境世界のうちへ入ってくる。とはいってもそれは暫定的にであって、それというのもその事物は、環境世界事物についての適所性のうちへと

人が入っているときにのみ［英訳を修正］真に了解されることになるからである。(HCT, 261) [GA20, 359]

事物を注意して取り扱うときまずわれわれが気づくのは、それが一定の機能を有していることである。例えば、どんな種類の取っ手をドアに取りつけるかを決めるときや、ドアの取っ手が動かなくなったときに、ドアの取っ手が何のためにあるのかを配視が暴露する場合である。もちろん、配視がドアの取っ手を完全に了解するのは、その取っ手を使用するときのみである。

何かを何かとして使用する（ドアの取っ手をドアを開けるために使用する）ということは、われわれのすでに行なってきていることである。だが今度われわれが行なうのは、その何かを何かのための何かとして見る（ドアの取っ手を、ドアを開けるための何かとして見る）ということなのである。

> 解釈……が際だたせるのは、出会われる世界事物が「何として」受けとめられうるか、つまりどのように了解されうるか、なのである。了解を完成することとしての解釈すべてにそなわっている第一次的形式とは、あるものを「何として」の方から考慮することであり、つまり、あるものをあるものとして考慮することである。(HCT, 261) [GA20, 359-360]

その「手段性」に関して配視的に解釈し分けられたもの……は、つまり、表立って了解されたものは、あるものとしてのあるものという構造を持っている。この特定の道具的存在者が何であるのかという配視的な問いに対して、配視的に解釈しつつ答えれば、それは何かの用途のためのものである、ということになる。(189) [149]

ハイデガーは、ウィトゲンシュタインが批判した次のような誤りを犯してはいない。すなわち、解釈をまぬがれた何らかの素材がまずあって、次いでそれが道具として使用されたり、道具として見られたりすると想定する誤りである。ハイデガーは修辞疑問の形で次のような問いを立てている。

> そのような知覚が、あるものをあるものとして配視的に出会わせるのだとすれば、このことは、まず最初に、何らかの純然たる事物的存在者が経験されていて、次いで、それがドアとして、または家屋として統握される、ということを言わんとするのではなかろうか。(190) [149-150]

この問いに答えて彼はこう言う、「もしそう考えるなら、それは、解釈が果たす種別的な開示機能を誤解するものでしかないだろう」(190) [150] と。むしろ、「あるものが端的に出会われるとき、そのあるものは適所全体性の方から了解されている」(189) [149]。われわれが、物事を表立ってあるものとして見るのは、ようやく後になってからのことだとしても、われわれはその物事をすでにつねに了解してしまっているということを、ハイデガーははっきりと弁えている。つまりこうである。

> 了解において開示されたもの、つまり了解されたものは、そのものに即してそのものの「何として」ということが表立って際だちうるという仕方で、すでにつねに近づきうるものになっている。この「として」が、了解されたものが表立ってくるということの構造をなしているのであり、解釈を構成している。（189、強調ドレイファス）［149］

フッサールの考えでは、「純然たる物理的事物」を見ることこそ基本的である（『デカルト的省察』、78）［Hua I, 112］。ハイデガーからすればそれは、見ることの欠如形態であるにすぎず、それ自体、日常的に何かに対処することを前提しているのであり、しかもそうした対処こそが、解釈において展開される当のものなのである。

> 解釈は、いわば、裸の事物的存在者の上に「意義」といったものを投げかけるのではなく、また、そうした存在者に価値といったものを貼りつけるのではなく、むしろ、世界内部的に出会われるものそのものでもって、世界了解において開示されている何らかの適所性がそのつどすでに得られているのであり、その適所性が解釈によって展開されるというしくみになっている。（190-191）［150］[2]

ハイデガーによれば、派生の最後の段階において、日常的な活動が持っている意味のコンテクストが置き去りにされることによって、裸の対象といったものが派生してくることになる。ハイデガーは日常的に何かに対処することを、従来の術語への皮肉を込めて「端的に見ること」とか「端的に了解すること」というふうに呼び、こうした理解の仕方と、「純然たる凝視すること」やその結果としての欠如的な見ることを対照し、区別している。

> 何かとかかわりつつ最も身近な物事を端的に見ることは、解釈構造を根源的にそれ自身のうちに携えているので、いわば「として」をまぬがれてあるものを捕捉することの方が、見方の一定の転換を必要とするほどである。あるものをわずかに眼前に持つことしかしないという性格が、純然と凝視することのうちに見いだされるとしても、それは、もはや了解していないがゆえなのである。「として」をまぬがれたこうした捕捉は、端的に了解しつつ見ることの一つの欠如態なのであって、端的に了解しつつ見ることよりも根源的であるのではなく、むしろそれから派生したものなのである。（190）［149］

そのような欠如的な見ることが引き起こされる場合としては、

精神異常（例えばサルトルの『嘔吐』の主人公ロカンタンは、ドアの取っ手を握ったさい、それを自分の手のひらにくっついて離れない金属製の丸い物体として経験する）、麻薬、一つの語を何度も同じように繰り返すこと、極端な疲労、などが挙げられよう。それはどの場合であれ、正常な活動が故障した状態なのである。

以上われわれは、了解の三つのタイプを考察してきたが、それらを、次のような単純な事例によって明らかにすることもできよう。ある人が、平均的なアメリカ人の英語力に加えて、生かじりのドイツ語の知識を持っているとする。その人は英語を了解している（つまり、透明な仕方で使用することができる）し、ドイツ語を解釈する（つまり、熟慮的にではあるがなおコンテクスト依存的にドイツ語を使用する）ことができる。しかし日本語に関しては、これを解読する（つまり、意味を欠いた暗号として扱う）ことを余儀なくされるのである。

物事を解釈可能なものとして出会わせるという仕事を果たすためには、指示全体性は、あくまで背景にとどまっていなければならない。実際、ハイデガーもここで背景という語を使っている。

> 道具的存在者は、つねにすでに適所全体性の方から了解されている。この適所全体性は、何らかの主題的な解釈によって明示的に捕捉されている必要はない。適所全体性がそうした主題的解釈をいったん通過しているときですら、それは、背景から際だつことのない了解のうちへとふたたび退くのである［英訳による。原文には「背景から」という言い方は見られない］。また、まさしくこうした際だたない様態においてこそ、適所全体性は、日常的な配視的解釈にとっての本質上の基礎なのである。（191）［150］

B　解釈の三重の構造

これまでわれわれは、日常的解釈について議論してきた。それは、ある種の問題が生じた場合に、一定の局所的・実践的コンテクストにおいて「として」構造を展開することにほかならなかった。ハイデガーは今度は、物事を特定のコンテクストにおいて展開する日常的なあり方の場合にも、一定の局所的・実践的コンテクストの外部におけるより一般的な解釈の使用の場合にも、等しく当てはまるような解釈の構造を説明しようとする。後者のより一般的な解釈とは、人類学、社会学、政治学といった学問のうちで、いわゆる解釈学的な傾向を持つものに見いだされる。

解釈は共有された了解をつねに前提しており、したがってまた、ハイデガーが「予-構造」と呼ぶ三重の構造をつねに持っている。

1　すべての解釈は、何らかのVorhabe——予持、つまり自明とされる背景——とともに始まらねばならない。

> いかなる場合にも……解釈は、われわれが予め持っている何か、つまり予持、に基づいている。解釈は、了解がわがものとされることなのだから、すでに了解されている何らかの適所全体性……のうちではたらく。(191)［150］

そのような背景は、問題となっている領域の回りを囲んですでに限界づけており、かくして、いかなる仕方で問題を立てることが可能であるかをすでに確定している。

2　問題にアプローチする仕方についての一定の見方がなければならない、つまり、解釈を企てるさいの出発点となるような一定の見通しがなければならない。

> 何らかの視点というものがあり、それが、了解されたものがそれを考慮して解釈されるべき当のものを確定するのである。いかなる場合にも解釈は、われわれが予め見ている何か、つまり予視、に基づいている。(191)［150］

3　探究する者は、自分が見いだすであろうものに関する予想をすでに持っている。

> 解釈は、〈解釈されるべき存在者についての〉概念化のある特定の様式を採用することを最終的に、あるいは留保つきで、すでに決定してしまっている。解釈は、われわれが予め把握している何か、つまり予握、に基づいている。(191)［150］

『存在と時間』は、それが存在論的な学的解釈であるとされている以上、ハイデガーが記述しているような解釈的アプローチの一特殊事例にほかならない。それゆえ、それが前述の予-構造を示していることは十分予想されるであろうし、実際そうなのである。(a) 存在の意味を問いたずねることは、予持、すなわちわれわれの前存在論的な存在了解を前提している。(b) 存在問題に接近する方法としてハイデガーが選んでいるのは、現存在に問いかけるというやり方である。この存在者が、自分自身の存在に対して立場をとるという存在仕方(実存)をそなえているからである。「根源的な実存性はわれわれが予め見ている何かであり、これによって、われわれが適切な実存論的諸概念を造りだすことが確保されるのである」(364、強調ドレイファス)［316］。こうしたやり方は、われわれの持ちうる唯一のアプローチではないし、それどころか、主観中心主義的な伝統にあまりに近いと言えるかもしれない。後期になるとハイデガーは、人よりも物に問いかけることから開始するのを好むようになった。(c) ハイデガーが最初から言っていることだが、存在への問いに対する答えは時間と何らかの関係がある、と予想してよい。実存カテゴリーのシステムが時間性の方から理解されうるということ、これこそ、ハイデガーが予握していることなのである。

解釈学的な諸学問分野に適用した場合、解釈の予-構造に関するハイデガーの説明は、解釈学的循環という問題を提起することになる。すべての解釈が、解釈の前提としての背景的了解の上に成立するとすれば——しかもこの背景こそ、いかなる問いが定式化されうるか、および何が満足のいく解釈とみなされるか、を最初から制約するのであり、それでいてこの背景自体が、完全に明示的になったり問題化されたりすることが決してありえないとすれば——、すべての解釈は必然的に循環的であることになろう。ハイデガーはこのことを認めているが、しかし他方で次のようにあくまで主張してもいる。「この循環を悪循環だとみなして、それを避ける方途を待ちもうけるということと、それどころか、それを避けがたい不完全性としてだけでも《感じとる》ということは、了解を根本的に誤解することにほかならない」(194)[153]。

そうだとすれば、どのようにして責任ある探究が存在しうるのか、と人は尋ねたくなるかもしれない。ハイデガーの答えはこうである。「決定的なことは、循環のうちから脱けでることではなく、循環のうちへと正しい仕方に従って入り込むことなのである」(195)[153]。このことが何を含意しているのかがいくぶん明らかになるのは、かなり後になって、根源的ということの意味が議論されてからである。ハイデガーはこの根源的という術語を二通りの意味で用いている。

(a) 根源的な明証。ハイデガーの用例にも見られるように、根源的な明証とは、われわれが存在者に出会う仕方のうち最も直接的で最も存在者をあらわにする仕方から生ずる。したがって、例えばハンマーで打つことは、ハンマーであることが何であるかについてわれわれが持ちうる最も根源的な了解をわれわれに与えるのであり、また、不安のうちに生きることは、人間存在を開示する最も根源的な仕方である。まさにこのことを念頭に置いてハイデガーは、われわれは「事象そのもの」へ還帰せねばならず、日常的な概念装置や、ましてや哲学的な伝統などに囚われてはならないと言っているのである。

> 解釈の最初の、不断の、かつまた最後の課題は、予持、予視、および予握、を思いつきや通俗的概念によってそのつど前もって与えさせることでは断じてなく、むしろ、それら三者を仕上げることのうちで、学的主題を事象そのものの方から安全にすることなのである。(195)[153](3)

(b) 根源的な解釈。根源的という語のこの意味においては、ある解釈が別の解釈よりもいっそう根源的である。その解釈が、より完全すなわちより詳細であり、しかも、より統一的、すなわちすべての位相が相互に結びつけられている場合のことである。したがって例えば、現存在を時間性として学的に解釈する第二篇は、すべての実存カテゴリーを時間性の諸位相として相互に結びつけているので、第一篇の説明と比べていっそう根源的なわけである。

何らかの解釈を開始するに当たっては、手に入る最も無媒介的かつ最も包括的な現象――つまり前述の両方の意味において根源的であるような現象――から出発しなければならない。したがって例えば、現存在を学的に解釈するに当たって、

> 努力してめざされるべきは、……根源的に、かつ全体的にこの「円環」のなかへと飛び込み、かくして、現存在分析の発端においてすでに現存在の循環的な存在へのまったき眼差しを確保すること、このことでなければならない。人が無世界的な「自我」というものから「出発」して、次いで、客観というものと、この客観というものへの存在論的には無根拠な関係とを、そうした「自我」に調達してやるというのなら、現存在の存在論にとって「前提される」ことは、多すぎるのではなく、少なすぎるのである。(363、強調ドレイファス)[315-316]

しかし、正しい仕方で循環のなかへ飛び込むという言い方は、とりわけ『存在と時間』の解釈的アプローチとの関連では、ある新しい問題を提起する。われわれが、われわれ自身の予持のおかげで、解釈学的循環の内部にすでに存在しているとすれば、その循環のなかへ飛び込むなどということがなぜそもそも語られるのだろうか。ハイデガーはこの点に関してまったく明らかにしていないが、彼が言っていることを理解するためには、『存在と時間』の循環性を際だたせるのが、最も良い方法であろう。つまりこの書においては、現存在の循環構造が言わば内側から展開されようとしているのであり、それは、われわれがそのうちにすでに住み込んでいるわけではないテキストや時代や文化を相手とする別のタイプの解釈の循環性とは、やはり区別されるべきなのである。ハイデガーも言っているように、前者の場合には、

> 了解における「循環」は意味の構造に属しており、意味の現象は、現存在の実存論的機構のうちに、つまり、解釈しつつ了解することのうちに、根ざしている。世界内存在として自分の存在自身が問題である存在者は、一つの存在論的な循環構造を持っているのである。(195)[153]

後者の場合、われわれは主題となっている事柄にいわば外側からアプローチするのであり、それゆえ何らかのパースペクティヴを採用せねばならないのだが、このパースペクティヴをとることによって、われわれが何を見いだすのかが決定されることになる。このような循環へ飛び込むことが、後者の場合まさに問題となる。すなわち、何らかの予視のうちへと正しい仕方で、つまり根源的な仕方で飛び込むことが問題なのである。

もちろん、後者の場合でさえ、すでに与えられて背景となっている了解(予持)を基盤とした上で、解釈の方針が選ばれる。このように、背景となっている了解のうちに住み込むことが必然的であるからこそ、解釈にまつわる伝統的な意見対立を回避して解釈を説明することが可能になる。その対立意見の一

方は、解釈は志向的状態という諸事実についてのものだとする主張（E・D・ヒルシュ）であり、他方は、解釈は規約あるいは恣意的決定に基づくものだとする主張（ローティ）である。ウィトゲンシュタインと同様にハイデガーにとっても、意味とは、何らかの心的実在のうちにもまた何らかの恣意的決定にも、基礎を持つものではなく、むしろ、そのなかにわれわれが必然的に住み込んでいるところの一定の生活形式に基づくものなのであって、それゆえ、この生活形式は、媒介なしに与えられるのでもなければ、単に選択の問題にすぎないのでもない。このことこそ、解釈の本質的な性格そのものなのである。

C 解釈のいくつかのレベル

これまでのところ、ハイデガーによって論じられた解釈の種類とは、利用不可能になった道具的存在者のレベルのものであった。しかし、了解のあらゆるレベルに、何らかの種類の「解釈的な」予-構造がそなわっている。

1 日常的に道具的存在者に対処するレベルにおける解釈

（a） 日常的に道具的存在者に対処する場合にも、それなりの種類の予持が見られる。はっきり言って、予持という言い方は、誤解を招きやすい術語である。現存在は、道具的存在者との親密性という背景のうちに住み込んでいる。われわれが技能を持つと言うよりはむしろ、技能の方がわれわれを持っていると言うべきなのだ。「現存在は世界を持っている」と言われている『存在と時間』の一節に関して、後年の欄外注でハイデガーは、世界は現存在に「与えられている」と言うべきだった、と記している。「現存在が世界を《持つ》などということは決してありえない」〔78〕。同じ理由で、われわれの基本的な存在論的技能は、予持というよりむしろ、先-所与と言われる方がいっそう精確だっただろう。（b） ここでの基本的レベルにおける予視は、そのつどの状況において現存在がそれへと迫っていくところのもの（用途性）であろう。（c） また、基本的レベルでの予握（Vorgriff という語には予期・先取という意味もある）は、現存在の活動性の究極目的（「目的であるもの」）であろう。ただしこの場合、究極目的を、結果に対する心的志向性としての期待と考えてはならない。

2 事物的存在者に関する理論のレベルにおける解釈

（a） 道具使用の対極に位置する解釈として科学理論があるが、これもやはり一種の予持を持っている。科学者たちは、理論上・技術上のさまざまな想定を共有していなければならないのであって、こうした想定は、明示的に把握されていることもあれば、実験室での共有された振る舞いにおいて具現されているものでもある。クーンはこの想定を科学者たちの「専門学問母型」と呼んでいる。（b） また科学者たちは、研究を組織化するための何らかの計画、つまり予視をも必要とする。ハイデガーはこれを諸科学の企投と呼ぶ。

……企投された自然の「光のうちで」初めて、「事実」といったようなものが見いだされることができ、企投に基づいて規制的に限界づけられた実験のための発端に置かれることができる。「事実科学」の「根拠づけ」が可能になったのは、研究者たちが、いかなる「単なる事実」も原則的にはないということ、このことを了解したことによってのみなのである。(414) [362]

(c) 科学者たちは、手当たり次第にデータを収集するのではなく、むしろ、ある特定の仮説つまり予握を持っており、彼らはこれを確証または反駁しようと努めている。

D　解釈的了解 対 理論的説明

シュライエルマッハーからフェレスダールに至るまでの解釈学者によれば、解釈学的循環が意味するのは、諸要素の意味が全体の意味に依存し、またその逆も成り立つということにすぎない。だがもしそうだとすれば、人間を人間的世界の内部から研究するような解釈学的な諸学科と、自然科学のように、トマス・ネーゲル言うところの自然をあたかも「どこにもない場所から」研究するような非解釈学的かつ全体論的な諸学科、とを区別することはできなくなってしまうだろう。

明らかにしておかねばならないのは、理論的な予-構造は、日常的に何かに対処する場合の予-構造と同じものではないし、日常的な解釈がそなえている予-構造とも異なるし、それどころか社会科学における解釈の予-構造とも違う、という点である。自然科学は、ほかのどんな実存様式とも同じく、自らの企投を完全に明示的にすることができない。つまり自然科学は、科学者たちが住み込んでいるところの基本的な想定および実践上の背景的技能を完全には明示的にすることができないのである。専門学問母型とは、クーンが言うように「合理的には説明できない」ものなのであって、むしろそれは、見習い期間を通じて次第に、また手本が共有される過程のなかで、伝授されていくものなのである。とはいえハイデガーの考えからすれば、自然科学の分野で予持が解釈を成立させる場合と、人間科学の分野で予持が理論を成立させる場合とでは、背景としての予持が果たす役割は同じではないということになろう。

こうした区別の主張は未決着のものであって、この主張をさらに進めるには、解釈(了解)の予-構造と科学理論(説明)の予-構造とのあいだの差異をもっとはっきりさせておく必要がある。いずれの場合であれ、正しい仕方で循環のなかに飛び込むということを理解するためには、どんな種類の存在論的了解が、両者それぞれの主題事象の存在仕方にとって適切であるかをはっきりとさせておかねばならない。以下のことを示さねばならないのである。人間の研究は、自己解釈的存在者の研究であるから、共有された有意義性というまったき解釈学的循環の内部で解釈を遂行する必要があるのだが、これに対して、人間を含めたあらゆる対象を対象として扱う科学を所有するには、一定の理論的な企投の内部で仕事をするという循環性のみが必要とされるということである。

人間を対象として研究することがどのようなものであるかについて、顕著な一例を期せずして提供してくれたのは、ある心理学者の次のような説明であった。彼はまず、ある人たちをおしゃべりな人に分類し他の人たちをそうでない方に分類することが一般になされていて、どの人がおしゃべり集団に入りどの人がそうでないのか、日常世界の構成員たちのあいだでは一般的な合意というものが存在する、ということを認める。にもかかわらず、おしゃべり性という概念は無根拠であることを彼の心理学は示した、というのである。つまり、この「科学者」の説明では、一人の個人が一日に発した言葉の数を数えると、いわゆる正常な人が発した言葉の量と、いわゆるおしゃべりな人が発した言葉の量とのあいだには有意な差異は見られないことが分かる、というのである。彼のような客観的心理学者にとっては、ある人がおしゃべりな人とみなされるのは、その人が話したことの意味とその人が話したときの状況とに依存する可能性があると考えることなど、とてもなしえないことなのだろう。だがおしゃべりな人々とは、意味のあることなどほとんど話さず、むしろ、他の人が話しているときにおしゃべりしたり、口角泡を飛ばしながら話したり、あるいは葬式の席などでおしゃべりする人のことなのである。だから、おしゃべりな人とはどんな人かについて日常世界の構成員たちのあいだで一般的な合意が見られるのは、何ら幻想ではない。いやむしろ、おしゃべりであることを示す証拠の方こそ、おしゃべりであるとは何であるかについての背景的了解を前提にしているのである。人は、おしゃべりであることと相関関係にあるいくつかの客観的特徴を見いだしたがるが、そのような特徴が存在すると仮定すべきいわれなど本当はありはしない。するとここから、おしゃべりであるといったような特性など存在しない、という驚くべき結論が引きだされることになる。

しかしながら、以上のことから引きだされる本当の結論とは、自然科学――雑音をだす物体について研究する人がいる――においては適切であるような科学的企投でも、人間が自己自身や他なる人間をどう了解するかを研究するさいには、不適切だということなのである。誰がおしゃべりかというような判断を下す人々のあいだで合意が見られるのは、有意味な振る舞いという共有された背景のうちに人々が住み込んでいるからである。人間科学における解釈者は、何がどうなっているかをそもそも了解したいのなら、研究の対象となっている人物または集団に関して、人間の持ちうる一般的な背景的了解を共有していなければならない(4)。自然科学にとって適切であるような種類の対象性を人間科学の分野で獲得しようなどという誤った企てをすれば、状況の意味といったものが括弧に入れられ、それによって日常的な対象性はたちまち消失してしまう。

こうした重要なテーゼをさらに理解しやすくするには、贈与交換に関するレヴィ＝ストロースの構造主義的理論の直面した諸困難――とピエール・ブルデューが考えるもの――を見ればよい。『実践の理論素描』におけるブルデューの議論によれば、レヴィ＝ストロースが提起した、贈与の交換に関する形式的、可逆的なルールは——いかにそれらが日常的な贈与から抽象されたものであるにしろ——現実の交換を説明できないし、また予測もできないという。ブルデューの言わんとすることは、構造主義的理論が贈与交換の主観的な諸性質、いわゆる現象学的な諸性質を無視している、ということではない。それは当を得た反論ではないだろう。自然科学が、主観的・相対的な諸特性を取り去るのはむしろ正当だからである。ブルデューの要点は、レヴィ＝ストロースが、交換の純然たる対象を抽象化して取りだすことによって、本質的な何か——つまり何が贈与とみなされるかを実際に決定している出来事のテンポ——を無視している、という点なのである。

> どんな社会にも観察されうることだが、侮辱にならないようにするなら、返礼としては後から別のものを贈るのでなければならない。なぜなら、まったく同一の対象を直接お返しすることは、明らかに、拒否するのも同然だからである。(5)

形式的な原理のみに基づく予測は、次のようなケースでしくじるのである。つまり、返礼が、日常的な実践において贈与とみなされるにはあまりに遅すぎたり早すぎたりするために、理論上形式的には贈与とみなされるものが拒絶されるようなケースである。

> これはすべてスタイルの問題である。スタイルとはこの場合、機会のタイミングと選択を意味する。というのも、同じ行為——例えば、贈る、お返しする、手助けをする、訪問する、等々——であっても、時が異なれば、まったく異なった意義を持ちうるからである。(6)

このように、状況についての感覚は、何が対象または出来事とみなされるかを決定する上で本質的な役割を果たす。にもかかわらず、こうしたコンテクストに関する感覚こそ、理論がどうしても無視せざるをえないものなのである。

ブルデューと同じくジョン・サールも、社会科学における形式的・因果的な説明はうまく行くはずがないと主張している。しかし、フッサールの場合と同じくサールにとっても重要なのは、志向的な心的状態が人間の行動において因果的な役割を果たしており、それゆえ人間についてのいかなる科学においても重視されなければならない、ということである(7)。しかし、ハイデガーやブルデューが強調するように、人間の行動の多くは、心的状態（信念、欲求、意図など）を必要とせずに進行する技能的対処として起こりうるし、また実際にそうした仕方で起こっているのだから、志向的な因果関係といったものが、人間科学の予測に対して本質的な限界を求めるための正しい出発地点となるとは思われない。むしろ決定的なことは、たとえ志向的状態が伴わないときでも、人間によって特定の種類の対象として取り上げられるものは、表象不可能な背景的技能に依存しているという点なのである。

一九七〇年代に至るまで人間科学は、自然科学を模倣しようと努めてきた。ハイデガーにとって大事なのは、人間科学は自然科学を模倣することはできないし、また模倣すべきでもないと指摘することであった。しかし今日では、自然科学も人間科学もともに全体論的でありそれゆえ循環的である以上、両者のあいだには何ら重要な差異は存在しないとする見方が、ある陣営で流行になってきている(8)。

しかしハイデガーは、しかるべき理由から、人間科学と自然科学とのあいだには本質的な差異が存在するという、今では流行遅れとなった見解の擁護者である。彼はこの論点を、了解についての議論のなかで暗々裡に指摘している。彼の言うところでは、自然科学は「〈了解の〉変種であって、この変種は、事物的存在者をその本質上の理解不可能性において捕捉するという正当な課題のうちへと迷い込んでしまっている」(194)[153]。彼は、ある講義のなかで、自然科学によって研究される限りでの自然が理解不可能であるとはどういう意味かを詳論している。

> 自然の説明という言い方がなされる場合、どんな説明にしろ、それが特権的なものであるのは、説明がそもそも理解不可能な〈unverständlich〉もののうちにとどまっているからである。……自然とは、原理的に説明可能でありまた説明されるべきものなのだが、それというのも、自然が原理的に理解不可能であるからこそである。……そして、自然が物理学において暴露されるように受け取られる限りは、それが「脱世界化」された世界にほかならないからである。(HCT, 217-218)[GA20, 298]

物理的自然が理解不可能であると述べることは、物理学の研究対象である自然が日常的世界から抽象されたものであると述べることであり、つまりそうした自然が、指示全体性のなかに適合せず、われわれの目的や「目的であるもの」と結びついていないと述べることなのである。それゆえ物理的自然は、ハイデガーが「有意義性」という語に込めている意味においては、何ら有意義性を持たないのである。

もちろん、自然についての科学理論そのものは、何らかの目的を持っているしそれゆえわれわれの世界に適合するのだから、理解不可能なものではない。実際ハイデガーも、理論の目的とは真理に到達すること——つまり事物的存在者を暴露すること——であると考える。

> ……科学の暴露するはたらきは、ただただ事物的存在者の被暴露性のみを予期している。……このような企投が可能であるのも、真理内存在が現存在の一つの実存規定をなしているからなのである。(415)[363]

今述べたようにハイデガーは、ニーチェとは違って、利害関心を持たない客観的真理の追求を、偽装された心理的動機づけから生じる自己欺瞞的活動だとは考えない。利害関心を持たない探究は、本来的に実存する理論家によって、それ自体を目的として追求されるものなのである。「科学は、本来的実存のうちにその起源を持つ」(415)[363]。

脱世界化されていてそれゆえに理解不可能であるせいで、自然は、少なくとも原理上は理論的な術語によって記述可能である。つまり、厳密な諸法則を曖昧さなしに適用できるような、コンテクストを欠いた特性によって記述可能である。別の文脈においてハイデガーは「単に事物的に存在しているものをわれわれは理論的に眺める」(177)[138]という言い方をする。科学理論はその純然たる対象を解き放つために一定の合意された方法を用いるが、この方法によって、無意味なデータが、無意味で形式的な指標や特性によって定義された明示的な諸概念に適合させられるのである。

> 理論的態度とは、非配視的に眺めやることしかしない態度である。しかし眺めやることは、非配視的であるからといって、無規則的であるのではなく、自分の基準を方法という形で自分のために形成するのである。(99)[69]

かくて理論の純然たる対象が、われわれの日常的な背景的了解に訴えることなく、認知の対象となりうる。

しかしナンシー・カートライトも指摘したように、科学者たちは、背景的振る舞いを共有することによって、日常的世界におけるいくつかの出来事を取り上げ、それらを、例えば力の事例や吸収の事例などといった、彼らの理論のなかで言及される出来事や対象の実例とみなすことができなければならない。それでもなお、自然科学と人間科学とのあいだには依然として本質的な差異が存在する。日常的な科学的実践において力とみなされるものは、無重力状態や真空中といったような理想的条件下で力がふるまう仕方と両立可能でなければならない。日常的世界は段階を追って人工的世界に変換できるのだから、科学者たちが、力といったような理論的存在者の実例として日常的世界において取り上げてきたものについて、自分たちが間違いを犯していたことを後になって発見するということはありうる。しかし、ある特定の文化を生きる人が、日常的世界において何が贈り物なのかについて、間違いを犯すということはありえない。なぜなら、贈り物とは、それを取り上げる振る舞いによって規定されるものだからである。

すでに述べたように、科学者たちはそれでもなお、日常的で人間的な振る舞いのうちに住み込むことをやめるわけでないし、また彼らは、特定の科学的な振る舞い(クーンの専門学問母型)のうちに住み続けてもいる。そしてこの科学的な振る舞いは、それに固有な歴史を持っているのである。

理解可能性に基づいてのみ、原理的に理解不可能であるも

> の、つまり自然、へ近づくことができるようなアプローチが存在するのである。歴史が存在し、現存在自身が第一次的に歴史的な存在であるがゆえにのみ、自然といったようなものが暴露されうるのであり、またそれゆえにのみ、自然科学が存在するのである。（HCT, 258）［GA20, 356］

もしそうであるなら、フェレスダールやローティは結局のところ正しいように見える。自然科学はその予持のうちへと閉じ込められており、それゆえ、人間科学と同様に解釈学的循環のうちに捕えられているからである。ではいったい、自然科学者と人間科学者が自分の背景的振る舞いに関係するそれぞれの仕方のあいだに、いかにして本質上の差異が存在しうるというのであろうか。

　ハイデガーはすでに彼自身の回答を与えていた。自然科学においては、共有された科学的な背景的技能は、自然を脱世界化するためにも理論をテストするためにも必要ではあるが、しかしこうした技能は、何が理論の対象とみなされるべきかを決定するわけではない。科学者の背景的技能はまさに、科学の対象を、すべての振る舞いへの依存から解き放つという機能を果たすのであり、しかもここでの振る舞いには、科学の対象をあらわにする当の振る舞いも含まれる。このようにして、科学者の背景的技能は、理解不可能な自然をあらわにするのである。

　物理学はその発展の歩みにおいて、空間、時間、物体および因果性についてのわれわれの共有された日常的了解を、次第に置き去りにしてきた。こうした脱世界化は原理的には際限なく進行しうる。だからこそ、理想的な自然科学は自然種とその因果的力についての正しい見方——火星人でも認めることができるような見方——をもたらす、といった考え方をわれわれは理解できるのである。しかしそれと同じ意味で、理想的な社会科学は、贈与行為といった実践やおしゃべりであるといったふるまいに関して、コンテクストから切り離された真理へと収斂するとは考えられないのである。

　要するに、科学理論が脱世界化されたデータ間で成立する脱世界化された関係を述べるものである以上、そのような理論が世界を生きる振る舞いによって達成されるという事実は、科学にとって原理的には重要ではないのである。科学的実践がすべての実践と同じく、その実践者が住み込んでいる予持に基づいているのは事実である。また、自然科学において裸の事実といったものは存在しないことも本当である。にもかかわらず今述べた意味で自然科学は、社会科学および人間科学にとって決定的であるような解釈上の循環の支配下にあるわけではない。ハイデガーの術語を使って言えば、解釈学的循環が本質的かつ積極的な役割を演ずるのは人間科学においてであって、これに対して自然科学においては、解釈学的循環は実際のところ不完全性の徴候にすぎないのである。

E　「陳述」：解釈の派生的様態

　さらにハイデガーは、論理学が現象学的に見てどのように派生してくるのかについての、彼なりの考え方を提案している。『経験と判断』のフッサールは、否定といったような論理的作用や、主語と述語といったような論理的形式がすでに知覚の定立的・命題的な内容のうちにいかに暗黙のうちにひそんでいるのかを示すことによって、そうした論理的な作用や形式が派生してくる仕方を明らかにしようとした(9)。これに対してハイデガーは、論理学の派生を、状況のうちにある実践的な活動から離れて次第に抽象化が進んでいくことから説明しており、論理的形式のための基礎を受動的な知覚のうちに見いだそうとするフッサールの試みが依然として伝統に囚われていることを、示そうとしている。

ハイデガーはまず言語の実践的な役割から始める。言語というのは、障害となるものが存在しない状況では透明な仕方で使用されることが多い。例えば私が、「六時にお会いしましょう」と言う場合がこれに当たる。しかしハイデガーはこうした言語使用については議論していない。彼が議論を始めているのは、解釈に主題化的な陳述がそなわったレベルである。ハイデガーの用法から見れば「陳述」という語は、何らかの類の障害が存在していること、したがってまた了解がすでに明示的に展開されてしまっていることを前提している語である。（明示的になった場合の物事の脈絡のことを、ハイデガーは「分節化」［Articulation：独：Artikulation］と呼んでいるが、われわれはこれを、日常的な脈絡のことを表わす単なる「分節」［articulation：独：Gliederung］という語と区別することにしたい。）（12章を見よ。）

> 「あるものとしてのあるもの」を手引きとして解釈しつつ存在者を近づけることにおいて了解されるものは、その存在者に関する主題的陳述に先立って分節化されている。主題的な陳述のうちで「として」が初めて浮かび上がってくるのではなく、ただ初めて言表されるにすぎないのだが、これとても、「として」が言表可能なものとして予めひそんでいるという仕方でのみ可能なのである。（190、強調ドレイファス）［149］

まず第一に、局所的な活動が阻害されるとき、その活動は言葉をまったく用いずに解釈されうる。

> 解釈の根源的な遂行は、……不適当な仕事道具を配視的に配慮しつつ脇にのけたり、ないしは取り換えたりすることのうちにひそんでおり、そのさい「無駄口をきいたりはしない」。言葉が発せられないからといって、解釈も行なわれていないのだと推論されてはならない。（200）［157］

いっそう困難な状況においては、道具に加えて言葉が用いられる場合もある。

> 解釈は、……「このハンマーは重すぎる」と、あるいはむ

しろ「重すぎる」、「別のハンマーを！」と言い表わされうる。(200)［157］

ハイデガーはこの種の言語使用について、『存在と時間』英訳の一九六―一九七ページ［154-155］で、（引用符に入った［英訳においてのみ］）「陳述」という項目を立てて論じているが、「陳述」というのは誤解を招きやすい言い方かもしれない。ここでの彼の論点は、コンテクスト依存的である解釈学的陳述を（主語に述語を割り当てるような）理論的陳述から峻別しなければならず、この理論的陳述は、伝統的にはとりたてて優遇されてきたが、解釈学的陳述から見れば欠如的であるにすぎないということである。したがって、二四二ページの表6では、引用符つきの「陳述」が、利用不可能になった道具的存在者の一様態として二重線の上側に置かれているのに対して、引用符なしの陳述が、欠損的な様態として二重線の下側に置かれているのである。

解釈的な「陳述」から理論的陳述への移行は、実践的な熟慮から理論的な反省へ、つまり利用不可能になった道具的存在者から事物的存在者への移行に対応している。さらにこのような移行に基づいて、最後には、述語計算において表現される諸命題の場面へと到ることになる。とはいえ、まず第一に、解釈的な言語使用、ないしは引用符つきの「陳述」について調べることにしよう。

ハイデガーは、言語行為としての陳述作用(10)に注目するさい、陳述作用という統一的構造にそなわる三つの側面を明らかにしている。この三つの側面の各々を記述する上で心すべき重要なことは、「陳述」において言語が道具として機能し、実践的活動のコンテクストにおいて仕事をする一方で、そのさい語られた内容そのものは直接的コンテクストからどんどん離れていくおそれがある、という点である。三つの側面が以下で論じられる順番は、語られた内容がそのように脱コンテクスト的になることに対して、三つの側面がそれぞれどの程度貢献するかの順でもある。

1　提示。ある共有されたコンテクストにおいて何かが注意を要する場合、言語は、進行している仕事の特性を提示するのに用いられることがある。例えば、私は適所的参与をなしつつ「このハンマーは重すぎる」と提示したりする。もちろんそのハンマーは、コンテクストから切り離されてそれだけ問題にするなら、重すぎるということはないのだが、それでも、この特定の仕事にとっては重すぎるのである。この提示を私が行なうのは、私と共に仕事をしている誰かに対してである。私がその人に見させるものは、共有された問題なのであって、私の心の中にある表象とか意味とかいったものではない。この場合「陳述」とは、ギリシア語の「アポパンシス」［apophansis］、つまりあるものをあらわに見えさせるという意味で用いられており、この語の伝統的な意味で用いられているのではない。

語り（アポパンシス）においては、その語りが真正のもの

> である限り、語られている当の内容は、それに関して語られている当の話題から汲みとられているはずであり、したがって、語りつつ伝達することは、この伝達がそれについて語っている当の話題を、言われた伝達内容のうちであらわにし、かくして他人に近づきうるものにする。これがアポパンシスとしてのロゴスの構造なのである。(56)[32]

2　述定。注意を要するハンマーの特徴を提示するさいに、私は直接的な活動から「一歩後退」し、「主語」としてのハンマーに(「重すぎる」という)「述語」を帰属させることもある。この作業は、ハンマーを特に選びだして、ハンマーを打つことが困難であるという問題を、例えば「うるさすぎる」といったその他の数多くの特徴から切り離して選別し、それによって、全体的な活動のこの特定の側面にわれわれの注意を限定することである。(これが予視にほかならない。)この場合、引用符つきの「述定すること」は、文法的な述語づけという意味で用いられており、ここではまだ、主語に抽象化可能な性質を帰属させることを意味するわけではない。

> 規定することは、……眼差しを表立って〈ハンマーへと〉制限することによって、あらわなものをその規定性において表立ってあらわならしめる。……われわれは、存在者を「そこにあるハンマー」へと絞り込むのだが、それは、その絞りをゆるめることによって、あらわなものをその規定可能な規定性において見させるためなのである。(197)[155]

3　コミュニケーション[伝達]。コミュニケーションは共有された活動の過程において成立する。「《分かたれる》のは、提示されたものを共通に見てとりつつそれへとかかわる存在なのである」(197)[155]。この存在は、目下の活動に直接参与していない人々にも「分かたれ・共有」される場合がありうる。

> 他者が陳述する人と共に陳述されたものを「分かち」ながらも、そのさい他者自身が、提示され規定された存在者を、つかまえたり見てとったりできる近さのうちに持っていないことがある。陳述されたものは「言い広められてゆく」こともあるのである。(197)[155]

このことは、仕事全体に他者が貢献するのに必要な情報を他者に与えるという、積極的な機能を持ちうる。「見てとりつつ互いに共に分かちあって伝達する圏域は、おのずと拡大してゆく」(197)[155]。しかしながら、このことはまた、言葉がうわべだけの伝聞において欠如的に言い広められてゆくことをも可能にする。「だが同時に、提示されたものが、そのさい言い広められながら、まさしくふたたび遮蔽されてしまうこともありうる」(197)[155]。

表6　了解のさまざまな様態。（二重線は、了解の「完成」が了解の「除去」へと切り換わる地点を表わす。）

存在者の種類	了解の種類	帰　結
道具的存在者	第一次的な了解。	可能性のうちへと日常的に迫ること。
利用不可能になった道具的存在者	解釈（Auslegung）。 実存論的な「解釈学的-として」。	あるものをあるものとして主題化すること。
	テキスト、および現存在のようなテキストに類するもの、についての学的解釈（Interpretation）。	解釈学的な諸学科。
	「陳述」（日常的用法）。	解釈の言語的表現。 さまざまな位相に注意を向けること。
事物的存在者	理論的な陳述。 伝統的な「アポパンシス［命題］的-として」。	孤立した主語に孤立した述語を付加すること。
純粋な事物的存在者	純粋直観と抽象思考； 形式論理学。	本質を観照すること、および本質の「論理形式」を表現すること。

了解に関してこれまで述べてきた11章IIIの内容を振り返れば、対処すること、解釈すること、および陳述すること、という了解の三つの型の依存関係は、以下のように要約することができる。

> あるものをあるものとして語りだすことは、解釈が存在する限りでのみ可能であり、解釈はこれはこれで、了解が存在する限りでのみ存在し、その了解が存在するのは、現存在が被暴露性という存在様式を持つ限り、すなわち、現存在自身が世界内存在として規定されている限りでのみなのである。（HCT, 261）［GA20, 360］

F　アポパンシス［命題］的な陳述：解釈学的「陳述」の欠損的様態

根源的なものから積極的なものを経由して欠如的なものへ、というわれわれにすでになじみの移行において、最終的に「陳述」は、その内部で陳述の指示作用が生じているコンテクストから切り離されることになる。この移行こそは、伝統的な存在論によって究明されてきたような陳述への移行を可能にするのである。ハイデガーはまず最初に、次の点に改めて注意を促している。

〈解釈的な〉陳述は、自分だけで第一次的に存在者をそもそも開示しうるような宙に浮いた態度ではなく、つねに世

> 界内存在という土台の上に保たれている。(199) [156]

ところが、このように日常的な陳述行為が背景に依存している点は、論理学において論じられてきた陳述の事例においては見過ごされてしまう。というのも論理学は、「極端な事例」(200) [157] に集中するのであり、そのような事例においては、われわれの関心は理論的な反省へと切り換わってしまっているからである。そこでは、実践的な背景も、コンテクストに依存した諸位相も「無視」されてしまう。その場合、あとに残されるのは諸々の述語であり、これらは諸々の性質として扱うことが許されるようになる。「定言的な陳述命題、例えば《このハンマーは重い》……は、《このハンマーという物体は重いという性質を持つ》というふうに受け取られる」(200、[強調ドレイファス]) [157]。この陳述行為が間違いだというのではない。それは単に一面的なだけなのだが、そうはいっても、人間世界を記述するには述語計算だけで十分である、と暗に言っている点で、人を欺きかねない。

要約的にハイデガーは次のような問いを立てる。

> 陳述は、どのような実存論的・存在論的変様によって、配視的解釈から発現するのであろうか。(200) [157]

彼はまず最初に、道具的存在者から利用不可能な道具的存在者への移行を記述して、この問いに答える。

> 予持のうちに保たれている存在者、例えばハンマーは、差しあたっては道具として道具的に存在している。この存在者が何らかの陳述の「対象」になると、……ある転換がいちはやく予持のなかで遂行される。それでもって従事し実行すべき道具的に存在する適具は、それに関して提示しつつ陳述すべき「話題」になってしまう。予視は、道具的存在者において事物的存在者を狙っているのである。(200) [157-158]

このことが、次の移行の可能性を準備する。つまり、道具の「諸位相」を提示することから、対象の「諸性質」を孤立させることへという移行が可能となる。

> このように道具的存在性を隠蔽しつつ事物的存在者を暴露することの内部では、出会われる事物的存在者は、それがこれこれしかじかに事物的に存在しているという点で規定される。今や初めて、諸性質といったようなものへと近づく通路が開かれる。(200) [158]

このようにして、対象とその諸位相は、そのコンテクストから切り離されてしまう(そして諸性質は対象から切り離されてしまう)。

解釈の「として-構造」は、何らかの変様を受けてしまっ

> ている。そのような「として」は、了解されたものをわがものにするというその機能において、何らかの適所全体性をつかみだそうと手を伸ばすことはもはやない。そのような「として」は、指示諸連関を分節化するというその可能性に関して、環境世界性を構成している有意義性から切り離されてしまっている。(200) [158]

ひとたびハンマーが孤立させられると、打つという仕方でハンマーを用いることは、機能としての述語という意味にしか解されなくなってしまう。しかしながら、われわれがすでに本書6章で見たように、機能としての述語では、ハンマーであるとは何であるかをとらえることはできない。

次いでハイデガーは、述語計算が成立するために置き去りにされねばならないものは何か、についての説明を締めくくる。ひとたび主語と述語が孤立させられると、——アリストテレス以来の伝統的想定によれば——両者は一つの判断において一緒に結びつけられねばならない。こうした発想こそ、現代論理学を最終的に生みだし、計算主義的な形式化という考え方を可能にしたのである。

> 結合と分離は、次いでさらに形式化されて一つの「関係」になってしまう。論理計算的には、判断は「等価関係」の体系のうちへと解消され、判断は「計算」の対象になってしまうのである。(202) [159]

しかし現代論理学は、それ自身の基礎についての存在論的了解を欠いており、したがってまた、それ自身の適切な適用範囲についての存在論的了解を欠いている(11)。このことが、今日流布している次のような想定を出来させているのである。つまりその想定によれば、あらゆる言説は(そして人工知能を研究している何人かの人々、例えばジョン・マッカーシーのような人にとっては、人間の活動のあらゆる側面は)、述語的な記号計算へと形式化することが可能である。

もちろんハイデガーといえども、述語的あるいは他の何らかの記号計算において日常的な理解可能性を再現するのは不可能であると、述語計算の派生に関する彼の説明によって示されたとは、主張しないであろう。彼の主張はおそらく次のようなものであろう。すなわち、記号論理学とは、道具やその位相を提示するために用いられる日常的言語を次第に脱コンテクスト化し貧困化したことの帰結にすぎない、ということをいったん知るなら、人は、論理学がたとえ普遍的で明確な媒体であることを認めても、あらゆる意味を表現するにふさわしい形式であるとはもはや信じられなくなってくるということである。実際ハイデガーの分析は、論理学とは人間知能をとらえるための明白な再現形式であると考えるマッカーシーのような人々に、その立証責任を負うようし向けているのである。

さて、以上のことはすべて、これまた伝統的存在論への批判に通じている。「陳述は、自らの存在論的な由来が了解しつつ解釈することから発するのだということを否認することはできない」(201)［158］。もし陳述が「自らの由来を否認する」なら、われわれは、解釈をせずに単に眺めやることこそが、われわれにとって真理への至近通路であるとする考え方にたどりつくことになる。

> 配視的な解釈が持っている根源的な「として」を、事物的存在性を規定する場合の「として」へとこのように水平化することが、陳述の特長なのである。このようにしてのみ陳述は、純粋に眺めやりつつ示す可能性を獲得するのである。(201)［158］

これが、実践的コンテクストを置き去りにし隠蔽する最後の段階である。これによって、特別な種類の純粋な本質直観が存在すると人は信ずるに至るわけだが、そうした直観こそ、プラトンからフッサールに至るまでの哲学者たちを魅了してきたものにほかならない。ハイデガーによれば、そのように受動的に第三者的に見ることがそもそも何ごとかをあらわにするとしても、その理由は、そうした純粋直観が実践的活動と疎遠ながらも何らかの関係にあるからこそである。というのも、実践的活動は、何が有意味で適切な関連性を持つかを解釈を通じてすでに選択してしまっているからである。

> すべての視が第一次的にその根拠を了解のうちに持っているありさまが示されることによって――配慮にそなわる配視は手ぎわのよさとしての了解なのである――、純然たる直観からその優位が奪われているのであって、直観の優位は思考作用の面から見れば、事物的存在者の伝統的な存在論的優位に対応する。「直観」と「思考」とは、両者とも、了解からすでに遠く離れたその派生態なのである。現象学的な「本質直観」でさえも実存論的了解のうちに根拠を持つ。(187)［147］

12章　語りと意味

I　実存カテゴリーとしての語り

ドイツ語の Rede という語は普通「話し」という意味であるが、ハイデガーにとって Rede とは必ずしも言語的なもの、つまり言葉から成り立っているものであるとは限らない。私は Rede を"telling"［語り］と訳すことにするが、そのさい、ここでの「語り」には、時計の示す時刻が分かる［tell the time］とか、釘の種類を区別できる［tell the difference］などの非言語的な「語り」の意味のあることを忘れないようにしよう。

ハイデガーが言語的と非言語的の両方の意味で語りという語を用いていることを理解するためには、どちらの意味も先行的な構造的分節を必要とするということを考えてみればよいだろう。分節されていることは、単に、自然のままの結合を有しているということを意味しうる。このことを表わすハイデガーの用語は Gliederung つまり articulation［分節］である。この意味では骸骨も分節されていると言えるのであり、指示全体性もまた然りである。こうした分節構造における結合こそが意義なのである。この結合は他の結合を、例えば、ハンマーという結合は釘という結合を、意義づけ、または指示するわけである。

指示全体性はすでに分節された構造を有しているが、この構造を最も基礎的な仕方で表明するには、諸事物を用いながらそれらを識別する［tell apart］だけでよい。このことをハイデガーは Artikulation［分節化］と呼んでいる。「語りは了解可能性の分節化である」(203-204)［161］。だから例えば、もし私がハンマーを取り上げてそれで打つならば、私が取り上げている、つまり分節化しているのは、そのハンマーが持っているさまざまな意義のうちの一つなのであり、つまり、それが釘をたたき込むために用いられているという事実なのである。もし私が釘を引き抜くためにハンマーを用いるならば、私は別の意義を分節化していることになる。とはいえこのことは、ある技能領域にかかわる諸結合が必ず名称を持たねばならないということではない。むしろ名称など持っていない方が普通なのである。複雑に入り組んだ領域においては、われわれは自分が行なう微妙な行為を表わす言葉も、その行為を行なうときに自分が分節化している微妙な意義を表わす言葉も、持ち合わせていないものである。例えば外科医は、自分が切開する種々の仕方のすべてについて、それらを表わす言葉を持ち合わせているわけではないし、チェスの名手にしても、自分が識別しうる駒の配置のパターンのすべてに関して、また自分が応じ手としてなす駒の動きの型のすべてにわたって、それらを表わす言葉を持ち合わせているわけではないのである。

　分節化は、「それについて語られている当のもの自身の方から当のものを見えるようにさせる」(56) [32] ものとしてのロゴスなのである。「口外して分節化することがロゴスに属することはありうるが、必ず属さなければならないというわけではない」(BP, 207) [GA24, 294-295] [「分節化」は原文にはない]。とはいえ、あるものを表明するための最も一般的なわれわれの技能が、われわれの言語使用であることに変わりはない。だとすれば、

> 世界内存在の……理解可能性は、語りとして自己を言表する。この理解可能性の意義全体性が言葉へともたらされるのである。(204) [161]

> 語りは現事実的にはたいてい言語のうちで自己を言表し、差しあたっては「環境世界」について配慮しながら論じ合いつつ語りかけるという仕方で発言する。(400) [349]

提示可能であるものが提示され、また発言可能であるものが現実に発言されるとき、語りは具体的なものとなる。「具体的に遂行されるときには、語ること……は発言という性格を、つまり言葉を声にだして口外するという性格を持つ」(56) [32]。

　それでも注意しておかねばならないのだが、取り上げることおよび提示することはすべて構造的分節に依存しているのである。指示全体性は「目的であるもの」(有意義性) とともに、すでに分節されているので、提示や発言が起こらなくても用いられうるが、提示の方は、分節された指示全体性がすでに生じていなければ存在しえない。ハイデガーはこの依存関係を次のように説明している。

> 現存在がそのつどすでに親密である有意義性自身は、了解しつつある現存在が解釈を行なうさいに「意義」といったものを開示しうるための、可能性の存在論的条件を内蔵している。この意義は、それ自身としては、これまた、語や言語の可能的存在を基礎づけているものなのである。(121) [87] (1)

あるいは、たぶんもう少しはっきりした説明としては、次のよ

うな箇所がある。

言語はあるものを表明的にする。言語は……被暴露性を作りだすのではなく、むしろ、被暴露性とその存在遂行──了解および了解的解釈──こそは、内存在の根本機構に基づくものである以上、あるものが表明的になりうるための可能性の条件なのである。了解および解釈は、それらがそのような表明的にすることの可能性の条件である限り、言語の本質を定義するさい、存在条件として定義のなかに一緒に入ってくるのである。(HCT, 262、表7を見よ)[GA20, 361]

言語の実存論的-存在論的な基礎は、語りである。(203)[160]

ハイデガーはしばしば、「X」を表わす語を、「X」の可能性の条件を名指すために用いる。彼はここでは、語りという語を、日常的な語りを可能にするものという存在論的な意味で導入しているわけである。根源的な了解が、認知的なものではなく認知を可能にするものであるのとまったく同様に、存在論的意味における語りは、言語的なものではなく、提示し語るべき何かをわれわれに与えることにより、言語を可能にするものなのである。こうした存在論的な語りは、本性上表明可能な指示全体性のうちにすでにひそんでいる諸々の分節を表明すること

表7　語りの諸タイプの依存関係のさまざまなレベル。

1．意義を分節する活動としての根源的な語り。

2．意義を用いることによって取り上げること。

3．意義を提示すること。

4．言語としての語り。言葉を意義に付加することによって分節化すること。

としての、日常的な対処を名指している。

存在論的な語りとは有意義全体性の結合を分節化することであるのだから、これによって今度は、前言語的および言語的な語りが可能になる。この意味で存在論的な語りは、情状性および了解と等根源的である。

> 「現」の存在を、つまり、世界内存在の開示性を構成する基礎的な実存カテゴリーは、情状性と了解である。……語りは、情状性および了解と実存論的に等根源的である。(203) [160-161]

しかし語りは、現存在が開かれていることの他の二つの側面である、情状性および了解と同等の身分にあるわけではない。むしろ語りは、そのつどの全体的な状況が何らかの対処によって分節化され言語的に表現可能となるその仕方を名指す。

> 了解、情状性、および頽落によって構成されている「現」のまったき開示性は、語りによって分節化を受け取る。(400) [349]

II 言語

「外へと言表され、語りが言語となる」(207) [161]。言語は、ハイデガーによってこれまで論じられてきた存在の仕方のすべてをそなえている。まず、語というのは、道具的存在者として用いられる物である。「言語という、語の全体性は、……世界内部的存在者として、道具的存在者のように眼前に見いだされるようになる」(204) [161]。また語は、事物的存在者として研究されることもある。「言語は、粉砕されて、事物的に存在する諸々の語という事物になることもある」(204) [161]。さらに、言語には世界内存在についての現存在の自己解釈が反映しており、それゆえ言語は、実存という現存在の存在の仕方を持ってもいるのである。

> 言語とは、辞書に印刷された語彙の総体と同一ではない。むしろ言語は……現存在と同じように存在する、すなわち、実存する。(BP, 208) [GA24, 296]

A 言語と意味

語りを論ずるさいハイデガーが一貫して反対しているのは、フッサールにもサールにも見られる伝統的な言語観である。この言語観によると、言語とは、事物的に存在する音や印に意味が付与されることによって成り立つ。サールの場合には、意味付与がなされるのは、彼が内在的意味と呼ぶものの源泉である心によってであり、フッサールにおいては、フレーゲの意義にも似た抽象的存在者と組み合わされることによってである。さらにデイヴィドソンのように、言語は、話し手の行動や周囲の目立った物事と関連して全体論的な解釈を与えられた印や音として合理的に再構成することができる、とする考え方にもハイデガーは反対するだろう。ハイデガーによれば、以上のような説明はすべて疑似問題を扱っているにすぎない。なぜなら、それらの説明の出発点がそもそも存在論的に不十分であるからである。「ロゴスは、事物的存在者として経験され、そうしたものとして学的に解釈されてしまうのである」(203) [160]。

ハイデガー自身の説明は、聞くことを記述することから始まっているが、その記述は「として見ること」についての彼の議論と相似的である。われわれは、純然たる意味を欠いた感覚与件をまず見て、それをさらに解釈せねばならないということはない。それとまったく同様に、われわれは純然たる意味を欠いた音を聞くというのでもない。

「差しあたって」われわれが聞くのは、決して騒音や音声複合ではなく、きしむ車とかオートバイとかである。……「純粋な騒音」を「聞く」ためには、きわめて人為的な複雑な態度をとる必要がすでにある。だが、われわれが差しあたってオートバイや車を聞くということは、現存在が、世界内存在として、そのつどすでに世界内部的な道具的存在者のもとに引きとどまっているのであって、差しあたって「感覚」のもとに引きとどまっているのでは全然ないということ、このことの現象的な証拠なのである。(207) [163-164]

ここから、言語についての次のような考え方が読み取れる。すなわち、われわれはまず意味を欠いた音――サールが音響送波と呼ぶもの――を聞き、次いで、内面的な音声学的、統語論的、意味論的なルールを用いて、そうした音を他者の志向的状態を表現しているものとして解釈する、ことなどないということである。このことを理解する一つの方法は、ある語を自分に向けて何度も、その語が意味のない音となるまで繰り返し復唱することである。そうすれば、われわれがその語をコンテクストのなかで正常かつ透明な仕方で用いているとき、その語は、解釈を必要とする音とは断然異なった何かである、ということが分かる。ハイデガーは次のように指摘している。

他者が語るのを表立って聞いているときでも、われわれがじかに了解するのは、言われた内容なのであって、もっと正確には、われわれは他者と共に、それに関して語られている存在者のもとに初めからすでに存在しているのである。……われわれが差しあたって聞くのは、声にだして口外することによって言表されたものではない。(207) [164]

われわれが言語のうちに住み込むことをやめ、言語を事物的存在者として聞くなら、確かに言語は、単なる音の流れとしてわれわれに現われる。その場合、この意味を欠いた諸単位から意味を再構成することは、実質的に不可能なのである。このことは、頭脳が物理的入力を処理しなくなるということを意味するわけではない。このことはむしろ、事物的に存在する音のみを聞いてそれを理解しようとするさいに必要とみなされている、心的なルール・表象の類似物が、そのような頭脳の処理過程においてある役割を果たすと仮定すべきいかなる理由もない、ということを意味するのである(2)。単なる語音から出発しながらルールに基づく言語理解の柔軟な体系を展開しようとする企てが——これは一〇年以上も前から始まった作業であるが——当初予想されていたよりもはるかに困難であることが証しされるに至ったとしても、ハイデガーにとっては驚くべきことではないだろう。

　意味に関してわれわれが現象にあくまで忠実であるなら、「語が生い育って意義に帰属する。しかし語という事物に意義が供給されるのではない」(204)［161］ということが見てとれる。言語は、すでに有意味である一定の共有されたコンテクストで用いられ、かつ言語がその意味を得るのは、一定の有意味な全体に適合し・貢献することによってなのである。

　かくして、有意味な言語的トークンを透明な仕方で用いることは、物事を理解する一般的活動の一部なのであり、また、

> 意味は現存在の一つの実存カテゴリーなのであって、存在者に付着しているとか、存在者の「背後」にあるとか、あるいは「中間領域」としてどこかに漂い浮かんでいるとかいった一つの特性ではない。(193)［151］

ハイデガーの現象学的な説明からすれば、日常的な談話において用いられるような語は、その意味をどこか別のところから持ち込んで取ってくるのではない。われわれが、ひとたび社会化されてある共同体の振る舞いのなかに入りこむや——第三者的視点をとらずむしろそうした振る舞いのうちに住み込んでいる限り——、語は有意味なものとして端的に聞かれ、見られているのである。

　われわれがみずからの言語的振る舞いのうちに住み込むことによってのみ、そうした振る舞いの意味はあらわにされる。このような意味の源泉は、第三者的な哲学的反省にとってはまさしく接近不可能なものなのであって、それは、フッサール／サール流の一人称的なアプローチであれ、クワイン／デイヴィドソン流の三人称的なそれであれ、変わりはない。この二通りの理論のどちらにしても、言語的意味を説明しうる方途は二つしかありえないと想定し、その上で自分の理論ではないもう一方の理論によって深刻な問題が生ずることを示すことで、自分の理論の正しさを擁護する。ハイデガーの実存論的なアプローチは、第三のやり方だと考えられる。それを発展させれば、デカルトに由来する主観・客観の二律背反を回避するものとなるだろう。とはいえハイデガーは、振る舞いのうちに住み込むことを言語的意味の源泉であるとする自らの考え方を完全に解明し終えた、とは主張していない。それどころか彼は、哲学者たちがまだ依然として言語を了解するには至っていないことを認めているのである。

結局のところ哲学的研究は、いかなる存在様式が言語一般には帰せられるのかを問う決意を、一度はしてみなければならない。……われわれは言語学というものを所有しているのに、それが主題としている言語という存在者の存在は、不明なのである。それどころか、言語の存在を探究しつつ問うための地平すら、遮蔽されている。（209）［166］

ハイデガーの後期作品のいくつかは、言語の存在とは何か、というこの問題に当てられることになる。

B　コミュニケーション

語りは、事物を提示し、かくしてコミュニケーションを可能にする。コミュニケーションは、陳述において情報を伝達するはたらきをする場合もあるが、ハイデガーが注意を促しているように、「陳述しつつある《伝達》、例えば報告は、一つの特殊な場合なのである」（205）［162］。ハイデガーは、他のさまざまな種類の言語行為を列挙しているが、それらもまた、コミュニケーションの形である。

相互共存在は、確約したり、拒絶したり、勧告したり、警告したりすることとして、言明や相談や代弁として、さらに、「供述する」こととして、また「演説」するという仕方で語ることとして、語りつつある。（204）［161］

言語行為の説明においてハイデガーは、ジョン・サールよりはジョン・オースティンに近い。というのも、サールの言語行為論は、志向的状態を必要とするものだからである。サールにとって話し手は、自分の志向的状態を伝達するために言語を用いるという意図を聞き手に認めさせる、という意図を持っていなければならない。これに対して、技能の現象学というハイデガーの立場からの応答としては、コミュニケーションにおいてわれわれは言語を透明にやりとりすることができる、というものであろう。誰かが「もっと軽いハンマーを私に下さい」と言いそれを受け取るとき、その人は、何らかの志向的状態（より軽いハンマーに対する欲求）を持たなくともよいし、言葉を用いることによってそうした状態を伝達しようという意図を持たなくともよい。それどころか、言語のはたらきとしては、その方が普通なのである。表現としての言語に言及するときでも、ハイデガーはあくまで慎重であり、それが内的な何ものかを外面化する仕方ではない、と指摘することを忘れない。

語りつつ現存在は自分を外へと言表するのだが、それは、現存在が差しあたって「内面」として外部に対しておおい包まれているからではなく、現存在が世界内存在として了解しつつすでに「外部」に存在しているからなのである。言表されるものとは、まさしくこの外部存在なのである。（205）［162］

つまり現存在は、自分の共有された世界のさまざまな側面を提示するための一つの道具として言語を用いるのである。

とはいっても、日常的な言語的コミュニケーションは本来内的な情報を交換することであるとする考え方は、非常に浸透している。その他の点ではステレオタイプによらず良心的に作られたテレビ番組であるセサミ・ストリートでさえ、そうした考え方を子供たちに教え込んでいるほどである。まず、ある子供が花の絵を頭の中で思い浮べているのが映しだされ、次いで、その子が「花」という言葉を発し、もう一人の子が頭の中に同じ花の絵を思い描くようになる、といった具合である。ハイデガーの重要な洞察とは、日常的なコミュニケーションは、ある孤立した心からもう一つの孤立した心へとメッセージが送られるとする、今述べたデカルト主義的モデルでは理解しがたいということである。デカルト主義的説明は、コンテクストを欠いた記号として言語を扱っている、とハイデガーなら指摘するだろう。そういう説明によってなおざりにされているのは、言語的コミュニケーションは共有された世界を背景にして初めて可能であり、またわれわれが伝達しているのはその共有された世界の一つの側面である、という本質的な事実にほかならない。コミュニケーションにおいて何かが明示的に共有されるのも、すでに共有された情状性と了解を背景としてのことなのである。

> 伝達は、……諸体験を一方の主観の内面から他方の主観の内面へと運び込むといったことでは決してない。共現存在は、共情状性と共了解とのうちで、本質上すでに表明されている。共存在は語りにおいて「表立って」分かたれるのであって、言い換えれば、共存在はすでに存在しているが、つかみとられわがものとされてはいないという意味で、分かたれていないだけなのである。(205)［162］

共有された背景それ自体は、表象不可能なものであるから、伝達できない。しかし、われわれがそのことに頭を悩ます必要がないのは、言語共同体のメンバーの誰もが、社会化されることによって同一の世界に入り込んでいるからである。にもかかわらず、共有された背景が表象不可能であることが由々しい問題となるのは、コンピュータに言語能力を示させるための手段として、そうした背景を表象する必要がある人々にとってなのであり、そして、この表象不可能性こそが、自然言語を了解するためにコンピュータのプログラムを作るという企てにおいてこれまでにごくわずかしか進歩が見られなかったのはなぜか、を説明してくれるのである。

III　意味：理解可能性の背景

ハイデガーは、意味の概念を次のように定義している。

> 〈意味とは〉あるものの了解可能性がそのうちで保持され

ている当のものである。……「意味」は、第一次的企投の「基礎になるところのもの」を指すのであって、この「基礎になるところのもの」の方からあるものは、そのあるものがそれである当のものとして、その可能性において概念的に把握されうるのである。……存在者についてのすべての存在的経験は、つまり道具的存在者を配視的に算定することにしても、事物的存在者を実証科学的に認識することにしても、対応する存在者の存在を……企投することのうちに、その根拠を持っている。ところがこれらの企投は、存在についての了解が言わばそれによって養われている何らかの「基礎になるところのもの」を、それ自身のうちに蔵しているのである。(370-371)［324］

そうだとすれば、意味とはわれわれが何かを理解しうるための基礎になるところのものである。それは、われわれと存在各領域との親密性という背景——この親密性によってわれわれは当該の領域における存在者に対処することができる——を表わす名称なのである。このように、われわれが道具の存在仕方、つまり道具的存在性と親密であることによって、われわれは道具を理解しそれに対処することができるのであり、道具であるとは何を意味するか、道具にとって何が可能か、また道具で何をなすことができるか、を知ることができる。同様にして、われわれの事物的存在者との親密性が、われわれの観照を制御し理論の発展を制御する。

より抽象的な概念としての意味についてもハイデガーは考えている。「意味という概念は、了解しつつある解釈が分節化するものに必然的に属する当のものの形式的な実存論的枠組を包括している」(193)［151］［原文に「実存論的」という語はない］。これに関連して『存在と時間』の後の部分でハイデガーが述べているところによれば、気遣いは現存在の存在であり、その気遣いの三重の構造を統一する時間性は気遣いの意味である、つまりわれわれに気遣いを理解させてくれるものである。(14章を見よ。)そうだとすれば意味とは、背景的振る舞いの持っている形式的構造であって、存在論を遂行する者はこの形式的構造を用いて、存在それ自体についての了解の意味をとれるようになる。

ハイデガーが意味を「形式的枠組」と呼ぶとき、そこで考えられているのは、具体的事例や人間の活動の世界から抽象されうるような形式化可能な構造(例えばフッサールのエイドスやノエマ)のことではない。意味とはまさに、形式化においてはいつも置き去りにされてしまうものなのである。ハイデガーにとって意味とは、一般的な背景の持っている構造であって、それは、フッサールの考えるような意味とは反対に、決して十全には客観化できず、むしろ循環的な解釈学的探究によって徐々にまた不完全にあらわとなりうるにすぎない。意味が「形式的」であるというのは、それが、さまざまな仕方で具体的に充足することができる、人間の活動の一般的な存在論的構造であるという点においてのみである。

意味は、つねにある特定の仕方で、ある特定の状況において具体的に充足される。

意味を「持つ」のは現存在だけであり、それも、世界内存在の開示性がこの開示性において暴露されうる存在者によって「充足され」うる限りにおいて、そうなのである。（193）［151］

個々の現存在は、世界のなかで自分の居心地をよくしたり生活を満ち足りたものにしたり、使い勝手のよい道具を駆使することによって自分を表現したりすることもあれば、不安に襲われて身動きがとれなくなり、その結果、事物にしがみつくしかできなくなることもある。

それゆえ現存在だけが、有意味であったり無意味であったりすることができる。このことは、現存在の固有な存在と、この存在とともに開示された存在者とが、それらが了解されたときにはわがものとされうるが、了解されなかったときにはあくまで拒まれるしかない、ということなのである。（193）［151］

意味は背景として、存在——つまりそれを基礎にして存在者が存在者として規定されるもの——を「養う」。このように意味は、あらゆる理解可能性を可能にしそれでいて別のものによって根拠を与えられているのではない振る舞いなのだから、究極的な根拠としての存在という伝統的な考え方を放逐する。しかし伝統的な発想に固執する人には、われわれの持ちうる唯一の根拠としての共有された振る舞いとは、無根拠の深淵でしかないように見える。ハイデガーはこの点を、ある謎めいた一節において指摘している。

存在の意味は、存在者と、あるいは存在者を担う「根拠」としての存在と、決して対立させられることはできない。というのは、「根拠」は意味としてのみ近づきうるものになるのであって、たとえ根拠自身が無意味性という無根拠の深淵であろうとも、そうなのだから。（194）［152］

IV　理解可能性のさまざまな側面についてのまとめ

われわれは今や、意味、語り、有意義性、解釈、および陳述に関する、次の凝縮された重要な一節を了解し、その議論を展開してみせることができるようになった。

理解可能性は、それをわがものにする解釈に先立って、いちはやくすでにつねに分節されている。語りは、理解可能性の分節化である。だから語りは、解釈と陳述の根底にすでにひそんでいる。解釈のうちで、したがっていっそう根源的には、すでに語りのうちで分節化可能なものを、われわれは「意味」と名づけた。語りつつ分節化することのうちで分節されたものそのものを、われわれは「意義全体」と名づける。（203-204）［161］

1　意味とは、それを基礎としてあらゆる活動および対象が理解可能となり意味をなすような、背景的振る舞いである。また意味は、存在論を遂行する者がそれに基づいて存在を理解しているような、背景の一般的構造を表わす名称でもある。

2　有意義性とは、本書の5章で見たように、手段性と「目的であるもの」のなす関係の全体であって、存在者とか道具を伴う活動とかはそのうちで適切に与えられる。

3　分節は、道具連関が結合された継ぎ目を持っているという事実を指し示している。つまり世界は、われわれが識別することのできる区別可能な存在者および行為へと有機的に分化されている。

4　語りとは、道具を用いる過程のなかで道具全体性の諸結合を取り上げることである。これが分節化である。

5　解釈とは、日常的な分節化においてすでに表明されている「として-構造」を提示する現存在のあらゆる活動を表わす。

6　意義とは、個々の道具的指示関係（例えば利用可能性とか有用さなどの関係）のことであって、これは、道具を扱うさいに取り上げられ、また必要であれば言語において提示される。（意義は、ハイデガーが用いている諸概念のうちで、伝統的に意味と呼ばれてきたものに最も近いものである。）

7　陳述（普通は引用符のなかに入れられている、つまり言語行為のことであって陳述文ではない）とは、われわれが有意義性を言葉へともたらす場合に結果として生ずるものである。陳述を用いることによって、ある共有された状況における事物を提示したり、目的を伝達したり、その他もろもろのことをすることができる。根源的な語りが、言語的な語りとして具体的なものになるのである。

13章　頽　落

頽落に関する複雑で分かりにくいハイデガーの議論を理解するには、この頽落という術語の構造的な意味を心理学的な意味から引き離しておく必要がある。ハイデガー自身は頽落についてこうした区別を主題化しているわけではないけれども、私はこの二つの論点を別々に取り扱うことにする。構造的な意味での頽落はこの章で、心理学的な意味での頽落は付録で論ずる。

I　実存論的構造としての頽落

「頽落は現存在自身の一つの本質上の存在論的構造をあらわにする」(224)［179］。確かに、頽落は内存在の構造的位相の第三番目のものであって、『存在と時間』のなかで大きな役割を担っている。しかし、頽落はあらゆる実存カテゴリーのうちでも一番とらえにくいものである。いずれにせよはっきりしていることが一つある。実存論的構造としての「頽落」はハイデガーの術語として、現存在がまさに自分自身の本性そのものによって、自分自身の何たるかについての根源的理解から引き離されているというあり方を意味するということである。「脱落［falling-away］は、現存在が……世界内存在である限りにおいて、現存在そのものにとって構成的な転落である」(HCT, 282、強調ドレイファス)［GA20, 390］。しかし、脱-落はその由来をたどった場合、世界への没入、言語、ある種の反照性に行き着くのであり、それに従って少なくとも三つの異なった様式があるように思われる。ハイデガーが頽落した現存在について語る場合、脱落のこれら三つの形態各々からでてくる帰結をとらえようとして、「喪失している」、「根こそぎにされている」、「隠蔽されている」という三つの表現を用いる。脱落のこうしたさまざまなあり方についての説明は『存在と時間』の随所で見られるが、それらが相互にどのように関係しているのか、もしくはそのうちのどれが最も基本的なものとみなされるべきなのかといったことは説明されていない。

問題がこれだけならまだしも、頽落の意味にはさらに、現存在が脱落によって自分自身との根源的なかかわりから離反して[turn-away] いるというあり方も含まれている。「頽落において現存在は自分自身から離反する」(230、強調ドレイファス)[185]。ここから起こる疑問は、なぜ「脱落」は離反することへと到るのかということである。この重大な問いに対するハイデガーの答えは単に一つにとどまらず、二通り用意されている。その一方は構造的観点からのものであり、他方は心理学的観点からのものである。これら二つの答えのどちらも同じく、現存在が生い育つ場所である世人の頽落性にまで戻って右の問いに答えようとしている。とはいっても、構造的な説明の方は世人の頽落性を理解可能性の根本構造に帰属させており、キルケゴールの影響を受けている心理学的な説明の方は、頽落性の正体を、不安から逃避しようという諸戦略が社会的に堆積したものだとしている。(ここでいう逃避はもちろん経験心理学が研究している類のものから区別せねばならないが、キルケゴールが自分の『不安の概念』を心理学的研究と呼ぶとき、彼自身そう理解しているように、やはり心理学的なものである。)

『存在と時間』の第一篇では、頽落は語りに関する議論の直後に取り上げられている。このことは頽落への構造的アプローチに従う限り問題はない。しかし頽落が不安によってあらわにされる落ち着かなさへの一種の応答であるというのなら、それは不安に関する議論の直後に取り上げられるべきである。そして実際ハイデガーが、第二篇での非本来性や決意性に対するよりキルケゴール的色彩を帯びた関心のなかで頽落に立ち戻るときには、頽落に関する議論は不安の議論の後に位置している。このように頽落の位置づけが『存在と時間』全体の構成の内部において定まっていないことのうちに、ハイデガーが構造的説明と心理学的動機による説明とのあいだで動揺していることが示されている。

こうした問題点すべてを筋道立てて理解するのに一番よい方法は、私の考えでは、構造的な説明と心理学的な説明を選り分け、それぞれ別々に取り扱うことである。逃避という観点からの心理学的動機による説明は、キルケゴールによる罪の説明の一種の世俗版であるから、私はこの説明を付録のしかるべき位置へと後回しにする。この13章では脱落の三つの構造的側面を分割し、その三つの各々が引き起こしまた予想している、世人の各種の頽落性を切りだすことを試みる。これを手引きとして、あの無差別的な現存在が自分の根源性から自分自身を閉鎖することへと絶えずひきずられているありさまを、説明することもできるのである。(表8を見よ。これから三つの構造とそのそれぞれの効果を取り上げていくが、そのさいの参考となるであろう。)

A　没入と喪失していること

脱落としてきわめて頻繁に記述される構造的現象は、現存在が物事に対処することのうちへと没入していることである。

表8　構造的頽落の種類とそれぞれの効果。

存在論的構造	存在論的構造の濫用	現存在の閉鎖された位相	結果として生じた閉鎖のあり方
没　入	誘惑	実存	喪失している
言　語	好奇心　空談	具体的状況	根こそぎにされている、断ち切られている
反照性	世界の方からの自己解釈	自己	歪曲されている、隠蔽されている

頽落において、現事実的な世界内存在としての現存在それ自身は、現存在がそこからすでに脱落している当のものである。……〈現存在は〉それ自身自分の存在に帰属している世界に頽落しているのである。(220)[176]

「自分の扱っている事象のうちに没入している」操作や多忙のうちには……、気遣いの本質上の構造、すなわち頽落が表明されている。(420)[369]

この脱落は確かに、ある構造的な必然性を持っている。というのも現存在は、世人によって提供された「目的であるもの」を採用し、自分の日常的活動のうちで自己解釈を表明することによって、自分自身に対して何らかの立場をとらねばならないからである。

確かに、没入は情状性や了解と等根源的であって、実存カテゴリーとみなされるにふさわしいものである。現存在はいつも、何かをすることに没入してしまっている。これに対して、非本来性とのみ結びついていてそれゆえ本来的現存在の特徴をなさないような、頽落のほかのすべての様態は、実存カテゴリーとしての資格は持たず、単なる実存的可能性といったものにすぎない。ハイデガーが頽落の実存論的な意味と実存的な意味とを混同していることは、彼が世人に関する議論のなかで、均等化の実存論的起源としての順応性とその実存的な起源としての順応主義とを混同していることに符合している。

構造的な脱落は、現存在を世界の方から解釈することへの傾向、もしくはそうすることへの引力（Zug）をもたらす。現存在は、抵抗しなければこの引力によって自分自身から離反することになる。

> 現存在は被投性のうちでともに引きずられていく、言い換えれば、世界のなかへと被投されたものとして現存在は、配慮されるべきものへと現事実的に差し向けられつつ、「世界」＊に自分を喪失する。（400）［348］

> 本質的に世界へと委ねられた現存在は自分自身の配慮に捕縛されている。現存在はこの頽落の傾向に対して屈服し、自分自身へと立ち戻る可能性から自分自身を切り放すまでに至ってしまう。（HCT, 281、二番目の強調ドレイファス）［GA20, 389］

> 現存在は頽落の最も固有な引力に対応して、自分自身から離反してしまう。（229）［184］

ハイデガーはこれらのことをまとめて次のように主張する。「頽落は存在論的には一種の運動と解される」（224）［180］。ところが自分とのかかわりを保持している本来的自己でさえ、「道具世界に没頭して《本当に》仕事に着手して何かを操作することができなければならないとすれば、自分を忘却していなければならない」（405）［354］。したがってハイデガーにとっては、没入の一般的構造を、自分自身から離反するといったような仕方でその一般的構造に従属しているタイプの没入から、区別する方策が必要となるわけである(1)。引力に負け、そのことによって自分に対して閉鎖されてしまうことを、ハイデガーは心を奪われることと呼んでいる。

> ……親密性において現存在は、世界内部的に出会われるものに自分を喪失して、このものによって心を奪われることがありうる。（107）［76］

> 「非本来性」は……まさにある際だった世界内存在をなしているのであって、その世界内存在は、「世界」＊と、世人というすがたをとった他者の共現存在とによって、完全に心を奪われている。（220）［176］

本来的現存在といえども、人がすることを自分もなし続け、没入することを続行していなければならず、日常的な仕事にわれを忘れてしまうことすらもある。だが他方でそれは、日常的活動に心を奪われたりそれに乗っ取られてしまったりするあまり、自分の状況に対する根源的な関係と自分自身とを喪失してしまうことのないように、抵抗するものでもある。

この構造的説明では、心を奪われることへの傾向についての説明はなされないままである(2)。しかしながら、その説明がどのようなものであろうと、現存在が没入において自分自身から脱落するという構造的傾向や、さらにこの傾向に抵抗し損なうことでさえも、現存在のうちにある心理学的誘惑とはまったく異なる。つまり、現存在が自分を落ち着かなくする無を隠蔽するために、すなわち不安から逃避するために没入を積極的に取り込んで利用することとはまったく異なるのである。しかし、ハイデガーは頽落の動機を示そうとして、この両者を混同してまぜこぜにしてしまっている。

> ……日常的な自己解釈は、配慮的にかかわっている「世界」*の方から自分を了解する傾向を持っているのである。存在的には自分自身を念頭に置きながらも現存在は、現存在が自らそれである存在者の存在様式に関しては自分を見損っている。……このように「逃避的に一時しのぎに」「私は」と言うことは、何によって動機づけられているのであろうか。それは現存在の頽落によって動機づけられており、というのも現存在は頽落として自分自身に直面して「世人」のなかへと逃避するからである。（368、最初の強調ドレイファス）［321-322］

こうしてハイデガーは、頽落と逃避のあいだの区別を損なってしまう。彼は以下のように、構造的な頽落と心理学的な頽落をないまぜにしているのである。「現存在が世人と配慮された《世界》*とに頽落することをわれわれは、現存在自身に直面してそこから《逃避》することだと名づけた」（230）［185］。「逃避は現存在の根本情状性であり、それは気遣いとしての現存在の存在にとって構成的であり、まさにそうであるがゆえに最も根本的な形で覆い隠されているのである」（HCT, 283）［GA20, 391］。

　このように構造的頽落と心理学的頽落を誤って混同してしまうことで、さらに困った展開が起こる。ハイデガーは一面では、脱落を単純に世界内存在の一つの帰結として提示しているにもかかわらず、他面では脱落を、心理学的に動機づけられた逃避から派生的に導出することを望んでいる。すなわち、脱落の本質的存在論的構造を、自らの落ち着かない存在仕方を否定する現存在の必要からの帰結だとして説明してしまいたいのである。例えば彼は次のように言っている。

> 現存在自身が、空談と物事が公共的に解釈されてしまっている仕方において、世人のうちで自分を喪失し、無根拠性に頽落する可能性を、自分自身に前もって与えている限り、このことは、現存在が頽落に陥る不断の誘惑を自分自身に準備しているということを物語っている。世界内存在はそのもの自体で誘惑的なのである。（221）［177］

世人のうちに没入しまた配慮されている「世界」*のもとに没入することは、自分自身に直面して、すなわち、本来的な自己存在しうることに直面して、そこから現存在が逃

> 避するといったようなことをあらわにする。(229) [184]
>
> 〈現存在は〉……配慮されている世界のうちにつねに没入してしまっている。この何かのもとでの頽落しつつある存在のうちで、落ち着かなさに直面してそこから逃避するということが……告げられている。(237) [192]

右の引用でも示されているように、逃避は『存在と時間』のなかでも繰り返し扱われるテーマである。だがもしハイデガーが、没入としての頽落を逃避としての頽落から派生的に導出しているとすれば、彼は本来性を不可能にしてしまっている。現存在は構造的に世界へと没入している。ところが、現存在の没入が自分の落ち着かなさから逃避することの一つの結果であるならば、脱落するという現存在の構造的な傾向は自分を隠蔽するという誘惑に屈することと同一視されていることになる。そうすると、実存論的構造としての頽落の意味のうちには、自分がそうであるところの存在者であることを、現存在が自分のものとすることができないということが含まれるだろう。これでは、現存在は本質的に非本来的であるということになってしまうのである。(頽落の動機を語るのは、キルケゴールによる原罪の説明の枠組みのなかではまったく問題がないのだが、ハイデガーによる頽落の構造的説明とは整合しないのである。)

B　根こそぎとしての言語

言語はまさにそれ自身の構造によって、現存在を、存在と自分固有の存在への根源的なかかわりから逸脱させてしまい、その結果、現存在がその根源性から無根拠性へと滑り落ちていくことを可能にする。そこから帰結する運動については、ハイデガーの空談に関する議論のなかや、その後もう一度、現存在がいかに本質的に非真理のうちにあるのかということについての説明においても記述される。現存在が自分の活動を、自分自身と他者とにとって理解可能なものとするさいに、世界と自分自身への直接的な関係は失われざるをえない。そのさい現存在は、この構造的な必然性に屈服し、結果として、自分自身と自分の世界についての自らの了解を根こそぎにしてしまうこともありうるのである。

空談の記述を始めるに当たって、ハイデガーはわれわれに真っ先に次のように念を押す。「《空談》という用語はここでは《けなした》意味で用いられることがあってはならない。この用語は術語的に一つの積極的な現象を意味しているのであって、その現象は、日常的な現存在の了解と解釈の存在様式を構成しているのである」(211) [167]。そう言いながらもハイデガーがただちに強調しているのは、空談は現存在を根源性から断ち切るということである。

> 空談のうちに自分を保持しつつある現存在は、……世界への、共現存在への、内存在自身への第一次的で根源的に真

正な諸存在関連から断ち切られている。（214、強調ドレイファス）［170］

われわれはここでは、ハイデガーが脱落と閉鎖を彼の空談の議論にどのように導入しているかを追ってみよう。しかし、脱落への傾向が言語の構造に組み込まれているということについてのハイデガーの説明を解説できるように、われわれとしては前もって、ハイデガーの道具の分析に表立たずに含まれていた三層の区別を明示的にしておかなければならない。ある特定の道具についてのわれわれの了解には次のような可能性がある。

1　根源的了解。われわれは実際に道具を使用している。「それをよりしっかりつかんで使用すればするほど、それ〈ハンマー〉への関係はますます根源的となるのである」（98）［69］。

2　積極的了解。われわれは多くの場合において、実際に使用したことのない道具を了解している。われわれの大半はジェット機を操縦したり、メスをふるったり、車椅子を押されたりしたことがない。ところが日常的な了解とコミュニケーションにとっては幸いなことに、われわれはそれぞれの道具を了解するためにそれをわれわれ自身で使用する必要はないのである。標準的使用者によって何が標準的使用だとみなされるかをわれわれが知っており、われわれの活動がこうしたことを適切に踏まえている限り、われわれは道具を、平均的な理解可能性において把握しているのである。そのときわれわれは、道具についいて適切に語り、また必要なときにはそれを寄こすように要求する、等々といったことができるのである。

この理解可能性に応じて、たとえ聞く人が、語りがそれに関して語っている話題へと根源的に了解するような関係に至ることがないとしても、共に分かたれつつ伝達された語りは広く了解されうるようになるのである。……しかし語りがそれについて語っている話題はおおよそに、表面的にのみ了解されるだけである。（212）［168］

このような間接的な了解は、道具全体性がその特徴として持っている多様性と特殊化が避けられないものである以上、必然的なものである。しかしこの間接的な了解は、通俗性へと向かうある種の一般性といったものを招き寄せることになる。「人は同一のことを思っているのだが、それというのも人が、言われた内容を同一の平均性において共通に了解しているからなのである」（212）［168］。

3　欠如的了解。人がいったん、根源的な了解を置き去りにしてしまうと、言語の構造を利用して根源性をすっかり隠蔽することができるようになる。

語ることは、語られた存在者との第一次的な存在関連を喪失してしまっているゆえ、……語ることが自らを共に分かちつつ伝達するのは、そうした存在者が根源的にわがものとされるという仕方においてではなく、うわさ話をし、受け売りするという方途によってである。……すでに最初から地盤の上に生え抜いてはいなかったものが、そうしたうわさ話と受け売りによって完全に地盤を失うまでに至り、このようなうわさ話と受け売りのうちで空談が成立するのである。(212)[168]

何かが地盤を失ったまま言われ、またさらに受け売りされることだけで、開示することが閉鎖することにひっくり返るのには十分なのである。(213)[169]

われわれはこのようにして、根こそぎと呼ばれるタイプの頽落性に到達するのである。

空談は前記のような仕方で物事を閉鎖するのだが、そうした空談は、現存在の了解が根こそぎにされたときそうした了解に所属する存在様式なのである。(214、強調ドレイファス)[170]

ここで注意してもらいたいのは、右の引用における「空談」は実際に「けなした意味」で使用されており、もはや「日常的な現存在の了解の存在様式を構成している積極的な現象を意味している」のではないということである。空談は、真正な、そして平均的な了解さえも閉鎖してしまうのである。

このとき問わざるをえないのは、現存在はどうして、平均的な理解可能性にとって必要な積極的な意味での一般性から、言語を欠如的に使用して了解を閉鎖することへと移行してしまうのかということである。ハイデガーによって、現存在のこうした運動に与えられた名前が好奇心だろう。ハイデガーがまだ慎重に構造的説明にとどまっているとき、彼の考える好奇心とは傾向であって、誘惑という心理学的状態ではない。

休息し滞留することは落ち着かずそわそわと見ることとして、おのずと……最も身近なものに滞留しないという傾向がある。こうした傾向とはまだ経験されていない物事、もしくは日常的経験ではない事柄を暴露し、近づける気遣いであり、つねに手近にある道具的存在者「から離れて」存在することへの気遣いである。……このことは、現存在が何か特定の主題的につかみ取られたもののもとにとどまらないこと、むしろ特徴的な仕方で、あるものから別のものへと飛び移るといった、好奇心にとって構成的な特徴を意味するのである。(HCT、276、強調ドレイファス)
[GA20, 381-382]

簡単に言えば、

好奇心は、最も身近なもののもとには滞留しない独特のあり方によって性格づけられている。(216)[172]

> 滞留しないことと気散じすることは、このように特徴づけられた好奇心の構造に属するものである。（HCT, 277、強調ドレイファス）［GA20, 383］

この結果としてまさに、われわれが今まで見てきたような根こそぎがあるのである。

> 好奇心は、いたるところに居合わせていながら、しかもどこにも居合わせてはいないのである。世界内存在のこうした様態は日常的な現存在の一つの新しい存在様式をあらわにするのだが、そうした存在様式でもって現存在は不断に根こそぎにされているのである。（217、強調ドレイファス）［173］

C　反照性と歪曲

現存在がその構造によって自分を閉鎖する第三番目の仕方は、自分が交渉している存在者の存在を自己自身に読み込んでしまう傾向である。

> 現存在は自分に属する存在様式として、……自分固有の存在了解をするに当たって、自分が本質上不断に差しあたってそれへとふるまっているところの、まさにその存在者の方から、つまり「世界」*の方から、了解するという傾向を持っている。（36、強調ドレイファス）［15］

> 「世界」*の最も身近に配慮されているもののもとでの存在——頽落しつつある存在——は、日常的な現存在解釈を導いて、現存在の本来的な存在を存在的に隠蔽する(3)。これによって、この存在者に向けられた存在論には適切な土台が拒まれることになるわけである。（359、強調ドレイファス）［311］

現存在のこうした構造とそれが促進する歪曲は、『存在と時間』においては術語化されてはいない。しかしこうした構造は、この書物における決定的な瞬間に言及され、現存在が自分固有の存在仕方を誤解することが可能になるのはどのようにしてか、またさらに、こうした誤解がどのようにして、自足的で事物的に存在する主観としての人間という伝統的概念を生じさせるのかを説明してくれるのである。

しかしこうした歪曲は、自己解釈するものとしての現存在の必然的構造にどのように基づいているのだろうか。この問いに対する答えに、ハイデガーはあまり多くの言葉を費やしていないが、第二篇では現存在が本質的にある種の無であるという点を指摘している（「無性の無的な根拠」）。現存在はこのように無でありながらも、自己自身を理解可能にせねばならない。しかし他方で、現存在の理解可能性の唯一の源泉は指示全体性とその諸変様態であるから、現存在が自分自身を含めたあらゆるものを理解するためにとれる手だては、道具的存在性と事物的存在性によることだけなのである。

> 現存在は差しあたりたいていは配慮しているものの方から自分を了解している……。日常性は現存在を、配慮されるべき一つの道具的存在者、言い換えれば管理されたり、算定されたりするものなのだと解する。（335-336、強調ドレイファス）［289］

構造的な説明はまた、いかにして存在論的反省が透明な対処とその背景を飛び越してしまい、事物的存在者だけに着目するに至るかということについても、十分な説明を与える。

> ……存在論的な了解にかかわりゆくことが問題である場合ですら、存在解釈は、差しあたっては世界内部的な存在者の存在に定位するのである。そのさい差しあたっての道具的存在者の存在は飛び越えられて、存在者は、まずもって事物的に存在する事物の連関として把握される。（245）［201］

> 〈存在論は〉このように自我［ego］、主観［subject］を、モノ［res］、実体［substantia］、実体［subjectum］と呼んでいる。十分に発達した存在論の理論的領域において明らかなことは、現存在そのものの一般的規定である。すなわち、現存在は自分を第一次的に事物を経由して了解する傾向を持っているということである。（BP, 271-272、強調ドレイファス）［GA24, 384-385］

残念なことにハイデガーは、この反照的歪曲の心理学的動機を問うことへと向かい、結局は逃避ということを持ち込んで、現存在が世界内部にある事物の方から自分自身を扱うという事態を説明する。

> 落ち着かなさから逃避することにおいて主眼となっているのは、まさに世界内存在としての現存在それ自身を馴致し、現存在が第一次的に世界から規定されることに甘んじるようにすることなのである。（HCT, 293）［GA20, 406］

II　頽落性

構造的傾向から心理学的誘惑への移行といった問題と、またこの誘惑と結びついた観念である動機づけられた逃避の問題には、付録で立ち返る予定である。ところで、頽落には別の位相が、ここで取り上げねばならないものとして残されている。動機づけられた逃避に依拠して心理学的に頽落を説明することを避けるべきであるならば、なぜ、現存在が自分の没入する世界の引力と、平均的理解可能性の源泉である言語の誘いに屈してしまい、その結果、世界内にありかつ自分自身のうちにある根源的なものから離反することに甘んじてしまうのかを、構造的に説明することが必要である。そのような説明の一端は、ハイデガーによる世人の頽落性の記述によって与えられている。つまりそこでの発想は、世人の構造に属する平均的理解可能性が根源的なものとの結びつきを失っているというものである。そのとき現存在は、脱落を表立って選択しているわけではない。むしろ現存在は単に、根源性がこのように欠如していることのうちへと社会化されているだけなのである。したがってハイデガーはわざわざ心理学的説明を使わないでも、現存在がなぜ自分自身から脱落する傾向へと屈するのかということについて説明できたであろう。すなわち世人自己として、現存在はつねにすでに頽落しているのである。

　理解可能性にとって不可欠な諸規範からは、ハイデガーがキルケゴールにならって均等化と名づける、一つの本質的な帰結が生じてくる。

> こうした世人の本質的な平均性は……世人の独特な存在様式に基づいている。この存在様式は世界への没入において、すなわち相互共存在の均等化とでも呼びうるもの、言い換えればあらゆる差異の均等化において示されている。（HCT, 246）［GA20, 339］

標準性は理解可能性の一つの本質的構造である。

> 現存在が了解しつつ自分を企投することは、現事実的なものとして、そのつどすでに、何らかの暴露された世界のもとにある。そうした世界から〈現存在は〉――しかも差しあたっては「世人」による解釈の仕方に応じて――自分の諸可能性を取ってくる。このような解釈は、熟知のものとか、手の届きうるものとか、間に合いうるものとかの圏域、つまり自分に適したふさわしいものの圏域のうちにあるものへと、選択自由な諸可能性をすでに制限してしまっているのである。（239）［194］

> すべての根源的なものは、平滑にされて、とっくに熟知のものになってしまっている。すべての戦い取られたものは手ごろなものとなる。……平均性のこうした気遣いは、……現存在の一つの本質上の傾向をあらわにするのだが、われわれはそうした傾向をすべての存在可能性の「均等化」と名づける。（165、強調ドレイファス）［127］

　このような均等化は世人の構造が持つ一つの位相であり、ハイデガーはここでもキルケゴールにならって公共性という言葉を使う。

> 平均性と均等化は……、われわれが「公共性」として知っているものを構成している。公共性は、世界と現存在とが解釈されるすべての仕方を差しあたって規制している。（165）［127］

> この公共的世界は……すべてのことに関して正しいが、それは世界と現存在自身への根源的なかかわりによるのでは

なく、世界と現存在に関しての特別で真正な知識を持っているからでもない。そうではなくてまさに「事柄のうちへと」入り込むことなくすべてのことを話題にし、水準や真正さにおけるあらゆる区別に対して鈍感であることによるのである。（HCT, 246）［GA20, 340］

このようにして世人は、平均的な理解可能性を提供しつつ、標準的世界を開いている。この標準的世界においては、ユニークなものと一般的なもの、優れたものと平均的なもの、重要なものとどうでもいいものとのあいだのあらゆる区別が均等化されてしまっているのである。

さらに、私がすでに触れておいたことであり、また付録のなかでの負い目の議論においてより詳細に見ていくつもりのことであるが、次の点がある。すなわち世人がガイドラインとして提示する世人の諸規範が、あたかも人間本性から帰結するかの見かけを示すということ、また、世人の「目的であるもの」が自己に同一性を提供するかの見かけを示しているということである。このように世人は、空談の無根拠性と、根拠を与えているという幻想の両方を与えるのであり、言い換えれば、落ち着かなさから由来する気散じと、落ち着いているという幻想を同時に与えるのである。いずれの場合も現存在は、公衆への頽落的同調［falling in with］によって自分自身から脱落する［fall away from］ことになる。

要するにこうである。諸規範は共有された振る舞いであるのだから、人が生活する様式や、いかなるときであれ人のなすことは、まさに、似たような状況なら誰もがするであろうことなのである。しかしなぜ現存在は、このように均等化された物語へと頽落的につりこまれる［fall for］のであろうか。なぜ現存在は、自分自身と自分の状況への根源的関係から引き離されるのか。その答えは、無差別的な様態において現存在は、つねにすでに公共性へと頽落的に同調してしまっているからだということになる。ハイデガーはこうした状態を頽落性と呼んでいる。「《世界》＊への《頽落性》は、相互共存在が空談と好奇心と曖昧性によって導かれている限り、こうした相互共存在のうちに没入しているということを意味する」（220）［175］。「……自己は、差しあたってたいていは非本来的であり[4]、世人自己である。世界内存在は、つねにすでに頽落している」（225）［181］。

ハイデガーは頽落性について、構造的な、すなわち非心理学的な説明を与えている。

隠蔽はどのような表立った意図にも逆らって生じるのであるから、隠蔽と隠蔽への傾向においてこそ、現存在それ自身とともに与えられている現存在の一つの存在構造が表明されている。……頽落は被暴露性、共存在、内存在のように現存在の一つの構成的契機であり、しかもとりわけ、現存在がそこにおいて自分の存在を差しあたりつねに保持しているような、内存在の一つの特定の現象なのである。

> ……現存在の存在が世人と空談にとどまることは根こそぎにされた状態のうちにあることを意味する。（HCT, 274、強調ドレイファス）[GA20, 378]

現存在は、社会化されるだけで世人の頽落性を引き受けていることになる。

> 差しあたってたいていは、自己は、世人のなかへ喪失されている。自己は、現存在を解釈する今日的な「平均的」公共的仕方において「流通している」諸実存可能性に基づいて、自分を了解する。（435）[383]

現存在は「差しあたってまさしく世人の公共性のうちへと被投されている」（210）[167] のであるから、「現存在の現事実性には、閉鎖性と隠蔽性が属している」（265）[222]。

もちろん没入にも、閉鎖ではないような本来的なあり方の可能性はある。「《何かのもとに没入していること》は、多くは、世人の公共性のうちへと喪失されているという性格を持つ」（220、強調ドレイファス）[175]。しかし、各々の個人は平均的理解可能性のうちで生い育っており、そのため現存在の無差別的な様態においてさえも、均等化や、均等化とともにある心奪われてしまうこと、などといった様態が、つねにすでに引き受けられているのである。「現存在はそのつどすでに、迷いこんでしまっており、自分を見誤ってしまっている」（184）[144]。このとき世人の非根源性へと頽落的につりこまれることは、積極的な行為といったものではない。それは重力の作用する場における、物体の落下のように各人に起こるのである。こうして無差別的な現存在は文字通りいかなる選択もできず、つねにすでに、根源性から引き離す引力に屈してしまっているのである。ハイデガーが述べているように、それはあたかも、すでに世人の方が選択をなしてしまったかのごとくである。

> 世人のなかへと喪失してしまうことによって、現存在の最も身近な現事実的な存在しうること（配慮し顧慮しつつある世界内存在が持っているさまざまな課題や規則や標準や緊急事や活動範囲）に関して、すでに決定がなされてしまっている。……そのように現存在はいかなる選択もせず、誰でもないものによって連行されていく。（312）[268]

われわれが後で見るように、現存在はたとえ本来的に行為していようとも、公共的規範から見て意味をなすことをせねばならないし、公共的な道具を使用せねばならない。だから、現存在は何をするに当たっても根源性からつねに引き離されるのである。頽落に抵抗することはつねなる努力を要するのである。

こう考えると、伝統的哲学が現存在を事物的存在者として解釈することの起源も、世人のとりことなった頽落にまでたどることができる。実際に『存在と時間』で、現存在を事物的存在者とみなす伝統的説明を問題にしている重要箇所のうちの一つは、世人を扱っている節の終わりに位置しているのである。

日常的現存在は、自分の存在の前存在論的な解釈の仕方を、世人という最も身近な存在様式のうちから汲み取ってくる。存在論的な学的解釈は、……こうした仕方で解釈する傾向に従っており、現存在を世界の方から了解して、現存在を世界内部的な存在者として眼前に見いだす。しかしそれだけではない。こうした存在しつつある「諸主体」がそれを基盤として了解される存在の意味さえも、われわれに「最も身近な」現存在の存在論は、「世界」*から前渡しさせておく。だが、世界のうちにこのように没入しているときには世界現象自身は飛び越えられてしまうから、世界現象は、世界内部的な事物的存在者、つまり事物に取って代わられる。（168）［130］

ここまででわれわれが論じてきたことは次の諸点である。（1）脱落の三つの構造的形式。この脱落は本来的な現存在に関しても必然的な構造である。（2）世人の頽落性。この頽落性によって、すでに離反してしまっている状態が無差別的な現存在の不可避の出発点となり、また同時に、本来的現存在にとってさえも離反がそれのつねなる傾向となるのである。われわれは、ハイデガーがキルケゴール的な説明に依拠している側面については付録に後回しにした。キルケゴール的な説明においては、公共的頽落性がいかにして逃避に由来するのかということ、また、現存在が誘惑に屈して自分の落ち着かなさを積極的に隠蔽することにひたるとき、現存在の存在の仕方がいかにして無差別的なものから非本来的なものへと変わっていくのかということ、が取り扱われているのである。

14章　気遣いという構造

I　現存在の存在としての気遣い

気遣い［Sorge］は現存在の存在の仕方の多様な構造的側面を統一するものである。ハイデガーは、気遣いの構造、およびその構造と内存在の構造との関係を次のように要約している。

現存在は、自分の存在においてこの存在自身が問題であるような存在者として、実存する。本質上自分自身に先んじつつ現存在は、自分自身に対する単なる事後的なすべての考察に先立って、自分の存在しうることをめがけて自分を企投してしまっている。企投において現存在は被投的なものとしてあらわにされている。被投され「世界」＊に引き渡されて、現存在は、配慮しつつ「世界」＊に頽落している。気遣いとして、換言すれば、頽落しつつ被投された企投という統一において実存するものとして、現存在という存在者は「現」として開示されている。(458)［406］

存在論的に理解すれば、気遣うことは「自分自身を問題とする」ということであり、われわれのすでに知るところでは、自分自身を問題にするということは、道具の使用に端的に適所的に参与することから、まったく利害関心を離れた凝視に至るさまざまな形態をとりうるのである。

気遣いは、根源的な構造全体性として、現存在のあらゆる現事実的な「態度」や「状態」に実存論的に、またア・プリオリに「先立って」いる、換言すれば、それらのうちにいつもひそんでいる。だから気遣いという現象は、理論的態度に対する「実践的」態度の優位というものを言い表わすのではまったくない。事物的存在者を単に直観しつつ規定することも、「政治的活動」とか休息して楽しむことと同じかに劣らず、気遣いという性格を持っている。「理論」と「実践」とは、その存在が「気遣い」として規定されざるをえない存在者の存在可能性である。(238)[193]

これは存在的、心理学的な主張ではない。ハイデガーはすでに先行する箇所で次のような指摘をしている。

〈気遣い〉は、存在論的な構造概念と解されねばならない。気遣いは、あらゆる現存在において存在的に眼前に見いだされるような、「辛苦」、「憂愁」、「生活の心配」などとは無関係である。これらのものは、その反対物である「心配知らず」や「陽気」と同様に、現存在が存在論的に解された気遣いであるゆえにのみ、存在的に可能である。(84)[57]

こうしてハイデガーは、気遣いを心配として、あるいはもっと単純に実際的な配慮といったものとして理解されることを防ごうとしている——これらはSorgeという語に含まれる意味であるが、それというのも、Sorgeは“the cares of the world”[心配事]といった用法での英語のcareにあたるドイツ語だからである。私はハイデガーと対談したときに、英語の“care”という言葉は愛とか気を遣うといった含みを持つということを指摘した。それに対して彼は、それはちょうどよいと答え、というのも自分は「気遣い」という言葉によって、“Sein geht mich an”——英語でのおよその意味は、存在が私にかかわってくる[being gets to me.]——という非常に一般的な事実を名指したかったからだと述べた。つまり、気遣うことに含まれるいかなる存在的意味も、存在論的な気遣うことの様態として総括されるべきものだということになる。

世界内存在が本質上、気遣い(Sorge)であるがゆえにこそ、これまでの分析において、道具的存在者のもとでの存在が、配慮(Besorgen)として、われわれに世界内部的に出会われるような他者の共現存在と共なる存在が、顧慮(Fürsorge)として、とらえられた。(237)[193]

というわけで、気遣いは「現存在の存在論的構造全体の形式的に実存論的な全体性」(237)[192]なのである。(「形式的」という語はここでもまた、われわれが「意味」を論じるに当ってすでに見たような意義を持っている。つまり形式的とはそのつど何らかの特定の仕方で充実されるような非常に普遍的な構造を意味する。)「気遣いという現象と、すべての基礎的な実存カテゴリーの超越論的な《普遍性》は……あらゆる存在的・世界観的な現存在解釈が動いている地盤を、前もって与えるに十分な広さを持っているのである」(244)[199-200]。これが、全面的な文化相対主義に対するハイデガーの応答である。人間として存在する仕方のどれにもあてはまる共通の構造がある。

表9　開示性と開示することの構造。「開示性は……世界、内存在、および自己に等根源的に関係する」(263)［220］。

	情状性		了解
世界 そのつどの世界。 明るみ（名詞）、 状況。	（文化的感受性。） 気分。 影響を及ぼすものとして出会われてくる事物。	分節。 特定の意義。	有意義性。 活動範囲。 それをすることが意味あるものとして出会われる諸行為。
内存在 そのつどの活動、私の現の存在、明るくすること（動詞）。	被投されている。 ある気分のうちで。	頽落。 対処に没入して。	企投している。 諸可能性へ迫っている。
自己	私の調子がどうであるか。	私がなしているその当のものである存在。	私として存在しうること。
気遣い	現事実性。 すでにうちにある存在。	頽落性。 〜のもとでの存在。	実存。 自分に先立つ存在。
	過去。	現在。	未来。

あらゆる文化はそれぞれ異なった自己解釈でありながら、いかなる自己解釈的な存在の仕方も気遣いと呼ばれる開示性の構造を持つのである。（表9を見よ。）

II　自　己

自己としての現存在についてのハイデガーの議論はいろいろなところでなされており、また、主題的に表立っては第六四節「気遣いと自己性」で扱われている。これらをまとめて論じるのはここが適当であろう。

A　世人自己と本来的自己の優位性の問題

まず最初に感じられることは、ハイデガーの自己についての説明には一貫性を欠いたところがあるのではないかということである。つまり世人自己と本来的自己の関係に関する彼の議論においては、どちらの自己がより根本的なものであるのかがはっきりしないのである。こうした矛盾は、次の二つの引用を並べてみると非常に鮮明に現われてくる。

本来的自己存在は……本質的な実存カテゴリーとしての世人の一つの実存的変様なのである。（168）［130］

世人自己は、本来的な自己の一つの実存的変様なのである。（365）［317］

一体、どちらの自己がどちらの自己の変様だというのであろうか。ここで引用された二つの言明を調停するためにまず着手すべきは、ハイデガーの「自己」という語の三通りの用法を峻別することである。まず第一に、気遣いとしての現存在、つまりは自分固有の存在を自身の問題にするものとしての現存在が、誤解を招くような形で自己と呼ばれている。「気遣いは、すでに自己という現象をそれ自身のうちに蔵している」(366)[318]。

第二に、現存在はつねにすでに公共的振る舞いのうちに社会化されているので、現存在はつねにすでに世人自己である。

> 自分の存在に委ねられている存在者として現存在は、現存在が自分をつねにすでに見いだしてしまわざるをえないということ、にも委ねられたままである――見いだしてしまっていると言っても、それは、直接的な探究から発現する発見というよりも、逃避から発現する発見という仕方において見いだすのである。(174)[135]

> 「自己」という表現によってわれわれは、現存在の「誰か?」に対する問いに答えておいた。……たいていは私自身が現存在の「誰」ではなく、世人自己が現存在の「誰」なのである。(312)[267]

現存在は自分自身を、つねに公共的振る舞いのうちに見いださざるをえないので、現存在は世人自己として出発する。この存在様式は、われわれが以前に無差別的様態における現存在と呼んでおいたものである。

第三に、現存在は非本来的にも本来的にもなりうる。現存在が「自分の英雄として世人を選ぶ」ことができ、その場合、現存在は非本来的である。そうではなくて、現存在は不安に直面し本来的な自己になることもできる。(表10を見よ。)

> 本来的実存は、頽落している日常性の上に浮動しているものでは何らない。すなわち実存論的には、そうした日常性が変様されてつかみ取られたものにすぎないのである。(224)[179]

> ……現存在が「世人」のなかから自分を連れ戻すとき、世人自己が本来的な自己存在になるという仕方で実存的に変様されるのである。(313)[268]

自己性に関するこうした説明は、本来的自己であることを世人自己の実存的変様だとしている。ハイデガーは説明をこれだけでよしとすべきであったが、われわれがすでに指摘したように、彼は「世人自己は本来的自己の実存的変様である」とも言うのである。これは不用意な言い方であるが、ハイデガーは良心の呼び声の議論においてはこのことを必要としている。良心は隠された本来的自己へと向けて、いわば世人自己の分別を越

表 10　現存在の開示性の様態。

	規範に対する現存在の関係	現存在の自分自身に関する了解	現存在の存在様態
根源的	世人を引き受けつつ掌握（他方で依然として、自分自身をわがものとしている）。	真正な了解（現存在の存在をあらわにする）。	本来的。
積極的	世人への頽落的同調（自分自身からの脱落）。順応性。	日常的了解（根拠の欠如、存在を閉鎖している）。	無差別的。
欠如的	世人へと頽落的につりこまれること（自分自身からの離反）。順応主義。	誤了解（完全な無根拠性、存在を隠蔽する）。	非本来的。

えて呼びかけるのである。

それでは人が呼びかけられるとき、彼は何をめざして呼びかけられるのであろうか。自分固有の自己をめざしてなのである。現存在が公共的な相互共存在においてそれに値していたり、なしえたり、配慮しているものをめざしてではない。ましてや、現存在が離さずつかんできたもの、尽力してきたもの、連行させられてきたものをめざしてではない。……ただ世人自己の自己だけが呼びかけられて、聞き取るように促されるのだから、「世人」の方はおのずから崩れ落ちる。（317）［273］

もちろん、このより深い真なる自己は孤立化された自我といったものではない。

世人自己が呼びかけられるとき、それは自己をめがけて呼びかけられる、とはいえ……心的状態やその背後にひそんでいるものを「分析的に」見入っているとき、人が念頭に置くような自己をめがけてというわけではない。世人自己における自己をめがけて呼びかけるといっても、この呼びかけは、その自己自身を強いて、その自己を内面へと追いやり、その結果その自己が「外界」から自分を閉鎖することもある、といったようなものではないのである。（318）［273］

ところが、ここでの現存在はまだ不安に直面しているようなものではない。本来的現存在が、それをめがけて呼びかけられるべく、すでにそこに存在しているということがどのようにして可能なのだろうか。この誤解を招きやすい主張の意味を理解するためには、次のことを思い起こせばよい。つまり、気遣いによって記述されているのは、自己自身の存在を問題にすることへと被投されているという現存在の最も根本的な構造であるから、現存在は自己であることへと被投されているということである。「自己でありつつ現存在は、自己としては被投的な存在者なのである」(330)[284]。この気遣いの被投の構造こそ、本来的自己になるためにそれへと向けて呼びかけられる当ののであるから、われわれはややもすると誤解を招きかねない言い方ではあるが、これを潜在的な本来的自己と呼ぶことができるだろう。ハイデガーが次のように言うときには、これに近いことを述べているのである。

> 自己性は、実存論的には、〈現存在の〉本来的な自己存在可能に即してのみ、換言すれば、気遣いとしての現存在の存在の本来性に即してのみ読み取られうるのである。(369)[322]

この根本的な「自己」の呼び名としては、現存在の本来的な存在可能[Dasein's authentic-ability-to-be]というよりは、現存在が本来的に存在しうること[Dasein's ability-to-be-authentic]という方が誤解が少なかったであろう。

B　独我論の問題

ここで、これまで述べられてきたのとは別の矛盾とでもいったものが浮かび上がってくる。それは、「自分固有のものとして現存在は……個人(単独ノ自己)へと孤立させつつ相対化することを意味するわけではない」(1)という一九二三年講義から以前に引用した文章と、ハイデガーが自分の見解を「実存論的《独我論》」と特徴づけ、「不安は現存在を個別化し、こうして現存在を《単独ノ自己》として開示するのである」(233)[188]と述べている『存在と時間』からの引用文とを対比してみた場合に分かる。この二つの主張はどのように調停させたらよいだろうか。

不安において単独ノ自己としてあらわにされた現存在は、非本来的現存在の自己や、それどころか本来的現存在の自己ですらありえない。というのも非本来的現存在や本来的現存在は世界内存在のいくつかの異なったあり方として定義されているからである。むしろ単独ノ自己としての現存在は、現存在が不安に耐え無のただなかに立っているとき、すなわち不安が不安がることがすべてだというときに、現存在に残されているものでなければならない。この極限状況は真正でない本来性の状態であって、そのさい現存在は自分自身を自己として経験するのではなく、純粋な、被投された「存在しており、存在しなければならないという事実」(174)[135]として経験するのである。

しかしながら、これは究極的な故障状況である。こうした故障状況は、現存在が気遣いとして本当のところ何であるかをあらわにしないのである。ハイデガーは決して実存論的独我論者ではない。だからこそ彼は、先ほど引用した箇所で独我論という語を、留保を表わす引用符のなかに入れたのである。先に引用された英訳二三三ページの部分は次のように続いている。

だが、こうした実存論的「独我論」は、孤立化された主観事物なるものを、無世界的に出来することの無害な空虚のうちへと置き移すどころか、現存在をまさしく極限的な意味において世界としての自分の世界に直面させ、かくして現存在自身を世界内存在としての自分自身に直面させるものなのである。（233）［188］

これと同じ議論が当てはまるのは、ハイデガーが『存在と時間』の後のほうの部分で死への存在を没交渉的なものとして語るときである。これはおそらく死の不安によって引き起こされた故障状況を意味するのであり、決意的に死と向かい合うことに由来する他者と共なる世界内存在とは対立するものである。

Ⅲ　気遣いの意味をなすものとしての時間性

自己自身の存在を問題にする存在者という観念のうちには、現存在の多様な構造的側面が含まれているが、気遣いはまさにこうした多様性を統合してくれるものである。それと同様に、時間性によって気遣いの三重構造がわれわれにとって理解できるものになる。

われわれが気遣いの意味について探究するとき、そこで問われているのは気遣いの分節された構造全体の全体性を、その繰り広げて見せた分節の統一において可能にしているのは何であるのかということ、これである。（371）［324］

ハイデガーは気遣いの定義をしているが、それは気遣うこととして動詞的にとらえられるべきものである。すなわち、

現存在の存在は、（世界内部的に出会われる存在者）のもとでの存在として、自分に先んじて（世界）のうちですでに存在している、ということを意味する。こうした存在が「気遣い」という名称の意義を満たすのであって、この名称は純粋に存在論的・実存論的に使用されているのである。（237）［192］

現存在はこのように、うちにすでに、自分に先んじて、のもとに存在している。こうした理由から、ハイデガーは時間性を気遣いの意味とするのである。「時間性は本来的な気遣いの意味としてあらわになるのである」（374）［326］。「気遣いの構造の根源的な統一は時間性のうちにひそんでいるのである」（375）

[327]。

現存在・世界・両者のあいだの相互前提関係、を了解するための究極的な地平が時間性によって提供されているのであって、その詳細についての説明は『存在と時間』第二篇の主要な業績であり、このコメンタリーが扱う範囲を超えている。しかし彼のおおよその考えは、次の議論から読み取ることができる。まず最初にハイデガーは、第一篇の基本的な現象学的諸成果を要約してから、最も基本的な問いを立てている。

適所全体性というものを了解することは、配視的な配慮のなかに含まれているのだが、そうした了解は、手段性、用途性、一定の用途性、「目的であるもの」の諸関連を先行的に了解することに基づいている。これらの諸関連の連関は、以前に「有意義性」として明らかにされた。この有意義性の統一が、われわれが「世界」*［引用符と＊は不用］と名づけている当のものを構成する。そこで起こる問題は以下のようなものである。世界といったようなものは、現存在との統一においていかにして存在論的にいかにして可能なのか。現存在が世界内存在として実存しうるためには、どのような仕方において世界は存在しなければならないのか。（415、強調ドレイファス）[364]

次いでハイデガーは、日常性の実存論的分析論の諸成果を回顧する。被投されつつ、頽落し、企投するものとしての現存在、すなわち、すでにうちにある存在、もとでの存在、そして自分に先立つ存在としての現存在は今や、ハイデガーが言うところの脱自的時間的構造を持つものとしてとらえることができる。脱自的時間的構造とはすなわち、明るみの活動が過去、現在、未来を開くことにおいて自分自身の外にあるということである。こうした時間的三次元に対応して道具は、すでに手段（適具）として受け取られ・現在の対処（手段性）において適用され・何らかの成果（用途性）へと向けられているものとして、ハイデガーが地平的時間構造と呼ぶ一種の明るみ（名詞）を形成している。それに加えてさらに、頽落という構造を蔵する現存在が、世界への没入を経由して自分を表明せざるをえないとするならば、現存在の存在仕方の時間的脱自態が日常的活動の世界の時間的地平に対応しなければならないことが分かる。いかにして、そしてなぜ、それぞれの現存在が自分の現、すなわち自分を中心として開かれていることによって世界であるのかという問いが、ここにおいてようやく、最も完全で満足できる水準において理解可能となるのである。かくしてハイデガーは次のように結論する。「現存在は実存しつつ自分の世界である。」（これは望ましい定式化ではないが、ここで意味されているのは、現存在が実存しながらこの［共有された］世界それ自体であるということでなければならない。なぜならば、現存在はこの世界の-内-存在であるし、この節における問いが、この世界はどのようにして現存在との統一において存在論的に可能なのか、といったものであるからである。）

ハイデガーはこの最後の困難な仕事を、濃い内容を持った二つの段落で展開している。

現存在の存在を、われわれは「気遣い」として規定した。「気遣い」の存在論的意味が時間性なのである。時間性が「現」の開示性を構成するという事実およびその仕方は、すでに示された。「現」の開示性のうちでは、世界がともに開示されている。そうだとすれば、有意義性の統一、換言すれば、世界の存在論的機構も、同様に時間性のうちに基づいていなければならない。世界の可能性の実存論的・時間的条件は、時間性が脱自的統一として地平といったようなものを持っているということのうちにある。……全体としての時間性の地平は、現事実的に実存しつつある存在者がそれに基づいて本質上開示されている基盤を規定する。(416)[364-365]

現存在が現事実的に実存する限り、現存在は、自分自身という「目的であるもの」とそのときどきの「手段性」とが連関づけられていることのうちで、自分を了解する。実存しつつある現存在がそのうちで自分を了解する内部的な場所は、現存在の現事実的な実存とともに「現にそこに」存在している。自分が第一次的に了解されるこの内部的な場所は、現存在という存在様式を持っている。現存在は実存しつつ自分の世界なのである。(416)[364](2)

15章　日常性の解釈学の哲学的意味

I　現存在、世界性、そして実在性

ここでわれわれは、これまで記述してきた諸現象の認識論的、存在論的含意を詳しく検討しなければならない。

> 気遣い、世界性、道具的存在性、および事物的存在性……の存在論的な連関を論究する必要がある。このことは、実在論と観念論とが実在性というこの理念に定位して設定する認識論的諸問題を論議することとの連関で実在性の概念をいっそう鋭く規定するに至る。(228)［183］

ハイデガーが望んでいるのは、独立した実在の認識の可能性にかかわる哲学的諸問題を再構成し、そのことによってこうした問題を解消することである。こうした問題は、人間と事物それ自体とのあいだの関係についての問いと結びついている。そのさい実在的なものは、われわれとわれわれの振る舞いからは独立であると考えられている。ハイデガーに課された仕事は、実在的なものが世界内存在を基盤として開示される必要がありながら、しかも「それ自体」において存在しうるということを示すことである。さらに同様な第二の仕事がある。そもそも真でありうるのはわれわれの陳述であるのだから、真理がわれわれに関係していることは明らかであるが、ハイデガーが示さねばならないのは、そうしたことにもかかわらず、われわれの陳述がいかにしてわれわれから独立の事物について真であることができるのかということである。どちらの場合も、ハイデガーは彼の世界内存在の分析を利用して伝統的問題を避けて通りながら、他方で、常識や哲学的伝統において現象学的に擁護できるものは救おうとしている。

A　伝統的存在論の源泉

現存在と実在性の関係についてのハイデガーの説明を紹介する前に、吟味しておかねばならないことがある。彼の好奇心についての説明と、さらに彼が、究極的な実在はコンテクストから切り離された独立した実体であるという、伝統的な存在論的主張を派生的に導出しかつ批判するやり方である。

> 配慮は、〈人が〉実行を中断して休むという意味において……休止することがある。休止において配慮は消滅するわけではないのだが、配視は解放され、配視はもはや仕事の世界に拘束されない。……配視が解放されたとき、われわれはその近づけを配慮せねばならない何ものをも、もはや道具的存在者として持っていない。……現存在は、ただただ世界の外見によって連れ去られるのであって、こうした存在様式において、現存在は、世界内存在としての自分自身からまぬがれようと配慮しているのである。(216)[172]

伝統的な哲学はこうした第三者的な態度に優位を与える。

> 存在は、直観に属する純粋に知覚することのうちで自らを示すものであり、ただ、このような見ることだけが存在を暴露するのである。根源的で真正の真理は純粋直観のうちにひそむ。このテーゼは〈パルメニデス〉以後、西洋哲学の基礎であり続けている。(215)［171］

この引用より後の箇所で、伝統的存在論の源泉についてのこうした説明に加えてハイデガーが指摘するのは、伝統的存在論があらゆるタイプの存在の仕方を、事物的存在者を観照するさいに見いだされる存在仕方の方から了解してしまうということである。

> 了解の学的解釈はそれと同時に次のことを示した。すなわち、頽落という存在様式に応じて〈現存在〉は、差しあたってたいていは「世界」の了解のうちへとすでに身を置き移してしまっているということである。存在的な経験へとかかわりゆくばかりではなく、存在論的な了解へとかかわりゆくことが問題である場合ですら、存在解釈は、差しあたっては世界内部的な存在者の存在にその定位をとる。そのさい、差しあたっての道具的存在者の存在は飛び越えられて、存在者はまず、事物的に存在する事物（モノ）[res]の連関として把握される。「存在」は「実在性」という意味を得る。実体性が存在の根本的規定性になる。……現存在も、他の存在者と同様に、実在的に事物的に存在していることになってしまう。……〈事物的存在者の〉この優位は、現存在の真正な実存論的分析論への道をふさいでしまう、いや、それどころか、世界内部的に差しあたって道具的に存在しているものの存在への眼差しさえふさいでしまう。(245)［201］

実在性をこのように派生させることはいささか安易に見える。実際、ここの箇所でフッサールは、『存在と時間』の自家用本の欄外に「こうしたことすべては本質的に必然的なことなのだろうか」と書き込みをしている。しかしながら、よくも悪くもハイデガーの主張は次のようなものだと思われる。現存在は休息しているとき、そこであらわにされているものを反省する時間を持つことになる。そして、現存在は自分が適所的に参与してきたコンテクストを忘却しつつ、観照があらわにする事物的存在者を、伝統的存在論のように自存的で純粋な事物的存在者とみなす。そのさい現存在は、その他一切のものをも、この究極的な実在性の方から説明することを試みるのである。

〈この優位は〉存在の問題性一般を正道からはずれた方向のうちへと追いこむに至る。その他もろもろの存在様態も、〈純粋な事物的存在性としての〉実在性を顧慮して、消極的に、また欠如的に規定されてしまうのである。(245)［201］

II　実在性の問題の再検討

もし伝統的な基礎づけ主義的存在論が根本的に倒錯しているのならば、日常性の解釈学は、その古くさい存在論が設定したにもかかわらず答えられなかった伝統的諸問題を、それを迂回するという見通しのもとに再検討せねばならない。

A　外的世界の実在に関する認識論的問い

実在的なものをとらえる仕方として昔から通用してきたのは、直観することとして特徴づけられるような認識であった。……実在性に、依存しないという性格と「それ自体」という性格とが属している限り、「実在性」の意味に対する問いには、実在的なものが「意識に」依存しないということが可能かどうかという問いが、ないしは、意識が実在的なものの「圏域」のうちへと超越してゆくことが可能かどうかという問いが、結びつけられている。(246)［202］

デカルト以来、哲学者は心の外にある対象の世界の実在を証明しようと試みてきた。カントは、そのような証明がそれまでまったく成功しなかったことをスキャンダルだとみなした。ハイデガーの考えからすれば、スキャンダルはむしろ哲学者がそのような証明を追い求めたことにある。こうした問題が起こったことの一因は、伝統的哲学が対象の総体としての「世界」(universe)と、現存在が適所的に参与する場であって現存在が実際にそこから自分を定義しているような、組織化された道具・振る舞いとしての世界、とを区別していないことにある。人間を対象の総体に対して立つ主観として考えないで、次のことをはっきりと自覚する必要がある。つまり、特定の対象の実在、それどころか対象の全体的領域を疑うことでさえ、すでに引き受けられた振る舞い・道具の背景に基づいてのみ可能だということである。伝統的な諸問題からわれわれ自身を解放するためには、認識論から実存論的存在論への転換が必要なのである。

実在性の問題を「認識論的」でしかないような仕方で解決しようとする試みが、暗々裡に前提しているところを検討してみると、この問題は、存在論的問題として、現存在の実存論的分析論のうちへと取り戻されねばならないということが示される。（252）［208］

「我思考ス、我アリ」［cogito sum］が、現存在の実存論的分析論の出発点として役立つはずであるなら、それは逆転する必要があるばかりでなく、その内実を新たに、存在論的・現象的に確証し直す必要がある。そのときには、第一の陳述は、「我アリ」［sum］であり、しかも「私は何らかの世界のうちで存在している」という意味でのそれである。そのように存在するものとして、世界内部的な存在者のもとでの存在の仕方としてのさまざまなふるまい方（思考作用）［cogitationes］の可能性として、「私は存在している」のである。これに反して、デカルトは、次のように言っている。思考作用は事物的に存在していて、我［ego］というものが、無世界的な思考スルモノ［res cogitans］としてともに事物的に存在している、と。（254）［211］

われわれが外界の実在についての懐疑論に陥るのは、熟慮的で表象的な志向性の構造を哲学的に反省するときだけである。それとは逆に、何かに対処しつつある振る舞いは表象せず、したがって表象し損なうこともありえない。いやもっと正確に言うなら、個別的な対処的振る舞いも何ものかをそれとは違うものととるという意味で「表象し損なう」ことがありえ、その意味で対処に失敗することもあるのだから、失敗することがありえないのは、特定の対処のあらゆる段階での成功もしくは失敗を可能にするものとしての背景的な対処なのである。ひとたび、現存在が「実存しつつ世界である」ということが理解され、さらに、世界とは振る舞いと道具の組織化されたパターンであって、そのパターンこそがあらゆる活動や思考が意味をなすための背景を形作ることが理解されるなら、世界は、現存在が与えられるとともに必然的に開示されて存在しているということは明らかである。

そもそも世界というものが存在しているのかどうか、また、世界の存在が証明されうるのかどうかという問いは、世界内存在としての現存在が設定する問いとしては無意味である。だが、そのほかの誰がこうした問いを設定するのであろうか。（246-247）［202］

道具などに実際に対処することにおいて自分を表明することから離れては、いかなる現存在というものも存在しえないのだから、「世界内存在としての現存在とともに、世界内部的な存在者はそのつどすでに開示されている」(251) [207]。

外的世界の実在の問題が生じてくるのは、デカルトからフッサールやサールに至るまで、われわれのあらゆる活動が内的表象によって媒介されていると考える人々にとってである。というのも、そのような考え方をするとき、心の志向的内容が実在に対応するのかどうかということ、サールの言い方を借りれば、志向的内容の充足条件が満たされているのかどうかを問うことが可能になるからである。しかしもし、日常的に現存在することにおいて、対処が志向的内容なしに起こっているのならば、志向的状態が充足されているか否かを問うこともできないのである。

もちろん対処に何らかの障害が起こったときには、われわれは志向的状態を持つことになり、さらに反省しつつ、一体それら志向的状態は実在に対応しているのかと問うことができるし、言い換えれば、われわれの信念は一体真なのであろうか、われわれの視覚的経験は当てになるものなのだろうかと問うことができるわけである。しかし、志向的状態というものが意味をなしまたそれらが充足条件を規定することは、そもそも志向的内容で分析することが不可能な対処という背景に基づいてのみ可能なのである。そのように、特定の志向的状態がその対象に対応しているか否かを、実際に問うことは可能だとしても、世界内存在については、そうした問いに対応するような問いを立てることはできないのである。

フッサールのような哲学者が、人間の熟慮するあり方をモデルにして、背景的技能を志向的状態のネットワークとして、つまり信念とルールのシステムとして取り扱う場合にのみ、このネットワーク全体が実在に対応するかどうかを問うことが可能になり、またふたたび懐疑的な問いを立てることも可能となるわけである。しかしハイデガーのこれまでの主張では、背景に基づいてこそ意味をなす志向的状態から出発して、当の背景をさらに別の志向的状態としてしまうやり方は不当である。それでは、内存在の説明があまりにも貧弱なものになってしまい、そうした説明からは、焦点になっている根源的な現象を再構成することができないからである。

そうだとすると、外界の実在を証明することが問題になるのは、われわれが現存在を、自分のうちにさまざまな体験と意味を蔵した事物的に存在する実体だととらえ、かつ世界を、主観にとって外的な事物的存在者の集合だととらえる誤りを犯す場合だけである。日常性をまともに吟味してみれば明らかになることは、懐疑的問い——その当時になってもフッサールが問うていた問い——は答える必要のないものであり、それどころかそうした懐疑的問いは、問いが意味をなすための条件に違反しているということである。

はたして外的世界は事物的に存在しているのか、また、はたしてそのような外的世界は証明されうるのかを問うという意味での「実在性の問題」は、不可能な問題として立証される。それは、この問題がその帰結において解決不可能な行きづまりに達するからではなく、この問題において主題になっている当の存在者が、そうした問題設定をいわば拒否するものであるからなのである。(250)[206]

ブーバーのような試み、またテクストの読み方によってはスタンリー・キャヴェルのような試みでは、一人格が世界に対する関係は認識の関係ではなく、むしろ「我・汝」関係であるとか、承認であるとか、信であると議論することによって懐疑論に答えようとしている。だがそうした試みはことごとく的をはずしている。

正当にせよ不当にせよ、「外的世界」の実在性を信憑すること、十分にせよ不十分にせよ、こうした実在性を「証明する」こと、表立ってにせよ表立たずにせよ、こうした実在性を前提すること――これらの試みは、それ固有の地盤を完全に見通しつつ掌握することもできずに、差しあたって無世界的な主観、あるいは自分の世界に確信の持てない主観を前提しているのだが、この主観こそ根本においてまず、世界というものを確保しておかなければならないのである。(250)[206]

ハイデガーはこうした批判を講義で詳しく展開している。

世界の信憑といった現象に根拠を与えるものは、世界へのわれわれの関係においては一切存在しない。私はまだこのような信憑の現象を発見することができていない。むしろ、特徴的なことは、世界があらゆる信憑に先立って「現に」あるということである。……世界の存在には、その実在が主観に対してわざわざ保証を与える必要がないということが属している。こうした問いがそもそも生じてくる場合に必要なことは、現存在が世界内存在としての自分の最も基本的な存在構成において自己を経験することである。このことによって世界の実在性についてのあらゆる問いの地盤が消去されるのである。(HCT, 215–216)[GA20, 295–296]

この議論を終えるに当たって気づかざるをえないのは、ハイデガーが夢について言及していないということである。夢に言及していないのは、当然のことである。というのもハイデガーの反対しているのはフッサール／サール的な流派に対してであって、そこでは体験の私秘性ではなく志向的内容の自己充足性が懐疑論へと導いているからである。それゆえに、われわれのできることはただ、ハイデガーが夢に関してどのようなことを言うかを推測することだけである。最後から二番目の引用に基づいて考えれば、おそらく彼は次のように主張するであろう。つまりわれわれは、ある志向的状態が充足されないということ、例えば、ある信念が誤りであるということが何であるかを理解できるが、そうだとしても、われわれの対処のすべてが夢と呼ばれるような内的状態であるかもしれないと考えることは、没入的な対処が、私秘的な志向的内容や私秘的体験をまったく含まないということを忘却してしまっていると。われわれはつねに夢を見ているのかもしれないという伝統的な仮説は、最初から、内的体験を介して対象に関係する孤立化された主観を想定しており、したがって開示性の正しい姿を歪めているのである。

ハイデガーがおそらく認めるであろうことは、夢は内的体験として与えられているわけではないにせよ、世界を開示する一つの仕方として経験されてはいるということである。つまり、われわれが公共的な対象や道具に対処していることを夢のなかで見ているとしたら、このことをわれわれは、私秘的な夢の体験の何か内的な流れといったものとしてではなく、共有されざる世界への開けとして記述すべきなのであろう。これでは伝統的問題に答えたことにはならないが、ハイデガーなら、伝統的問題のある種の定式化を退けることにはなると言うだろう。これによっておそらく、懐疑論の問いに興味を抱いている哲学者たちも、夢を扱うもっとましなやり方を見つけることができるであろう。

B　独立した実在に関する存在論的問題

自然科学によって発見されたとみなされている存在者の身分についての問いと、これと連関するが、われわれの文化において科学が持っている特権的な権威に対しての疑い――トマス・クーンの『科学革命の構造』が二〇年あまり前に提起した疑い――は、近年中心的な論争点となってきた。文芸理論家、社会科学者、そしてフェミニストたちは、客観的実在についての真理を告げるのだという自然科学の特権的な主張を攻撃するにさいして、各人なりの理由からクーンに与してきた。文芸理論家が科学に対して優位に立とうとするときには、科学理論も結局のところ、解釈的なテクストにすぎず、それゆえ人文学の領域に入ることを示すというやり方を使う。同様に、社会科学者も科学的真理が共有された振る舞いの産物であることに注意を促して、科学を社会学や人類学の領域に併合しようとする。フェミニストがやろうとしていることも、科学の体制の権威を掘り崩すことであるが、そうした体制こそ――確かにもっともなことであるが――フェミニストたちが男性支配の牙城とみなしているものなのである。これらのグループすべては次のように考えていたいわけである。すなわち自然科学とは、それだけが実在へ接近できる唯一のものだというように、どういうわけかわれわれの文化にうまく思い込ませてしまってはいるが、実は、他の実践と並ぶもう一つ別の解釈的実践であるにすぎないものだということである。これは大変大きな主張である。イヴリン・フォックス・ケラーも述べているように、

科学的知識が客観的であるか相対的であるかの疑問は、少なくともそのある部分は、科学者が絶対的な権威を要求す

ることに対する疑問である。もし真理が一つしかないのであれば、そしてそれが科学者だけに明かされるというのなら……科学の権威は不可侵のものである。しかし、もし真理が相対的であり、そしてもし科学が自然とは絶縁し、そのかわりに文化と結ばれるなら、科学の権威の優越的な地位は決定的に掘り崩されることになる。(1)

確かに、科学が素粒子について教えてくれることが、あたかも人生のあらゆる側面にとって根本的な重要性を持つかのごとくに、われわれの文化が自然科学を崇拝することには、どこかおかしいところがある。フリチョフ・キャプラの『物理学のタオ』という本には、科学はもう原子論的でも物質主義的でもなく、今や全体論的でエーテル的であるから、われわれも前より楽に生きられるなどと書いてある。このような本が売れたという事実は、科学は実在についての究極的な真理を告げてくれるのだということを、いかに多くの人々が信仰しているかを示している。しかし、科学がそもそも何かを発見しているということ自体をまったく否定してしまうことで科学の意義を制限しようとする試み――最近出版された本の題名『構築されたクオーク』(2)にもそのことは含意されている――は、明らかに過剰反応である。物理理論が科学者の振る舞いによって発達させられ、科学の権威はまた別の社会的振る舞いによって構成されているからといって、そこから、物理学が自然についての真理を発見せず、何ら正当な権威を持っていないとまで主張することはできない。こうしたアプローチは、ただただ、人文学者、社会科学者、そしてフェミニストの不安感と憤りをはしなくも見せしめているにすぎないのである。もし自然科学、とりわけ物理学がわれわれの文化において持つ不当な権威を掘り崩したいのなら、自然科学は自然の因果的力についての真理を告げることができるにもかかわらず、かといって究極的実在への特権的な接近様式であるわけではないということを証明すれば事足りる。ハイデガーが示そうとしたのも、まさにこうしたことなのである。

ハイデガーが懐疑論に答えるやり方は、われわれが自らの世界の内部の対象に直接的に接近できるのは、没入した開けとしてのわれわれが、実存しつつ共有された社会的世界であるからだというものであった。こうした答え方からして、われわれが独立した実在に接近することができない、すなわちわれわれは決して宇宙の内実を知ることができないという意見をハイデガーも持っているかのように、差しあたりは見えるかもしれない。それゆえに、幾人かの解釈者の見方からすると、ハイデガーは内在的実在論者［internal realist］に違いないということになる。つまり彼は、いかなる「それ自体」も存在せず「独立した実在」もわれわれの実在性の定義に相関的にのみ存在するにすぎないと考えているはずだ、ということになる。そして、まさにそうした解釈者が指摘しそうなところであるが、ハイデガーは実際に次のように言っている。

存在は「意識のうち」〈留保の引用符に注意せよ〉にあるゆえにのみ、言い換えれば、現存在〈つまり、現存在する活動〉において了解されうるゆえにのみ、現存在は、独立性とか「それ自体」とか、総じて実在性とかという存在性格をも了解することができ、概念へともたらすことができる。このゆえにのみ、「独立的な」存在者も、世界内部的に出会われるものとして、配視的に近づきうるのである。〔251、〈 〉内の注釈ドレイファス〕[207–208]

また別の解釈者たちの理解では、ハイデガーの現象学は道具主義の一種、つまり、科学がとらえる存在者を人間の目的に本質的に相関した社会的構築物と考えるものであるか、もしくはそれは操作主義の一種、つまり、科学がとらえる存在者をそれらが世界内部的に持つ効果もしくは測定値と同一視するものである。これらの考えをとる反実在論者は、アーサー・ファインが述べているように、「行動主義者の見解を受け入れており、概念のやりとりの場面ではたらいている振る舞いこそが、概念のやりとりの意味を汲み尽くし、やりとりに対してその意義と内容を与えると考えている」(3)。しかしハイデガーは、われわれの振る舞いが理論的存在者への接近のために必要であるという事実から、これらの存在者がわれわれの接近の振る舞いによって定義されねばならないという結論を導きだしたりは決してしなかった。

私が示そうと思うのは、『存在と時間』でのハイデガーは、自然と自然科学の対象についてのいわば最小限度の解釈学的実在論者［minimal hermeneutic realist］であり、科学研究と技術の根底にある存在了解に対して厳しい批判をするようになる後期の仕事でも、そのことは変わらないということである。

まず第一に、ハイデガーは道具主義者ではない。プラグマティストとは対照的に、彼はギリシア人の考え方を受け入れている。すなわち、人間は純粋な平静さや驚きの気分へと入り込むことが可能であって、まさにそうした気分のうちで、自らの生活の必要や目的とは必然的関係をまったく持たない理論といったものを形成することができるという考え方である。『存在と時間』の出版と同時期のカントに関する講義では、ハイデガーは科学的学科（Wissenschaft）について次のような記述を与えている。

> 科学的認識が前提としていることは、実存する現存在が自由に選択された任務として、自分の近づきうる存在者をあらわにすることをその存在者があらわにされていることのために引き受けるということである。……そのことによって、あらわにされたものや認識されたものの適用をめざすような、ふるまいのあらゆる目標設定は停止されている。そして研究をあらかじめ計画された技術的な目的のうちに制限するようないかなる境界もそこにはない。戦いはただひたすら存在者そのものに向けられるのであって、存在者を隠蔽性からもぎ取り、まさにそのことによってその存在

者にそれ固有のものを与え返してやること、すなわちそれをそれ自体としてあるがままの存在者としてあらしめてやること、こうしたことだけに向けられている。（4）

ハイデガーは生涯変わることなく、このような意味における反道具主義者であった。一九五四年に彼は次のように記している。「現代の原子物理学においてそうであるように、理論が本質的根拠に基づいて、必然的に直観しないものとなっているところでさえ、それがめざすところは原子が感覚的知覚に対して自らを示してくるようにすることであり、そのことは、たとえ素粒子がこのように自らを示すということが、間接的なものであり、しかも技術的に多数の媒介に依存していようとそうなのである」（5）。

　ハイデガーの立場を理解するためには、最近ファインが擁護したような見解と比較してみるのがよいだろう。ファインは次のような所見から出発する。つまり、科学者は「彼らの理論が指示するような存在者の実在を信じている」（6）というところからである。これはファインが自然的存在論的態度［Natural Ontological Attitude］（NOA）と呼んでいるものである。彼の言うところによると、この態度において人は「〈日常的対象の実在と特性に関する〉自分の感覚の証拠を受け入れており、また……同様にして、科学の確証された結果も受け入れている」（7）。彼はさらに次のように付け加える。

われわれはNOAによって、実在論がさまざまな反実在論とは次のような点で異なるということを理解できるようになる。つまり、実在論はNOAに外への方向、すなわち、外的世界と、理論が外的世界について近似的に真であるという対応関係を余分に付加する。反実在論は内への方向、すなわち、真理あるいは概念、説明を人間の方向へと還元することを余分に付加する。NOAが教えるところによれば、これらの付加のうちに正当な要素があるとしたら、その要素は、日常的真理と自然科学的真理が等しい地位を持つと想定し、そしてその両者を二つの真理として受け入れることのうちにすでに含意されている。これ以外に何かを加えることは不当であり、またそもそも不必要なのである。（8）

ハイデガーもファインと同様に、科学の背景的振る舞いにおける了解に対して忠実でありたいと思っている。この見解を解釈学的実在論と呼ぶことにしよう。解釈学的実在論者の考えはこうである。つまり、科学の持つ背景的実在論をより所として、科学の対象が科学者の活動と独立に実在しているという主張を正当化することはできないし、また科学のこうした了解によって科学の対象がいかなる構造を持たねばならないのかが規定されることもありえないということである。そしてここから予想のつくことであるが、ハイデガーは、科学が自然についての真理へと収束しつつあるということをわれわれに確信させるような議論を提出したりはしない。むしろ彼は、（1）日常的な科学的振る舞いが自明とみなしていることを表立たせるのである。自明とみなされていることとはすなわち、自然それ自体といったものが存在しているということ、科学はその自然がいかにはたらいているかに関して絶えずよりよい説明を与えることが可能だということである。次いで彼は、（2）現代科学のこうした自己了解は内在的に整合的であると同時に、われわれの日常の振る舞いの持つ存在論的含意とも両立する、ということを示そうとする。

解釈学的実在論者によれば、自然科学の背景的実在論は形而上学的実在論とも、形而上学的反実在論とも両立しない。科学者は社会的振る舞いの内部で仕事をしているが、そうした振る舞いは科学者自身も哲学者も超越することのできないものである。したがって、科学は形而上学的実在論を正当化することは不可能である。というのも、そうした形而上学的実在論は、科学の見いだす構造は自然それ自体の構造であり、科学はこうした独立した実在に関する唯一の真なる説明へと収束しつつあるという、独立性に関する論証を所有していると主張するからである。そうはいっても、科学者の当然の想定では、あるがままの自然について科学的振る舞いとは独立の真理を発見できるということになっているから、解釈学的実在論者は形而上学的観念論や道具主義といった形をとる反実在論も受け入れることはできない。

ハイデガーは『現象学の根本問題』において、実在論的な見解に存在論的な位置づけを与えている。そこで実在論的な見解と言われているのは、自然にはわれわれの世界のうちで出会われてくる仕方に加えて、現存在が実存していようとしていまいとそれ自体で存在する仕方があるといった見解のことである。

> 世界内部的存在者の一つの例は自然である。ここでは、自然がどの程度まで科学的に暴露されているのかいないのかは問題ではなく、つまりこの存在者を理論的、物理・化学的な仕方において考えているのか、それとも、「外にある自然」、すなわち丘や森、草原……について語るときの意味において考えているのかということは問題ではない。……しかしながら、世界内部性は自然の存在には属していない。むしろ、この存在者、すなわち最も広い意味における自然との交渉において、われわれはこの存在者を……それ自体においてつねにすでに存在している事物的に存在するものとして了解している。その存在者は、たとえわれわれによって暴露されないとしても、またわれわれに出会われることがないとしても、われわれの世界のうちで存在するのである。内世界的に存在することがこの存在者、すなわち自然に与えられるのは、それが存在者として暴露されるときに限られるのである。（BP, 168-169）［GA24, 240］

ハイデガーの解釈学的実在論は、木や恐竜、そしておそらくはクオークも含む自然的存在者についての主張であり、この主張は『存在と時間』においてもはっきりと表明されている。

> 存在者は、存在者がそれによって開示される経験、存在者がそこで暴露される識別、存在者がそこで規定される捕捉からは独立に、存在している。（228）［183］

しかしこの箇所は次のように続いている。「存在は、存在了解といったようなものがその存在に属している存在者の了解のうちでのみ《存在している》」（228）［183］。どうやら、自然的存在者はわれわれからは独立である一方で、自然の存在はわれわれに依存していると言っているようである。

> 存在者としての存在者は「それ自体」において存在し、そしてそれのいかなる把捉からも独立であるということを述べておく必要がある。しかしながら、存在者の存在は出会われることのうちでのみ発見されるのであり、また出会いの構造の現象的提示と解釈からしてのみ説明され、了解されうるものとなるのである。（HCT, 217）［GA20, 298］

ハイデガーが主張しようとしている基本的な論点——自然はそれ自体において存在するにもかかわらず、「存在」それ自体について問うことは不当であるということ——は、後年の講義では二つのパラドクシカルな命題に要約されている。

> （1）たとえ……現存在が実存しないとしても、存在者はそれらの何であるか、またそれらがいかにあるかにおいて、それ自体として存在者である。（2）存在は「存在し」ない、にもかかわらず現存在が実存する限り、存在は与えられている。（MFL, 153）［GA26, 194］

この論点を整理するためには、ハイデガーの術語の用法を明確にしておく必要がある。現存在だけが物事を理解する。したがって物事の各領域の理解可能性、もしくは自然物を含む各領域の存在仕方の了解は現存在に依存している。しかし一つの存在者としての自然、あるいは存在者の集合としての自然は、現存在には依存しない。というのも、現存在が物事を理解する——物事を理解可能なものとして見いだす——仕方の一つとして、それらを事物的に存在するものとして、換言すればわれわれの日常的振る舞いとは関係しないものとして理解する仕方があるからである。ハイデガーが簡潔に述べているように、「人間がこの地球に住まうということがなくても、宇宙は存在できるのであり、宇宙は人間が実存するずっと前から存在していたのである」（MFL, 169）［GA26, 216］。

事物的存在者があらわにされるのは、現存在が物事に対して第三者的な態度をとり、それらを脱コンテクスト化——ハイデガーの言い方を使えば、脱世界化——するときである。そのとき物事は人間のさまざまな目的から独立であるだけでなく、人間の実存からも独立なものとして出会われてくる。われわれがすでに見てきたように、脱世界化は二つの段階で起こっている。まず第一に、われわれは技能や道具を使って、事物やその性質を脱コンテクスト化する。そのとき事物や性質は、意味を持たない対象、色、形、音などとして現われてくる。そのような与件はわれわれの「目的であるもの」からは独立であるが、われわれの感覚からは独立ではない。次の段階ではわれわれは理論を考案し、その理論においては、事物的に存在するそうした与件が、われわれが直接的に経験できないクエーサーやクオーク、またその他の存在者の証拠とみなされる。これらの理論的存在者は、対象や空間、時間、そして原因性についてわれわれが持っている日常的了解に適合する必要はまったくない。それにもかかわらず、われわれの作った理論の言い分では、こうした理論的存在者が自然種――水、金、鉄などといったような自然界における事物の諸タイプ――に属するということになり、そして理論が正しいときには、理論はそれらの自然種の事物的に存在する因果的諸力を記述することになる。今流布している科学の外側に立って、自然種といったものが存在せねばならないのだとか、そうした自然種こそ必然的にわれわれの科学の対象だなどと議論することで、こうした科学に形而上学的な裏付けを与えることはできない。解釈学的現象学のできることは、科学は自然のそれ自体におけるあり方を発見することができるという、自然科学者の背景的「仮定」が整合的であることを示すことだけである。

　ところでむろん、自然の存在についてのこうした了解を成し遂げるのは人間である。もし、そこでこそ存在者が出会われうるような明るみとしての現存在が存在していなければ、現存在から独立した存在者がありうるのかどうかといった問いが立てられることは不可能であろうし、もっと重要なのは、現存在が事物的な存在仕方に対して意味を与えることがなければ、そうした問いはそもそも意味をなさないだろうということである。だが実際には、人間が実存し、事物的存在性を一つの存在仕方として了解しているのであるからこそ、われわれが実存し始める前にはここでは何が存在していたのか、そしてさらには現存在が実存しなくなった場合、自然には何が残されているのかといった問いを理解することができるのである。

　しかし当然のことだが、われわれがそうした問いを立てるのも、われわれの持つ存在了解の内側からでなければならないのであって、存在了解のみがそうした問いを意味あるものとするのである。現存在がこれまで一度も実存したことがなかったとしたら何が事物的に存在していたであろうかと問うことは、有意味なことではありえない。すなわちこの問いかけが、存在了解の内側からの問いが意味をなさないとしたら一体どういう事態が起こっていたであろうか、ということを意味するものなら、有意味ではないのである。このような問い方をすることは、存在――理解可能性――があたかもそれ自体として存在するかのように取り扱うことを意味するであろう。ハイデガーはそうした展開を想定して、次のように警告している。

もちろん、現存在が存在している限りにおいてのみ（言い換えれば、存在了解の存在的な可能性が存在している限りにおいてのみ）、存在は「与えられている」。現存在が実存していないときには、「独立性」ということも「存在する」ことがなく、「それ自体」ということも「存在する」ことがない。（255）［212］

理解可能性それ自体といったものは存在しない。われわれが現われる以前に物事が理解可能であったかどうか、もしくは、われわれが実存するのをやめたときでも物事は理解可能であり続けるのか、ということを問うことはできない。理解可能性は物事の性質ではない。そうではなくて、理解可能性は現存在に相関的なのである。現存在が実存しないときには、物事は理解可能でもなく、理解不可能でもない。現存在が実存しなければ、物事は何ものとしてもあらわにされることはないのであり、事物的に存在するものとしてさえもあらわにされることはない。

　そのようなときには、存在者が存在するとも、存在者は存在しないとも言うことができないのである。存在了解と、それとともに事物的存在性についての了解とが存在している限りにおいて、今のところおそらく言えるのは、そのようなときでも存在者はさらに存在し〈すなわち、事物的に存在し〉続けるであろうということである。（255）［212］

われわれが実際に実存し存在者を事物的存在者として理解しているがゆえに、われわれは事物を、われわれから独立して存在しているものとして理解することができるのであって、たとえこうした独立しているという理解可能性の様態、つまりこの存在仕方が、他の存在仕方と同様にわれわれに依存するとしてもそうなのである。

　われわれが存在者に出会うのはそれを使用する場合においてのみであり、存在者について第三者的な態度で反省するときには決してそれに出会うことがないとすると、道具的存在性と利用不可能性だけがわれわれの知る存在仕方だということになってしまい、それによって、存在者それ自体といった観念を理解可能なものにすることができなくなってしまうだろう。しかしわれわれは事物的存在性を了解しているのだから、事物的存在者はたとえ現存在が実存しなかったとしても存在していたであろうということを、了解することができるのである。実際、われわれに事物的存在性の了解が与えられている以上、事物をこのように了解しなければならないのである。例えば、ハンマーとして存在するということが何であるかは、本質的に現存在と現存在の有する文化的製作物に依存している。つまりすでに見たように、ハンマーとして存在するということは、家を建てるために釘を打つことに使われることである等々、といったように。物をつねにひもで結びつける文化があるとしたら、そもそもハンマーとして存在するということが意味を持たないのだから、ハンマーも存在しえないであろう。しかしそれでもなお、鉄の塊がその端についた木切れといったものは存在しうるであろう。というのも、木と鉄というのは自然種であり、その存在と因果的力は、手段性もしくは「目的であるもの」へ、どんな本質的な指示も持たないからである。この場合、鉄と木は何かをするために存在しているわけではない。現存在は自分自身のさまざまな配慮からは身を引き離して、われわれから独立に実在している存在者をあらわにすることができる。要するに、独立した実在を理解するということは、われわれの遂行していることであるとしても、何が実際に存在するのかはわれわれに依存しないのである。

> 実在性の根拠は存在論的には現存在の存在のうちにあるということ、このことは、現存在が実存するときにしか、またその限りにおいてしか、実在的なものは実在的なものがそれ自体においてそうであるところのものとして存在しえないということを、意味するわけではない。(255)［212］

『存在と時間』の刊行に続く数年のうちにハイデガーが明らかにしたことは、われわれからは独立した自然があるという「明証性」は自然科学によってではなく不安によって与えられるということである。ジョセフ・フェルが指摘するところによれば、『根拠の本質について』の脚注において、ハイデガーは「自然が現存在において根源的に現われるのは、現存在が存在者のただ中で情状的に気分づけられているものとして実存しているからである」と主張しており、それに加えてさらに『形而上学とは何か』では、ハイデガーは不安が「存在者を全体として、しかしながらそれゆえに純粋に他なるものとして、そのよそよそしさにおいて開示している」と述べているのである(9)。

　ハイデガーのこうした表明は、フィヒテの再来のように受け取られたに違いない。というのはフィヒテは、自我が自然を自分の純粋な他者として定立すると述べているからである。それゆえに、ハイデガーはシェリングについての書物で、純粋な他性は現存在によって与えられた意味であるといった考え方を、表立って拒絶せざるをえなくなっているわけである。

> 『存在と時間』はまたとりわけフィヒテの基本的立場と同一視され、その立場の方から解釈されている。しかしながら、ここでそもそも比較といったものが可能であるならば、最も極端な対立が支配しているのである。しかし、『存在と時間』における思考がフィヒテの無制約的な「自我中心的」な観念論と対比された意味での「実在論的」なものではまったくないのだから、「対立」という言い方もすでに誤っている。……フィヒテによれば自我は世界を前に投げる……『存在と時間』によれば……現存在は投げられたものである。(10)

現存在は自然のなかに投げられているというのはもっともだとしても、しかし、現存在がそこに投げられている自然を、サルトルにおいてのように無構造で粘性の即自‐存在として考える必要はない。不安は自然を純粋な他性としてあらわにするが、このことは、自然が存在的な構造をまったく持たないということを含意するわけではないのである。

しかしなお、別の論点から見ると、ハイデガーがフィヒテ的ではないにせよ、少なくともカント的な観念論者であるかのように思えてしまう。現前する今の前後を含んだ今継起として了解された時間は、現存在の時間性に依存しているのであるから、自然は時間のうちに存在することが不可能であるという帰結が生じてしまうように見える。「あらゆる時間は本質的に現存在に属するのであるから、自然時間は存在しない」（BP, 262）［GA24, 370］とハイデガーが述べるとき、彼はまさにそういったことを主張しているように思われるのである。そして彼は一九三五年に至ってもまだこうした主張を繰り返している。

> 厳密に言えば、われわれは「人間が存在していなかった時があった」と言うことはできない。いついかなる時でも人間は存在していたし、存在しており、そしてこれからも存在することであろう。なぜなら、時間は人間が存在する限りでのみ時熟するからである。(11)

しかしながらこのことは、まだ次のような可能性を残している。すなわち、空間性の場合、「同質的な自然空間が自らを示すのは、出会われる存在者がある仕方で暴露されるという方途をたどってのみである。そうした暴露の仕方は、道具的存在者の世界適合性を種別的に脱世界化するという性格を持っている」（147）［112］のであったが、まさにこれと同じように、時間性が脱時間化されるとき、自然の出来事の純粋な継起があらわにされるだろうという可能性である。ハイデガーは空間の議論では次のように付け加えている。

> 空間が本質上何らかの世界のうちで自らを示すということは、まだ空間の存在の様式に関して決定的でない。空間は、それ自身空間的な道具的存在者ないしは事物的存在者に特徴的な存在様式を、持つ必要はないのである。（147）［112］

これと同様にして、自然時間は事物的に存在することすら必要ないが、それでいて何らかの形で出来事を純粋に継起的に順序づけることは否定できない、と考えてもよさそうである。こういったことがなければ、ハイデガーがコスモスと呼ぶもの、そして科学によってあらわにされる自然それ自体といったものを理解することは不可能であろう。おそらくこれらの未解決の緊張状態に困惑しつつ、ハイデガーは一九二八年の講義において次のように言っているのである。

> 現存在を時間性として解釈することをどの程度まで普遍

的・存在論的な仕方でとらえることができるのかという問いは、私自身で決着をつけることのできる問いではない。その問いは私にとってはまだまったく見通しの立たない問いである。(MFL, 210) [GA26, 271]

ハイデガーの答えがどのようなものであろうと、それは、自然種がその構造上、世界、あるいは人間の時間性に依存しないという自分の主張と矛盾することは許されない。ハイデガーは『論理学の形而上学的基礎』[原著『現象学の根本問題』を訂正] で次のように述べている。

事物的存在者は……それら存在者がまさにそうであるところのものである。それはたとえ事物的存在者が世界内部的存在者にはならないとしても、そして世界への参入が事物的存在者に起こらず、またそうした機会がまったくないとしてもそうなのである。世界内部性は事物的存在者そのものの本質には属さず、ただ事物的存在者がそれ自体において現われてくることの可能性にとっての、根源的な意味における超越論的条件でしかない。(MFL, 194) [GA26, 251]

結局のところ、われわれは自然についての実質的内容を持った事実を知っているのである。われわれは恐竜が実在していたこと、それらが動物であったこと、そのうちのあるものは草食であったことなどを知っている。ハイデガーが自然を「コスモス」と呼び、「X」もしくは物自体と呼ばなかったのもこうした理由による。

もしハイデガーの説明が自然的出来事の継起といったものを許容するのであれば、その説明は、科学が鉄や水といった自然種とそれらの因果的諸力について、正しい理解へと収斂しつつあるという主張と整合的である。もしこれらの事物種が予想された性質を持たないことが明らかとなり、フロギストンのように、それら自然種を指示する自然種語が科学の語彙集からはずされなければならないとしても、自然種語の別の体系が原理的には依然として残っている可能性があり、そのときその自然種語は実際に存在する自然種を確かに指示しているわけである。もちろんそのような場合でも、われわれが最終的な説明に到達しているかどうかをはっきりと知ることは決してできないであろう。

しかしたとえハイデガーが、物理科学は物理的自然の理解において進歩し続けているのだとおそらくは考えているにせよ、彼はこの進歩という事実によって、実在性に対する自然科学的アプローチが唯一の正しいアプローチであるということ、それどころか物理科学こそが自然への唯一の正しいアプローチを有しているのだということさえも、示されるとは考えないのである。彼は一九二八年の講義ではこう指摘している。

存在者は暴露可能性の諸段階、そこで存在者がそれ自体においてそれ自身をあらわにする多様な可能性を持つ。……人は例えば、われわれの太陽の自然的把握に対比して、物理学は太陽系に関する真正な知識を持っているといったことは言えないのである。(12)

このように、たとえハイデガーの見解が、科学的に研究される存在者に関する実在論と整合的であるとしても、彼は物理主義者でも、還元主義者でも唯物論者でもないし、いかにしてもそのようにみなすのは無理であろう。われわれがすでに見てきた通り、ハイデガーが『存在と時間』の十九節、二〇節、二一節で詳細に論じているのは、世界性を事物的存在者に基づいては了解することができないということ、そしてそれゆえに事物的存在者は、それがたとえ成功を収めた自然科学のうちへと新たにコンテクスト化されていようとも、実在性の基礎的な構成要素を与えることはできないということである。自然種の物理的因果的諸力に関する理論が告げてくれるのは、何が因果的に実在的であるかということだけである。この理論によっては、さまざまな仕方で存在者と交渉し、つまりさまざまな存在仕方を理解し、それによって物理科学の記述するような存在者をも含むさまざまな存在を開示する、現存在の能力は説明できないのである。だから科学は究極的実在の理論であることは不可能である。これこそ、ハイデガーが形而上学的実在論を拒否する理由なのである。「実在論は、実在的な事物のあいだでの実在的な作用諸連関によって、実在性を存在的に証明しようと試みている。……〈しかし〉存在は決して存在者によっては説明されえず、あらゆる存在者にとってそのつどすでに《超越論的なもの》なのである」(251)[207-208]。だから彼は次のように言うこともできるわけである。

もしデカルトの業績を、数学的自然科学の構成と、そしてとりわけ数学的物理学の仕上げとの関連から考察するなら、この考察は根本的に肯定的な意義を当然持っている。しかしデカルトの業績［英訳では「考察」だが修正］を世界の実在に関する一般理論との連関のなかで見たとき明らかになるのは、ここから実在性探究の運命的な狭隘化が始まったということである。そしてこれは今日に至るまでいまだ克服されてはいないのである。(HCT, 184-185)
[GA20, 250]

ハイデガーの考えではさらに、現代科学的な企投は自然の了解に関しても、その唯一のあり方ではない。広範にわたる多様な現象を、予測したり制御したりするよりは、アリストテレスのように互いに関係づけたいと思えば、現代物理学によって発見された因果的諸力のようなものではなくて、目的因をあらわにする可能性もでてくる。したがって物理的原因の探究に対してなら、ただ一つの正しい解答というものもあるかもしれないが、それとは異なった多くの企投が、自然をそれ自体において存在するがままにあらわにする可能性もあるのである。

物理学によって表象されているものは確かに、自然そのものであるが、それは対象領野としての自然にすぎないことも否定しがたい。その対象領野の対象性はまずもって、物理学に特徴的な編成によって規定されており、その編成のうちで表立って構築されているのである。現代自然科学に対しての対象性という姿をとる自然は、現前するもの――それは昔からピュシスと名づけられてきた――がそれ自身をあらわにするときの一つのあり方にすぎないのである。(13)

ここでハイデガーが否定しようとしているのは、現代物理学が自然を記述する正しい語彙を見つけたということ、そしてその語彙を、一切を基礎づけようとする存在論のために用いることができるということである。ハイデガーの一九三八年の講演におけるクーンとよく似た指摘の意味も、私が思うに、こうしたことなのだ。

〈われわれは〉自由落下する物体についてのガリレオの教説が真であり、軽い物体は上をめざすというアリストテレスの教えが誤りであるとは言うこと〈ができない〉。というのも、ギリシア人の物体と場所そして両者の関係、の本質についての了解は、存在者についてのあるまったく異なる解釈に依拠しており、したがって自然の出来事について、そうした了解に対応した異なった種類の見方と問い方を条件づけているのである。シェイクスピアの作品がアイスキュロスのよりも進んでいるなどとは、誰も主張しようとは思わないだろう。ましてや何についてであれ、現代的な了解がギリシア人のそれよりもより正しいなどと述べることは不可能である。(14)

ここでハイデガーは明らかに、ガリレオがアリストテレスを論破してしまったという見解に対して反論を試みているのである。彼がそのように反論をするのは、どちらの理論も自然について真でないと（クーンのように）考えることによってではなく、むしろどちらの理論も真理であると考えることによってである。これによってハイデガーは、どちらの理論もそれなりに「啓発的」であるという、無害な主張をしているとみなすこともできるかもしれない。しかし、先ほど引用した「物理学によって表象されているものは確かに、自然そのものである」という主張のコンテクストからすると、異なった理論はそれぞれ自然の異なった側面をあらわにすることができるという、より強い主張がそこには含まれているはずである。もちろん、もし人が、事物本来の場所に訴えるアリストテレスの運動論を物理的因果性の一つの説明であると解してしまい、例えばなぜ岩が落下するのかということについて、現代物理学がそうした現象を説明すると言っているのとまさに同じ意味において説明することをめざしているものと考えるなら、アリストテレスの立場は維持できない。今の場合には、われわれの知る限りでは現代物理学が正しいだろうし、アリストテレスは単に誤っているということになろう。しかしハイデガーは明らかに、アリストテレスとガリレオが異なった種類の問いを問うており、したがって両者のそれぞれが、自然の異なった側面について正当性を持つことがありうるだろうと考えているのである。

もしもある人が物理的因果性や目的因といったものには興味を持たず、むしろ宇宙的精神の理論といったもののうちで事物的存在者を新たにコンテクスト化することを選択するとすれば、そうした理論もそれはそれで真だということになってもおかしくはない。そうした理論は自然の制御可能性、もしくは宇宙に投影された自分の関心を発見する術を与えてはくれないだろうが、何か人を啓蒙するところがあるかもしれない。同様に、もし究極的実在の説明を、脱コンテクスト化する人間の能力に基づけようとしないで、ナバホ族のように日常的世界を聖なるものとしてとか神々(これらの神々が物理的力を持つとは考えないという条件のもとでだが)に満ちているものとして見ることができるのならば、そこで、聖なる存在者が出会われることがあってもおかしくはない(15)。物理学は、仏教やナバホ族が誤りだと示すことはできないし、キリスト教が誤っていると反論することもできない。物理学は実在性の究極的意味についていかなる見解も持ちえないのである。究極的な物理的力はクオークに属しているかもしれないが、例えば究極的な救済の力はキリストのことであるかもしれない。鉄の物理的力は役に立つハンマーを作ることにとって本質的であるが、効力を持つ十字架を作るときにはどうでもよいことなのである(16)。

このコメンタリーの序論で指摘しておいたように、ある文化にとって何が実在的だとみなされるかはその文化の振る舞いのうちなる解釈に依存する。付け加えておかねばならないのは、この依存関係が、文化において了解されたものの実在性の度合いを格下げしてしまうわけではないということである。究極的実在という点に関して言えば、後期のハイデガーは多元的実在論者[plural realist]と呼ぶことができるだろう。多元的実在論者にとっては、究極的実在の唯一の真なる本性について形而上学的問いを立て、それに答えることのできるような観点といったものはまったく存在しないのである。いかなる存在仕方の理解可能性も現存在の存在に依存し、そして何が実在性を構成する要素とみなされるかということもわれわれの諸目的に依存する以上、そうした形而上学的問いは意味を持たないのであるかる(17)。実際、実在性は有限的な現存在に相対的なのであるから、何が実在的なものであるのかという問いに対しては、多くの真なる答えがありうるのである。ハイデガーが観念論者や相対主義者に見えてしまうのは、唯一の記述の体系のみが事物の本当のあり方に対応することができるのだと考えてしまうときだけである。しかしハイデガーにとってみれば、異なった存在了解は異なった種類の存在者をあらわにするのだし、あらわにするいずれかの仕方が排他的に真だというわけではないのだから、そのうちどれか一つを受け入れることによって他のものを拒否することが余儀なくされるわけではない。この点に関しては、ハイデガーとドナルド・デイヴィドソンは非常によく似ている。両者がそろって認めるだろうことは、われわれはさまざまな記述を使って実在性を理解可能にすることができるということであり、ある与えられた記述のもとでそれについてわれわれの主張が真である当のものは、そのさい記述された性質が何であれその性質を持っているのであり、それはたとえ、それらさまざまな記述様式が単一の記述様式へと還元できずとも、また、われわれ記述者と事物についてのわれわれの記述方法が存在していようといまいとそうなのだということである(18)。

異なった文化的振る舞いがそれぞれ自然の異なった側面を解き放っているように、異なった文化的振る舞いは異なった種類の文化的存在者を解き放っている。こうした歴史的存在者はそれ固有の存在論的な地位を持っている。その存在の仕方は、事物的存在者の脱世界化された存在とは違うのである。

> 世界内部性がその存在にある特定の仕方で属しているような存在者が……ある。こうした存在者はわれわれが歴史的存在者と呼ぶものすべてである。ここで歴史的というのは世界・史的なものといったより広い意味において言われており、歴史的な人間が、すなわち厳密で本来的な意味において歴史的に存在し歴史的に実存している人間が創造し、形作り、育んでいるすべてのもの、人間の文化と作品すべてである。この種の存在者は世界内部的なものとしてのみ存在する、もっと正確に言えば、そうしたものとしてのみ発生し、存在し始めるのである。文化は自然がそうであるような仕方において存在するわけではない。(BP, 169)
> [GA24, 241]

もちろん、どのような文化的解釈でも存在者を開示するというわけではない。もし、ある文化が英雄や聖者に出会うかわりに、円形で光線を発する異星人に出会うための振る舞いを開発し始めても、当然何ものも出会われてこないだろう。しかしどのような種類の文化的存在者が出会われうるのかについて、はっきりした境界はない。物理科学においてなら、物理的因果性に関する限りでは一つの正しい答えがあるように思われる。現代物理学が推奨する理論的企投と根本的に異なった企投は、おそらく物理的因果的力をあらわにするということはないだろう。ハイデガーは、文化的解釈と科学的企投のあいだのこうした違いを指摘している。

> 精神的なものは、……自然科学の領域ほど守りが固いわけではない。後者においては、誤ったアプローチに対しては自然が即座に報いを与えるのである。(HCT, 203)
> [GA20, 277]

この文章が示唆しているのは、科学が自然に内在する言語を習得しているといった発想をあざけるローティのような、科学に関する相対主義者に対して、ハイデガーがどのように応答するだろうかということである。われわれは決して、科学的データの脱コンテクスト化を完全には遂行することはできないということ、またそれゆえにわれわれの科学理論は、自分たちの文化的振る舞いと言語につねにある程度までは寄生的であることは認めよう。それでも、われわれの目的への指示から切り離された・無意味な・事物的に存在するデータ、をあらわにする振る舞いがあるということにいったんわれわれが気づくなら、われわれは、理論における新たなコンテクスト化を用いて、自分たちの科学理論を日常的世界からどんどん遠くへと引き離していくことができる。ニュートン理論は、事物的に存在する空間・時間の日常的経験に似通った宇宙をあらわにしているように思われていたのであるが、われわれと自然とのあいだの相互作用の結果生じたのは、ニュートン理論を相対性理論・量子の不確定性理論で置き換えることであった。そうした経緯はまるで、自然に内在する言語ではなく、本当は自然こそが自然科学者に教示しているかのようである。なぜならば、自然についての表象は意味を持った振る舞いと独立して実在していると考えるのはプラトン主義者だけであって、実際はむしろ自然が自然科学者を導いて、ある一つの側面のもとで自然を表象するための自然科学者自身の言語を進歩させているからである。

いずれにせよ、何が実在的であるとみなされるのかをわれわれが確立したとしても、どのような特定の事物が存在するのかはそのつど見いだす必要がある。ギリシア人は、自分たちの振る舞いがあらわにしているその神々に畏怖の念を抱いていたのだし、われわれは素粒子を発見せねばならない――われわれは素粒子を構築するわけではない。われわれの存在了解は、いかなる領域においてであれ何が事実としてみなされうるかを確立するだけであって、そのつどの個々の事実が何であるかを決定するわけではない。ハイデガーが言うには、

> （存在者ではなく）存在が存在了解に依存している、言い換えれば、（実在的なものではなく）実在性が気遣い〈すなわち現存在〉に依存している。（255、〈 〉内の注釈ドレイファス）[212]

以上のように、ハイデガーは形而上学的な実在論と反実在論を越えた巧妙で説得力ある立場を確保している。自然はわれわれとは独立に、何であれそれがそうである通りのものであるし、それが持っている因果的性質が何であれ、自然はまさにそうした因果的性質をわれわれとは独立に持っているのである。アリストテレスとガリレオの問いのように、異なった二つの問いは異なった自然種と異なった種類の因果的性質をあらわにする。実在性に関するそれぞれ異なった文化的解釈も、実在的なものの異なった側面をあらわにするのである。しかし、それに基づいて他のすべてのものも理解可能になるような究極的実在が何であるのか、という問いに対して正しい答えといったものはない。このような形而上学的問いに対しては次のように答えることができるだけである。現存在、すなわち自分の存在が自

分にとって問題であるような存在者は、実在的なもののどのような側面もその振る舞いに基づいて出会われてくるといった存在者であり、それというのも現存在がまさに意味の源泉、つまり存在と実在性の了解の源泉だからだというものである。

ここでハイデガーとローティを比較するのは役に立つ。なぜなら、彼らは右に述べられた点に関して非常に似通っているように見えるからである。二人とも、意味を付与するための異なった振る舞い（ローティなら語彙というだろう）が与えられれば、実在的なものは異なった出会われ方をすることもあるのだと主張する。そして二人とも認めようとしないのは、究極的実在がそれ自体において存在する一つの仕方があること、他のすべての記述を基礎づけるような一つの特権的な記述があるといったことである。究極的実在の記述ができると主張する者は、すべての個別的で有限的な解釈の外側に、自分がある一つの視点を持つと主張していることになる。ハイデガーとローティが了解についてどう理解していたかを考慮すれば、このような究極的存在についての解釈抜きの了解といった観念そのものが意味をなさない、というのが二人の考えだということになる。しかしローティはどうも、こうした議論が最小限度の解釈学的実在論に対立する議論になると考えているようである。それに対して私（と、すでに論じた通りハイデガー）の主張は逆に、人は実在に関する唯一の正確な記述があるという主張を拒否してもなお、実在に関する多くの正確な記述がありうることは認めることができるというものだろう。これらの記述のうちには客観化された物理的自然の正確な因果的記述も含まれているのである。

III　真　理

実在性について問うことはすぐさま、真理について問うことに直結する。ハイデガーはこの二つの問題を次のように関係づけている。

> 存在が与えられているか、それとも与えられていないかは現存在の実存に依存しているのだろうか。〈われわれがさきほど見たように、答えは「然り」である。〉〈たとえ〉そうであるとしても、このことによって存在者、例えば自然があるのかないのかが現存在の実存に依存しているということが確言されているわけではない。存在が与えられる様式および、存在がただ可能性としてだけでも与えられる様式は、存在者が存在者として存在するか否か、そしていかにして存在するかに関しては先入見を持っていない。
>
> 問題は、真理の存立が、存在と、存在が与えられる様式とにどのようにかかわるのかという問いに収斂してくる。存在と真理はお互いに本質的な仕方で関係しあっているのだろうか。……存在者はそれが存在する限りそうした存在者についての真理から独立でありながらも、真理は現存在が実存するときのみ存在するということは本当なのだろう

か。（BP, 222–223、〈 〉内の注釈ドレイファス）［GA24, 317–318］

ハイデガーはこの最後の問いに対して「然り」と答えるであろう。すなわちハイデガーは、ここでふたたび彼の定石を展開しようとしているのである。事物的存在性の場合、実在性と存在が現存在の振る舞いに依存しつつも、実在するものと存在者はそれに依存しないように、真理も現存在に依存するが、真理が妥当しているその当のものは現存在に依存しないのである。

　真理は伝統的に、心的状態の命題的内容もしくは陳述の命題的内容と、世界の事実との対応［correspondence］と考えられてきた。これが前提としているのは、真理が事物的に存在する二種類の存在者のあいだの、すなわち表象と事実のあいだの単に事物的に存在する関係であるということである。ハイデガーがこれから示そうとするのは、伝統的真理概念が正しかった点は何か、間違っていた点は何かである。おおざっぱに言えば、真理は確かに、ある陳述と事物的に存在する何らかの事態との一致［agreement］でありうるが、そのような陳述は事物的に存在するわけではなく、陳述と事態との関係もまた事物的に存在するわけではないということである。陳述と存在者が「対応する」のは一定の記述のもとでのみ起こることであって、そのさい、記述することと陳述を用いることはわれわれの背景的な親密性を前提としている。

A　伝統に対する批判

ハイデガーはまず最初に伝統的な見解を紹介する。それは二つの主張からなる。

> （1）真理の「ありか」は陳述（判断）である。（2）真理の本質は判断とその対象との「一致」のうちにひそんでいる。（257）［214］

そして彼は、こうした説明の不明瞭さを指摘する。一体何が陳述において表明されているというのか——命題であろうか。そしていかにしてそのような「観念的内容」が、事実に関係するとされているのだろうか。

> このような関係は、判断の観念的内容と、判断がそれに関して下される対象としての実在的な事物とのある連関に関係する。……観念的な存在者と実在的な事物的存在者とのあいだの関係は、存在論的にはどのように解されるべきであろうか。（259）［216］

次いでハイデガーは、日常的対処の説明を使ってこの問題を再構成しようとする。この問題はフッサールのように、心が志向的内容を介して対象に関係せねばならず、したがって真理は命題的内容と、心からは独立の対象との対応でなければならないということを主張する人たちが直面せざるをえない問題である。もし道具的存在者との日常的対処が志向的内容なしに遂行されるのであれば、以下の問題が生じてくる。つまり、いかにして私の行為や言葉がさまざまな位相のもとで物事を取り上げるのか、そしてこの向けられていること――この～へと向かう存在――が物事を正しくとらえるということは何を意味するのかという問題である。ここでハイデガーは現象に立ち返る。大工が家を建て終わった後、所有者たちがその家でくつろいでいる場面を想定してみよう。彼・彼女らのうちの一人が、自分の後ろの壁にかかっている絵が傾いていると陳述する。この陳述はどのようにして機能しているのか。それは両者のあいだに介在する、何らかの表象（命題的内容、心内のモデル、もしくはノエマ）を媒介とすることによってではない。

> 陳述が「真である」とは、その陳述が存在者をその存在者がそれ自体として存在する姿において暴露するということを、意味する。陳述は、存在者をその被暴露性において陳述し、提示［指示］し、「見させる」（アポパンシス）。陳述の真理存在（真理）は暴露しつつあることだと了解されねばならない。それゆえ真理は、一方の存在者（主観）が他方の存在者（客観）に同化するという意味での、認識作用と対象とのあいだの一致という構造を、まったく持ってはいない。（261）［218-219］

われわれは次のような現象に忠実であらねばならない。

> ……陳述することは……その最も固有な意味から言えば、壁にかかっている実在的な絵に関連づけられているのである。……この場合心のうちにあるとされるような何らかの別のものを差し込むあらゆる学的解釈は……現象的な実状を偽るものである。陳述することは、存在しつつある事物自身へとかかわる存在の仕方の一つなのである。（260）［217-218］

陳述は一つの道具であり、それは絵を何らかの仕方で存在するものとして、何らかの特徴を持ったものとして指示［提示］するために道具的に存在している。他人の注意をその状況の重要な位相へと向けさせるというその仕事を果たしているとき、陳述は透明な仕方で機能しているのである。

> 証示されるのは、陳述が暴露しつつあるということである。そのさい、こうした証示を遂行しているときの認識作用は、ひたすら存在者自身にだけ関連づけられ続けている。この存在者自身に即して、いわば確証が演じられるわけである。指された存在者自身は、それ自体において存在している通りに自らを示すのである。言い換えれば、その存在者はその自同性において、存在しつつあるがままにその陳述において提示［指示］され暴露されている通りに、存在しているのである。（261）［218］

したがってハイデガーは、一致という常識的概念を保持しつつも、他方でこの一致を主観的心的内容なるものと客観的事態なるものとの対応であるとする伝統的説明を拒否する。彼の一致についての説明は真理の一般的な特徴づけであって、それは、われわれがハンマーの現に知覚されている諸位相や、われわれの背後にあって実際に知覚されていない絵の諸位相を指示している場面であれ、もしくは科学に固有の指示の様式を利用して、理論的存在者にふさわしい仕方で間接的に現われてくる性質に注意を向けるといった場面であれ、当てはまるものである。

このような特徴づけは、伝統をどのようにして矯正するというのだろうか。伝統は、陳述がいかにして指示作用をするか問うところから出発する。伝統は次のように仮定しているのである。

> われわれがより正確に細部にわたって雑音、音声、語、意義、思考、表象の相互関係を追求し、説明すればするほど、思考と対象との対応［原文は「一致」］と一般的に呼ばれている事態の説明はより学問的になるだろう。（MFL, 125）［GA26, 156-157］

ここでもまたフッサールは一つの典型をなしている。『論理学研究』やそれ以後のすべての著作におけるフッサールの考えによると、音や記号がある対象を指示するためには、彼が意味(Sinn)、もしくはノエマと呼んでいる理念的、心的存在者に関係づけられねばならない。ハイデガーはここでもまた、フッサールの見解を根本的な仕方で逆転する。ハイデガーは、事物的に存在する心的内容としての（充足条件の）表象といったものによって、言語がどのようにして指示するのかを説明できるという考えを否定する。ハイデガーはフッサールに同意して、判断が対象に関係するためには意味（Sinn）を介することが必要だということは認めるが、ハイデガーにとってはフッサールとはまったく逆に、意味とはそもそもそれを基盤として行為や対象が意味をなすような、共有された振る舞いという背景の持つ構造なのである。これは孤立した心的内容と、信念の全体論的ネットワークとの対立の問題――フッサールはそう考えたのであるが――ではない。後期のフッサールが認めたように、指示はノ、エ、マ、の、ネ、ッ、ト、ワ、ー、ク、を背景にして成立せねばならないというときでも、対応の問題は、いかにして事物的に存在する全体的ネットワークが世界と対応できるのかという問題へと単にずらされたにすぎないのである。

ハイデガーは伝統的説明に対して三つのレヴェルで反対する。まず第一に、言語は無意味な音声に後から意味付与されたものとしては説明できないと彼は考えている。第二に、有意味な陳述はある背景に相対的にしか真理条件を持たない。第三には、指示することとそれ自体が一つの社会的振る舞いであると彼は考えるのである。これから見るように、彼はこれら三つの見解から次のことを結論する。

暴露しつつあることとしての真理存在は、……存在論的には、世界内存在に基づいてのみ可能である。世界内存在というこの現象をわれわれは現存在の根本機構と認めたのだが、この現象こそ、真理の根源的現象の基礎なのである。（261）［219］

ハイデガーの考えるところでは、事物的に存在する表象と事物的に存在する音声とを組み合わせてできた言語から出発するような、指示と真理の説明は不可能なのである。われわれが本書11章で見た通り、バイクの騒音から言葉に至るまでのあらゆる種類の音は、直接的に有意味なものとして経験されるとハイデガーは考える。したがって、もしわれわれが現象に忠実であるならば、単なる雑音にいかにして意味を与え、その結果、言語的表象による指示ができるようになるのかといったフッサール／サール的な問題は解消されてしまう。

……音声的分節〈サールが音響送波と呼んでいるものである〉から出発することによって、われわれに直接的にそれ自身を示してくるものをとらえることができるであろうか。それは無理である。誰かが今この講義室で「黒板が黒い」という命題を述べ、それも……直接的に与えられたコンテクストにおいて遂行するということを想定してみるがよい。この言明を理解することにおいて、われわれは何へと向かっているだろうか。音声的分節にだろうか。それとも言明を遂行し、また発された音声がそれの「記号」であるような表象にだろうか。否。むしろわれわれは、ここの壁にある黒板そのものに向かっているのである！　この黒板の知覚において、ほかならぬこの黒板を現前させ考えることにおいて、われわれは言明の遂行に関与しているのである。……現象のあらゆる真正な解明の出発点は、自らを示すものをまずしっかりひきとめそしてそのもとにとどまることのうちに存する。（MFL, 125-126、〈　〉内の注釈ドレイファス）［GA26, 157］

しかし、有意味な発話が指示することができるのはいかにしてかを説明するには、有意味な音声以上のものが必要である。心のうちにではなく、共有された振る舞いのうちにある背景的親密性に依拠するときだけ、われわれは陳述がどのようにして対象を指示することができているのかを理解することができる。

最初の帰結は……言明をすることは存在者への根源的な関係といったものではなく、言明における関係は、それ自体すでに存在者のもとにある——知覚的ふるまいであれ何らかの実践的ふるまいであれ——ということを基盤としてのみ可能だということである。Xについての言明をすることは、Xと交渉することを基盤としてのみ可能であると言うことができる。（MFL, 126）［GA26, 158］

この点に関してサールはハイデガーに同意することであろう。「字義通りの意味」[Literal Meaning]という論文でサールの議論するところによれば、「猫がマットの上にいる」というような一見したところ単純な陳述でさえも、それだけで孤立化されてしまうと真理条件を持たない(19)。何をもって猫がマットの上にいることとみなすのかは、宇宙空間においてや場合によっては地球上の一定の状況においても起こりうる、無重力状態という条件下では、異なったものとなるであろう。陳述が真でありうるのは、そもそも何ものかをマットの上にいる猫として記述できるときだけであるが、そのことのためには共有された背景的振る舞いが必要なのである。ここから帰結するのは、陳述はその命題的内容のみによっては真理条件を決定しないということである。

陳述がとにかく真でありえ、陳述がそれについて陳述されたものに命題的内容において適合しうるのは、ただ陳述がそれについて語っている存在者がすでに何らかの仕方であらわにされているからなのである。すなわち、Xについての陳述はそのXとの交渉がすでにある種の真理を保持しているからこそ、真なのである。(MFL, 127)[GA26, 158]

命題[陳述]の真理は……すでに事物のもとにあることに根ざしている。後者は陳述がなされる前から「すでに」生起している。一体いつからだろうか。つねにすでにである！　つねに、ということは現存在が実存している限りということである。すでにもとにあるということは現存在の実存に属している。(MLF, 127)[GA26, 158-159]

モナド的な心のうちにある私秘的存在者ではなく、物事に対処する共通の振る舞いという共有された背景こそが、指示を可能にするのである。

しかしこのことによってはまだ、いかにして陳述が機能しているのかということが教えられているわけではない。指示するという関係は対応の一種なのだろうか、すなわちその関係はそれ自体、事物的に存在しているのだろうか。ハイデガーの答えは「否」である。言語は一個の複雑な道具であり、陳述は指示具のようなものなのである。

言表された陳述は一つの道具的存在者であって、しかもこの道具的存在者は、被暴露性を保存するものとして、暴露された存在者とのある連関をそれ自身のうちに持っている。(267)[224]

指示することは共有された社会的技能であり、現存在はこうした指示するという振る舞いへと社会化されているのである。われわれはこの主張のもとに立ち止まり、発達心理学の分野での経験的な研究を用いて、人がある振る舞いへと社会化される仕方を見いだすこともできる。あるいはわれわれは、この現象の一般的構造を詳らかにすることもできる。ハイデガーはもちろん後者の道を選んでいる。

B　根源的真理と通常的真理

われわれの予想通り、ハイデガーは真理というものを次のような二つのレヴェルにおいて取り上げる。すなわち根源的超越もしくは根源的真理――真理の主張を可能にする明るみ――のレヴェルと、指示するという個別的作用の真理、つまり存在的超越のレヴェルである。別の言葉で言えば、開示性としての真理と、被暴露性としての、すなわち～へ向かう存在仕方としての真理とを分けるのである。ハイデガーにとってはどちらも真理に属するものである。なぜなら、どちらの真理も事物を隠蔽から開けへともたらすことの一つの段階だからである――まず第一の段階は世界を開くことによるものであり、次の段階は世界における事物を指示することによるものである。こうしてハイデガーは、自分の真理概念を真理に当たるギリシア語、すなわちアレーテイア（aletheia）と結びつけるが、このアレーテイアは彼の主張によれば、非忘却（忘却の川、レーテーと、非道徳（amoral）という語の「非（a）」のような否定の接頭辞を想起せよ）を意味するのである。アレーテイアは「存在者を秘匿性のうちから取りだしつつその非秘匿性（その被暴露性）において見させるということ」（262）［219］を意味する。

1　開示性としての根源的真理

日常的暴露は個別の存在者を指示するが、こうした非表象的志向性はより根源的な志向性を前提としている。

> 分析は、伝統的な真理概念から出発して、その概念の存在論的な諸基礎を露出させることを試みる。……それらの諸基礎の方から、真理の根源的な現象が見てとられうるようになる。この根源的な現象から、伝統的真理概念が派生する道筋を提示することができる。（257）［214］

対象、空間、了解、陳述、実在性といった伝統的概念についての説明と同じく、ハイデガーは真理の伝統的概念をも、より根源的で実存論的な条件から派生的に導出しようとする。そしてすでに見たように、ハイデガーはしばしば「根源的なX」という用語を使ってXの可能性の条件であるものを名指すのである。『存在と時間』の第二篇では負い目と時間性もこのような仕方で扱っている。それどころか、根源的時間性についての議論では、彼はこうした手続きに名前を与えている。

> ……現存在の常識にとって近づきうる「時間」は、根源的ではなく、むしろ本来的な時間性のうちから発現するのだということが証示されるなら、「ヨリ重要ナルモノカラ命名ハ生ズル」という命題に応じて、今露出させておいた時間性を「根源的時間性」と命名するのは正当だとされるで

あろう。（377）［329］

ここでハイデガーは真理に関しても同じ手続きを踏む。

このような暴露すること自身を可能にするものは、必然的に、さらにいっそう根源的な意味において「真」と名づけられねばならない。真理の最も根源的な現象は、暴露すること自身の実存論的・存在論的な諸基礎によって初めて示されるのである。……暴露しつつあることとしての真理存在は、現存在の一つの存在の仕方なのである。（263）［220］［ドレイファスは引用の順序を変えている。］

暴露しつつあることとは、現存在が開示すること――すなわちそこで対象が出会われることが可能な、共有された明るみ、局所的状況、「現」といったものの開け――の別名である。

……世界の世界性と世界内部的な存在者とのさきの分析を通じて示されたのは、世界内部的存在者の被暴露性の根拠は世界の開示性のうちにあるということであった。ところが、開示性は現存在の根本性格であって、この根本性格に応じて現存在は、自らの「現」なのである。開示性は、情状性、了解、および語りによって構成されており、世界、内存在、および自己に等根源的に関係する。……だから現存在の開示性でもって初めて、真理の最も根源的な現象が得られるのである。（263）［220-221］

事物が暴露されうるのも、現存在が根本的に開示する活動であるためである。

陳述が真理の第一次的な「ありか」であるのではなく、その逆に、……陳述は、暴露することのうちに、ないしはむしろ現存在の開示性のうちに、その根拠を持っている。最も根源的な「真理」こそが、陳述の「ありか」なのであり、陳述が真でもあれば偽でもあることができるということ、陳述が暴露したり隠蔽したりしうること、このことにとっての可能性の存在論的条件なのである。（269、強調ドレイファス）［226］

配視的な配慮、あるいはまた、滞留しつつ何かを眺めやる配慮でさえも、世界内部的な存在者を暴露する。この世界内部的な存在者は暴露されたものになる。これら存在者は第二次的な意味において「真」なのである。第一次的に「真」であるのは、換言すれば、暴露しつつあるのは、現存在にほかならない。（263）［220］

2　陳述と事態の一致としての真理の派生

ここで人は次のようなことを知りたいと思うであろう。共有された技能と共有された状況の背景に基づいて、言語が指示具として機能しているようなコンテクスト依存的な指示から、脱コンテクスト化された対象や出来事を指示すべく理論家が理論的陳述を使用することへと、現存在がどのようにして——正当な仕方で——一歩一歩進んでいくのかということである。すなわち人が求めているのは、理論的陳述と客観的事態の一致の可能性を派生的に導出することである。

これら二つの命題は、次のことが示されるときに初めて完全に洞察されうるのである。すなわち、（1）一致だと解された真理は、開示性から由来しており、しかもそれは、ある特定の変様を受けるという方途をたどってである。（2）開示性そのものに属する存在様式は、その派生的な変容態が……真理の構造の理論的説明を導いてしまうようなものなのである。（265–266）［223］

ここでハイデガーは、陳述とその対象が脱コンテクスト化されることを問題にする。

陳述は一つの道具的存在者である。この陳述が暴露するものとしてそれと関連づけられている世界内部的存在者は、道具的存在者ないしは事物的存在者である。この関連自身が、かくして、事物的に存在するものとして現われる。（267）［224］

こうしたことよって、伝統は、陳述とその対象の関係を誤って解釈するようになる。

あの関連は、もろもろの事物的存在者のあいだのある関係へと転じられることで、今やそれ自身事物的存在性という性格を得るにいたる。何かが暴露されているということは、言表された陳述という一つの事物的存在者の、論じられている存在者という事物的存在者への、事物的に存在する適合になってしまうのである。（267）［224］

かくして、真理を、自足的な命題と解釈を被っていない事実との対応として理解する伝統的理論が生じるのである。しかしそうした対応は不可能である。というのも、今しがたわれわれが見たように一致は、指示作用のための共有された振る舞いと、まずもって何かが何かとして出会われてくることを可能にする基本的な開示性を前提としているからである。

陳述とその構造（つまり、命題的な「として」）とは、解釈とその構造（つまり、解釈学的な「として」）のうちに基礎づけられており、さらには、現存在の開示性であるところの了解のうちに基礎づけられている。……したがって陳述の真理の根は、さかのぼって了解の開示性のうちへと達しているのである。（266）［223］

真理が必要としているのは、事物が開示されていること、および、行為者が陳述を使ってそうした事物を指示する技能を共有していることだと分かれば、もうこれ以上説明すべき点は何もない。しかし伝統的存在論は、共有された背景的振る舞いの役割を見過ごしてしまい、他から切り離された関係としての対応から出発しているのである。

> 基礎づけにおける実存論的・存在論的諸連関の順序において最後であるものが、存在的・現事実的には、最初で最も身近なものだとみなされている。（268）［225］

背景がこうした仕方で無視されると、事物的に存在する諸関係項と事物的に存在する関係が登場し、一致が哲学的な問題となるのである。そこではあたかも、表象と表象されたものの関係についての理論が必要であるかのような様相を呈してくる。その結果として生じた真理の対応説は、その細部はどのようなものであろうと、ある領域では正当であるが別の領域では不当だといったようなものではない。これは、ハイデガーがここでも自身の科学の説明との類比を使うであろうという予想には反するであろうが。そうではなくむしろ、対応説はある観点においては事柄を照らしだしてくれるものであるが、別の観点においては歪曲されたものなのである。すなわち真理は確かに、何らかの表象作用（たとえそれが指示作用であるにしても）と対象の一致の問題であり、もし表象作用が理論的陳述によって遂行されているのであれば、陳述は実際、事物的に存在する対象に関係しているのである。しかしこの関係そのものは、決して純然たる事物的存在性を持つものではありえない。この関係がそれ固有の意味と指示する能力を持つのは、共有された一群の振る舞い――行為者がそこに住み込んでいる限りにおいて、意味と指示を可能にするような振る舞い――のうちに組み込まれていることによってである。

　われわれは、事物をそれ自体においてあるがままに指示する科学理論を形成することができるが、それが可能なのは、理論化を問題にしないような仕方で振る舞いに住み込むことによってのみである。要するに人は、真理の理論を必要ともしないし、それを持つこともできない。ハイデガーが「現存在が、本質上自らの開示性であり、開示されたものとして開示し暴露する限り、現存在は本質上《真》なのである。現存在は《真理のうちで》存在している」（263）［221］と述べるさいに彼が言おうとしているのは、背景的振る舞いが適切に機能しているときに一致はもはや問題ではなくなるが、われわれが背景的振る舞いに住み込むといったことについては、第三者的、客観的、理論的に説明することはできないということである。

C　根源的非真理

　ここでハイデガーは非真理の問題に目を転ずる。われわれがもし真理のうちに存在しているのなら、すなわち陳述を使って事物をそれ自体においてあるがままに指示することを可能にする振る舞いへとわれわれが社会化されているのならば、われわれが時として間違った陳述をするということはどのようなことを意味するのであろうか。非真理の源泉は何だろうか。

ハイデガーは存在的な非真理の可能性についての常識的説明と、存在論的な非真理の必然性についての実存論的説明とを用意している。日常的非真理が可能であるのは、陳述が特殊な道具だからである。陳述を、指示するために用いることができるが、そのとき指示されるものは、指示の状況においてまさにわれわれの眼前にある事態だけでなく、絵が傾いているといったときのようにわれわれの背後にある事態、さらにはどこか別のところにある事態やまだ起こっていない事態でもある。

> 現存在は「本源的な」経験において存在者自身に当面する必要はないのである。しかし現存在は、それでもこの存在者へと向かう何らかの存在のうちにとどまっている。(266)［224］

しかしこのようなとき、指示は指示された対象へ直接的に接近することではないから、陳述が実在と一致し損なう可能性がつねにある。このような場合には、言語を使用して何かを指示していても、そこで指示されているものがそのとき指示しているような仕方では存在していなかったり、もしくは指示している場所に存在していなかったり、それどころかそもそもまったく実在していなかったりすることもありうる。こうしたことによって非真理が可能となる。

他方で、開示性の対極にあるものとしての実存論的非真理は、何らかの隠蔽でなければならないだろう。ハイデガーは実存論的非真理は単に可能であるというだけでなく、不可避であると考えている。「《現存在は真理のうちで存在している》という命題は、その完全な実存論的・存在論的な意味においては、それと等根源的に、《現存在は非真理のうちで存在している》ということをともに言っている」(265)［222］。このことがなぜなのかを見ていくことにしよう。

ハイデガーにとって根源的明証性とは、何かがまさにそうである通りの姿において現前することの経験である。ところがもし、そのような明証性を固定化し、その明証性が生起する時と場所を越えて言語に保存することを試みれば、われわれは明証性の持っている根源的な関係を失ってしまうのである（本書13章を見よ）。われわれが単純に、今生じている出来事の諸位相を指示することだけに関心を持っているのであるならば、根源性を喪失することには何の問題もない。しかし、獲得するには労苦や試練が必要であるような、また一般的なコンセンサスからも逸脱しているような洞察をわれわれが持っているときはどうであろうか。ハイデガーによれば、陳述のうちに真理を固定することによって生じる根源性の喪失を、公衆はそうした洞察を均等化するために利用し尽くす。このような場合、真理から非真理へと滑り落ちることは避けがたいのである。

均等化が不可避であることは、本源性についてのある興味深い説明を想起させる。現存在が非真理のうちで存在するのは、現存在が通常は空談の世界のうちへと頽落し、すなわち世人の一般性と通俗性へと頽落しているからである。

……平均的な了解は何が戦いとともに根源的に汲みとられているのか、何がうわさ話にすぎないのかを、決して決定することはできないであろう。そればかりではなく、平均的な了解は、そうした区別を全然欲せず、そうした区別を必要としないであろうが、それというのも、平均的了解は、当然万事を了解しているからである。（212）［169］

しかし時として、誰かが不安のうちに生きそのために自身の本来的条件に直面するような場合、それによってその人が、ある新しい洞察、世界についてのある新しい見方を創出することもある。こうした新しい真理を暴露するためには、紋切り型の意見から出発せざるをえないが、こうした紋切り型はあたかもそれだけで話しのすべてが尽きるかのごとくに平均性を体現している。人はこうした紋切り型の説明から出発して、そこから脱却せねばならない。

何であれ新しいものを暴露するということは、決して、完全な秘匿性を土台にして遂行されるのではなく、見せかけという様態をとる被暴露性に出発点をとる。存在者は……のような外見を呈しているのである、言い換えれば、存在者はある種の仕方においてすでに暴露されていながら、それでいてなお偽装されているのである。……真理（被暴露性）は、存在者からつねにまず戦い取られねばならない。（265、最初の省略は原文による）［222］

本源的な洞察を保持し伝達するためには、そうした洞察を公共的言語、「陳述」のうちで定式化する必要がある。そしてこの「陳述」は、ある共有されたコンテクストのうちで使用可能である。

この被暴露性は、言表されたもののうちで保存されている。言表されたものはいわば世界内部的な道具的存在者になるのであって、この道具的存在者は、取り上げて語り継いでいくことができるものである。（266）［224］

しかしこの陳述という通貨は容易に価値をすり減らしてしまう。本源的状況にいない者や、必要とされる不安を堪え忍んでこなかった者が使用することによって、命題は事物をそうである通りにあらわにするよりは、むしろ隠蔽してしまうような通俗的なものとなってしまうのである。

実存論的な真理が暴露され、そしてまた隠蔽される仕方について、次に挙げる二つの例を検討してみよう。

1 キルケゴール

キルケゴールは、レギーネとの体験や不安に満ちた多大な苦しみを通して、コミットメント［献身］についての一つの見方を開示した。その見方は聖書に伏在しているにもかかわらず、愛とは二人の美しい人間がお互いに対して運命づけられていることだとする、愛についてのロマン主義的な見解のうちで長いあいだ偽装されていたのである。

人に自己同一性を与える「無限の情熱」といったキルケゴールの概念は、キルケゴール自身の激しい個人的な苦しみに由来する。この概念は、以前には実存のまったく異質の諸相（時間性、不安、個別性、主体性など）と考えられていたものを組み合わせることによって、新たな仕方で無条件的なコミットメントという現象をあらわにしている。

しかし当然のことながら、キルケゴールが自分の洞察を言葉に定式化したとき、それは彼固有の状況の外で受け売りされることが可能になるだろう。例えば、それは教室で説明できるものとなる。実際に、ハイデガー的意味での、通俗化へと均等化することの一つの完全な実例が、キルケゴールを扱った私の授業から生じてしまったのである。私はキルケゴールの無限の情熱を規定的関係と呼んだ。私のティーチング・アシスタントだったスティーヴン・ウィードは、パティー・ハーストとキルケゴール的な規定的関係を結んだと記者に語った。インタヴューが印刷され、読者は重大ニュースに接している自分を見いだすわけであるが、それは現象に対するまったく欠如的な関係にすぎないのである。読者は、今度は自分自身で規定的関係という言葉を受け売りすることも可能だったろうが、そのとき読者はキルケゴールの本源的な経験とは、もはやまったくかけ離れてしまっているのである。ハイデガーが述べる通り、「被暴露性は、その大半が、自分自身の暴露することによってわがものとされるのではなく、言われた内容を聞き伝えることによってわがものとされるのである」（266）［224］。

2　フロイト

フロイトは、自分固有の不安に直面することによって、次のように考えることができた。つまり（彼の言うところによると）、二人の異性愛者が愛し合うとき、四人の人間、すなわち男性とその母親、女性とその父親がそこに関与することになるというのである。このように彼は、一見したところ結びつかない事実のあいだに関係を見いだすことによって、愛についてのわれわれの考え方を広げたのである。

このような解釈はキルケゴールのそれと同じように、極度に個人的なものであり不安定なものである。それが陳述のうちに固定されたとき、まず公衆の抵抗を受けた。しかし、それはまもなく通俗化されてしまったのである。キルケゴールの時代には、すべての人がキリスト教徒であった。キルケゴールが反発したのは、キリスト教の本源的洞察が彼の時代に通俗化したことに対してであった。今日ではすべての人が無意識を持ち、フロイト的な錯誤行為を犯す。人が「規定的関係」や「エディプスコンプレックス」を持っているということは、表面上は単に、事実に対応する真理を陳述するという問題にすぎなくなってしまっている。

根源的に指示するという真理から単なる対応という非真理へと滑り落ちていくことは、当然のことながら現象学そのものにとっての危険でもある。

> 根源的な源泉から汲みだされた現象学的概念や命題はいずれも、陳述という形で伝達された場合、退化する可能性からまぬがれがたい。そうした概念や命題は、空虚な了解しか受けないまま次々と受け売りされ、その土着性を喪失して、宙に浮いたテーゼになる。（60-61）［36］

ハイデガーがここで実際に予言した通り、戦後、彼の実存論的現象学は、まさにここで述べられたような仕方で実存主義としてスローガン化されてしまったのである。

D　真理の身分

実在性は現存在に依存しながらも、実在するものは現存在に依存しない。それとまったく同様なことが、真理にも当てはまる。根源的真理（開示）は現存在が世界を開くときの振る舞いの活動の機能であり、個別の真理を指示すること（暴露）も現存在のなすことであるが、現存在の陳述がそれについて真である当の事物は現存在には依存しない。むしろ、こうした事物がいかなるあり方をしているのかは、事物が属する個々の領域において振る舞いが与えられたとき、どのような仕方にせよそれにふさわしい仕方で暴露されねばならない。事態が暴露されているとき、その事態を表現する陳述は対象をあるがままに指示しているのである。こうしてわれわれは、クオークやクエーサーのような縁遠い科学的存在者についてさえも、それらの持つ諸性質を指示する陳述を遂行することができる。ところが、仮に現存在が実存していないとすれば、背景的活動も存在しないであろうし、したがって開示することも指示することも生じず、結局真理も存在しないだろう。現存在なしには存在（理解可能性）がありえないのと同様に、

> 真理が「与えられている」のは現存在が存在している限りでだけであり、またそのあいだだけである。存在者は、総じて現存在が存在しているときだけ暴露されており、そのあいだだけ開示されている。ニュートンの諸法則とか、矛盾の原理とか、あらゆる真理一般が真であるのは、現存在が存在しているあいだのみである。現存在がそもそも存在するようになる以前には、いかなる真理も存在していなかったし、また現存在が存在しなくなった後には、いかなる真理も存在していないであろう。というのはその場合、開示性、暴露、および被暴露性としての真理は、存在しえないからである。（269）［226］

しかし、現存在が登場する以前には理解可能性がないという

ことは、物事が理解不可能［unintelligible］であったということを意味するものではないように、真理の場合にも次のようなことが言える。

ニュートンの諸法則が暴露されなかったうちは、それらの諸法則は「真」ではなかった。このことから生ずるのは、それらが偽であったということではなく、ましてや、存在的にいかなる被暴露性ももはや可能ではないときには、それらは偽となるであろうということでもない。（269）［226］

すなわち右のことから生ずるのは、現存在が実存しなくなったとしたら、われわれの陳述がそれについて真である当の存在者が、今のところわれわれによってその存在者が持っているものとして暴露されている諸性質を持たなくなるだろう、ということではないのである。真理が現存在に依存していることは、

あらわにされた法則とともに暴露される存在者が、それが暴露の後で自らを示すような、そして今もそうしたものとして自らを示しているような仕方で、以前は存在していなかったということを意味することはできない。被暴露性、真理は、存在者をまさにそれが暴露されているかされていないのかにかかわらず、すでに眼前に存在していたものとしてあらわにするのである。暴露された存在者として、それは自身に関するあらゆる可能的な被暴露性にもかかわらず、まさにそれが今あるような仕方であるものとして、そして未来もそうであるものとして理解可能になる。自然があるがままに存在するためには、自然は真理、つまりあらわにされていることを必要としない。（BP, 220）［GA24, 314-315］

ハイデガーは明らかにプラトン主義者ではない。陳述と事態との一致は、事態が記述されたり、あるいは解釈されたりすることを必要とし、また意味や指示を可能にする共有された振る舞いを必要とする。それゆえに、真理は命題と事実のあいだの抽象的、無時間的な対応関係であることは不可能である。

真理の「普遍妥当性」すら、現存在が存在者をそれ自体において暴露しうるという点にのみ根づいている。（270）［227］

永遠の真理があるかもしれないということはまさに次のようなことがない限り、恣意的な仮定と断言にとどまる。つまり、それ自身の存在論的機構からして存在者をあらわにし、それらをあらわにされたものとしてわがものとすることのできる人間的現存在のようなものが、永遠の昔から永遠の未来まで実存するということが絶対的明証とともに証明されない限り、である。（BP, 221、強調ドレイファス）

[GA24, 315]

しかしハイデガーは規約主義者でもない。ある記述のもとでの陳述と事態の一致を可能にする振る舞いは、われわれの意のままになるものではない。われわれはそうした振る舞いへと被投されているのである。それどころか、何が出会われてくるかは、実際にどのような存在者が存在するかに依存している。このように真理は主観的なものではないのである。

人が「主観的」を「主観の気ままにまかされている」ことだと学的に解釈するなら、〈真理は〉確かに〈主観的〉ではない。なぜなら、暴露することは、その最も固有な意味から言って、陳述することに「主観的」な気ままを禁じて、暴露しつつある現存在を存在者そのものに直面させるからである。（270）[227]

ニュートンの諸法則が真になるとき、その内容が指示するのは、現存在とその振る舞いからはまったく独立した宇宙の諸状態なのである。そしてその諸法則が指示するものは、それらが実際指示していようと指示していないとにかかわらず、いかなる時においてもまたいかなる場所においても、それがそうある通り存在するのである。

それらの諸法則はニュートンによって真となったのであり、それらの諸法則とともに存在者が、現存在にとってそれ自体において近づきうるものとなったのである。ひとたび存在者が暴露されるとその存在者は、まさしく以前にもすでに存在していた存在者として、自らを示す。そのように暴露することが、「真理」に属する存在様式なのである。（269）[227]

あるいは別の例を挙げれば、「真なる命題《2×2＝4》において志向されている内容は、それについてのいかなる真理が存在することがなくとも、永遠に存続することができる」(BP, 220-221) [GA24, 315]。

まとめよう。（現存在に依存する）存在と（現存在に依存しない）自然とが区別されるように、陳述を使って事物を指示することに由来する、あらわにすることとしての真理は現存在に依存し、他方で、陳述がそれに関して真である当のものは現存在から独立に存在することができるのである。

真理を規定する振る舞いをハイデガーが強調することは、『科学革命の構造』においてクーンがそうした振る舞いを強調することに驚くほど似ているにもかかわらず、この共有された洞察から両者は相対立する結論を引きだしている。クーンにとっては、いったん背景的振る舞いによって何を真であるとみなすかが規定されるということになると、真理は現在の科学の振る舞いに依存的であらざるをえないのだから、事物がそれ自体においていかに存在するかということに関しては真理といったものもありえない。クーンがシャーマン講義において説得的に論じているところでは、自然種語が載っている所与の科学語彙集によって何を真とみなすことができるのかが決まるのだから、アリストテレスにとっては例えば太陽は惑星であり、真空は存在しえないということは真だとしても、われわれにとってはアリストテレスの陳述は真でも偽でもない。なぜなら「惑星」や「真空」は現代科学の語彙集では異なった意味を持っているからである。一般に、科学のそれぞれの歴史的段階において実在するとされている事物を取り上げる陳述は、その段階では真でありうるが、別の術語体系を持つ別の段階においては真でも偽でもない。クーンの結論は、陳述は決して、それ自体において存在するがままの事物に関して真であることはできないということになる。

　ハイデガーは、科学の真なる言明がなされうるのは必ずある一つの語彙集に相関してだ、というクーンの洗練された議論に賛成すると思う。ところが、いかなる語彙集も物理的実在性について真であったり偽であったりすることはありえないという強い主張は、語彙集が相互に共約不能であるという事実からは帰結しないのである。またわれわれの振る舞いが真理の根源的形態であって、これが一致としての真理を可能にするという事実からも今のような強い主張は帰結しない。ハイデガーの説明から導けることは、いくつかの両立しない語彙集がそれぞれ真理でありうる、すなわちそれらの語彙集は事物をそれ自体においてあるがままの姿であらわにできるということである。詳しく言うと、ハイデガーの説明から帰結するのは、共約不能な科学語彙集を使用するといった言語的振る舞いを含む現存在の振る舞いに、真理は依存するにもかかわらず、ある語彙集全体が真であったりまた別のものは偽であったりしうるのであり、この真偽は、語彙集内部で与えられた一連の自然種語が取り上げると称している自然種が、実際に取り上げられているかどうかに依存しているのである。われわれが恒星と太陽についてより多くを学ぶにつれ、これらの天体を同じカテゴリー（恒星）へと分類する方が、太陽を惑星と同じカテゴリーとするアリストテレスの分類と比べて、科学的にはより意味が通っている——因果的諸力をよりうまくあらわにする——ということになる。この場合、アリストテレスの分類が物理的因果性についての主張を含む限りで、われわれはアリストテレスの分類を却下すべきなのである。

　このことは次のようなことを否定するものではない。つまり、もしわれわれがすべてを包括する記述的宇宙論を求めているのならば、アリストテレス流の目的因が、より多くをあらわにしてくれるということもありうるということである。始点［terminus ab quo］と終点［terminus ad quem］のようにアリストテレスの語彙集によって取り上げられた種もまた自然種であってもかまわない、すなわちそれらは、物理的因果的性質よりはむしろ目的因的な性質を持つ自然種であるかもしれない。しかし、どちらの場合も理論がそれに関して真であると主張している何ものかが存在し、どちらの場合も、理論は指示対象をそれ自体においてあるがままに指示しているか、もしくは指示し損なっているかである。ハイデガーが指摘するように、われわれがニュートンの諸法則が真であるということを認めるならば、自然はアリストテレスの時代においてさえ、そのニュートンの諸法則があらわにしたようなあり方ですでに存在していたことを認めているのである。逆にアリストテレスの術語が(目的因に相関した)自然種をうまく取り上げているなら、彼の説明は今日でもいまだに真なのである。ここでもまた、われわれは相対主義ではなく、多元的実在論を手に入れるわけである。

ハイデガーは、多数の異なった両立不可能な実在性を指示する複数の陳述に応じて、それらを支える振る舞いの体系が多数ありうるのだ、と考えているようである。ところが、(1)ある任意の定まった真理の基準を前提にすると、すなわち指示に関する振る舞いのある任意の定まった集合を前提とすると、正しい体系はせいぜい一つしか存在しえない。アリストテレスの自然種語は物理的因果的力をあらわにしないのだから、アリストテレスの体系から物理的因果性に関する主張が一掃されない限り、その体系の真理の主張はいかなる実在物も指示しない。さらに、(2)たとえある体系が事物をそれ自体において指示することにまさに成功するとしても、それは、その体系が暴露する種が実在性の究極的基礎であるということを意味するものではない。実在性は多くの仕方であらわにされうるし、しかもそのうちのどれかが形而上学的に基礎的だということはない。どうしてクーンは、ハイデガーとこうした結論をともにしないのだろうか。おそらくこれは、原理的にはただ一つの語彙集のみが自然の種に対応可能だという伝統的見解をひそかに受け入れたことの帰結である。この伝統的見解に加えて彼は、異なった語彙集に相関して、両立不能な理論的陳述が真とみなされるということを見いだしたがゆえに、どの語彙集もそれ自体においてあるがままの事物に対応できないのだということを結論することになった。ハイデガーにとってはまったく逆に、開示することのできる有限的な存在者としてのわれわれは、多くのパースペクティヴ——多くの語彙集——を作りだし、多くのパースペクティヴから物事のあるがままをあらわにする。そしてまさにわれわれは、多くのパースペクティヴから物事を正しくとらえることができるのであるから、いかなる単一のパースペクティヴも、唯一の正しいものだというわけではないのである。

E 結論

現存在はさまざまな存在の仕方を前存在論的に了解しているが、その了解によって明るみが開かれ、その明るみのうちで個別的な存在者も、使用されるべき存在者として、あるいは真なる陳述の指示対象などとして出会われうる。現存在の自己解釈的活動が開く開示性は根源的真理と呼ばれる。根源的開示性を欠いてはいかなる存在了解もないだろうし、逆にこうした存在了解なしにはいかなる開示性もないであろう。そして開示性と

存在了解は両者ともに現存在に依存しているのである。したがって、

存在（存在者ではない）が「与えられている」のは、真理が存在する限りにおいてのみである。また真理が存在するのは、現存在が存在する限りにおいてのみであり、またそのあいだのみである。存在と真理は等根源的に「存在する」。（272）［230］

存在と真理は現存在に依存しているが、存在者とその存在者に関して暴露されたことは現存在に依存しないという場合、伝統的哲学にとってこのことの含意は一体どういったものになるだろうか。われわれがたどってきた道程を振り返ってみたとき分かるのは、ハイデガーにとっては、実体（事物的存在性）、客観的空間と時間、独立的な科学的実在性、事態と陳述の一致としての真理などについての伝統的説明は、ただ単に誤っているものとして現われてきているわけではないということである。むしろそれらは、伝統的説明がその内部から生じてきた人間の根源的な振る舞いを前提としており、この依存性から伝統的説明の正当性と限界は定められているのである。独立的実在物、客観的空間・時間が存在し、陳述はそれ自体においてあるがままの事物と一致しうる――しかし、こうした諸実在性とそれらをあらわにする第三者的立場は、われわれが住み込んでいる有意味な振る舞いを説明できない。にもかかわらず、ただこうした振る舞いと、この振る舞いのうちに存在することによってのみ、われわれは、伝統的哲学の研究してきた事柄に接近することができるのである。

注

注で引用されているハイデガーの著作

Basic Problems of Phenomenology (Bloomington : Indiana University Press, 1982)、本文中ではBPと略記。

Basic Writings (New York : Harper & Row, 1977)

Being and Time (New York : Harper & Row, 1962)

Discourse on Thinking (New York : Harper & Row, 1959)

Early Greek Thinking (New York : Harper & Row, 1975)

The End of Philosophy (New York : Harper & Row, 1973)

The Essence of Reasons (Evanston : Northwestern University Press, 1969)

Gesamtausgabe, vols. 1, 2, 15, 25, 29/30, 39, 45, 61, 63 (Frankfurt : Klostermann, 1972-1988)

History of the Concept of Time (Bloomington : Indiana University Press, 1985)、本文中ではHCTと略記。

Introduction to Metaphysics (New Haven : Yale University Press, 1959)

Kant and the Problem of Metaphysics (Bloomington : Indiana University Press, 1962)

Metaphysical Foundations of Logic (Bloomington : Indiana University Press, 1984)、本文中ではMFLと略記。

Nietzsche, vol. 4 : *Nihilism* (New York : Harper & Row, 1982)

On the Way to Language (New York : Harper & Row, 1982)

On Time and Being (New York : Harper Torchbooks, 1972)

Poetry, Language, Thought (New York : Harper & Row, 1971)

The Question Concerning Technology and Other Essays (New York : Harper & Row, 1977)

Schelling's Treatise on the Essence of Human Freedom (Athens : Ohio State University Press, 1985)

Zollikoner Seminare, Medard Boss, ed. (Frankfurt : Klostermann, 1987)

序論

1　丸括弧内に示された数字は『存在と時間』の英訳のページ数を指し、角括弧内に示された数字はニーマイヤー版のドイツ語原本のページ数を指す。

2　Heidegger, "The Origin of the Work of Art," in *Poetry, Language, Thought*, 55 [GA5, 42].

3　Edmund Husserl, *Ideas Pertaining to a Pure Phenomenology and to a Phenomenological Philosophy* (The Hague: Nijhoff, 1982)［E・フッサール（渡辺二郎訳）『イデーンI-I・I-II』（みすず書房、一九七九・八四年）］。

4　John Searle, *Intentionality: An Essay in the Philosophy of Mind* (Cambridge: Cambridge University Press, 1983)［J・R・サール（坂本百大監訳）『志向性　心の哲学』（誠信書房、一九九七年）］。フッサールとサールの志向性の説明を比較したものとして、Hubert L. Dreyfus, ed., *Husserl, Intentionality, and Cognitive Science* (Cambridge: Bradford Books/MIT Press, 1982) を見よ。［序論の訳のみ、H・ドレイファス（野家伸也訳）「フッサール・志向性・認知科学」『現代思想』一九八七年四月号、六月号、七月号］。

5　Edmund Husserl, *The Crisis of the European Sciences* (Evanston: Northwestern University Press, 1970), 237 [Hua VI, 240] 以下『危機書』[*Crisis*] と略す。［E・フッサール（細谷恒夫・木田元訳）『ヨーロッパ諸学の危機と超越論的現象学』（中公文庫、一九九五年）］。

6　Peter Strawson, Review of *Martin Heidegger* by George Steiner, *New York Review of Books*, 19 April 1979. 強調はドレイファス。

7　ハンス＝ゲオルク・ガダマーが、この点を示唆してくれた。ハイデガーは、「生きた思考と認識作用における表現の使用に由来する」機能に、われわれのカテゴリーが対応しているという洞察を、ラスクに負っている。(*Gesamtausgabe*, vol. 1, 227) ハイデガーは、一九二一年の講義 (*Gesamtausgabe*, vol. 61, 135) で、プラグマティズムに言及し、プラグマティズムが知識の諸構造を生活の仕方に相対化して考えていることを支持している。

8　Ludwig Wittgenstein, *Remarks on the Philosophy of Psychology*, vol. 2, edited by G. H. von Wright and Heikki Nyman (Chicago: University of Chicago Press, 1980), 108, #629.［ウィトゲンシュタイン全集（野家啓一訳）『心理学の哲学――2』（大修館書店、一九八八年）］。

9　Ludwig Wittgenstein, *Remarks on the Philosophy of Psychology*, vol. 1, edited by G. E. M. Anscombe and G. H. von Wright (Chicago: University of Chicago Press, 1980), 97, #509.［ウィトゲンシュタイン全集（佐藤徹郎訳）『心理学の哲学――1』（大修館書店、一九八五年）］。

10　Searle, *Intentionality*, 156-157.

11　Heidegger, *Basic Problems of Phenomenology*. 以下 BP と略す。この本は、ハイデガーが一九二七年に行なった講義に基づく。『存在と時間』が出版された年である。英訳から引用するに当たっては、序文で述べたような方針に合わせて訳を私なりに変えてある。

12　H. Dreyfus and M. Zimmerman, eds., *Applied Heidegger* (Evanston: Northwestern University Press, 1991).

13　Michel Foucault, "Final Interview," *Raritan*, Summer 1985, 8. ジル・バルバデット [Gilles Barbadette] によって行なわれたインタヴュー、"Le Retour de la Morale," *Les Nouvelles*, 28 June 1984。

14　Jürgen Habermas, "Work and Weltanschauung: The Heidegger Controversy from a German Perspective," in *The New Conservatism: Cultural Criticism and the Historians' Debate* (Cambridge: MIT

Press, 1990)［ヴィクトル・ファリアス（山本尤訳）『ハイデガーとナチズム』（名古屋大学出版会、一九九〇年）、所収］。

1章

1 『存在と時間』の最近の版には、自家用本の一つにハイデガーが書き入れた欄外注が含まれている。この注が問題になるときには、ハイデガー全集［*Gesamtausgabe*］第2巻の『存在と時間』のページ数を〔 〕括弧で示して引用する。

2 Joseph J. Kockelmans, *On the Truth of Being*（Bloomington: Indiana University Press, 1984）, x.

3 ハイデガーが存在了解を「背景」と等しいものとみなしていることは、彼の後期のヘラクレイトスについてのゼミナールからはっきりと分かる。*Gesamtausgabe*, vol. 15. ハイデガーは次のように言う。

> 存在は、存在者でも存在者に属するものでもない。……直接表象することによっても思念することによっても接近できないもの、それは本来的な背景である。（125）

この背景が、物や人に対処するための日常の技能から成り立っていることは、アナクシマンドロスについてのハイデガーの後期の作品から読み取れる。彼はそこで、日常的振る舞いにおいてはたらく存在了解についての彼の説明を、アナクシマンドロスというギリシアのごく初期の哲学者にも見いだそうとする。アナクシマンドロスの作品の一断片を解釈するさいにハイデガーは、ギリシア語の creon を、存在の名であるとともに習慣や用法（der Brauch）を意味する語としても翻訳している。さらに彼は、「用法は存在それ自体の本質的な現われだと考えられる。……資格を指令しそれによって現前するものを制限する用法は、諸々の境界を与える」（ibid., 53-54）［*Early Greek Thinking*; GA5, 367-368］とも付け加える。そのさいヘラクレイトスの sophon（知恵）という語の用法に注釈して、ハイデガーは技能と運命との関係を、西洋の存在了解の運命を構成している習慣や振る舞いに対する、技能の関係ととらえる。

> ふるまい［Verhalten］が適切（schickliches）なときには、……ふるまいは技能的（geschickt）になる。誰かが何かにおいて特に技能を持っていると言おうとするとき、われわれは今も、「その人はそのことに与えられた才がありそのことに向くように運命づけられている」というような言い回しを用いる。こうした仕方でわれわれは、sophon の純粋な意味を見つける。sophon は「運命的」（geschicklich）と訳せるのだ。（Ibid., 68）［*Vorträge und Aufsätze* 4. Aufl., 209］

ハイデガーのこうした見方は、存在は人間を必要とする（braucht）という『言葉への途上』の主張と関連するかもしれない。この主張の自然な読みは、『存在と時間』の基本的主張と私が考えるものと同じなのだが、次のようなものになる。すなわち、理解可能性は、人間の背景的な振る舞いや習慣を構成している技能と密接に結びついているのであり、この結びつきが、存在が人間を必要としているということの意味なのだと。

4 Edmund Husserl, *Phänomenologische Psychologie*（The Hague: Nijhoff, 1962）の付録、601.

5 Martin Heidegger, "The Way Back Into the Ground of Metaphysics," in Walter Kaufmann, ed., *Existentialism from Dostoevsky to Sartre*（New York: Meridian Books, 1957）, 270, 271［GA9, 372-3］.

6 John Haugeland, "Heidegger on Being a Person," *Noûs*, vol. 16,

1982.

7 Heidegger, "The Way Back," 272 [GA9, 375].

8 W. Caudill and H. Weinstein, "Maternal Care and Infant Behavior in Japan and in America," in C. S. Lavatelli and F. Stendler, eds., *Readings in Child Behavior and Development* (New York: Harcourt Brace, 1972), 78.

9 Pierre Bourdieu, *Outline of a Theory of Practice* (Cambridge: Cambridge University Press, 1977), 87.

10 Ibid., 94.

11 Ibid., 2.

12 Heidegger, *History of the Concept of Time*（以下 HCT と略す）, 246 [GA20, 340].

13 カントのカテゴリーが、客体の一般的な性格を教えているように、ハイデガーの実存カテゴリーも、現存在の一般的な性格を教えている。しかし注意して避けなければならないのは、カントのカテゴリーが客体の一般構造だということから類推して、実存カテゴリーを主体の一般構造だと考えようとする誘惑である。むしろ、現存在は本質的に自己解釈的な存在者なのだから、実存カテゴリーは実存の一般構造を与えているのである。

『存在と時間』のハイデガーが（カント的な意味での）超越論的分析論を展開していて、そこでは現存在が客体の経験の可能性の制約となっている、と考えたくなる誘惑は強い。しかもハイデガーは、ときおりカント的な言語を使用する。しかしハイデガーをカントに近づけて考えるこの考え方は、あまりに伝統的すぎる。この考え方のなかには、次のような点が含まれているからである。すなわち、客体が現実に存在するかどうかの問いとは離れて現存在が可能性の制約として了解できるという点、さらに、客体の経験を可能にするカテゴリー構造が、カントの超越論的演繹論やフッサールの形相的還元の場合のように完全に明示化できるのだという点である。この考え方があまりに伝統的すぎるのでハイデガーは、彼の探究を、超越論的分析論と対照させて実存論的分析論と呼ぶのである。ハイデガーの実存論的分析論によれば、現存在は現事実的に実存しなければならない——すなわち現存在は（超越論的自我とは違って）必然的に、現存在の開く世界のうちに適所的に参与し、その世界に依存しているのであり、また、自らがそのうちにいる世界を完全に明瞭にすることはできないのである。現存在が、何ものかがしかるべきものとしてわれわれに対して出会われてくる条件だとすれば、それはこのような明示化不可能性と手を携えてのことであるにすぎない。

14 例えば、Heidegger, *Kant and the Problem of Metaphysics*, 207 [GA3, 226] を見よ。

15 カントとフッサールによって擁護されている超越論的観念論においては、人間は主体でありすぎると同時に客体でありすぎる——フーコーが語った超越論的・経験的二重体でありすぎるのである。人は、観念論者の言うあらゆる意味の超越論的源泉であると同時に、確定的で客観的な自然的・社会的性質をそなえた構成された人格でもあることになる。

ハイデガーは、観念論者と自然主義者のどちらの誤りをも犯さないようにしながら、両者の立場の認めるべき点は認めたい。つまり現事実性における現存在は、フッサールの（自己構成的な）超越論的自我のようなものでも、またフッサールの（構成された）社会的な人格のようなものでもない。一方で社会的な現存在は解釈の源泉なのであって、後で見るようにこの現存在は最終的に、何が事実とみなされるかの源泉でもある。この意味では社会的現存在は超越論的自我と同じく、事実的ではない。しかし他方で現存在は、常に現事実的でもある。現存在は、文化によってつねにすでに与えられている解釈を、引き受けているからである。ハイデガー的な意味での社会的な人間存在というものは、世界に対する意味の源泉であると同時に、つねにすでに、社会的人間存在によって意味を与えられている世界のうちにあるものでもある。

16 Heidegger, *Ontologie* (*Hermeneutik der Faktizität*), in *Gesamtausgabe*, vol. 63, 7.

2章

1 Harold Garfinkel, *Studies in Ethnomethodology* (Englewood Cliffs, NJ: Prentice-Hall, 1967).

2 とりわけ、Charles Taylor, "Interpretation and the Sciences of Man," in *Philosophical Papers*, vol. 2 (Cambridge: Cambridge University Press, 1985) を見よ。

3 Clifford Geertz, *The Interpretation of Cultures* (New York: Harper & Row, 1973) [C・ギーアツ（柳川啓一・吉田禎吾訳）『文化の解釈学 I・II』（岩波書店、一九八七年）]。

4 Thomas Kuhn, *The Essential Tension* (Chicago: University of Chicago Press, 1977) [トーマス・クーン（安孫子誠也・佐野正博訳）『科学革命における本質的緊張』（みすず書房、一九九八年）]。

5 Richard Rorty, *Philosophy and the Mirror of Nature* (Princeton: Princeton University Press, 1979) [リチャード・ローティ（野家啓一監訳）『哲学と自然の鏡』（産業図書、一九九三年）]。

6 Heidegger, *On the Way to Language*, 11 [GA12, 92-93].

7 Ibid., 28 [GA12, 114].

8 Ludwig Wittgenstein, *Philosophical Investigations*, Part I (Oxford: Basil Blackwell, 1953), #129 [ウィトゲンシュタイン全集（藤本隆志訳）『哲学探究』（大修館書店、一九七六年）／（黒崎宏訳・解説）『「哲学的探求」読解』（産業図書、一九九七年）]。

9 ポール・リクールは、嫌疑の解釈学を実践した人物の一人としてニーチェを挙げることによって、彼自身の分類を分かりにくくしている。確かにニーチェは、われわれの振る舞いを額面通りには受け取らなかった人ではある。しかし、フーコーのより鮮やかな分類に従うなら、ニーチェはわれわれの文化的な自己解釈を疑問視したけれども、嫌疑の解釈学を実践してはいないのだ。なぜならニーチェは、われわれの文化的な振る舞いにおける歪められた解釈が、歪められていない解釈を熟慮的に隠蔽することによって生じた結果だとは、考えていないからである。例えばニーチェは『道徳の系譜学』で、西洋の道徳と形而上学を疑問視してはいるが、これらの振る舞いの起源を、（フロイトの話題にするような）深い真理に直面することの拒絶にまでたどり直したり、（ハイデガーの話題にするような）深い真理などないのだという事実に直面することの拒絶にまでたどり直したりすることなどない。フーコーの指摘によれば、われわれの現に行なっている自己解釈とはニーチェにとって、熟慮的な隠蔽に奉仕するものではなく、むしろ、多くの局所的な権力闘争の結果なのである。Michel Foucault, "Nietzsche, Genealogy, History," in Paul Rabinow, ed., *The Foucault Reader* (New York: Pantheon, 1984) と、Hubert L. Dreyfus and Paul Rabinow, *Michel Foucault: Beyond Structuralism and Hermeneutics* (Chicago: University of Chicago Press, 1982) [ヒューバート・L・ドレイファス／ポール・ラビノウ（山形・鷲田他訳）『ミシェル・フーコー　構造主義と解釈学を越えて』（筑摩書房、一九九六年）] を見よ。

3章

1 Mark Johnson, *The Body in the Mind* (Chicago: University of Chicago Press, 1987) [M・ジョンソン（菅野盾樹・中村雅之訳）『心の中の身体』（紀伊國屋書店、一九九一年）] を見よ。

2　Michael Polanyi, *Personal Knowledge* (London: Routledge and Kegan Paul, 1962), chapter 4［マイケル・ポラニー（長尾史郎訳）『個人的知識――脱批判哲学をめざして』（ハーベスト社、一九八五年）］。

3　Thomas Kuhn, *The Structure of Scientific Revolutions* (Chicago: University of Chicago Press, 1970)［トーマス・クーン（中山茂訳）『科学革命の構造』（みすず書房、一九七一年）］。

4　この問題についての十分な議論は、15章を見よ。

5　Edmund Husserl, *Cartesian Meditations* (The Hague: Nijhoff, 1960), 39［Hua I, 77-78］［E・フッサール（船橋弘訳）『デカルト的省察』、『世界の名著　ブレンターノ・フッサール』（中央公論社、一九七〇年）所収］。

6　Dagfinn Føllesdal, "Husserl and Heidegger on the Role of Actions in the Constitution of the World," in E. Saarinen et al., eds., *Essays in Honour of Jaakko Hintikka* (Dordrecht: Reidel, 1979), 371. 似たような仕方でハイデガーの仕事をフッサールの仕事の実践的ヴァリエーションへと還元してしまい、問題を平板にしてしまっている議論が、Mark Okrent, *Heidegger's Pragmatism* (Ithaca: Cornell University Press, 1988) において、明晰かつ見事な詳細さで展開されている。オクレントは、大胆に次のように述べている。「ハイデガーにとって、志向性がつねに認知的であるよりはむしろ実践的であるということ、志向することの原形式が何かを意識することであるよりはむしろある目的のために何かをなすことであるということが理解されるや否や、フッサールとハイデガーがそれぞれ行なっている議論戦略のあいだの構造的類似が明らかになるのである」(10)。

7　Ibid., 372.

8　Ibid., 376.

9　フッサールの現象学的還元についての説明、言い換えれば、フッサールとサールがその志向的内容についての理論によって、ジェリー・フォーダー言うところの「方法論的独我論」へといかにして導かれているかについての説明は、Dreyfus, ed., *Husserl, Intentionality, and Cognitive Science* の序論を見よ。

10　Paul Grice, "The Causal Theory of Perception," in Robert Swartz, ed., *Perceiving, Sensing, and Knowing* (New York: Anchor Books, 1965).

11　Searle, *Intentionality*, 107.

12　William James, "The Feeling of Effort," in *Collected Essays and Reviews* (New York: Longmans, Green and Co., 1920), 151-152.

13　Heidegger, *Zollikoner Seminare*, 284-285［ハイデッガー／M・ボス編（木村敏・村本詔司訳）『ツォリコーン・ゼミナール』（みすず書房、一九九一年）］。

14　Friedrich Nietzsche, *The Gay Science* (New York: Random House, 1974), #354［ニーチェ全集（信太正三訳）『悦ばしき知識』（ちくま学芸文庫、一九九三年）］。

15　主観・客観的思考を徹底的に断ち切ろうとする点でハイデガーの行為の現象学と並行するような、心的状態に訴えない知覚の現象学が、モーリス・メルロ＝ポンティの *Phenomenology of Perception* (London: Routledge & Kegan Paul, 1962)［M・メルロ＝ポンティ（中島盛夫訳）『知覚の現象学』（法政大学出版局、一九八二年）］のうちに見いだされる。（ハイデガーのふるまいについての考えをゲシュタルト知覚の観点から説明していたアロン・ギュルヴィッチのパリでの講義に、メルロ＝ポンティが出席していたと仮定すれば、ここには直接的な影響関係があると考えても差し支えない。）メルロ＝ポンティは、知覚の概念を、世界への純粋な開けとして議論する。

他者知覚と相互主観的世界が問題になるのは、成人にとってだけなのである。幼児も一つの世界に生きているのだが、彼は、この世界に自分のまわりにいる誰もが近づけるのだと、ためらうことなく信じている。彼は自分自身や他人を決して私秘的な主観性として意識したりはしないし、彼自身を含めてわれわれすべてが、世界に対するある一定の視点に制限されているのではないかなどと、およそ疑ってみることもない。……幼児は視点についての知識を持ってはいないのである。幼児にとっては、人々は明々白々な唯一の世界へ向けられた空っぽの頭でしかなく、すべてはこの世界のなかで生起する。……ピアジェは、あたかも成人の思惟が自己充足的なものであり、それによってあらゆる矛盾が取り除かれるとでも言わんばかりに、幼児を成熟した観点にまで導いていく。だが、実際には、成人にとっても唯一の相互主観的世界がなければならないのだとすれば、成人の観点に対して、またピアジェに対して、幼児の観点にもある仕方で理はあるにちがいないのであって、成年時の思惟の底にも幼い頃の未開の思惟が不可欠な獲得物として存続しているにちがいないのだ。（355）

4章

1　"das ist gegen Heidegger"［ハイデガーに抗して］という一節は、もとの草稿の形では、B I 32, p. 30aff. に見いだされる。そのタイプ転写は、B I 32II, pp. 21ff. として整理されている。Hubert Dreyfus and John Haugeland, "Husserl and Heidegger: Philosophy's Last Stand," in Michael Murray, ed., *Heidegger and Modern Philosophy* (New Haven: Yale University Press, 1978) からの引用。

2　配視（Umsicht）という用語は、ハイデガーによって整合的な仕方で用いられているわけではない。ここではこの用語は、明らかに、環境世界についての非主題的気づきを意味しているが、『存在と時間』においてハイデガーは、配視を、直接的な透明な対処に限定し、コンテクストについてのわれわれの非主題的気づきを名指すのには、開示を用いている。

それ〈環境世界〉は、配視がつねに存在者へと向かっている限り、配視にとってすら近づきえないものである……。（105）［75］

フッサールとサールによって探究された主題的志向性と、今述べた二つの非主題的気づきとを対照させることが問題なのであるから、私としては、これらの気づきの両方の形態に対して、配視を用いることにする。

3　Richard Mitchell, *Mountain Experience. The Psychology and Sociology of Adventure* (Chicago: University of Chicago Press, 1983).

4　Aron Gurwitsch, *Human Encounters in the Social World* (Pittsburgh: Duquesne University Press, 1979), 67.

5　John Dewey, *Human Nature and Conduct. An Introduction to Social Psychology* (London: George Allen and Unwin, 1922), 177–178［J・デューイ（河村望訳）『人間性と行為』（人間の科学社、一九九五年）］。デューイはまた、「知識……は筋肉のうちに生きているのであって、意識のうちに生きているのではない」（177）とも述べている。このことは具体的に明らかにすることができる。Jerome Wakefield and Hubert Dreyfus, "Intentionality and the Phenomenology of Action," in *John Searle and His Critics* (Oxford: Basil Blackwell, 1991) を見よ。

6　Dewey, *Human Nature*, 178.

7　Husserl, *Logical Investigations*, vol. 1 (New York: Humanities Press, 1970), Investigation I, chapter 1［E・フッサール（立松弘孝他訳）『論理学研究2』（みすず書房、一九七〇年）］。

8　心・対象関係が利用不可能な道具的存在者のレヴェルにおいて初め

て生じてくるということ――これはもちろんサールであれば異議を唱える点であろうが――を、ひとたび受け入れてしまえば、サールの志向性理論は、この点に関してハイデガーのそれと合流することになる。サールもハイデガーも両者ともに、次の点に関して一致する。（1）心的状態は、（例えばジェリー・フォーダーが考えているような）表象への関係ではなくて、対象への直接的関係でありうる。（2）志向性は、ある背景のもとでのみ意味をなすが、この背景は、さらに別の心的状態に基づいて分析されることはできない。すなわち、この背景は信念体系ではない。これらの理由からして、サールがハイデガーと同様に、伝統的な主観・客観の区別を、すなわち、主観が自足的心的実体としてとらえられ、表象がこうした主観内の自足的存在者として想定されるような主観・客観の区別を、退けていると言うことができるのである。志向性に関するハイデガーの説明とサールの説明の根本的な相違は、次の点にある。ハイデガーにとっては、対象に対する心的内容の関係（存在的超越）は、関係というようなものではまったくないある存在様態（根源的超越）を前提しているのだが、これに対してサールは、心的内容と諸事物とのあいだの関係を根本的なものとみなし、ある意味では背景さえも、信念体系ではないにせよ依然としてなお心的なものであると考えているという点である。（Searle, *Intentionality*, chapters 2 and 5 を見よ。）

9　故障の形態がまさにちょうど三つあるのはなぜなのか、人がこう感ずるのも当然である。実際、『存在と時間』第一篇では、このリストはまったく恣意的であるように見える。ところが第二篇では、ハイデガーは障害の三つの形態を時間の三つの次元に対応させている、と解釈することがおそらくできるだろう。目立つこと（機能の不調）は、将来へとわれわれが迫ることが欠けているという意味での驚きと結びついている。

> 人がある道具的存在者を予期しつつ現成化しようとする場合、あるものによって不意打ちをくらうことの可能性は、その人が予期しているものと可能的な適所性連関のうちにある別のあるものを、その人が予期していないということに基づいている。（407）［355］

故障においてあらわにされる手向かいは、過去と結びついている。われわれが企てにおいて当てにしていた道具のバックアップが欠けてしまうと、われわれは、今しようとしていることを、より過酷な仕方ですることを余儀なくされる。

> 人が「計算に入れなかった・当てにしなかった」ものは、忘却されているのではなく、保有されているのだが、ほかならぬその不適当さにおいてあくまで道具的に存在しているというふうに、保有されているのである。（407）［356］

あるものが見当たらないのに気づくと、それによって、仕事へのわれわれの進行しつつある没入は止まってしまう。諸事物が押しつけがましいものとしてあらわにされる。これは現在の変質である。

> 見当たらないのに気づくことは、現成化しないことでは断じてなく、むしろ、非現前化するという意味での現在の一つの欠損した様態なのである。（406-407）［355］

10　Heidegger, *On Time and Being*, 7 [*Zur Sache des Denkens*, 7].

11　デューイも似たような主張を行ない、われわれの世界がわれわれの習慣に完全に適合したものでないのは、われわれにとって幸運だ、と書いている。デューイの述べるところによれば、われわれは意識というものを、「一種の病気」と考えることができよう。「というのもわれわれは、身体的ないしは心的器官が楽に、完全に健康な状態ではたらいている限り、それらについての意識を持つことはないからである。」さらに彼は付け加える。「けれども、ある人物が環境に完全に適応した状態になり損なうたびにそれを何か異常なこととみなすほどに、われわれがペシミストになっていない限りは、病気という言い方は的をはずしている。そのような見方は、……幸福と完全な自動性とを同一視するものであろう。本当は、目覚めているどの瞬間においても、有機体とその環境世界との完全な平衡は、不断に妨げられ、また不断に回復されるのである」(*Human Nature*, 178-179)。

12 この点についてもデューイなら同意することであろう。諸事物が不断に故障を繰り返すその仕方について議論した後で、彼は、「通常は、環境は、組織化された諸活動の大部分を生き生きと機能している状態に保つのに十分なほど、それら諸活動の全体と調和した状態を維持している」と言い添えている(*Human Nature*, 179)。

13 G. W. Leibniz, *Selections*, edited by Philip Wiener (New York: Scribners, 1951), 48.

14 Jürgen Habermas, *The Theory of Communicative Action*, vol.I (Boston: Beacon Press, 1981), 8 [ユルゲン・ハーバーマス(河上倫逸他訳)『コミュニケイション的行為の理論(上)』(未来社、一九八五年)]。

15 Seymour Papert, *Mindstorms* (New York: Basic Books, 1980), 99 [シーモア・パパート(奥村貴世子訳)『マインドストーム　子供、コンピューター、そして強力なアイデア』(未来社、一九九五年)]。

16 Daniel Dennett, "Cognitive Wheels: The Frame Problem of AI," in Zenon Pylyshyn, ed., *The Robot's Dilemma* (Norwood, NJ: Ablex, 1987), 46 [D・デネット(信原幸弘訳)「コグニティヴ・ホイール」『現代思想』一九八七年七月号]。

17 H. and S. Dreyfus, *Mind Over Machine* (New York: Free Press, 1986) [H・L・ドレイファス/S・E・ドレイファス(椋田直子訳)『純粋人工知能批判』(アスキー出版局、一九八七年)]を見よ。

5章

1 『現象学の根本問題』でハイデガーは、宇宙を世界から次のように区別している。

> 自然は、——たとえそれをコスモス全体という意味で、われわれが通俗的な言い方で宇宙……とも述べるようなものとして考えたとしても——動物や植物や人間やこれらすべての存在者を含めたそうした自然は、哲学的に見た場合、世界ではない。(BP, 165, 強調ドレイファス) [GA24, 235]

2 ハイデガーによると、厳密に言えば、有機体は自らの環境世界に生きているが、この環境世界は、何らかの世界や宇宙と同じではない。現存在はこの世界のうちに住み込んでいる。

3 Kuhn, *The Structure of Scientific Revolutions*, 175.

4 ハイデガーは、ア・プリオリのこの意味を、空間との連関で導入している。「ここでは《ア・プリオリ性》とは、道具的存在者が環境世界的に出会われるときにはいつでも、空間がすでに(方域として)出会われていることの先行性のことである」(146) [111]。

5 一本のチョークに関する理解可能性とは、それが黒板に文字を書くために使用されるということである。また一本のチョークでもって黒板に文字を書くことの目的・要点は、例えば教師であるというような何らかの自己解釈にとって必要な振る舞いへと結び合わされている。だが、これら二つは、影響を及ぼしていることからは区別されなければならない。大部分の日々においては、教えることと、だからまたチョークも、大いに私に影響を及ぼしてくるが、しかし、それらが私を無関心な状態に放っておく日もある。諸事物がさまざまな仕方で、またさまざまな度合で現存在に影響を及ぼしてくることがありうるという事実については、本書10章で論ずる。

6　L. D. Levine, *Bird : The Making of an American Sports Legend* (New York : McGraw-Hill, 1988) からの引用。

7　このチェスの例に関する詳細な議論については、Dreyfus and Dreyfus, *Mind Over Machine* を見よ。

8　Roger Schank and Robert Abelson, *Scripts, Plans, Goals and Understanding* (Hillsdale, NJ : Erlbaum, 1977) を見よ。シャンクは、コンピュータが物語を理解できるよう十分な知識をインプットしようと試みているが、そのさい彼が、物語理解の知という現象に導かれてある客観化された形での世界構造の発見に至るさまを見ることは、とても興味深い。シャンクは次のことを見いだすのである。日常の活動には、人がなそうと試みている何かがなければならず、そしてその活動は、より広範な何らかのコンテクストのうちでのみ意味をなすのだが、このコンテクストのうちには何らかの目標がなければならない。そして最後に、すべての目標は何らかの人生の課題に基づいて意味をなし要を得るのだということである。

9　普通は、各々の人間有機体が一個の現存在であり、一個の人間である。というのも、各々の人間有機体が、自らの諸活動を組織化する、道具的に存在する一揃いの社会的様式を身につけているからである。けれども、ジキル博士とハイド氏の場合には、一個の有機体が、社会的振る舞いとして一定の仕方で統合された二つのサブ・パターンのあいだを、行きつ戻りつする。緊張型分裂病や脳の損傷のような場合、有機体は現存在することなしに、すなわちまったく人間として存在することなしにも、生き続けられるのである。

10　ハイデガーは、『根拠の本質について』［*The Essence of Reasons*］のある難解な一節において、われわれの一般的な対処の技能こそが特定の諸事物をわれわれに出会わせる、という根本的な点をもう一度主張している。

> 世界企投は、存在者の先行的な存在了解を可能にするが、しかしそれ自体は、存在者に対する現存在の関連ではない。また現存在は、存在者にとらわれているために、存在者によって気分づけられ存在者のただ中にいる自分を見いだすことがありうるが、そのさいしかも世界をあらわにしないということでは決してない。しかし現存在のとらわれは、存在者に向かうふるまいではない。逆に、現存在の存在了解と、現存在の存在者へのとらわれとの両者が――先に特徴づけられたような統一において――志向性を超越論的に可能にするのである。(113)
> ［GA9, 168］

11　この一節とこれに関連する諸節において"woraufhin"を"for which"［のためのもの］と訳してしまうと、個々の事物を出会わせ理解可能にさせている背景を指示しようとするハイデガーの"woraufhin"の用法がまったく曖昧になってしまう。私は、"woraufhin"を"that on the basis of which"［基礎になるところのもの］と訳すことにする。翻訳者たちはまた"understanding"の前に"act of"を［すなわち「了解」の後に「の作用」という語を］挿入している。この問題に敏感な人から見れば、この挿入も誤解を招くものである。というのも"mental *act*"［心的作用］というのは、表象的志向性を表わすフッサールの名称であって、ハイデガーの了解という概念は、まさにこれに取って代わるために考案されたものだからである。

今日でさえ志向性は、意識の構造ないしは諸作用の構造として、単純にとらえられている。……私がこのことを指摘するのは、現象学が、志向性に関するこのような分析によって、より徹底的な……展開を要求するようになるありさまを、後に見ることになるであろうからである。（HCT, 46）［GA20, 62］

12　フッサールにとっては、ノエマ、すなわち諸対象へのあらゆる関係を可能にする志向的内容も、同じように秘匿されている——われわれは、まさにノエマを通り抜けて、いわば諸対象に自分自身を向けつつ、ものを見るのである。超越論的現象学者は、ノエマを、反省という特別な作用の対象にしてしまう。けれども、ハイデガーの考えによれば、諸対象との交渉の前提条件である世界というものは、それ自体は特別な種類の対象ではないし（フッサールの主張によれば、ノエマはそうした種類の対象である）、また第三者的反省において発見されてくることもできないのである（フッサールの主張によれば、ノエマは第三者的反省において発見されることができる）。

13　この時点では、ハイデガーがなぜわれわれの方向定位について語るのか、明らかではないだろう。それは私の方向定位であり、私の準備態勢であるとなぜ言わないのだろうか。答えはこうである。ハイデガーの考えによれば、部屋や椅子のような公共的存在者に対処できるということは、私が、私の文化のうちに社会化されたすべての人と共有している能力である。それはわれわれの技能なのである。もしかりに私が、例えばプロの椅子の検査員だとすれば、私は椅子に対処するためのもう少し多くの個別技能をも持っているかもしれないし、またもし私が椅子フェチであれば、さらに独自の技能を持ち合わせているかもしれない。しかしそうしたことは、ここでのハイデガーの関心にとって重要なことではない。このことは、本書8章で、共有されている理解可能性について論ずるときに、明らかになるであろう。

14　他の多くの箇所と同様ここでもハイデガーは、世界という語に、誤解を与えるような引用符をつけている。『存在と時間』九三ページ［原著六五ページ］で確立された使用法に従えば、引用符のついた世界は、現存在がそのうちに住み込んでいるところのものではなく、むしろ諸対象の総体（宇宙）を示すものとされている。ハイデガーが自分の使用法に従っていない場合、いちいちそのことを指摘する代わりに、私は、ハイデガーが自分の使用法に従っていない旨をアステリスク［＊］で示そうと思う。

15　しばらくしてハイデガーは、「自分を差し向ける」という言い方が、なお依然としてあまりに心的志向性の響きを持っていることに気づいた。このような言い方をすると、あたかも行為の体験という自己関係的性格を彼が受け入れているかのように、思われかねなかったわけである。そこで彼は『存在と時間』の欄外注として、「しかし、主観の自我的事行（ichhafte Tathandlung）としてではない」｛117｝と書き入れたのである。

16　ハイデガーは、道具的に存在するものであれ、事物的に存在するものであれ、どんな存在者についてもそれに出会うことに関して語るべきであった。彼はある欄外注で、「存在させるということは、どの存在者に対しても……完全に行き渡っている」｛113｝と自ら訂正した。

6章

1　Allen Newell and Herbert Simon, "The Physical Symbol System Hypothesis," in John Haugeland, ed., *Mind Design* (Cambridge: Bradford Books/MIT Press, 1981)、ならびに、John Haugeland, *Artificial Intelligence: The Very Idea* (Cambridge: Bradford Books/MIT Press, 1985) を見よ。

2　より詳細を知るためには、H. Dreyfus, "Between Techné and

Technology: The Ambiguous Place of Equipment in *Being and Time*," in H. Dreyfus and H. Hall, eds., *Heidegger : A Critical Reader* (Oxford: Basil Blackwell, 1991) を見よ。

3 例えば、Heidegger, "The Thing," in *Poetry, Language, Thought* を見よ。

4 信頼性についての詳細は、Heidegger, "The Origin of the Work of Art," in *Poetry, Language, Thought*, 34-35 [GA5, 19-20] を見よ。

5 この主張を、フッサールも行なっている（『デカルト的省察』78 [Hua I, 112]）。それは、明らかにハイデガーと、彼のハンマーを念頭に置いたものだが、次の通りである。

> 能動性によって形成されたものは、どんなものであれ、その最も低次のレヴェルにおいて、何ものかをあらかじめ与える受動性を必然的に前提する。……（それを、例えばハンマーとして……識別することを可能にするような、「精神的」あるいは「文化的」特徴を一切考慮に入れないとき）実在する単なる物理的事物としてわれわれが生において直面する、「既成の」対象なのは、「それ自体」という根源性を持ちつつ、受動的経験の総合において与えられるのである。そのようなものとして、対象はあらかじめ、能動的把握とともに始まる「精神的」活動に与えられるのである。

6 H. Dreyfus, "Husserl's Epiphenomenology," in H. R. Otto and J. A. Tuedio, eds., *Perspectives on Mind* (Dordrecht: Reidel, 1988) を見よ。

7 Daniel G. Bobrow and Terry Winograd, "An Overview of KRL, A Knowledge Representation Language," *Cognitive Science*, vol. 1, no. 1, 1977: 32.

8 Terry Winograd, "Towards a Procedural Understanding of Semantics," *Revue Internationale de Philosophie* (Foundation Universitaire de Belgique), no. 117-118, 1976: 283.

9 T. Winograd, "Computer Software for Working with Language," *Scientific American*, September 1984: 142. この議論に、私はハイデガー的観点から寄与したが、そのことについて述べたものとしては、*Scientific American*, January 1990, 33 を見よ。

10 ウィノグラードの現在の、人工知能へのハイデガー的アプローチについては、Terry Winograd and Fernando Flores, *Understanding Computers and Cognition: A New Foundation for Design* (Norwood, NJ: Ablex, 1986) [T・ウィノグラード／F・フローレス（平賀譲訳）『コンピュータと認知を理解する』（産業図書、一九八九年）] を見よ。

11 H. and S. Dreyfus, "How to Stop Worrying about the Frame Problem Even Though It's Computationally Insoluble," in Zenon W. Pylyshyn ed., *The Robot's Dilemma* (Norwood, NJ: Ablex, 1987) を見よ。

12 「取り上げる」[pick out] は「解放する」[free] よりくだけた言い方だが、ハイデガーの特殊な術語を言い替えようと試みるといつでもそうであるように、それなりの欠点がある。何か、例えば「明かりを取り上げる」と言ってしまうと、あまりに心的志向性の色彩が強くなりすぎるのである。ハイデガーが示唆したいのは、透明な対処の過程で諸対象を解放しうるといったことである。それは、部屋に入るという進行中の活動のうちで、まさに明かりをつけることによって行なわれているのである。ハイデガーにとって、「解放する」とは単に、われわれが対象を自分に対して出会わせるとき、その対象に起こることを意味している。

13 後期のハイデガーは、パルメニデスの読み方を変え、われわれの存在論的伝統の根源をプラトンに置き移す。ハイデガーの *Early Greek*

Thinking を見よ。

14 Martin Heidegger, *Nietzsche*, vol. 4 : *Nihilism*, 211-212 [*Nietzsche II*, 351].

15 Heidegger, *The End of Philosophy*, 15 [*Nietzsche II*, 415].

7章

1 だからといって、テーブルの形をした対象が、物理的宇宙に事物的に存在するというのではない。それも間違いではないが、ここでハイデガーが記述しているのは、道具としてのテーブルが、世界内での使用に対して現前するものとして出会われるのはいかにしてかということである。ここでの世界とは、あなたや私に依存しているわけではないが、しかし、宇宙とは違って、現存在が存在していなければ、存在するのをやめてしまうようなものである。

2 「『存在と時間』第七〇節における、人間の空間性を時間性から導出しようという試みは維持できない」(Heidegger, *On Time and Being*, 23) [*Zur Sache des Denkens*, 24]。

3 より満足のいく説明としては、Samuel Todes, *The Human Body as Material Subject of the World* (New York : Garland Press, 1990) を見よ。

8章

1 Heidegger, *Die Grundbegriffe der Metaphysik: Welt-Endlichkeit-Einsamkeit*, in *Gesamtausgabe*, vol. 29/30, 302. フッサールといえども「現存在」や「人間的人格」の真義が自己固有性の領域の外にあるということは認める。しかしフッサールの考えるところでは、他人への本質的な指示は含まない意味の起源すなわち個人的で超越論的な意識といったものは、理解可能である。それに対してハイデガーの考えでは、われわれもこれから見るように、意味はそれ自体公共的な現象なのだから、意味の私秘的源泉など理解不可能だというものである。

2 Heidegger, *Gesamtausgabe*, vol. 29/30, 301.

3 Frederick A. Olafson, *Heidegger and the Philosophy of Mind* (New Haven : Yale University Press, 1987), 146.

4 Ibid., 147.

5 John Searle, “Collective Intentions and Action,” in P. R. Cohen, J. Morgan and M. E. Pollack, eds., *Intentions in Communication* (Cambridge : Bradford Books/MIT Press, 1990), 401-415.

6 こうした順応しようとする傾向についての自然主義的説明については、John Haugeland, “Heidegger on Being a Person ,” *Noûs*, vol. 16, no. 1 : 15-28 を見よ。

7 Wittgenstein, *Philosophical Investigations*, #241、〈 〉内の注解ドレイファス。

8 Wittgenstein, *On Certainty* (New York : Harper & Row, 1969), #110, 17e [ウィトゲンシュタイン全集(黒田亘他訳)『確実性の問題／断片』(大修館書店、一九七五年)]。

9 Heidegger, *Introduction to Metaphysics*, 2-3 [GA40, 5].

10 Bourdieu, *Outline of a Theory of Practice*, 85.

11 Ibid., 86.

12 意味の究極的源泉を遡って、フッサールにおける超越論的相互主観性や、ヘーゲルにおける絶対精神にまで求めるなら、個々の現存在は、「普遍的主体」がその上にただよっているところの、「諸主体」ということになるだろう。「そのような《主体》の存在が、現存在の性格とは異なった性格を持つものと理解されてしまい、……事物的存在者の一つの類の事例、事実上事物的に存在している事例として理解される」(166)［128］。このような「諸主体」は実際のところ、事実的性質を持つ対象である。ここでは、現存在の現事実性が見落とされている。

ハイデガーはこれと同じ問題に直面する。彼が、現存在の「目的であるもの」の源泉としての世人の持つ肯定的機能を強調し、現存在の「誰」が世人であるなら、そのときハイデガーは、現存在一般の自己解釈するという現事実的性格を救うために、個々の現存在を、あたかもブルデューの理論におけるように、社会によって受動的に構成される事実的な社会組織に還元したかに見えるかもしれない。

ハイデガーは、フッサール、ヘーゲル、ブルデューが日常的な人々を受動的な社会的客体へと還元することに対して、応答して、第二篇で次のような議論を展開する。個別的な現存在は、今の還元的な説明において社会的人格がそうなってしまわざるをえないような意味で、受動的なものではなく、むしろキルケゴールが主張するように、個別的自己は世人が提供する意味を引き受け、そのさい、自分の本質的な無意味さを隠蔽するのではなく、むしろ表明しなければならないものである。それゆえ個々の現存在は、(世人によって)構成されたものであるとともに、(現存在の根源的な存在仕方を表明するような仕方で、世人から有意義性を引き受けるものとして)自己構成的である。これこそが、個と普遍の関係についてのハイデガー(ならびにキルケゴール)の洞察である。普遍的なものと社会をもっぱら強調するヘーゲルにも、デカルト的な個別的主観性をもっぱら強調するフッサールにも、この関係を正当に扱うことはできなかった。

13　世人の果たす決定的重要性を発見したことによって、フッサールの超越論的現象学のハイデガーによる克服は完結する。フッサールにおいて意味付与は、個別的な超越論的意識から公共的世界へと至るのであるが、それに対してハイデガーの場合、意味付与は公共的世界から個々の現存在へと至ることが示される。

『存在と時間』を読んだフッサールは、それへの応答として、ハイデガーの洞察を『デカルト的省察』に組み込もうと試みた。ハイデガーが世人に割り当てた非人称的な意味付与的活動を、フッサールは超越論的相互主観性に割り当てたのである。フッサールによれば、個別的な超越論的自我こそがまず、他人の心を構成する、もしくは、それの意味を理解する。それから、他人の心と共有すると考えられるものに基づいて、個別的な超越論的自我は超越論的相互主観性を構成し、今度はこれが、自然や客観的世界、社会、そして最後に「人間」(フッサールが現存在として理解しているもの)に意味を与えるのである。

> 私を含む自我共同体は、諸自我の共同体として(当然のことながら私の自己固有性の領域で)構成される。……自我共同体は、さらに、(その共同化された志向性において)一つの同じ世界を構成する。この世界において、あらゆる自我がふたたび現われてくるが、それも「人間」もしくは「世界内の客観としての精神物理的人間」という意味を伴った客観化的統覚においてのことである。(『デカルト的省察』107［Hua I, 137］)

このように、超越論的相互主観性と世人とを等置することによってフッサールは、匿名の社会的主体が「日常性の《最も実在的な主体》」であるとするハイデガーに同意することができた。とはいえ、フッサールは、個別的な超越論的主観性のみが完全に理解可能であり、それゆえこれが匿名の主体ならびに他の一切のものの究極的根拠であるとの考えを変えなかった。

こうした事柄はすべて、本質必然性によって支配されている。すなわち、それらは本質様式に従っているのであり、この本質様式はその必然性の源泉を超越論的自我ならびに、それから、この自我のうちで開示される超越論的相互主観性に持っている。……これら両者の諸形式を取りだすことに成功したあかつきには、右で述べたア・プリオリな様式は、最高の位階、つまり、究極的な超越論的理解可能性という位階を持つ理性的解明を獲得したことになる。（『デカルト的省察』136 [Hua I, 163]）

フッサールの考えでは、もし、ハイデガーにとって現存在が世人に依存する仕方が、社会的人格が超越論的相互主観性から派生的に導出されるのと同じ仕方であるのならば、ハイデガーはディレンマに直面することになる。公衆・公共的なものの活動が基礎的なら、（『存在と時間』への書き込みのなかでフッサールが異議を唱えているように）ハイデガーは哲学ではなく社会学か人類学をやっていることになる。そうではなくて、ハイデガーが哲学をやっているなら、世人そのものが、何らかの、自己についておのずと理解可能な超越論的源泉を持たなければならない。

『存在と時間』では、このディレンマに対するハイデガーの応答は不明確である。一方で彼は、フッサールに応答するために何らかの超越論的源泉を見つけださなければならないかに感じ、第二篇において、日常的世界ならびに自己のそのような源泉を根源的時間性のうちに示唆しているように見える。しかし他方で第一篇における日常性の現象の記述は、世人こそが最モ実在的ナルモノであること、理解可能性の説明の終端であることを是認しているのである。

9章

1　このテキストでは、現存在が自分の明るみである、とは決して言われていない。ハイデガーは「現そのもの」という用語を使うときもあるが、これは普通、個々の特殊な「現」を総称する呼び名として使われる。しかしハイデガーは、この「現そのもの」を「明るみそのもの」の同義語であるかのように混同して使うこともある。

2　本書の付録では、状況（Situation）を情勢（Lage）と区別する必要がでてくるが、今のところこの区別は重要ではない。

3　Martin Heidegger-Eugen Fink：*Heraklit. Seminar Wintersemester 1966/1967*, in *Gesamtausgabe*, vol. 15, 205.

10章

1　Heidegger, *Gesamtausgabe*, vol. 45, 197.

2　Heidegger, *Hölderlins Hymnen "Germanien" und "Der Rhein"* (1934/35), in *Gesamtausgabe*, vol. 39, 140-141.

3　Heidegger, *Die Grundbegriffe der Metaphysik* (1929/30), in *Gesamtausgabe*, vol. 29/30, 100.

4　Ibid., 101-102.

5　もちろん私は、恐ろしい気分にないときであっても、おびえることがある。これは、おびえるという受容能力が、私の情状性に属しているからである。

6　ここにも、また次の引用箇所にも、引用符つきの《世界》という表記法が用いられているが、これは誤解を招く表現である。なぜなら、現存在が事物の集まりとしての世界［the universe］に没入することはないからである。

7　Pierre Bourdieu, *Leçon sur la leçon* (Paris: Les Editions de Minuit, 1982).

11章

1　Heidegger, "Letter on Humanism," in *Basic Writings*, 212 [GA9, 333].

2　フッサールのアプローチは、次のような伝統的（疑似）問題を引き起こしてしまう。つまり、われわれは単なる対象の知覚から道具の理解へといかにして至るのか、という疑似問題である。この問題の最新版は、思いがけなくも、視覚に関する人工知能の研究において生じている。デヴィッド・マーは次のような発想を導入した。つまり視覚のシステムは、まず、対象に関する二次元的な記述といったものを生みだすが、この記述が、次いでより高次のプロセスによって、一定の種類の意義を持つものとして解釈されねばならない、というのである。David Marr, *Vision* (San Francisco: W. H. Freeman, 1982)［デビッド・マー（乾敏郎・安藤広志訳）『ビジョン――視覚の計算理論と脳内表現』（産業図書、一九八七年）］を見よ。しかし人工知能の研究者で、次の点を説明するに至っている者は誰もいないのである。つまりそれは、このシステムが、イメージではなく記述を生みださなければならないのはなぜなのか、またそのような記述が、使用されるべき何ものかについての記述として受け取られるのはいかにしてなのか、という点である。

3　これは、原的な明証というフッサールの考え方に対するハイデガーなりの修正版である。

4　Charles Taylor, "Interpretation and the Sciences of Man," in *Philosophical Papers*, vol. 2 (Cambridge: Cambridge University Press, 1985) を見よ。

5　Bourdieu, *Outline of a Theory of Practice*, 5.

6　Ibid., 6.

7　John Searle, *Minds, Brains and Science* (Cambridge: Harvard University Press, 1984)［J・R・サール（土屋俊訳）『心・脳・科学』（岩波書店、一九九三年）］。

8　Richard Rorty, *Philosophy and the Mirror of Nature* (Princeton: Princeton University Press, 1979) chapter 7 を見よ。

9　Edmund Husserl, *Experience and Judgment* (Evanston: Northwestern University Press, 1973)［E・フッサール（長谷川宏訳）『経験と判断』（河出書房新社、一九九九年）］。また、Dreyfus, ed., *Husserl, Intentionality, and Cognitive Science* の序論を見よ。

10　John Searle, *Speech Acts* (Cambridge: Cambridge University Press, 1969)［J・R・サール（坂本百大・土屋俊訳）『言語行為』（勁草書房、一九八六年）］を見よ。陳述するという作用［asserting］を陳述されたもの――つまり陳述［assertion］――から区別するためにハイデガーが用いている引用符の用法は、不明瞭であり首尾一貫していないが、これは、ドイツ語でこの区別を表現することの不自然さに由来するのかもしれない。陳述するという言語行為を特に明示的に意味しようとする場合、ハイデガーはやむなく、"Aussagen machen"「陳述をなす」という言い方を用いている［161］。

11　ラッセルとホワイトヘッドの『プリンキピア・マテマティカ』に関するハイデガーの講評［"Neuere Forschungen über Logik," 1912］を見よ。これは *Gesamtausgabe*, vol. 1 に再録されている。

12章

1　この言語観を、後年のハイデガーは、『存在と時間』における数少ない重大な誤りの一つであると見ている。この書の自家用本の欄外にハイデガーは、「これは正しくない。言語は上に積み重ねられて付け足されたものではなく、現としての真理の根源的本質そのものである」と書き加えている〔117〕。この批評は、後期ハイデガーの言語観を表わしている。疑問の余地の多いこの言語観によれば、「言語こそが有意義性を可能とする」、とされるが、これは単に「有意義性はすべて語りうるものである」とするにとどまる主張ではない。「有意義性はすべて語りうるものである」と主張されたのは『存在と時間』においてであるが、こちらの方がより筋の通った見方である。

2　デヴィッド・ラメルハートとジェイムズ・マクレランドがちかごろ示したところでは、ルールや特性を使用しない脳の情報処理過程の仮説的モデルをシミュレーションするように用いられたコンピュータは、英語の動詞の不定形の音声表象の単純化された形を、その動詞の過去形の音声表象と結びつけることができるようになる、という。それらの動詞の組み合わせが、子供が聞くのと同じだけ頻繁に繰り返し与えられると、このプログラムは、一定の学習段階において、過度の一般化さえ行なってしまい、過去形をすべて動詞の不定形に語尾の“ed”を添えることによって作る、ということまでやりだすのである。「語尾の“ed”を添えることによって過去形を作りなさい」というルールなど、このシステムにはまったく表象として組み込まれていないというのに、である。さらに練習を積んだ後には、このシステムは、規則的な語尾と不規則な語尾の両方とも正しく覚えるようになる場合もある、という。David E. Rumelhart, James L. McClelland, and the PDP Research Group, *Parallel Distributed Processing: Explorations in the Microstructure of Cognition*, vol. 1 (Cambridge: Bradford Books/MIT Press, 1986)〔ラメルハート／マクレランド他（甘利俊一監訳）『ＰＤＰモデル――認知科学とニューロン回路網の探索』（産業図書、一九八九年）〕を見よ。

13章

1　現存在が本来的であるためには、没入の構造的な必然性を受け入れながらも、そこへと自分自身を喪失してはならない。このことは、ハイデガーが残念なことに次のように述べている一節さえなければ、もっとはっきりしていたであろう。「現存在は世人の非決意性のなかへの不断の喪失に対して自分を開放的に保持する」（356、強調ドレイファス）〔308〕。しかし現存在が世人のなかへと不断に喪失しているとしたら、本来的な実存というものも一切ありえないことになるだろう。実は幸いなことに、ここで引用された箇所の英訳が間違えているだけなのである。ハイデガーは原文ではただ単に、「不断に可能的な喪失」と言っているだけなのである。

2　こうした構造的説明の空白を満たすことはやろうと思えばできるだろう。しかしハイデガーは『存在と時間』においては動機からの説明に訴えていて、決してこの問題には立ち向かわない。しかし二年後の『形而上学とは何か』（*Gesamtausgabe*, vol.9 所収）では、『存在と時間』には欠けている構造的側面に関する議論とでも言えそうなものを提示している。彼は「不安においては……に面して退くということが含まれているが、そのことはもちろん逃げるということではもはやない」（114）と言う。そしてさらに「〈無〉は本質的に拒斥的である」（114）と説明している。「無の無性における無は、われわれをまさしく、存在者へと付託する」（116）。このことが意味するのはおそらく、現存在が明るみ、すなわち無（ものでは・無い）［no-thing］に直接にかかわることはできず、ただ明るみの内部の事物にだけかかわることができるということである。したがって現存在は、開示されたもの――存在者や公共的規範――へと向かっていかねばならず、それゆえ開示性そのものや開示しているものとしての自分自身から離反せねばならないのである。こうした離反によって、現存在の公共性にとどまろうとする傾向が説明されるわけである。「われわれが存在者に向かえば向かうほど……われわれは無から離反する。それだけ一層確実にわれわれは、現存在の公共的な皮相性のうちへ突き進んでいく」(116)。メルロ=ポンティは『知覚の現象学』でこれと似たような構造的な説明を提示している。人間は世界に向かう存在としてその本性上、事物へと没入してしまい、かくして対象と自己自身といったものが絶えず構成されているプロセスを見過ごすといった傾向を持っているのである。こうした傾向は逆らいがたいものであるが、それというのも事物と人間とを出来合いの安定した存在者として扱うことによって、物事の対処や操作が促進されるからである。ニーチェも似たような考えを持っている。それによれば、原因とか実体とかいったカテゴリーを使用することは現象を歪曲するものであるが、同時にわれわれの力を増進するのである。

3　注意してもらいたいのは、ここでの「隠蔽《いんぺい》する」は反照の受動的な結果を示すのであって、隠蔽する能動的作用を示すものではないことである。この術語が示しているのは、ある意図的に動機づけられた変装というよりはむしろ、現存在が自分自身から断ち切られてしまっている状態である。

4　ここで「非本来的」とはおそらく、「無差別的」と同じことを意味している。

14章

1　Heidegger, *Ontologie* (*Hermeneutik der Faktizität*), in *Gesamtausgabe*, vol. 63, 7.

2　これらの点すべてに関する精緻で独創的な、かつ説得力ある解明を望まれる方は、William David Blattner の博士論文、"Temporal Synthesis and Temporality in Kant and Heidegger," University of Pittsburgh, 1989 を見よ。

15章

1　Evelyn Fox Keller, "The Gender/Science System: or, Is Sex to Gender as Nature is to Science?" *Hypatia*, vol. 2, no. 3, 1987: 45.

2　Andrew Pickering, *Constructing Quarks* (Chicago: University of Chicago Press, 1984).

3　Arthur Fine, *The Shaky Game: Einstein, Realism, and the Quantum Theory* (Chicago: University of Chicago Press, 1986), 140［A・ファイン（町田茂訳）『シェイキーゲーム　アインシュタインと量子の世界』（丸善、一九九二年）］。また Joseph Rouse, *Knowledge and Power: Toward a Political Philosophy of Science* (Ithaca: Cornell University Press, 1987) と Mark Okrent, *Heidegger's Pragmatism: Understanding, Being, and the Critique of Metaphysics* (Ithaca: Cornell University Press, 1988) を見よ。どちらの著者も、ハイデガーは科学者が暴露する存在者はそうした存在者を開示する振る舞いに依存しているとみなしている、もしくはそうみなすはずである、と考えているようである。

4　Heidegger, *Phänomenologische Interpretation von Kants Kritik der reinen Vernunft* (*1927/1928*), in *Gesamtausgabe*, vol. 25, 26.

5　Heidegger, "Science and Reflection," in *The Question Concerning Technology and Other Essays*, 173［*Vorträge und Aufsätze*, 58］.［訳文で「それがめざすところは……ようにすることであり」は、正確には「それが依存するのは……ことであり」と訳されるべきだろう。］

6　Fine, *The Shaky Game*, 130.

7　Ibid., 126ff.

8 Ibid., 133.

9 Heidegger, *The Essence of Reasons*, 83 [GA9, 155-156, Anm, 55] ならびに "What Is Metaphysics?," in *Basic Writings*, 105 [GA9, 114] を見よ。これらの個所は Joseph Fell, "The Familiar and the Strange : On the Limits of Praxis in the Early Heidegger," in Dreyfus and Hall, eds., *Heidegger : A Critical Reader* において引用されている。

10 Heidegger, *Schelling's Treatise on the Essence of Human Freedom*, 187-188 [*Schellings Abhandlung über das Wesen der menschlichen Freiheit*, 227-228].

11 Heidegger, *Introduction to Metaphysics*, 71 [GA40, 90].

12 Heidegger, *Metaphysical Foundations of Logic*, 167 [GA26, 213].

13 Heidegger, "Science and Reflection," 173-174 [*Vorträge und Aufsätze*, 58].

14 Heidegger, "The Age of the World Picture," in *The Question Concerning Technology and Other Essays*, 117 [GA5, 77].

15 聖なるものの存在仕方は、道具全体性によって規定された道具の存在仕方でもないし、文化的振る舞いとの無関係性によって規定される事物的存在者の存在仕方でもない。ハイデガーは次のように指摘するとき、この方向を指し示している。「おそらく道具的存在性や道具でさえも未開世界を解釈するにさいして存在論的な手がかりとしてはまったく役に立たないし、事物性の存在論ではいよいよもって役に立たないことは、言うまでもない」（113）[82]。後期のハイデガーはこうした考えを、芸術作品の存在仕方、ならびに世界をあらわにすることにおいて芸術作品が果たしている役割、の説明として展開している。

16 Alexander Nehamas, *Nietzsche : Life as Literature*（Cambridge : Harvard University Press, 1985）の主張によれば、すでにニーチェにおいても、ハイデガーの科学に関する見解であると私がみなしているものを見いだせるのである。「〈ニーチェ〉が異議を唱えたのは科学そのものに対してではなく……むしろ科学に関する次のような解釈に対してである。その解釈は、〈究極的に〉実在的ではないということでは他の世界と変わらない世界の一部分の修正可能な記述を科学が提供しているのだ、という意味において、科学自体が一つの解釈であるということを認めようとしないのである。問題は科学の方法が他のどの方法よりも優れているとされてきたことと、その対象は他のいかなるものより実在的、あるいは究極的であると考えられてきたことにあったのである。ニーチェは科学の方法と対象の、特権化だけを攻撃したのであり、科学の方法もしくは対象そのものを攻撃したわけではない」（65）。

17 ウィトゲンシュタインは『哲学探究』の46節 [と47節] でこれと似たような指摘をしている。「こうした基本的要素がラッセルの《個体》でもあり、また私の《対象》でもあったのである（『論理哲学論考』）。しかし、実在が合成されるような単純な構成要素とは、どのようなものか。……《椅子の単純な構成要素》について絶対的に語ることはまったく意味をなさないのである」（21）。

18 Donald Davidson, "Mental Events," in *Essays on Actions and Events*（Oxford : Oxford University Press, 1980）[D・デイヴィドソン（服部裕幸・柴田正良訳）『行為と出来事』（勁草書房、一九九〇年）] を見よ。

19 John Searle, "Literal Meaning," in *Expression and Meaning*（Cambridge : Cambridge University Press, 1979）.

アメリカのハイデガー／ドレイファスのハイデガー論

門脇 俊介

ハイデガーvsアメリカ

二十世紀後半のアメリカ社会ほど、ハイデガーの哲学に不似合いな場所はない。いや、不似合いと言うより、ハイデガーが数多くの著作のなかで同時代の動向を見通しつつ予告し弾劾していた事態が、現代のアメリカ社会で実現してきているのだとすれば、この社会の芯にある思想こそ、ハイデガー哲学による解体と超克の標的である当のものであるように見えてくる。例えば、『存在と時間』（一九二七）が日常的世界の主人公であるとして分析してみせた体制順応的な「世人」、つまり公共的な日常世界のうちで自己の存在を忘却する存在様式は、アメリカ的個人主義と対立するどころか、むしろその深層の病理を的確に暴いているというべきかもしれない。個として完全に解放されていて自由な選択を任されたそれぞれの人が、独自な個であることという考え方そのものに憑かれて、いかに社会の標準や序列の内部で自己と他人との差異を気遣い労苦しているか、また、個としての独立した発言がいかに社会の（つまりはテレビや有力者の）ステレオタイプの力強い反復にすぎないかに気づくなら、アメリカ社会の「個」の概念は、「世人」概念の最も純化された形態なのではないかとさえ思えてくる。アメリカ社会こそ、南ドイツの小さな大学町でハイデガーが哲学的想像力のみを頼りに描き出した、西洋哲学の歴史の最終段階、「存在への問い」の忘却の終端なのではないか。――もちろんハイデガーのこの種の診断が、アメリカ社会の本質と全体に見事に的中しているのか、あるいは、このような本質的で全体的な診断なるものにこそ批判的な吟味が要求されているのではないか、という問いはここでは未決のままである。

それだけではない。世界内存在する人間の存在を隠蔽してしまう最も危険で執拗な存在論的概念として、『存在と時間』が告発していた「事物的存在性（Vorhandenheit）」の理念のことを考えてみよう。この理念は単に、人間を物質的世界の一員にすぎないとしてしまうような、いわゆる「唯物論」の考えを表明しているわけではない。ハイデガーの批判の眼目は、自然であれ、社会であれ、人間の心であれ、この理念に沿っていくと、あらゆる存在が実体、属性、関係、機能などの基本的要素の集合として理解可能となり、このような理解に基づいて設計や制御が可能となってしまうという点にある。だから、数学的物理学を理想として社会や人間を科学的に把握できるという発想も、社会や人間を自然と切り離しながらもそれらを独自な合理的な機能・規則から把握可能なものとして自然に対置する――AI主義のような――発想も、ともにハイデガーの批判の的となるはずのものである。前者の自然主義的発想にしろ、後者のような合理主義的発想にしろ、アメリカの学問社会が、飛躍的に発展させてきたものなのだ。

より狭く、職業的な哲学者たちの論争状況から見ても、ハイデガーの哲学はアメリカとは折り合いが悪い。第二次世界大戦後のアメリカの哲学は、一九三〇年代にドイツ語圏から亡命してきたカルナップらの論理実証主義者たちの、反形而上学主義・科学主義をアカデミズムの基本方針の一つとして受け入れて、広い意味での「分析哲学」の伝統を大がかりに発展させてきた。論理実証主義それ自体への批判が、一九六〇年代にすでにこの伝統のなかで常識となっていたとしても、論理実証主義を動かした基本課題とその哲学する「精神」とが、アメリカ的な分析哲学の背景であり続けていることには、今でも大きな変化はないように思う。その論理実証主義者たちが、自らの哲学を定義し鼓舞するときに、悪しき形而上学者の筆頭として批難してきたのは、ハイデガーその人であった。十九世紀の後半から二十世紀の初頭にかけてのドイツ語圏の哲学にあって、新カント派の学問的圧力下にありながら、分析哲学の祖であるフレーゲと現象学の創始者フッサールとは、言語的意味、論理学、志向性などの話題を共有しながらもそれぞれまったく新しい哲学の運動を準備しつつあった。両者の学派としての相違（と反発）は、現象学が生の哲学や解釈学と結びつきハイデガーの『存在と時間』に結実し、他方で哲学運動としての論理実証主義がウィーンを中心として活発になるにつれて決定的になってくる。一九三〇年代の初頭にカルナップは、ハイデガーの存在論がいかに無意味な文と言葉の羅列にすぎないかを論証する論文を書き、ハイデガーは論理実証主義など存在しないかのようなそぶりで、西洋哲学の古典的なテクストの読解に精励していた。この対立は、ナチズムが台頭し論理実証主義者の多くが亡命を余儀なくされた時点で——一九三三年にハイデガーはヒトラーを公然と支持する——、不幸な収束へと向かうのだが、論理実証主義者の側からの強い反発は、哲学的にも、政治的にも、当然アメリカ哲学のなかに持ち越されるわけである。

現在でもアメリカの有力大学の哲学科では、ハイデガーやフッサールを含む現象学的哲学を教えるスタッフはきわめて少数にすぎない（そうしたスタッフのいない大学すらある）。不思議なことにデカルトやヒュームやカントは分析哲学の大事な祖先だとみなされているのに、ハイデガーやフッサールは、デリダと並んで「大陸哲学（continental philosophy）」の一派として別扱いにされているのである。

ドレイファスのハイデガー解釈

しかし、英語圏でハイデガーの哲学がまったく無視されてきたわけではない。どんな文化や社会にも、主流派とは袂を分かつグループがいるのだし、アメリカの哲学界もまた多くの少数派を抱え込んでいる。ここに訳出した『世界内存在』の著者ヒューバート・L・ドレイファスも、一九六〇年代からフッサール、メルロ＝ポンティ、ハイデガーといった、分析哲学者たちにとっては縁遠い「大陸哲学」の著作家たちを精力的に論じてきた、アメリカ哲学界の少数派の一人である。長い間の反発（より正確には黙殺）のときをへて、アメリカの哲学界でハイデガー哲学の意味が認知されてきたのは、プラグマティズムの側からのローティのハイデガーへの接近と、ドレイファスの著作・教育活動に多くを負っている。ただしドレイファスは、アメリカでハイデガーや現象学を研究する人々のなかでもさらに、少数派に属するかもしれない。多数派の現象学者は——日本の多くの現象学者たちと同じく——、フッサールやハイデガーのテクストの忠実な紹介者であって、彼らにとって分析哲学者が突きつけてくる問題は、シリアスに受けとめ議論すべきものであるよりは、あまりにトリヴィアルで技術的なものだとして黙殺すべきものにすぎない。

分析哲学や、分析哲学と発想法を共有する人間科学に対するドレイファスのスタンスは、この点で彼の現象学の同僚たちとは大いに異なっている。彼にとっては、広い意味での分析哲学の発想法は、プラトン以来の西洋哲学がはぐくんできた理論中心主義、そしてその近代哲学版である表象主義の完成形態であって、このような発想法を批判しそれに対する代替案を示すことは、ハイデガーやメルロ＝ポンティの仕事を現代において具体的に引き受け仕上げることにほかならない。すでに日本語訳されている『コンピュータには何ができないか』や『純粋人工知能批判』（原題、*Mind over Machine*）などの著作での、ドレイファスの仕事は、人間の知的能力をすべて人工知能（ＡＩ）によって再現できるとするコンピュータ科学者の主張を徹底的に批判するものだった。ドレイファスの批判は、この「強いＡＩ主義」の主張を、プラトン以来の理論中心主義や近代哲学的な表象主義の現われとみなし、その根本的な欠陥を、ハイデガー的な世界内存在やメルロ＝ポンティ的な身体的実存の現象学的事実によりながら告発する。この訳書『世界内存在』においてもドレイファスは、バークリー校の同僚であるサールやデイヴィドソンの行為論を、信念や欲求（命題的態度）の対象である命題的内容を心の内部に容認せざるをえない、現代版表象主義だと判定し、日常的習慣的行為においてはそのような命題的内容を心の内部に想定する必要はないとみなす現象学的行為論を、ハイデガーのテクストのうちに読み取ろうとする（本書3章）。

ここからも予想されるように、また「序文」でドレイファス自身が宣言している通り、ハイデガーの『存在と時間』のコメンタリーとして書かれた本書は、西洋哲学の理論中心主義や表象主義を現象学的・存在論的に批判したと解せる、『存在と時間』第一部第一篇のみを解釈の対象としている。このような方針には当然、強い反発が予想されるだろう。第二篇で扱われる、死、本来性、時間性、歴史性、などの概念を詳細に検討することなしに、第一篇を満足に解釈することができるのか、また、ドレイファスがジェーン・ルビンと共同で執筆した本書の付録（未訳出）での議論のように、キルケゴールの「実存の諸段階」の発想との対比だけで、本来性の理解にうまく達することができるのか。ハイデガーの言葉のすべてを統一性を確保しながら読まねばならないと考える、オーソドックスなハイデガー学者ならずとも、ドレイファスの基本方針に即座に賛意を示すことは容易ではない。本書の「日本語版への序文」からも分かる通り、ドレイファス自身も、この数年来、本来性をアリストテレスのフロネーシス概念を用いて再検討する仕事を続けてきており、この点に関しては、ドレイファスの基本方針をめぐる論争状況はまだ未決着の不安定さを残している。

にもかかわらず、ドレイファスのこのコメンタリーは、他の数多くの研究書や注釈書よりもはるかにハイデガー的現象学の輪郭をくっきりと示し、ハイデガー的現象学に強くコミットしているように、私には思われる。ハイデガー哲学のように、伝統的な術語を破壊し、日常言語の罠から逃れつつ、斬新なボキャブラリーで歴史と日常世界を描き直そうとする思考にとって、その思考を明瞭な言葉で再解釈してみせようとすることは、それだけで伝統や日常性への後退の危険を冒すことである。だからハイデガーの練達の読み手たちは、ハイデガーの言葉をハイデガーの指定した――と彼らが考える――哲学的文法の範囲内で解読するという禁欲的な態度を守ってきた。だがこのことは、その見かけとは反対に、ハイデガーの思考に哲学的にコミットすることとは異なるものであるように思われる。宗教上のテクストに関してなら、そのテクストを読む正統的な集団の内部での読みのコードに従ったり、あるいはテクストをただ誦することですら、非宗教者の鋭い宗教的思考よりも、深い信仰を示すことができる。しかし哲学的思考においては、各人が自らの明瞭な言葉で、自ら一人の責任においてその思考をわがものとし他者に示すこと以外に、哲学的である方法はない。ハイデガーの哲学的文法を破壊しかねないドレイファスの読みは、ハイデガーの思考を自らの責任で引き受け直すことによって、逆にハイデガーの思考と歩みをともにすると自認することができるのである。

しかし――このような問い方をもわれわれはハイデガーから学んだのだが――、「自己責任」のもとで思考することは、自己責任的であるどころか、当の自己責任的言説の前提となっているもののひそかな繰り返しにすぎないのではないだろうか。ドレイファスの場合なら、彼の自己責任的ハイデガー解釈は、アメリカの哲学サークル内部での論争や常識のもとでのみ意味を持つ、「アメリカのハイデガー」にすぎないのではないのか。この点を否定するつもりはない。ただここからさしあたり帰結するのは、どんな自己責任的な解釈も一定の伝統のもとでなされるのだから、自己責任的な解釈などという観念は空虚だということではなく、自己責任という観念が本質的に一定の文脈の拘束のもとにしか現われてこない、ということだけである。この帰結は、ドレイファスのハイデガー論を評価しようとするさいには、むしろその不可避の出発点としてはたらく。以下では、このコメンタリーに内在している、自己責任的解釈の文脈依存性のあり方を、ドレイファスの三つの論点について略述しておこう。つまり、ドレイファスのハイデガー解釈が、明瞭な自己責任的言説であろうとして、逆にどのような哲学的伝統を引き受けそれを再評価しているのかという問題を、明らかにしておきたいのである。

技能の現象学――表象的志向性批判

最初に述べた現象学と分析哲学の対立の図式に従えば、ハイデガーの解釈学的現象学は、「意識の領野」が自然主義的に還元不可能であるばかりではなくあらゆる理解可能性の源泉だとするフッサールの現象学を、さらに道具使用のような行為や感情までも考慮に入れて、拡張し深化させたものだということになる。ハイデガーをギリシア哲学との関連でのみ理解しようとする立場をのぞけば、カントやフッサールの超越論的哲学の創造的な発展としてのハイデガーという描像は、現象学者にも分析哲学者にも共通した前提になっている。少なくとも、現存在としての人間の存在了解に焦点が当てられている『存在と時間』に関する限りは、フッサールとハイデガーの親近性は、フレーゲとウィトゲンシュタインの親近性に比すべきものであって、意識の志向性と存在の了解についての二十世紀の議論の方向を定めた現象学的思考は、言葉の論理的意味論の起動者である分析哲学の父祖たちの思考とは、決定的に対立するのだというわけである。

ドレイファスにとっては、このような対立図式はきわめて疑わしい。ハイデガーがフッサール的な意識の志向性を批判して、そうした志向性を可能にする世界内存在の「超越」にこそ現象学は向かわなければならないと主張したとき、フッサール的志向性概念の単なる拡張の提案がなされたのではなく、むしろ架橋しようのない断絶がそこに穿たれたと見るべきであると。つまり、意識に内在する、意味を負荷された知覚的表象や、あるいは構文論的に構造化された命題的内容を通して、意識がその外部へと超越するというフッサール的な「表象的志向性」は、ハイデガーが道具使用の例に即して明らかにした、事物への自然な「対処」としてのふるまいとは根本的に区別されるものなのだ。われわれの日常生活の大半を占めている、習慣的な行為やスムーズな道具使用のようなふるまいは、意識された知覚的表象や心的な命題内容を伴わずに生ずる「没入的な志向性」であって、このような心的表象を伴わない以上、そこには初めから、個別的意識の内部から外的世界への超越をどう説明するのかという懐疑主義の問題も生じようがない（本書3章、4章）。

『存在と時間』の第一篇でのハイデガーの仕事の一つの中心点は、この新たな志向性概念によって、デカルトからフッサールに至って完成され、さらにはサールのような分析哲学者にまで浸透している、表象主義を批判し、その批判に見合った存在論を構築することにある。そしてフッサールらの現代版表象主義が、文の形で表明可能な命題的内容に関する信念志向性に依拠しているとするなら、命題的な「事についての知(know-that)」を扱う表象主義に対して、ハイデガーは、没入的志向性の持つ技能的な「いかになすかの知(know-how)」を扱う「技能の現象学」を展開していると言えるのである。この点でハイデガーは、フッサール現象学の正統的な後継者であるよりは、デューイのプラグマティズムやライルの行動主義の同調者である。

このような立場からすれば、世界の概念は、表象可能な事物や事態の総体という伝統的発想と等置されるべきではなく、表象不可能でありながら、現存在が没入的志向性を通じて道具や他者に対してふるまうことを可能にする、全体論的な「背景(background)」という点から見直されるべきである。このような背景は一定の社会において、人々相互のあいだでのふるまいの一致として密かに織り合わされ、個々の志向的ふるまいを可能にしているものであって、このような親密で背景的な「慣習的振る舞い(practices)」こそが「世界を開示すること」そのものであり、ハイデガーの「存在了解」の別名にほかならないのだとドレイファスは主張する(本書5章)。あらゆることがらの理解可能性を、ふるまいの一致、あるいは生活形式の一致に求めてそれ以上の哲学的基礎づけを拒む、後期ウィトゲンシュタインの発想が、明らかにここでは念頭に置かれている。(「振る舞い」と「ふるまい」の区別については、本書*29*〜*30*ページを参照。)

そうだとすれば、ドレイファスは現象学対分析哲学という図式化を放棄して、表象主義の伝統に忠実なフッサールから――おそらくはあのカルナップらの論理実証主義を含めて――サールにまで至る系譜を、ハイデガー、デューイ、ライル、後期ウィトゲンシュタインらの反表象主義と対立させていることになる。

事物的存在性の問題――自然科学的世界像

ハイデガーによる志向性概念の再検討は、表象的志向性と没入的志向性のどちらが日常性を基本的に形作っていて、どちらがより根源的な志向性なのかといった、人間の生活様式一般にかかわる問いを提起しているだけではない。それはさらに、どちらの志向性に含まれる存在了解が、人間と世界の「存在」の基本モデルを与えるのか、という問題にも決定的な方向性を示している。

道具を技能的に用いるというハイデガーにおける没入的志向性の例は、ドレイファスが注意を促しているように、志向性はまず実践的であるべきだとか、目的論的であるべきだという点を単に示すために導入されているのではない。感覚質や命題的態度などの表象的志向性を構成している概念だけでも、十分、従来の意味での実践的で目的論的な人間のふるまいを説明できる。だが没入的志向性を生きる現存在は、感覚質のような意識の性質を体験しているわけでもなければ、命題的態度を形成している必要もないのである。にもかかわらずそこには、道具使用のための技能と、そのような道具使用を導き・方向づけている（例えば良い大工として生きるというような）「目的であるもの」とが見いだされる。この「目的であるもの」による現存在のふるまいの方向づけは、意識的になされた目的論的選択でもなければ、もちろん本能あるいは機械的メカニズムによる制御とも違う。従来の心についての存在論の基本カテゴリーである、感覚質や命題的態度などの道具立てを用いないで現存在のふるまいを記述するためのカテゴリーを創出することは、『存在と時間』のハイデガーの最も重要な仕事の一つであって、「実存」、「企投」、「目的であるもの」などの一連の特異な存在論的カテゴリーはその成果の一部である（本書11章）。

現存在を従来の心についての存在論的カテゴリーで記述できないのと同じく、没入的志向性に対して現われてくる道具的存在者に関しても、従来の存在論はカテゴリーを欠いている。道具は、道具をそれとして意識しない現存在の没入的対処においてのみそれ自体として現われるが、その現われが可能であるのは、道具の用途や現存在の「目的であるもの」の全体論的な連関のうちにおいてのみである。実体、関数、機能といった道具立てでは、「目的であるもの」が形成する社会的コンテクストの内部で目立たず透明な位置を持つという、道具の「道具的存在性（Zuhandenheit）」の特異な様式をつかまえることができない。現存在の「目的であるもの」を中心にして形成されたコンテクスト（振る舞いの全体論的背景）と、そのうちに適切な位置を占めることという発想を軸として、人間、道具、そして世界の存在を理解しようとするところに、『存在と時間』の存在論の斬新さはある。

「事物的存在性」とは、このような全体論的、コンテクスト的性格を考慮に入れることのなかった、従来の存在論的カテゴリーの総称である。だから事物的存在性のなかには、実体・属性のような古典的カテゴリーも、これを乗り越えると絶えず称されてきた関係性や機能のようなカテゴリーもともに含まれるだけではない。「事物的存在者」として記述されるものは、近代自然科学の提示している物質的自然のみならず、その自然を対象として観察・記述する（感覚質と命題的態度をそのうちにそなえた）心的主体、さらにはそのさい何かを客観的に記述する媒体である命題それ自体をも包括する。ハイデガー（とドレイファス）はここで、プラトンから現代の分析哲学にまで至る西洋哲学の全体と対峙していることになる。このような対決に勝算はあるだろうか。近代自然科学は、哲学的存在論の未決着の喧噪をよそに着々と成果を挙げているのだし、現代の心の哲学は、感覚質や命題的態度の身分をめぐって人間性そのものを定義しようと試みている。また、命題から構成される論理的推論や実践的推論のあり方こそが、人間理性の規範的あり方の基盤であるというのは、現代哲学の標準的な見解の一つである。

このようなドレイファスの挑戦の戦略には、ハイデガーのテクストのうちに内在していた議論を正確に引き継ぐ場合と、ハイデガーのテクストの強引とも見える独自の解釈によって、事物的存在性に一定の制限を認めながらその正統的な地位を確保しようとする場合とがある（本書4章）。

事物的存在性に対して道具的存在性が優位を持つことを論ずる二つの議論――「欠損性アーギュメント」と「基礎づけアーギュメント」と呼んでおこう――は、ハイデガーに忠実である。「欠損性アーギュメント」はこうである。われわれのたいていの日常的なふるまいは、道具に対処する技能的な没入的志向性を通してなされているのだが、そのような透明な対処が何らかの障害によって欠損した状態に陥ったときに初めて、事物的存在性が出現してくる。自然を科学的対象として見つめ、命題を通してそれを記述するような認識論的主観は、日常的な世界内存在の欠損状態であり、これまでの存在論はこの欠損状態をモデルとする倒錯的なあり方だったのだ。それにしても、この倒錯が真実を明らかにしていないという保証はない。「基礎づけアーギュメント」は、この点をブロックする。認識論的主観が事物的に存在する自然を命題を通して認識することがあるとしても、この認識のふるまいは、社会的に組織された全体論的背景をつねに要求する。それはちょうどクーンの描く科学者たちが、つねに一定の「専門学問母型」のうちを動いていて、この専門学問母型なるものがルールや明示的表象としてではなく、道具的な親密さにおいて科学者の活動の基礎となっているのと類似のことなのである。

だが他方でドレイファスは、道具の故障状況を論じた『存在と時間』第十六節を解釈して、事物的存在性の成立が必然的に要請される状況がそこ描かれているとする。それは、道具が故障したときに状況を客観的に把握すべく「熟慮」の状況が生じ、心的内容によって表象された外界に向かってゆく主観が成立する場面から始まる。そのさい道具的存在者のコンテクストの解体が進行し、さらに故障状況が進んで、科学におけるような理論的な認識作用に至って、事物の性質や関係が道具的コンテクストから引き離され、事物的存在性のレベルで事物を把握する理論的コンテクストの新たな織り直しが起こる。事物的存在性は、世界内存在することのうちに正当な場所を持っているわけであり、現代の自然科学や分析哲学の多くの議論も、限定された意味でならハイデガー的存在論のなかで許容されていることになる。もちろんこのような故障状況でも、「目的であるもの」に方向づけられた科学者たちの実践的コンテクストが前提にされているか、「専門学問母型」のようなものが前提にされているから、道具的存在性の優位を示す「基礎づけアーギュメント」はまだ有効である。しかしながら、事物的存在性に関するこのような議論は、第十六節からはそのままの形では読み取ることができないものであって、ここでのドレイファスの解釈は彼のコメンタリーのなかでも、きまじめなハイデガー学者を最も悩ませ苛立たせる箇所の一つであろう。（ほかにもそのような箇所がないわけではない。）

　ドレイファスにとっては、葬られるべき事物的存在性の理念とは、科学や熟慮的な反省的ふるまいそれ自体のうちにあるのではなく、その理念をそれとして純粋に取りだしてそれに基づいた哲学的思弁を構築するような「理論的観照」のうちにこそある。科学と理論的観照とを峻別して、制限つきながらも近代自然科学の営みと成果を擁護しようとする姿勢は、このコメンタリーの際だった特徴であろう。ここにも、ドレイファスの解釈を拘束している文脈を見ることができるだろう。自然主義的な還元の罠に陥らず、その反対的対立者であるプラトニズム的反自然主義にも与しないで、人間的行為の特異性を保存すること、そしてなおかつ近代自然科学の意味を正当に評価すること。現代哲学の内部で与えられたこの重要な課題に、ドレイファスはハイデガーを用いてかなり巧妙に答えをだしている。ハイデガーの科学論には、「解釈学的実在論」が含意されているとする解釈も、その延長線上にあると言ってよい（本書15章）。「解釈学的実在論」とは、自然的存在者の理解可能性としてのその「存在」が現存在の背景的振る舞いに依存することを主張する一方で、科学が自然的存在者を、現存在から独立した実在物として指示することは可能だとする立場なのである。

ただし、科学的認識と純粋な理論的観照を区別することで、事物的存在性をめぐる問題が一掃されるわけではないだろう。存在論の装置としての事物的存在性は、科学や技術の実践のうちで成長しその内部から、われわれの日常的なコンテクストと哲学的思考の両方に影響を及ぼすのであり――AI主義を見よ――、許容されるべき科学を悪しき科学思想から峻別することは容易ではないからである。

「存在論」を「心理学」から分離すること

ハイデガーの存在了解を、世界を開示する背景的な振る舞いと解するのなら、この了解の源泉を、フッサール的な超越論的自我のうちや、あるいはカント的統覚のうちに求めることはできないだろう。これらの主体概念は、道具の用途や現存在の「目的であるもの」などによって形成される、一定の全体論的なコンテクストの理解という現象に対応できそうにない。全体論的なコンテクストの理解を、自我の直接的明証性という理解可能性にまで遡って基礎づけることは不可能に見えるし、誰にも普遍的に分与されている超越論的統覚を引き合いにだしたとしても、この統覚がどのような規則とその適用をもってコンテクストへの参与を可能にしているのか、というさらなる困難が残ってしまう。

例えば、一つのハンマーの使用を可能にする道具の全体的連関と、この連関を組織化する「大工であること」という役割（「目的であるもの」）は、道具の使い方や役割のあり方に関する、一定の共同体の規範の網目を通して現われてくる。「大工であること」は、どんな文化にも可能な生き方だというわけではないし、また、「大工であること」という生き方が認められている社会のうちで、大工にはしかるべき標準的な行動様式が背負わされている。共同体を形成する人々のあいだでの、ふるまいの一致こそ、このような規範の網目を作って全体論的なコンテクストの理解を生成させているものであり、ハイデガーはこのような主体のあり方に「世人（das Man）」という名を与えた。世人とは、ふるまいの一致を通じて人々のあいだに共有されている、規範的で平均的な理解可能性の様式であって、この理解可能性に基づいて、日常的な世界は世界として現出してくる。だからハイデガーも、世人こそ日常性の「最も実在的な主体」だとするのである。

ドレイファスの解釈は、世人の概念をこのように、日常的世界の存在了解の基本源泉だと認定し、世人の持つ肯定的機能を重視する方向へ向かう（本書8章）。ドレイファスによれば、世人を論じた『存在と時間』の第四章には、世人の肯定的機能を解明したすぐれた存在論的洞察と、大衆迎合への傾向を持つ日常的世人自己の否定的機能の解明という、二つの仕事が整理されないまま混在しているという。後者の否定的機能の解明のせいもあって、ハイデガーはかなり長い間いわゆる実存主義哲学者だとみなされてきたわけだが、ドレイファスは、この後者の側面をいわば本来的な生き方の「心理学」的問題を扱ったものとして、世人に関する「存在論」的洞察から峻別しようとする。このアプローチは、自己を（誤って）世界内の存在者の方から理解しようとする、現存在の「頽落」の傾向性を論ずる章でも採用されている（本書13章）。

人間が、自らの存在の無根拠性からの不安のゆえに、一般性や公共性のうちに世人自己として、いかにして頽落しているのかを——非本来的日常性から、決意した本来性へ向かう運動を予料しつつ——説明するハイデガーの実存思想は、人間の生き方をめぐる「心理学」の物語として、純粋な存在論の物語から追放されることになる。（『存在と時間』の第一篇のみを重視する本書の方向性も、半ばはこうした事情に由来するであろう。）『存在と時間』の全体を存在論として読むべしというハイデガーの指示からすれば、これは大きな逸脱である。しかし、ドレイファスのこの明確な解釈方針によって、ハイデガーを後期ウィトゲンシュタインやライルらの同伴者として読めること、そして現代哲学の未だ汲み尽くされていない発想の源泉としてハイデガーが名指されたことの恩恵は大きい。それでも、ハイデガーが初期の講義から『存在と時間』に至るまで一貫して、ドレイファスの区別する存在論的問題と心理学的問題とを一体のものとして論じていたのはなぜなのか、そしてそれは単なる問題の未整理のゆえなのか、この点にまだ決着がついたわけではなく、きまじめなハイデガー学者が、明快なドレイファスの解釈方針を覆すようなどんな対論を提示できるか、という楽しみもまだ残されている。

日本語に訳出されているドレイファスの著書・論文（日本における出版年順）

ドレイファスの著作・論文の詳しいリストを見たい方には、インターネットで、カリフォルニア大学バークリー校哲学科のウェッブ・サイト（http://socrates.berkeley.edu./~frege/）を検索されることを勧める。ドレイファスを含めたスタッフの業績を知ることができる。

＊『純粋人工知能批判――コンピュータは思考を獲得できるか』（S・ドレイファスと共著）（椋田直子訳）、アスキー出版局、一九八七年。

＊「フッサール・志向性・認知科学」（野家伸也訳）、『現代思想』一九八七年四月号、六月号、七月号。

＊「成熟とは何か――「啓蒙とは何か」をめぐるハーバーマスとフーコー」（ポール・ラビノーと共著）（椎名正博・椎名美智訳）、D・C・ホイ編『フーコー　批判的読解』、国文社、一九九〇年。

＊『コンピュータには何ができないか――哲学的人工知能批判』（黒崎政男・村若修訳）、産業図書、一九九二年。

＊「心をつくる学派対脳をモデル化する学派」（S・ドレイファスと共著）（有本卓訳）、S. R. Graubard 編『知能はコンピュータで実現できるか？』、森北出版、一九九二年。

＊「事物の秩序について――ハイデガーとフーコーにおける存在と権力」（大河内昌訳）、蓮實重彦・渡辺守章編『ミシェル・フーコーの世紀』、筑摩書房、一九九三年。

＊『ミシェル・フーコー――構造主義と解釈学を越えて』（ポール・ラビノーと共著）（山形頼洋・鷲田清一他訳）、筑摩書房、一九九六年。

＊「道徳性とは何か――倫理的熟達の発展に関する現象学的説明」（S・ドレイファスと共著）（山口晃訳）、D・ラスマッセン編『普遍主義対共同体主義』、日本経済評論社、一九九八年。

訳者あとがき

この書物の翻訳を引き受けて、八年ほどになるだろうか。二、三年以内には完成しようという当初の見通しが、甘すぎたということに気づかされるのにそれほど時間はかからなかった。この翻訳の仕事をまず最初に引き受けた責任者であり、共訳者たちと協力して上手な仕事の手順を整えていくべき私（門脇俊介）が、いくつかの事情から、しばらくの間この仕事に本格的にとりかかれそうにないことが、分かってきたのである。また、ドイツ語の用法を駆使しながらなされた哲学的思考を、英語によって思考し直そうとするこの書物の試みを、さらに日本語に翻訳することの困難は、予想されていたものとはいえ、半端ではない労力を要求するものであった。

いろいろな人に、感謝の意を表さねばならないと感じている。まず、日本の読者のために序文を寄せていただいた、ドレイファス教授。翻訳作業に時間のかかりすぎたことに、いささか驚かれたかもしれないけれど、英語版に対して多少の改善を施すことができたことには、喜んでいただけるだろう。次に、それぞれの訳者たちの質問に答えていただいた、同僚や友人たち。ここでとりわけてお名前を挙げることはしないが、感謝の意を表したい。日米教育委員会の援助によって、カリフォルニア大学バークリー校哲学科に私が滞在する機会が与えられたことも、ありがたかった。

また特にお礼申し上げねばならないのは、『存在と時間』中央公論社版の訳者、故原佑教授と渡辺二郎教授である。この訳書では多くの場合、ハイデガーの基本術語の訳語として中央公論社版のものを採用し、英訳を日本語訳に移すさいには、中央公論社版の翻訳スタイルを参考にした（もちろん訳文を丸ごと利用するようなことはしなかった）。中央公論社版が、訳者たちにとって長い間親しんだ訳書だったという理由からだけではなく、ドレイファスによるハイデガーのドイツ語術語の訳出の方針と、多くの重要な類似点を有するからである。ハイデガーの術語の訳出のための言葉の資源という点から見るとき、われわれが依拠した中央公論社版を含め、日本の訳書の水準は英語圏より高く、そこで積み重ねられてきた成果は豊かであると感じる。こうした豊かな資源を背景として、本当に独創的なハイデガー研究とハイデガー的思考の現われる日を、私は待望している。

産業図書の編集者の方々には、今回もご苦労をおかけした。お礼申し上げる。共訳の作業を軌道に乗せるために、並々ならぬ努力を払われた鈴木正昭氏。西川宏氏の緻密な校正には、今回も非常に助けられた。そして、すぐれた哲学書をそれがすぐれているがゆえに出版するという、当たり前ではあるが破られやすい原則の擁護者である、江面竹彦氏。

門脇 俊介

二〇〇〇年七月十九日

Aufgehen] 36, 64, 75-76, 78-79, 81, 84, 86, 89, 113, 118-120, 152-153, 187-189, 206-207, 209, 213, 223-224, 259-264, 270-272, 280
本来性[authenticity ; Eigentlichkeit] 9, 30-31, 38, 93, 179, 183, 221-223, 237, 264, 276, 278

む

無[nothingness, nullity] 263, 267, 278, 341
向けられていること[directedness] 53, 55-56, 65, 69, 82, 100, 106, 116, 307
無根拠 →根拠
無差別的様態(実存の) 30-31, 223, 260, 270-271, 276

め

目立つこと 80-81, 87, 127, 156 →手向かい, 押しつけがましさ, 利用不可能性
メタファー 45-46, 48

も

目的であるもの[for-the-sake-of-which (s) ; das Worumwillen] 8, 104, 106-111, 132, 136, 165, 169, 175, 178-180, 182-183, 191, 205-207, 210, 212-218, 220-221, 223, 232, 236, 248, 257, 261, 270, 280-281, 295, 297, 338
もとでの存在[being-amidst ; Sein bei] *11*, 38, 49-50, 57, 102, 203, 267, 279-280

や

役割 29-30, 48, 107-108, 138, 169, 173, 180-183, 205, 207, 215

ゆ

有意義性[significance ; Bedeutsamkeit] 110-111, 113, 129-133, 135-139, 161, 165, 175, 178, 180, 183, 187, 191, 204-206, 208, 213, 218-221, 233, 236, 244, 248, 250, 256-257, 280-281

よ

予握[fore-conception] 229-230, 232-233
用途性[towards-which ; Wozu] 8, 77, 81, 104, 106, 110, 113, 214, 216, 232, 280
予視[fore-sight] 229-232, 241, 243
予持[fore-having] 228-233, 238, 243

り

了解[understanding ; Verstehen] 4, 8-9, 16-17, 22, 27-32, 38, 40, 45, 50, 85, 93-94, 102-103, 109-111, 139, 164, 172, 177, 179-180, 191, 211-233, 236, 239, 242, 244-245, 248-251, 253, 261, 264, 284, 294, 296, 300-301, 305, 312-313, 316 →いかになすかを知ること
——対説明 3, 136-139, 211, 224, 232-238
欠如的—— 265
根源的—— 72, 265
積極的—— 72, 141, 265
存在—— 3-4, 12-13, 17-18, 20-21, 23-26, 29, 32, 34-35, 38-39, 42, 58-59, 68, 83, 91-92, 100, 121, 139, 166, 184, 187, 191, 220-221, 229, 255, 267, 291, 294-296, 302, 304-305, 322, 327, 334
平均的な—— 12-13, 32
良心 40, 276
——の呼び声 41, 276
利用不可能な道具的存在者, 利用不可能性[the unavailable, unavailableness] 80-82, 84-85, 87, 89, 93, 100, 124, 126-127, 139, 156-157, 168-169, 171, 202, 224, 232, 240, 243, 296 →押しつけがましさ, 手向かい, 目立つこと
理論的 52, 59, 74, 89, 137, 237, 291
——企投 →企投
——説明 314
——存在者 91-92, 237, 291, 295, 308, 318
——知識, 認識 6, 50, 92
——陳述 →陳述
——反省 →反省

ろ

ロゴス[logos] 241, 248, 251
論理学 238-239, 243-244

は

ひ

ふ

へ

ほ

て

と

な

に

ね

の

す

せ

316

け

こ

さ

し

事項索引

あ

明るませる(動詞)[clearing]　190, 199, 280
明るみ(名詞)[the clearing ; Lichtung]　42, 187-191, 195, 216, 218-219, 280, 295, 311-312
操りうること　73, 95
操ること(操作する)　52, 69, 71-72, 87, 90-91, 149
アレーテイア[aletheia]　311　→真理

い

いかになすかを知ること[know-how]　20, 50, 76, 96, 108, 133, 136, 211-214
意義[signification ; Bedeutung]　115, 227, 247-248, 252, 257
意識　3, 6, 14-16, 21, 50, 56, 58, 60, 62-63, 76, 78, 80, 83-85, 88, 168, 184, 190, 285, 291, 331
　主題的──　79-80, 93, 99
位相[aspects]　77, 88-89, 91, 93, 95, 103, 107, 125, 128, 147, 156, 170, 195, 203, 230, 243-244, 269, 307-308, 315　→特性，性質
意図　61, 106, 251
　行為中の──　61, 63-64, 119, 168
意味[sense, meaning]　*11*, 42, 68, 82-83, 101-102, 250-257, 308
隠蔽する[covering up ; Verdecken]　28-30, 36, 38, 40, 45-46, 52, 142, 178-179, 210, 243, 245, 259, 264-265, 267, 270-272, 311-312, 315-316, 329

う

宇宙[universe]　1, 100-101, 123, 126, 145, 290, 294, 333　→「世界」

え

影響を及ぼすこと[mattering ; Angänglichkeit]　48, 193-195, 198-199, 201-203, 213, 216, 220, 333-334
エキスパート　77, 97-98, 105, 212
エキスパート・システム　97-98

お

押しつけがましさ　80-81, 89, 203, 205-206, 209, 332　→目立つこと，利用不可能性
恐れ　202-203, 205, 208-210
落ち着かなさ[unsettledness ; Unheimlichkeit]　*12*, 28-30, 36, 38, 179, 183, 206-210, 260, 264, 268, 270, 272

か

懐疑論　286-290
開示する，開示性[disclosing, disclosedness ; erschließen, Erschlossenheit]　40, 50, 65, 100, 110, 116, 118-121, 187-191, 194-195, 199-201, 211, 213-214, 221, 223, 225-227, 230, 250, 256, 266, 275, 281, 286-287, 311-315, 318, 322
解釈[interpretation]　2, 4, 16-21, 23-28, 34-42, 44-45, 51, 147, 167, 200, 224-233, 238-239, 242-245, 248-250, 256-257, 264, 294, 301-305, 313

ディルタイ，ヴィルヘルム[Wilhelm Dilthey] 2, 7, 78, 164
デカルト，ルネ[René Descartes] 2-4, 41, 49, 51-52, 54, 62, 83, 93, 102, 123-124, 130-131, 137, 145, 166, 169, 172, 178, 285-287, 300
デカルト的な 14, 16, 21, 68, 88, 131-132, 135-136, 139, 141, 150, 152, 162, 164, 168, 180, 195, 198, 252, 254
デネット，ダニエル[Daniel Dennett] 97
デューイ，ジョン[John Dewey] 7, 79, 331-333
デリダ，ジャック[Jacques Derrida] 9, 177

ナ 行

ニーチェ，フリードリヒ[Friedrich Nietzsche] 7, 63, 90, 237, 329, 342-343

ハ 行

ハーバーマス，ユルゲン[Jürgen Habermas] 4, 9, 24, 90, 97
パルメニデス[Parmenides] 50, 141-142, 284, 336

ヒルシュ，E. D.[E. D. Hirsch] 232

ファイン，アーサー[Arthur Fine] 291-292
フィヒテ，J. G. [J. G. Fichte] 297-298
フェル，ジョセフ[Joseph Fell] 297
フェレスダール，ダグフィン[Dagfinn Føllesdal] 14, 52-54, 59, 233, 238
フーコー，ミシェル[Michel Foucault] 9, 219, 328-329
フッサール，エトムント[Edmund Husserl] 2-3, 5-7, 14, 24, 28-29, 31, 33-36, 51-65, 73-79, 81-84, 93-94, 96, 101-102, 113, 118-119, 123, 131, 133, 146, 161-162, 166, 172, 183, 191, 204, 227, 235, 245, 250, 252, 255, 285, 287-288, 306, 308-309, 328, 331
フッサール的な 150, 152-153, 169
ブーバー，マルティン[Martin Buber] 187, 288
プラトン[Plato] 1-2, 4-6, 8, 36, 49, 73, 93-94, 142, 187, 245, 304, 319
ブルデュー，ピエール[Pierre Bourdieu] 9, 19, 21, 133, 181-182, 207, 220, 234-235, 338
ブレンターノ，フランツ[Franz Brentano] 53, 55
フロイト，ジグムント[Sigmund Freud] 41, 209, 222, 317, 329

ヘーゲル，G. W. F. [G. W. F. Hegel] 41, 164, 181, 184, 337

ホーグランド，ジョン[John Haugeland] 15
ポランニー，マイケル[Michael Polanyi] 49-50, 73

マ 行

マルクス，カール[Karl Marx] 41, 178

メルロ=ポンティ，モーリス[Maurice Merleau-Ponty] 9, 73, 330, 342

ラ 行

ライプニッツ，G. W. [G. W. Leibniz] 96, 155, 178
ライル，ギルバート[Gilbert Ryle] 168, 198
ラウス，ジョセフ[Joseph Rouse] 342

リクール，ポール[Paul Ricoeur] 40-41, 329

レヴィ=ストロース，クロード[Claude Lévi-Strauss] 234-235

ローティ，リチャード[Richard Rorty] 37, 232, 238, 303, 305

人名索引 (スペリングは原書に従った)

ア 行

アナクシマンドロス[Anaximander] 327
アリストテレス[Aristotle] 1, 8, 10-11, 37, 64, 97, 104, 244, 300-302, 304, 321-322

ウィトゲンシュタイン，ルートヴィヒ[Ludwig Wittgenstein] 7-8, 24, 38-39, 63, 73, 164-166, 168, 171, 176-178, 198-199, 216, 226, 232, 343
ウィノグラード，テリー[Terry Winograd] 134-135

オクレント，マーク[Mark Okrent] 330
オラフソン，フレデリック[Frederick Olafson] 162-163, 165, 176

カ 行

ガーフィンケル，ハロルド[Harold Garfinkel] 37
ガリレオ[Galileo] 301-302, 304
カント，イマヌエル[Immanuel Kant] 2, 4, 25, 35, 51, 64, 155, 216, 285, 291, 328
　カント的な 25, 35, 117, 298

ギアーツ，クリフォード[Clifford Geertz] 37
ギュルヴィッチ，アロン[Aron Gurwitsch] 75, 330
キルケゴール，セーレン[Søren Kierkegaard] 3, 164, 169, 176, 178, 202, 223, 260, 264, 269, 316-317
　キルケゴール的な 272

グライス，ポール[Paul Grice] 61, 64, 169
クーン，トマス[Thomas Kuhn] 37, 50-51, 92-93, 101, 232, 237, 289, 301, 320-322

サ 行

サール，ジョン[John Searle] 5, 8, 54-55, 60-64, 68, 76, 78-79, 96-97, 104, 117-119, 161, 170, 202, 235, 250-253, 287-288, 309-310, 331
サルトル，ジャン=ポール[Jean-Paul Sartre] 7, 14, 31, 52, 88, 102, 162-163, 172, 177, 183, 207, 228, 297-298
　サルトル的な 153, 162, 177

ジェームズ，ウィリアム[William James] 7, 62, 78, 218

ソクラテス[Socrates] 4
　ソクラテス以前の哲学者[pre-Socratics] 142

タ 行

デイヴィドソン，ドナルド[Donald Davidson] 54, 61, 64, 68, 97, 104, 250, 252, 303
テイラー，チャールズ[Charles Taylor] 37

〈監訳者略歴〉
門脇《かどわき》俊介《しゅんすけ》
1977年　東京大学文学部哲学科卒業
1982年　東京大学大学院人文科学研究科博士課程単位取得退学
現　在　東京大学教養学部教授

〈訳者略歴〉
榊原《さかきばら》哲也《てつや》
1983年　東京大学文学部哲学科卒業
1988年　東京大学大学院人文科学研究科博士課程退学
現　在　東京大学大学院人文社会系研究科助教授

貫《ぬき》　成人《しげと》
1980年　東京大学文学部哲学科卒業
1985年　東京大学大学院人文科学研究科博士課程単位取得退学
現　在　専修大学文学部教授

森《もり》　一郎《いちろう》
1986年　東京大学文学部哲学科卒業
1990年　東京大学大学院人文科学研究科博士課程中途退学
現　在　東京女子大学文理学部助教授

轟《とどろき》　孝夫《たかお》
1993年　東京大学教養学部教養学科卒業
1999年　東京大学大学院人文社会系研究科博士課程単位取得退学
現　在　防衛大学校人間文化学科講師

世界内存在 ―『存在と時間』における日常性の解釈学―

2000年9月27日　初　版
2005年8月10日　第2刷

著　者　ヒューバート・L・ドレイファス
監訳者　門脇俊介
発行者　飯塚尚彦
発行所　産業図書株式会社
〒102-0072　東京都千代田区飯田橋2-11-3
電　話　03(3261)7821(代)
FAX　03(3239)2178
http://www.san-to.co.jp
装　幀　戸田ツトム

(株)デジタルパブリッシングサービス
ISBN978-4-7828-0133-8 C3010